HEYNE
BÜCHER

GOTTFRIED KIRCHNER

Von Babylon
zum Bernsteinwald

WILHELM HEYNE VERLAG
MÜNCHEN

HEYNE SACHBUCH
19/742

Taschenbucherstausgabe 11/2000
Copyright © 1999 by Wilhelm Heyne Verlag GmbH & Co. KG, München
http://www.heyne.de
Printed in Germany 2000
Umschlagillustration: Canyon *Foz de Lumbier,*
Prov. Navarra/Spanien (Joachim Giel)
Umschlaggestaltung: Hauptmann und Kampa Werbeagentur, CH-Zug
Satz: Gramma GmbH, München
Druck und Verarbeitung: RMO Druck, München

ISBN 3-453-18094-1

Und auf dem Bogen der geschlossnen Pforte
erblickt er ein geheimnisvolles Bild.
Von keinen Worten ist das Bild umgeben,
die dem Geheimnis Sinn und Klarheit bringen.

Johann Wolfgang von Goethe
Die Geheimnisse. Ein Fragment, 1785

INHALTSVERZEICHNIS

HELGA LIPPERT

Babylon Tower

Götterthron am Euphrat

BABYLON IST ÜBERALL

Keine andere Stadt des Altertums blieb bis heute so sehr »in aller Munde« wie *Babylon*. Jeder kennt den Begriff »Sündenbabel«, auch wenn er vielleicht nie die Bibel aufgeschlagen hat. Im Geschichtsunterricht steht die »Babylonische Gefangenschaft« der Päpste in Avignon auf dem Lehrplan. Bei internationalen Kongressen schlägt dem Besucher »babylonisches Sprachengewirr« entgegen. Baufirmen und architektonische Großprojekte schmücken sich mit dem Namen »Babylon«.

Auch das *Menetekel*, »unheilkündendes Zeichen« oder »Warnsignal«, hat seinen Ursprung in Babylon. Der Prophet Daniel deutete einst die Geisterschrift an der Palastwand und sagte König Belsazar den Untergang seines Reiches voraus. Der aufmerksame Zeitungsleser findet das Wort in fast jeder Ausgabe. So wurde das Zugunglück von Eschede zum »Menetekel für die Technik« und die Wirtschaftskrise in Ostasien »ein Menetekel für die regionale Stabilität«. Wollte man gar die literarische Verarbeitung aller Themen zusammenstellen, die sich mit dem Begriff *Babylon* verknüpfen, könnte man ganze Bibliotheken füllen.

Mit der Geschichte vom Turmbau zu Babel (1. Mose 11, 1–9) wurde im Abendland der Mythos Babylon geboren. Jedes Kind kennt dieses Lehrstück über die Anmaßung der Menschen: Sie wollten einen Turm bauen, »dessen Spitze bis an den Himmel reiche«. Aber Gott bestrafte ihren Größenwahn mit der Verwirrung der Sprache und zerstreute die Frevler in alle Länder.

Daß in der versunkenen Stadt am Euphrat vor mehr als 2500 Jahren als Krönung einer uralten Bautradition tatsächlich ein gigantischer Turm in den Himmel ragte, wissen eigentlich nur die Wissenschaftler. Die Ergebnisse ihrer Forschungen blieben dem breiten Publikum nahezu unbekannt.

Babylon liegt im heutigen Irak, und das Land profitierte auch schon vor dem Golfkrieg nie vom Massentourismus. Die ägyptischen Pyramiden, die Felsengräber der Nabatäer in Petra oder die griechischen Tempel können wir noch heute bestaunen. Das legendäre Bauwerk der Bibel dagegen wurde schon Jahrhunderte vor Christi Geburt abgerissen. Alexander der Große plante den Wiederaufbau des Turms als krönendes Denkmal seiner Welteroberung. Zwei Monate waren 10 000 Arbeiter nur damit beschäftigt, den Schutt beiseite zu räumen. Nach dem Tod des Herrschers gab man das Wahnsinnsprojekt auf.

Zwar berichtet so manche antike Quelle über den Turm, doch keiner ihrer Autoren hatte ihn noch unversehrt gesehen. Die zahlreichen Werke europäischer Maler zeigen den berühmten Bau als Phantasiegebilde in der Tradition der jeweiligen Epoche. Dabei kam es den Künstlern weniger auf die Architektur an. Es reizte sie vielmehr, die biblische Moral der Geschichte umzusetzen.

Bis kurz vor der Jahrhundertwende schlummerten die kümmerlichen Reste der einst blühenden Metropole Babylon unter meterhohen Schutthügeln. Erst der Spaten der Archäologen und die vorausgegangene Entzifferung der Keilschrift warfen ein neues Licht auf jenen uralten Mythos, der bis heute nichts von seiner Ausstrahlung verloren hat.

SADDAM HUSSEIN UND DIE ARCHÄOLOGIE

»Altertümer sind das lebendigste Besitztum des Staates, sie haben Vorrang bei der nationalen Sicherheit. Eine Nation, die ihre Altertümer verliert, hat einen Teil ihrer Erinnerung an ihr Leben und an ihre Geschichte verloren.« Das erklärte der irakische Präsident Saddam Hussein auf einer Kabinettssitzung im Juni 1998.

Saddam Hussein als Schützer und Bewahrer des kulturellen Erbes – in dieser Rolle kennt kaum jemand in Europa den Mann, dessen Negativ-Image seit dem Golfkrieg kaum noch zu übertreffen ist. Doch der irakische Präsident versteht sich schon seit längerer Zeit als Nachfolger des babylonischen Königs Nebukadnezar II. Das wird nirgendwo so deutlich wie in Babylon selbst.

Ab 1978 muß es in den Ruinen so zugegangen sein wie vor 2500 Jahren. Mehr als tausend Gastarbeiter – vor allem aus dem Sudan – bauten unter Leitung der Antikenverwaltung den Südpalast Nebukadnezars wieder auf. Zehn Jahre dauerten die Arbeiten. Siebzig Millionen Backsteine ließ man nach altem Maß eigens dafür brennen. Schlendert der Besucher heute durch die weiten Innenhöfe, um die sich mehr als dreihundert ehemalige Verwaltungs- und Wohnräume gruppieren, fällt der Blick immer wieder auf einzelne beschriftete Ziegel im Mauerwerk. Die arabischen Schriftzeichen dokumentieren das gigantische Projekt der Neuzeit mit dem Namen des Bauherrn Saddam Hussein. Sein berühmter Vorgänger Nebukadnezar II., den man auch den Großen nennt, verewigte sich genauso – auf Ziegeln mit Keilschriftzeichen –; schon damals eine jahrhundertealte Tradition.

Auch drei Tempel und einige Gebäude im nahe gelegenen Wohnviertel Merkes entstanden neu. Mag mancher auch die Nase über das »Touristen-Babylon« rümpfen, die Rekonstruktion vermittelt zumindest

Innenhöfe des wiederaufgebauten Palastes von Nebukadnezar II.

einen Eindruck vom einstigen Glanz der gewaltigen Anlage. Nur der moderne, klotzige Palast, den Saddam Hussein auf einen frisch aufgeschütteten Hügel setzen ließ, beleidigt das Auge.

Welche Anziehungskraft Babylon auf die Irakis ausübt, erlebt man am eindrucksvollsten im September. Zwei Wochen lang pilgern die Einheimischen jeden Abend in Scharen zu den »Babylon-Festspielen«. Klassische und moderne Theaterstücke, aber auch Popkonzerte stehen auf dem Programm. In den Palasthöfen sind große Bühnen aufgebaut. Tausende von Stühlen warten auf die Gäste, unzählige bunte Scheinwerfer tauchen die Szenerie in geheimnisvolles Licht. Auch das wiederaufgebaute Theater aus der griechischen Epoche der Stadt kann den Andrang der Menschen kaum fassen.

Trotz des Embargos, das die USA nach dem Golfkrieg über den Irak verhängt haben, vernachlässigt die Regierung auch den wissenschaftlichen Aspekt nicht. In regelmäßigen Abständen lädt sie internationale Kapazitäten ein. Vom 15.–20. September 1998 trafen sich in Bagdad unter der Schirmherrschaft des Präsidenten mehr als fünfzig Forscher, hauptsächlich aus Europa, zur *Konferenz über den Turm von Babylon und die Zikkurat (Tempelturm) von Borsippa*. Aber auch Professoren aus Japan, Korea, Kanada und sogar Amerika nahmen teil.

Wie hoch die Machthaber das Ereignis ansiedelten, zeigte die Eröffnungszeremonie. Die Nationalhymne erklang, Koranverse wurden zitiert, dann begrüßte der stellvertretende Ministerpräsident Tariq Aziz in blitzender Uniform persönlich die Gäste. Die Kosten für die Anreise der Wissenschaftler aus der jordanischen Hauptstadt Amman (der Flughafen von Bagdad ist aufgrund des Embargos geschlossen), ihren Aufenthalt im »Babylon-Hotel« und eine dreitägige Exkursion zu Ausgrabungsstätten im Norden des Landes trug der Staat.

Die Vorträge befaßten sich nicht nur mit dem berühmtesten Bauwerk des Landes, sondern auch mit anderen archäologischen Themen im Irak. Die Veranstaltung stand unter dem Motto »Für ein besseres Verständnis der babylonischen Kultur«.

Das ist erwähnenswert, weil außerhalb des engen Fachkreises in der derzeitigen Krisensituation fast niemand von diesem kulturpolitischen Prestigeprogramm der irakischen Regierung gehört hat. Kaum drei Monate später fielen wieder Bomben auf Bagdad.

Suche nach der »Mutter der Metropolen«

»So soll Babel, das schönste unter den Königreichen, die herrliche Pracht der Chaldäer, zerstört werden von Gott wie Sodom und Gomorrha, daß man hinfort nicht mehr da wohne noch jemand da bleibe.« (Jes. 13, 19–20).

Die Prophezeiung Jesajas ging schon im Altertum in Erfüllung: Babylon wurde verlassen und zerfiel. Doch vergessen hat man es nie. Griechische und römische Historiker, jüdische Schriftgelehrte, frühchristliche und islamische Theologen hielten die Erinnerung an die Stadt und den gotteslästerlichen Turmbau wach.

Die ersten Europäer, die nach Babylonien reisten, interessierten sich in erster Linie für den Turm. Alle wollten ihn gesehen haben. Doch es war schwierig, seinen genauen Standort zu bestimmen, weil mehrere hochragende Ruinen in diesem Gebiet als Überreste in Frage kamen. Man wußte zwar seit der Spätantike, in welcher Gegend Babylon zu suchen war, aber die Angaben über die genaue Lage der Stadt blieben vage.

Erst im Jahr 1616 lokalisierte der römische Patrizier Pietro della Valle Babylon. In dem riesigen Hügel am Euphrat, den die Einheimischen in Erinnerung an die alte Stadt *Babil* nannten, identifizierte er den Turm der Bibel. Immerhin erkannte der Europäer als erster in den geheimnisvollen Zeichen auf einigen Ziegeln, die er auflas und nach Rom mitnahm, eine Schrift. Fast 150 Jahre später, am 30. Dezember 1765, besuchte der deutsche Arabienfor-

Borsippa, zu sehen. Seiner Überzeugung nach habe sich Babylon so weit ausgedehnt.

1784 und 1786 inspizierte Joseph de Beauchamp, päpstlicher Generalvikar in Bagdad, die Gräben, die Einwohner der umliegenden Dörfer durch den Hügel von Babylon zogen. Die Männer suchten in erster Linie gebrannte Ziegel, um damit ihre

Ruinen von Babylon

scher Carsten Niebuhr auf der Durchreise die arabische Siedlung Hille und schreibt völlig korrekt:»*Man findet hier auch noch Überreste einer alten Stadt, die keine andere als Babylon gewesen sein kann. Alles besteht nur aus großen, ganz durchwühlten Hügeln. Die Mauern über der Erde sind schon längst weggetragen. Aber die Grundmauern sind noch übrig.*« Mit dem Hinweis »*dicht am Euphrat*« dürfte Niebuhr den Palastbereich gemeint haben. Den Turm glaubte er in den »*Steinhaufen*« des 16 Kilometer entfernten **Birs Nimrud**, dem antiken

Häuser zu bauen. Dabei kamen auch Keramikgefäße, bearbeitete Marmorstücke, beschriftete Ziegel und Tonzylinder ans Licht. De Beauchamp schreibt in seinem Bericht von 1790, der in Europa ungeheures Aufsehen erregte, von überaus dicken, zum Teil mit glasierten Ziegeln geschmückten Mauern. Besonders begeisterte ihn eine Wand, auf der die babylonischen Künstler eine Kuh dargestellt hatten, dazu Sonne und Mond. Bruchstücke von emaillierten Ziegelreliefs sollten hundert Jahre später zu der Entscheidung führen, Babylon in einer großangelegten Grabung freizulegen.

Die erste systematische Geländeaufnahme und Beschreibung der Ruinenhügel ist das Verdienst von James Rich, »Resident der Ostindischen Compagnie in Baghdad«. Zehn Tage lang konnte er 1811 vor Ort

Tempelturm von Birs Nimrud/Borsippa

bleiben und deshalb nur am Hügel »Babil« eine richtige Grabung durchführen. Er fand einen gemauerten Schacht und einen Gang und erkannte – wie vor ihm Pietro della Valle – gebrannte Ziegel mit Inschrift neben ungebrannten mit Schilflagen. Rich entdeckte auch Rollsiegel, einen beschrifteten Gründungszylinder Nebukadnezars und ließ den von Beauchamp nur teilweise freigelegten Löwen aus Stein vollständig ausgraben.

Um die Topographie Babylons zu klären, begann Robert Mignon 1827 mit einer neuen Untersuchung. Er heuerte dreißig Arbeiter an und drang im Palastbereich sechs Meter in die Tiefe. Eine Plattform mit Schriftziegeln, Rollsiegel, Münzen und ein Tonzylinder waren der Lohn für den emsigen Forscher.

Doch wo verbarg sich der berühmte Turm? Alle Reisenden hatten dasselbe Problem.

Die meisten identifizierten die hochaufragende Ruine von Birs Nimrud/Borsippa als das biblische Bauwerk, obwohl Borsippa mit ungefähr 16 Kilometer Luftlinie eigentlich zu weit vom Zentrum Babylons entfernt liegt. Doch nicht nur der genaue Standort, sondern auch Form und Funktion des Turms blieben lange rätselhaft. Immerhin wurde den ersten europäischen Besuchern eine Tatsache klar: Da sie mehr als nur eine Ruine sahen, gehörten derartige Türme offensichtlich zur Bautradition des Landes. Die Bibel berichtet also nicht von einem außergewöhnlichen Fall. Aber warum häuften sich solche »Wolkenkratzer« aus Ziegeln ausgerechnet an den Ufern von Euphrat und Tigris? Die Antwort finden wir auf einer Reise zu den Anfängen der Menschheit.

MESOPOTAMIEN – DAS ZWISCHEN-STROMLAND

Mesopotamien – Land zwischen den Flüssen – so nannten die Griechen den heutigen Irak. Tatsächlich sind die beiden Ströme Euphrat und Tigris seit Jahrtausenden die Lebensadern der menschenfeindlichen Wüstenregion. Vor allem der Euphrat wechselte im Lauf der Zeit mehrfach sein Bett, was Untergang und Neugründung ganzer Reiche zur Folge hatte. Denn nur dort, wo genügend Wasser floß, waren Besiedlung und Machterhalt möglich.

Als langgestreckte Kette faltete sich im Lauf von Jahrmillionen im Südwesten des heutigen Iran das Zagrosgebirge auf. Das direkt davor liegende – jetzt irakische – Gebiet senkte sich ab. Im Nordwesten dieses »mesopotamischen Trogs« bildeten sich die Flußsysteme von Euphrat und Tigris mit ihren Nebenflüssen, im noch weiter abgesenkten Südosten vom Indischen Ozean her der Arabische bzw. Persische Golf. Die Ablagerungen der beiden größten Ströme Vorderasiens füllten allmählich einen Teil der Senkungszone aus, so daß im Süden eine riesige Schwemmebene entstand.

Ab der zweiten Hälfte des 4. Jahrtausends v. Chr. entwickelte sich hier die früheste städtische Hochkultur der Sumerer. Woher dieses Volk kam, wissen wir nicht. Auch seine Sprache ist mit keiner anderen im Alten Orient zu vergleichen. Die Sumerer besiedelten das Gebiet südlich vom heutigen Bagdad bis zum Persischen Golf. Sie nannten ihr Land *Schumer*, vielleicht entspricht das dem *Sinear* der Bibel (1. Mose 11, 2). Im Norden dieser Region sprach man schon im 3. Jahrtausend v. Chr. Akkadisch. Die Akkader schufen um 2350 v. Chr. das erste Weltreich. Seitdem bezeichnet die Formel *Sumer und Akkad* das gesamte Mesopotamien.

In den bergigen nördlichen Regionen hatten die Menschen schon ab dem 8. Jahrtausend v. Chr. den Übergang von Jägern und Sammlern zur seßhaften Lebensweise vollzogen. Fruchtbarer Boden und reiche Niederschläge garantierten die Versorgung, die Bevölkerung wuchs schnell. Der Süden mit seinen riesigen Sümpfen dagegen war in dieser frühen Zeit von ständigen Überflutungen bedroht. Erst eine leichte Temperatursenkung machte die Schwemmebene überhaupt nutzbar. Die Niederschläge verringerten sich, Einwanderer aus dem Norden gründeten immer mehr Siedlungen und legten Ackerflächen an. Zahllose kleine Wasserläufe versorgten die Pflanzen. Der fruchtbare Boden brachte mehrere Ernten pro Jahr. Das Land muß damals ein wahres Paradies gewesen sein.

WASSER UND SALZ – DIE PROBLEME DER BAUERN

Die Klimaveränderung dauerte an, und was im Süden zunächst wie ein Segen wirkte, wurde zum Fluch: Das Wasser wich immer weiter zurück, die Felder konnten nicht mehr bestellt werden. Die Bewohner hatten nur die Wahl, entweder ihre Siedlungen aufzugeben oder Kanäle zu bauen, um Wasser von den Hauptläufen der Flüsse zu entlegenen Anbauflächen zu leiten.

Der ständige Kampf gegen die unwirtliche Natur machte die Sumerer erfinderisch. Viele der kleinen Dörfer wurden aufgelöst, die Bevölkerung konzentrierte sich in neuen, größeren Städten und legte ein flächendeckendes Bewässerungsnetz an. Ausbau und Pflege der Kanäle wurde zu einer der wichtigsten Aufgaben der jeweiligen Machthaber.

Seit ungefähr 2500 v. Chr. gibt es die ersten historischen Nachrichten. Zahlreiche Verwaltungsurkunden dokumentieren, wieviel Mühe in die Erhaltung der Kanäle investiert werden mußte. Denn das extrem niedrige Gefälle innerhalb der Schwemmebene ließ das Wasser so langsam fließen, daß sich die gelösten Sedimente absetzten und die Kanalsohle dadurch ständig anwuchs. Wer nicht mindestens einmal im Jahr einen Großputz machte, dem drohte die Todesstrafe. So forderte diese frühen Siedler weniger die Urbarmachung des Landes heraus, denn von ihren Nachbarn im Norden kannten sie landwirtschaftliche Techniken. Ihre eigentliche Leistung liegt vielmehr darin, eine ständig wachsende Bevölkerung ernährt zu haben, und zwar auf einem Gebiet, das immer weiter austrocknete und dadurch kleiner wurde.

Zudem drohte ein weiteres Problem: die zunehmende Versalzung des Bodens als Folge der künstlichen Bewässerung. Durch die Verdunstung des Wassers bleiben die gelösten Salze auf den Feldern. Da die meisten Pflanzen aber kein Salz vertragen, gingen die Erträge besonders bei Weizen und Gerste drastisch zurück. Weite Flächen im Süden der Schwemmebene nannte man »versalzen« oder »am Brackwasser gelegen«.

Tempelarchive berichten, daß Salz Teile des Grundbesitzes für die Bestellung unbrauchbar gemacht habe. Und auf einem Grenzstein aus späterer Zeit ist gar der Fluch zu lesen: »*Möge Adad, der oberste Lenker der Bewässerung von Himmel und Erde, feuchtes Salz schaffen, um seine Felder zu verwüsten, die Gerste verdorren und das grüne Kraut nicht aufgehen zu lassen.*«

Ein sumerisches Handbuch für Landwirte empfiehlt, nur eine Ernte im Jahr zu planen, um dem Boden die nötige Ruhe zu gönnen. Fachleute behaupten sogar, die fortschreitende Versalzung des Bodens habe wesentlich zum Untergang der sumerischen Kultur und zur Verlagerung der Zentren nach Norden beigetragen.

Noch immer haben die Bauern mit diesem Phänomen zu kämpfen. Überall auf den Feldern schimmert die Erde unter den Pflanzen mehr oder weniger weiß. Das hochstehende Grundwasser bringt zusätzliches Salz. Der Regen kann es nicht fortspülen, weil die Niederschlagsmenge zu gering ist. Und für eine wirksame Drainage sind die Böden zu hart. Den Wert eines Stück Landes schätzt man nach dem Salzgehalt: Bei 0,5% wächst kein Weizen, bei 1% keine Gerste, und bei 2% tragen selbst die Dattelpalmen keine Früchte mehr. Auf brachliegenden Flächen kehrt man es zu großen Haufen zusammen und läßt es in der Sonne trocknen. Dann wird es in Säcke abgefüllt und als billiges Speisesalz verwendet.

Das Grundprinzip der uralten Bewässerungstechnik hat sich bis heute erhalten. Nur befördern jetzt meist elektrisch betriebene Pumpen das kostbare Naß auf die Felder. Die großen Wasserräder, die mit Ei-

Wasserrad am Tigris

mern jahrhundertelang das Wasser aus den Flüssen hoben und in kleine Kanäle schütteten, kann man inzwischen an einer Hand abzählen.

Wo Wasser fehlt, macht sich schnell die Wüste oder Trockensteppe breit. Das trifft im Irak für Dreiviertel der Gesamtfläche zu. Auf der mehr als 500 Kilometer langen Fahrt von Bagdad nach Basra zum Beispiel dehnen sich beiderseits der dreispurigen Autobahn unendliche öde Flächen, so flach wie eine Tischplatte. In der flimmernden Hitze glaubt man, riesige Seen zu erkennen – eine Fata Morgana löst die nächste ab.

GLUTHITZE, LEHM UND SCHILF

Selbst im Zeitalter der Klimaanlagen verlangen die Sommermonate den Menschen die letzten Kräfte ab. Der Europäer, der an so hohe Temperaturen überhaupt nicht gewöhnt ist, fühlt sich wie ein Brathähnchen im Backofen. Im Juli oder August steigt das Thermometer nicht selten bis zu 60 Grad Celsius. Nur frühmorgens zwischen vier und sechs Uhr kühlt es »rapide« ab – auf 35 Grad.

Schatten findet man nur entlang der Flußläufe. Der ursprüngliche Galeriewald aus Euphratpappeln, Weiden und Tamarisken mußte fast überall der Dattelpalme weichen. Ihre Früchte gehören zu den wenigen Exportgütern des Landes.

In den südlichen Sümpfen entlang des Schatt-el-Arab, wie der gemeinsame Mündungsstrom von Euphrat und Tigris heißt,

bestimmt Schilf das Landschaftsbild. Berühmt waren die kleinen, aus Erde aufgeschütteten schwimmenden Inseln, auf denen jeweils nur eine Hütte Platz hatte. In solchen Behausungen aus Schilf lebten schon die ersten Sumerer.

Da das dicht bewachsene Gebiet schwer zugänglich und deshalb schlecht zu kontrollieren war, ließ Saddam Hussein nach dem Krieg gegen den Iran viele Menschen weiter nach Norden umsiedeln und die Sümpfe großflächig trockenlegen. Damit wollte er die Infiltration durch Gruppen aus dem verfeindeten Nachbarland verhindern.

Wie im Iran leben am Schatt-el-Arab vor allem Schiiten. Zwei Drittel der irakischen Bevölkerung bekennen sich zu dieser moslemischen Glaubensrichtung. Die Regierungsmitglieder dagegen sind mehrheitlich sunnitische Moslems. Immer wieder befürchtet man Unruhen im südlichen Landesteil und – je nach Zuspitzung der Situation – dürfen Ausländer nicht dorthin reisen.

Wenn auch die Inselchen inzwischen so gut wie verschwunden sind, Schilf wächst immer noch im Überfluß. Und die Tradition, aus den getrockneten Stengeln Häuser zu bauen, pflegen die Einheimischen ganz bewußt. Binnen einer Stunde ist eine kleinere Hütte fertig. Die Männer verankern dicke Schilfbündel in der Erde und binden ihre Spitzen zu Bögen zusammen. Schon steht der Rohbau. Die Zwischenräume dieses Gerüstes bedecken sie mit geflochtenen Schilfmatten, und auch die beiden Türen sind im Handumdrehen angebracht.

Ganz aus Schilf, ohne moderne Technik und ohne einen einzigen Nagel, ließ ein Scheich der Region sogar eine 26 Meter lange und 5 Meter hohe Empfangshalle errichten. In diesem *Mudhif*, dem Gästehaus, empfängt er voller Stolz seine Besucher. Auch wir durften dort die

sprichwörtliche arabi-
sche Gastfreundschaft
genießen – bei einem
opulenten Mahl.
Außer Schilf spendete
das Land den Sumerern
als wichtigstes Bauma-
terial den Lehm. Das
Know-how, Ziegel zu
streichen und an der
Sonne zu trocknen,
hatten schon die Ein-
wanderer aus dem Nor-
den mitgebracht. Zur
besseren Haltbarkeit
mischte man Häcksel
unter den Lehm. Aber

Teezeremonie im Gästehaus aus Schilf

Lehmziegelbauten müssen regelmäßig
neu verputzt werden, sonst zerfallen sie in
Regen und Wind. Trotz dieser spärlichen
Gaben der Natur entwickelten die Sumerer
eine großartige Architektur. Doch heute
braucht der Laie viel Phantasie beim An-
blick der Ruinen.

ERIDU – DIE ERSTE TEMPELTERRASSE

Was die ältesten Bewohner Mesopotamiens vor Jahrtausenden dazu trieb,
ihre Heiligtümer auf künstlich angelegten
Terrassen zu errichten, bleibt den Wissenschaftlern nach wie vor ein Rätsel. Viele
Theorien haben sie dazu entwickelt. Lag
die Uridee – ganz praktisch – nur im
Schutz vor den ständigen Überschwemmungen? Sollten die Plattformen auch
den Menschen Zuflucht bieten, wenn die
Flut stieg und die Ebene unter Wasser
setzte? Oder wollte man von Anbeginn

die Bedeutung des Tempels und damit des
jeweiligen Kultes steigern? Man dachte
auch an Unterkünfte für Priester, an Ob-
servatorien für Sterndeuter oder an Grab-
stätten.
Irakische Archäologen gruben von 1946
bis 1949 in **Eridu**, einer der ältesten Siedlungen der Sumerer. Aus einem unbedeu-
tenden Dorf entwickelte sich dort ab dem
5. Jahrtausend v. Chr. ein traditionsrei-
cher Kultplatz. Im Bereich des zentralen
Heiligtums kamen sechzehn übereinan-
derliegende Tempel aus Lehmziegeln zutage. Die erste Plattform aus der frühesten
Zeit – sozusagen der Urbeginn der Tempeltürme – war nur einen Meter hoch. Die
Könige haben sie im Lauf der Zeit immer
wieder überbaut. In jeder Epoche wurden
die Terrassen höher, die Tempel größer
und architektonisch kunstvoller.
All diese Heiligtümer weihten die Sumerer
dem Schöpfergott Enki. Sein Name bedeutet zwar »Herr der Erde«, aber sein Reich
liegt in der Tiefe, im unterirdischen Süß-
wasserozean. Enki unterweist die Menschen im Ackerbau, lehrt sie, Häuser zu
errichten, und regelt alle Angelegenheiten
des täglichen Lebens. Eine Legende erzählt, wie er Euphrat und Tigris mit Was-

ser füllt und Fische in die Flüsse setzt. Nach sumerischer Vorstellung ging von Eridu die himmlische Königsherrschaft aus. Daher behielt dieser Ort über viele Jahrhunderte seine große Bedeutung. Doch noch hat die Anlage keine Ähnlichkeit mit den gigantischen Bauten aus späterer Zeit, die die Silhouette mesopotamischer Städte prägen werden.

Die tiefe Grube, die die Archäologen aushoben, wurde wieder zugeschüttet, um die empfindlichen Mauern zu schützen. Von dem einst so wichtigen frühen Heiligtum ist an der Oberfläche nichts mehr zu erkennen. Nur noch der Schutthügel eines späteren Heiligtums beherrscht weithin die Ebene. Und dennoch kann sich der Besucher gerade hier am besten vorstellen, warum die Sumerer die Idee des Terrassenbaus entwickelt haben.

In Bagdad hatte man uns davor gewarnt, nach Eridu zu fahren. Das ganze Land liege unter Wasser, hieß es. Schon den Weg zu finden, ist nicht einfach, denn Eridu liegt weitab von allen menschlichen Siedlungen. Als wir endlich die richtige Autobahnabfahrt erwischt hatten, näherten wir uns dem historischen Ort über einen langen, neu aufgeschütteten Damm. Die endlose Ebene glitzerte in der Sonne. Nichts als Sand und Lehm, keine Wolke am Himmel. In der Ferne waberte der Hügel von Eridu.

Doch mitten im Sand entdeckten wir kleine Inseln aus Schilf, davor war ein morscher Kahn gestrandet. Zeitweise gibt es hier also tatsächlich viel Wasser, und wenn die Flut kommt, geht es sicher schnell. Das ganze Land wird in Kürze überschwemmt. So muß es schon vor Jahrtausenden gewesen sein. Was also lag den Sumerern näher, als das, was ihnen heilig war, zu schützen und auf erhöhte Plattformen zu stellen? Vielleicht eine zu simple Erklärung für diese mesopotamische Bautradition, aber zumindest

nachvollziehbar. Die Natur hat den Menschen zu allen Zeiten und an jedem Ort dieser Welt Bedingungen diktiert, denen sie sich anpassen mußten, wenn sie überleben wollten. Daß Not erfinderisch macht und der Mensch nie dort stehenbleibt, wo er angefangen hat, zeigt die Geschichte. Bei den späteren Tempeltürmen waren die bescheidenen Anfänge längst vergessen, die Uridee hatte sich verselbständigt.

URUK – DIE ERSTE GROSSSTADT DER WELT

Die Mauer um Uruk ließ er bauen,
rings um Eanna, den geweihten Tempel.
Sieh' an seine Mauer, deren Friese wie von
Erz sind.
Ihren Sockel beschau', dem gleicht
niemandes Werk.
Auch den Blendstein faß' an – der seit
Urzeiten da ist.
Nähere dich Eanna, dem Wohnsitz Ischtars:
Keines späteren Königs, keines Menschen
Werk gleicht ihm!
Ersteige die Mauer Uruks, schreite sie ab;
prüfe die Gründung, besieh das Ziegelwerk,
ob es nicht aus Backstein ist:
die sieben Weisen legten seinen Grund.
(Gilgamesch-Epos I, 9–19)

Der Mann, den diese Verse preisen, ist der legendäre König Gilgamesch, eine der großen Heldengestalten der Sumerer. Um 2900 v. Chr. soll er jene gewaltige Mauer um die Stadt **Uruk** gezogen haben – über neun Kilometer lang und in regelmäßigen Abständen mit halbrunden Türmen besetzt. Verschiedene Erzählungen über den Herrscher wurden später zu dem berühmten Gilgamesch-Epos zusammengefaßt, das heute zur Weltliteratur gehört. Die anrührende Dichtung offenbart uralte Gedanken über Freundschaft, Tod und die Suche nach dem ewigen Leben – Themen, die Menschen schon seit Anbeginn bewegen.

Uruk, das biblische Erech und heutige Warka, war einer der Stadtstaaten der Sumerer. Obwohl der Ort nur kurzfristig eine eigene Dynastie hervorbrachte und auch nie als Regierungssitz für das ganze Land diente, spielte er über Jahrtausende eine besondere Rolle. Keilschriftliche Quellen aus allen Zeiten verkünden immer wieder die Erneuerung des Heiligtums Eanna, das der Stadtgöttin Inanna oder Ischtar geweiht war.

Aus kleinen Anfängen im 5. Jahrtausend v. Chr. entstand ein wirtschaftlich und kultisch bedeutendes Zentrum. Zu Zeiten Gilgameschs soll sich Uruk über sechs Quadratkilometer ausgedehnt und nach Schätzungen zwischen 55 000 und 110 000 Einwohner gehabt haben – für damalige Verhältnisse eine Riesenstadt. Vermutlich wuchs sie aus zwei Siedlungen zusammen; mittendurch floß der westliche Hauptarm des Euphrat. Doch längst hat der Strom seinen Lauf geändert und liegt jetzt mehr als zwanzig Kilometer entfernt. Außer der späteren Metropole Babylon hat nie wieder eine Stadt des Alten Orients auch nur annähernd die Größe Uruks erreicht.

Von seiner einstigen Pracht blieb nur wenig übrig. Bei unserem Besuch fegt ein Wüstensturm über das weite Gelände und wirbelt den Staub der Jahrtausende auf. Das Grabungshaus steht verlassen. Die Wächter wohnen mit ihren Familien in Nebengebäuden. Doch seit die Archäologen nicht mehr kommen, sind die Zeiten

hart. Die Schienen, auf denen einst die Arbeiter Tonnen von Schutt abtransportierten, enden im Nichts; die Loren rosten vor sich hin.

Eine erste Untersuchung des Geländes nahm Mitte des 19. Jahrhunderts der englische Geologe William Kenneth Loftus vor. Er gehörte der »Türkisch-Persischen Grenzkommission« an, die damals – nach ernsthaften Konflikten zwischen der Türkei und Persien – den genauen Verlauf der Grenze feststellen sollte. Der heutige Irak war zu dieser Zeit Teil des Osmanischen Reiches. Loftus erfüllte sich seinen *»sehnlichsten Wunsch, in einer unerforschten Gegend, die wir von Kindheit an als die Wiege des Menschengeschlechtes zu betrachten gewöhnt sind, neue Entdeckungen zu machen«*. Dem Engländer gelang es, die drei ersten vollständigen Exemplare babylonischer Särge, *»von denen noch kein europäischer Gelehrter einen gesehen hatte«*, nach London zu bringen.

Wie sich die Idee der Tempelterrassen seit den Anfängen in Eridu weiterentwickelte, dafür gibt es in Uruk gleich zwei Beispiele. Etwa zehn Meter hoch ragt hier die Plattform aus Lehmziegeln, auf der einst der weiß verputzte Tempel für den Himmelsgott Anu stand. Die Anlage zerfällt von Jahr zu Jahr mehr. Die Stufen, die zum Heiligtum führten, sind nur noch als Rampe zu erkennen. Regen und Wind haben ihr Zerstörungswerk auch in der Umgebung fast vollendet.

Im Bezirk der Stadtgöttin Inanna-Ischtar, den die Sumerer »Eanna – Haus des Himmels« nannten, erhoben sich in der Blütezeit Uruks Tempel von der Größe mittelalterlicher Kathedralen. Die Außenwände hatten Kunsthandwerker zum Schutz der empfindlichen Lehmziegel mit Mustern aus farbigen Tonstiften dekoriert. Einen der Tempel zierte sogar kostbarstes Material: Stifte aus rotem Sandstein, Alabaster und dunklem Kalkstein. Das Mauerwerk bestand aus felshartem Gußbeton, einer Mischung aus gebranntem Gips und feingemahlenem Backstein – eine einzigartige Ausnahme im Sakralbau Mesopotamiens. Das Ganze zeugt nicht nur von ausgereifter Bautechnik, sondern auch von weitreichenden Handelsbeziehungen. Denn Steine mußten importiert werden.

Der Eanna-Komplex dürfte ursprünglich 300 × 300 Meter groß gewesen sein, wurde

fangs- und Versammlungsräume der Stadtregierung. Da die Wandstärke dieser Hallen auf eine beträchtliche Höhe schließen läßt, muß die Skyline von Uruk in der weiten Ebene schon aus großer Entfernung einen imposanten Eindruck gemacht haben.

Ab 2100 v. Chr. wurde der Eanna-Komplex durch eine zweite Tempelterrasse erhöht. Diese Plattform ist bereits 15 Meter

Tempelreste von Uruk in den sechziger Jahren

jedoch immer wieder umgestaltet. Das riesige Wasserbecken, 50 Meter lang und breit und fast eineinhalb Meter tief, könnte sich mit jedem modernen Pool messen. Zehn Meter betrug der Höhenunterschied zum Euphrat. Das Wasser mußte damals irgendwie heraufgeschafft werden. Weil keine Isolierschicht das Versickern verhinderte und die Verdunstungsrate hoch war, hatte man für ständigen Nachschub zu sorgen.

Mehrere andere Großbauten, so vermuten die Wissenschaftler, dienten als Emp-

hoch. Es lohnt sich, sie zu besteigen. Denn von oben gewinnt man den besten Eindruck von den außerordentlichen Dimensionen der alten Metropole, die sich über 550 Hektar ausdehnte.

Eine entscheidende Verbesserung der Technik machte die Terrasse stabiler als ihre Vorgänger: Jeweils nach zwölf Lehmziegelschichten zogen die Bauleute Schilflagen und Taue ein.

Die Heiligtümer auf der Spitze nennen die Fachleute »Hochtempel« – im Gegensatz zu den Tempeln auf ebener Erde, wo die

Menschen die Gottheit in Standbildern sehen und verehren konnten. Die Terrassen durfte das gemeine Volk wohl nicht betreten.

Reste von Schilflagen zur Stabilisierung der Mauern

DIE ERSTE SCHRIFT DER WELT

D ie Arbeit an den Baustellen verlangte eine perfekte Organisation. Der Bedarf an Material und Verpflegung mußte genau angegeben werden. Das bedeutete einen enormen Verwaltungsaufwand. Um ihn zu bewältigen, kamen die Sumerer auf eine geniale Idee: Sie erfanden die Schrift! Natürlich geschah das nicht über Nacht, sondern dauerte mehrere Jahrhunderte. Um Eigentum zu kennzeichnen, benutzte man schon seit dem 6. Jahrtausend v. Chr. Siegel in Form von Stempeln, ab dem 4. Jahrtausend dann Rollsiegel. Das sind kleine, in der Längsachse durchbohrte Zylinder aus Stein, Marmor oder Halbedelstein. In die Mantelfläche schnitt man geometrische Formen, Tiere und Men-

schen. Beim Abrollen in feuchtem Ton ergibt sich ein endloses, erhabenes Reliefband. Aus den jeweiligen Szenen konnte der Besitzer identifiziert werden. Im Lauf der Zeit nahmen immer mehr Personen am Wirtschaftsgeschehen teil, also mußten auch die Abbildungen immer differenzierter werden. Mit gesiegelten Tonklumpen sicherte man Verschlüsse an Gefäßen, Türen und die Knoten an verschnürten Ballen.

Eine andere Art frühester Informationsspeicherung sind die Tonmarken. Sie stehen für bestimmte Zahlen, etwa für 1 oder 10. Durch Zusammenfügen verschiedener Marken konnten die Sumerer jede beliebige Zahl formen, in Tonkugeln ablegen und aufbewahren. Bestimmte Formen symbolisierten bestimmte Güter – etwa Brot, Kleidung, Schafe oder Duftstoffe.

Gegen Ende des 4. vorchristlichen Jahrtausends entstand eine Bilderschrift, kombiniert mit Zahlenzeichen. Im Schwemmland Mesopotamiens gab es Ton in Hülle und Fülle. Daraus knetete man Tafeln in den unterschiedlichsten Formen, ritzte mit einem Griffel die Piktogramme in die feuchte Masse und ließ das Ganze einfach trocknen. Erst in späterer Zeit beschriftete man auch Papyrus, Leder, Pergament oder gar, wie die Assyrer, gewachste Elfenbeintafeln. Es wurden aber auch Texte in harten Stein, Lapislazuli und Gold graviert. Weil runde Linien auf weichem Ton schlecht zu ziehen sind, erwiesen sich die Bildzeichen als unpraktisch. Man löste deshalb die Kurven in Striche auf. Zum Schreiben wurde jetzt ein speziell zugeschnittenes Rohr benutzt, das Linien mit dreieckiger Spitze in die Tafeln drückte. Diesen »Keilen« verdankt die neue Erfindung ihren Namen: Keilschrift.

Die einzelnen Zeichen setzen sich aus mehreren Teilen zusammen, aber es gibt nur drei verschiedene Grundformen: ein senkrechter Keil, ein waagerechter und ein Winkelhaken. Die Köpfe der waagerechten Keile zeigen nach links; es wurde von links nach rechts geschrieben, nur zu Anfang von oben nach unten.

Allein in Uruk bargen die Archäologen mehr als 5000 dieser frühen Schriftzeugnisse aus dem Schutt. Es sind zum großen Teil Verwaltungsurkunden, die über Einnahmen und Ausgaben berichten, den aktuellen Stand von Waren und Herden auflisten. Die Tempelbeamten, die alle Speicher zentral verwalteten, berechneten Saatgut und Ernteerträge; sie führten Tabellen über die Ausgabe von Schrot und Malz zur Herstellung verschiedener Biersorten, die Entlohnung der Aufseher und Arbeiter mit Gerste-Rationen und vieles andere mehr.

Zur zweiten großen Gruppe der archaischen Texte gehören die sogenannten »Lexikalischen Listen«. Sie fassen Rinder-, Vogel-, Fisch-, Baum- oder Städtenamen zusammen; das heißt: Begriffe, die einer bestimmten Wortgruppe zugeordnet werden. Eine Tafel enthält zum Beispiel 58 verschiedene Namen für Schweine. Nicht nur einzelne Rassen, sondern auch diverse Farben, Körpergrößen und Altersstufen gelten als gesonderte Kategorie.

125 Zeilen umfaßt eine Liste mit Beamtennamen. Nach dem obersten Repräsentanten sind Leiter verschiedener Bereiche wie

Statue des Schreibers Dudu, um 2500 v. Chr.

»Recht«, »Stadt«, »Arbeitskräfte«, »Pflüger« und »Gerste« aufgeführt – ein interessanter Einblick in die Organisation der Verwaltung. Jahrhundertelang wurden solche Listen ohne jede Veränderung immer wieder kopiert.

Schreiben wurde zum Beruf. Die Ausbildung war kompliziert und langwierig. Natürlich glaubten die Menschen, die neue Errungenschaft sei ihnen von den Göttern offenbart worden. So verehrten sie Nabu als Schutzgott der Schreiber. Der himmlische Erfinder der Schrift trägt Griffel und Tontafel als Kennzeichen. Man nannte ihn »der den Rohrgriffel handhabt, den unvergleichlichen Schreiber« oder auch »Sekretär der Götter«.

Die Sumerer brauchten aber noch viele Generationen, um ihre revolutionäre Erfindung zu vollenden. In der Anfangsphase hatte jeder Gegenstand ein eigenes, zum Teil schon abstraktes Symbol. Ein Kreis mit einem Kreuz darin bedeutet zum Beispiel »Kleinvieh«. Verben oder Adjektive konnte man dagegen nicht schreiben, jegliche Grammatik fehlte. Im nächsten, wichtigen Schritt entstanden Silben und neue Kombinationen von Zeichen. So wurde aus »Kopf« zusammen mit »Brot« das Verb »essen«. Dieser Prozeß dauerte 500 Jahre, bis es ab Mitte des 3. Jahrtausends v. Chr. gelang, das gesprochene Sumerisch zu schreiben und damit auch Literatur zu schaffen.

Die Kombination von Wort- und Silbenzeichen hatte den Vorteil, daß man die

Schrift auch auf andere Sprachen übertragen konnte. Sie wurde unter anderem von den semitischen Akkadern übernommen, obwohl sich das Akkadische grundlegend vom Sumerischen unterscheidet. Auch die Assyrer, Babylonier, Elamiter, Hethiter und Perser nutzten die geniale Erfindung. Von den ursprünglich 1200 Zeichen blieben im Lauf der Zeit ungefähr 500 übrig. Bis zum 1. Jahrtausend v. Chr. war die Keilschrift, vor allem durch die diplomatische Korrespondenz, das am weitesten verbreitete Schriftsystem im Alten Orient. Kurz nach Christi Geburt wurde der letzte Text, eine astronomische Tafel, in Keilschrift geschrieben. Danach starb sie aus.

Heute kennen wir außer den Wirtschaftsprotokollen Epen und Mythen, Gebete, Königslisten, Kaufverträge, Gesetze, Bau- und Verkaufsurkunden – überliefert auf vielen tausend Tontafeln verschiedener Epochen.

Die größte Sammlung mit etwa 5000 Exemplaren hatte der assyrische König Assurbanipal II. im 7. Jahrhundert v. Chr. in seiner Bibliothek im Palast von **Ninive** nahe der heutigen Stadt Mossul gelagert, alle katalogisiert und mit Erkennungsmarken versehen. Darunter befand sich auch das Gilgamesch-Epos mit der Sintflut-Erzählung. Der gebildete Herrscher beschäftigte eigene Beamte, die im ganzen Land nach alten Texten fahndeten. Als der einzigartige Fund um die Mitte des letzten Jahrhunderts ans Licht kam, standen der Wissenschaft mit einem Schlag die bedeutendsten Werke des alten Mesopotamien zur Verfügung.

Glücklicherweise hatten die Altertumsforscher um diese Zeit einen langwierigen Prozeß weitgehend abgeschlossen: die Entzifferung der Keilschrift. Die ersten Ziegel mit Keilschriftzeichen waren 1621 durch den italienischen Reisenden Pietro della Valle nach Europa gelangt. 1767

kehrte der Arabienforscher Carsten Niebuhr nach sieben Jahren Aufenthalt im Orient nach Kopenhagen zurück. Er brachte umfangreiche Abschriften von Keilschrifttexten aus dem Königspalast von Persepolis mit.

Niebuhr erkannte in Persepolis bereits drei verschiedene Schriftsysteme, die alle rechtsläufig zu lesen sind. Beim Kopieren der unzähligen Zeichen gegen die gleißende Sonne hatte sich der Deutsche übrigens den Augenschaden geholt, der zu seiner späteren Erblindung führte. Aber immerhin gelang ihm die schwierige Arbeit so exakt, daß sie zur wichtigsten Grundlage bei der Lösung des Rätsels wurde.

Am 4. September 1802 meldete der deutsche Philologe Georg Friedrich Grotefend der »Göttinger Gelehrten Gesellschaft« die Identifizierung von dreizehn Zeichen – persische Königsnamen; ein erster gelungener Versuch, die geheimnisvolle Schrift zu entschlüsseln. Um 1850 konnte der britische Assyriologe Sir Henry Rawlinson den Code endgültig knacken.

DIE SUMERER – SCHÖPFER UNSERER ZIVILISATION

Praktisch aus dem Nichts schufen die Sumerer eine hochstehende Zivilisation und damit ein neues, hierarchisch gegliedertes Gesellschaftssystem. Zu Anfang gab es ja nur den Bauernstand, doch dann etablierten sich ganz neue Berufe: zum Beispiel Arbeiter, Handwerker, Künstler, Kaufleute, Verwaltungsexperten und

Schreiber. Geniale Tüftler erfanden das Rad und den Pflug mit Saattrichter. So konnte man in einem Arbeitsgang pflügen und säen.

Auch Metall müssen die Sumerer schon geschmolzen haben. Im nördlichen Stadtteil von Uruk fanden die Archäologen eine Produktionsstätte, in deren Brandgruben mit hohen Temperaturen gearbeitet wurde. Ob außer Kupfer auch schon Bronze – die Legierung von Kupfer mit Zinn – bekannt war, können die Wissenschaftler nur anhand einer Schrifttafel vermuten: Neben dem bekannten Zeichen für »Kupfer« steht eine Ergänzung, die »Zinn« bedeuten könnte.

Ungeklärt bleibt, woher die Metalle importiert wurden, denn im Land selbst kommen sie nicht vor. Um die notwendigen Rohstoffe – neben Metall noch Stein, Holz, Gold oder Halbedelsteine – zu bezahlen, haben die Sumerer womöglich schon in großem Umfang Textilien und andere Produkte hergestellt und überallhin exportiert.

Auf dem Gebiet der Kunst kennen wir aus den Jahrhunderten zuvor lediglich kleine Terrakotta-Figuren. Im Mittelpunkt stand das Abbild der Frau – als Lebensschöpferin, als Garantin für Fruchtbarkeit und Kinderreichtum. In der Gestalt des Stiers wurden Kraft und Zeugungsfähigkeit des Mannes verherrlicht.

Die Künstler der frühen städtischen Hochkultur schufen nun größere Werke.

Der *kleine König* von Uruk-Warka, um 3300 v. Chr.

Die berühmten Fundstücke aus Uruk belegen einen ungeheuren Fortschritt in der Formgestaltung. Daß sie alle nicht mehr an ihrem ursprünglichen Ort, sondern im Schutt einer späteren Schicht gefunden wurden, macht ihre Datierung schwierig. Die *Dame von Warka*, der *kleine König* und der *Körper einer nackten Frau* gelten als geniale Mischung zwischen naturalistischer und idealisierter, teilweise sogar schon abstrakter Darstellung.

Die *Löwenjagd-Stele* und die *Kultvase* (1,05 Meter hoch) sind die frühesten Beispiele, die ein Ereignis im Bild erzählen. Auf der Stele sehen wir einen Herrscher bei der Löwenjagd. In der ersten Szene verletzt er das Tier mit Pfeil und Bogen und stachelt es zum Kampf an, in der zweiten erlegt er die Beute mit der Lanze.

Die Kultvase zeigt auf drei Friesen eine Prozession von hohen Würdenträgern und Gabenbringern. Sie schreiten auf eine weibliche Person am Eingang eines Tempels zu, vermutlich die Oberpriesterin oder die Göttin Inanna-Ischtar selbst. Auf der untersten Reihe erkennt man Pflanzen, die im Wasser stehen, darüber laufen Schafe hintereinander her. Das Gefäß stellt eindeutig die Hierarchie der damaligen Gesellschaft in aufsteigender Ordnung dar, wobei die Friese von unten nach oben immer breiter werden: Wasser – Pflanzen – Tiere – rangniedere, nackte Menschen – ranghöhere, bekleidete Würdenträger – und schließlich die Priesterin oder die allmächtige Göttin.

VIELE GÖTTER IN EINEM HIMMEL

Nach sumerischer Vorstellung wurde der Mensch aus Lehm geschaffen, um den Göttern zu dienen, denn sie bestimmen sein Schicksal. Alle Künste und Wissenschaften sind nicht das Ergebnis praktischer Erfahrung, sondern wurden von den Göttern offenbart, so glaubte man. Unzählige Figuren bewohnten den Himmel, sie waren miteinander verwandt und bildeten Familien.

Am Anfang dürften zahlreiche Lokalkulte gestanden haben. Gestirne wie Sonne und Mond, aber auch Naturgewalten wie Wasser und Wind, denen die Menschen hilflos ausgeliefert waren, verehrten sie als höhere Mächte. Jede größere Stadt hatte ihren Hauptgott. In den späteren Staatsgebilden verschoben sich die Verhältnisse: Der Gott der führenden Macht erreichte eine herausragende Stellung und wurde – wie Assur bei den Assyrern und Marduk bei den Babyloniern – zum Reichsgott erhoben.

Nur die bedeutendsten Vertreter des sumerischen Pantheons sollen hier genannt werden. Den Schöpfergott Enki haben wir schon in Eridu kennengelernt, in Uruk die Fruchtbarkeits- und Liebesgöttin Inanna-Ischtar und den obersten Himmelsgott Anu. Dessen Rolle als »Vater der Götter und Leiter der himmlischen Ratsversammlung« übernahm sein Sohn Enlil, »der große Berg, Herr aller Länder und der Schicksalsbestimmung«. Er hatte seinen Sitz seit der ersten Hälfte des 3. Jahrtausends v. Chr. in der Stadt **Nippur**, die deshalb eine herausragende Bedeutung genoß. Selbst die anderen Götter, so heißt es

in alten Texten, pilgerten zu seinem Heiligtum, um von ihm Segen und Wohlergehen für ihre Städte zu erbitten. Auch die Könige mußten sich von ihm bestätigen lassen.

Die Menschen mußten mit Opfern und regelmäßigen Kulthandlungen für das Wohlergehen der Götter sorgen, denn die waren launisch und unberechenbar. So überzogen unzählige kleine und große Heiligtümer die Städte und Siedlungen. Vorstellungen über ein Leben nach dem Tod hatten die Sumerer nicht. Wenn ein Mensch stirbt, kehrt er als Lehm zur Erde zurück, aus der er geschaffen wurde. Sein Geist steigt hinab in die Unterwelt, in »das Fremdland«. Von dort gibt es keine Wiederkehr.

Neben dem Himmel der Götter gab es aber auch das große Reich der Dämonen. Sie bedrohten das Leben der Sterblichen, »*reißen die Frau aus der Umarmung des Mannes und das Kind von der Brust der Mutter*«. So hatten in den mesopotamischen Reichen Beschwörungspriester hohe Konjunktur. Magische Sprüche und Amulette sollten die Dämonen von den Menschen fernhalten. Zu manchen Zeiten gewannen die Zauberer eine solche Macht, daß sie aus dem Land vertrieben werden mußten.

URNAMMU – DER KÖNIG VON UR

Viele Könige und Stadtstaaten bestimmten das Schicksal der Sumerer in ständigem Auf und Ab. Um 2113 v. Chr. einte eine herausragende Herrschergestalt 23 Stadtstaaten zu einem mächtigen Reich und leitete die sumerische Renaissance

ein: Urnammu, erster König der III. Dynastie von **Ur**.
Diese Bezeichnung – kurz Ur III. genannt – geht auf eine Königsliste zurück, mit der Urnammu seine Herrschaft legitimiert. Er ist auch der erste, der sich »König von Sumer und Akkad« nennt. Damit weist er auf die beiden staatstragenden Völker Mesopotamiens hin – die Sumerer und Akkader. Das Akkadische Reich im Norden war damals bereits untergegangen.

Urnammu ließ einen acht Meter hohen Wall und eine zusätzliche Mauer um die Hauptstadt Ur ziehen. Außerhalb dieser Mauern lagen die Vororte der Oberschicht, die Dörfer der Bauern und Hirten, der Händler und Fremden. Die Stadt umfaßte eine Fläche von etwa 63 Hektar und zählte an die 30 000 Einwohner. Sie lag an den Ufern des Euphrat, vermutlich sogar noch am Meer und hatte mindestens einen Hafen. Der Arabische Golf reichte damals viel weiter ins Land als heute. Inzwischen beträgt die Entfernung zur Küste mehr als 100 Kilometer, und auch der Euphrat fließt weit entfernt.

in der Sakralarchitektur machte sich der Herrscher einen Namen. Viele neue Tempel gab er in Auftrag.
Mit seinem berühmtesten Werk, dem großen Heiligtum von Ur, errichtete er dem Mond- und Reichsgott Nanna eine unvergleichliche Heimstatt. Damit erhob

Neusumerischer Fürst mit Tempel-Plan, um 2050 v. Chr.

Tempelturm des Urnammu in Ur

Durch geschickte Wirtschaftspolitik gelang es Urnammu, ausreichend Mittel für seine zahllosen Bauten aufzubringen. Überall in Südmesopotamien ließ er verfallene Städte wiedererrichten. Vor allem

der Herrscher das Bauen von Tempeltürmen zum politischen Programm.
Unter seiner Regie entstand die erste dreiteilige Freitreppenanlage – eine gigantische Konstruktion aus gebrannten

Backsteinen. Dieser kühne Entwurf verrät neue Dimensionen in Planung und Baustatik. Denn die Mittel- und die Seitentreppen mußten sich auf der ersten Terrassenstufe in elf Meter Höhe treffen. Doch der Bau bot noch weitere Überraschungen: Über der ersten errichtete man eine zweite, fünf Meter hohe Terrasse. Der Prototyp des monumentalen Stufenturms war geboren! Die Babylonier führten dafür später das Wort *Zikkurrat* ein. Es leitet sich von einem Verb ab, das »hoch aufragen« bedeutet.

Die Zikkurrat von Ur hat eine Grundfläche von rund 63 mal 43 Meter. Über den beiden Terrassen erhob sich der Tempel Nannas. Schräg geböschte Wände mit Vor- und Rücksprüngen gliedern das Bauwerk und gehen auf alte sumerische Architekturformen zurück. Die gewaltige Mitteltreppe und ein darüberstehender Torbau sind die formal beherrschenden Elemente des Zikkurrat-Körpers. Die Seitentreppen ordnen sich dem unter, ihnen fehlt die optische Wucht der Mitteltreppe.

Als riesiger Klotz ragt der Turm des Urnammu aus der Ebene. Welchen Eindruck

muß er auf die Menschen des Altertums gemacht haben! Hier präsentierten sich Staatsmacht und Gottesherrschaft in unübersehbarer Intensität. Die Zikkurrat stand im Zentrum eines Hofes, wo man dem Mondgott noch einen zweiten Tempel zu ebener Erde errichtet hatte.

Um diesen Bezirk gruppierten sich zahlreiche, für die Ausübung des Kults bedeutende Gebäude: eine palastartige Residenz für die Hohepriesterin mit dem Tempel der Ningal, der Gemahlin Nannas, ein großer Verwaltungsbau, Magazine, Küchen und Werkstätten. Im »Haus Erhabener Türstein« war der Sitz der Justiz, dort wurden auch die Aufzeichnungen des Gerichts aufbewahrt. In der Nähe stand die drei Meter hohe Kalksteinstele des Urnammu, das wichtigste plastische Monument der III. Dynastie von Ur. Bildszenen zeigen den Herrscher im Kreis der Götter. Von ihnen empfängt er alle Werkzeuge, die er für seine heilige Aufgabe, das Bauen, braucht.

Nach ersten archäologischen Untersuchungen in den Jahren 1854/55 und 1919 übernahm die Expedition des Briten Sir Leonard Woolley von 1922–34 die Aus-

Goldschmuck vom Königsfriedhof in Ur

grabungen in Ur. Woolley widmete sich nur zeitweise der Erforschung der zerfallenen Zikkurrat und fertigte auch eine Rekonstruktion an, doch seine Vorstellungen über eine dritte Stufe und die Form des Tempels auf der Spitze sind überholt.

Wie der Engländer freimütig zugab, konzentrierte sich seine Arbeit weniger auf die Architektur als auf die Suche nach wertvollen Gegenständen für das Britische Museum. Als er die unberührten Königsgräber der I. Dynastie – etwa 500 Jahre vor der III. Dynastie Urnammus – entdeckte, schlug für die Archäologie des Alten Orients eine Sternstunde. Die Verstorbenen waren mit prächtigem Goldschmuck und vielen kostbaren Grabbeigaben bestattet worden. In einigen Fällen hatte das gesamte Gefolge die Herrscher in den Tod begleitet. Soldaten mit Waffen und Dienerinnen in üppigem Geschmeide, zum Teil noch mit Musikinstrumenten in den Händen, lagen außerhalb der Gruft, wie das Zeremoniell sie einst plaziert hatte.

Der einmalige Fund wirft ein Licht auf die erste Blütezeit jener uralten, schon ab dem 5. Jahrtausend v. Chr. besiedelten Stadt, der Urnammu eine zweite Epoche des Glanzes und Reichtums schenkte. Doch aus seiner Zeit sind solche kostbaren Objekte nicht erhalten.

Auch das Alte Testament machte Ur berühmt. Von dort soll Abraham um 1800 v. Chr. auf Befehl Gottes ins Heilige Land ausgewandert sein: »*Du, Herr, bist der Gott, der Abraham auserwählt hat. Du hast ihn aus Ur in Chaldäa herausgeführt und ihm den Namen Abraham verliehen*« (Nehemia 9,7). Die Dynastie der Chaldäer übernahm später die Herrschaft in Babylon. Aber ob die Bibel mit der Heimat Abrahams wirklich das südmesopotamische Ur meint, bleibt in der Wissenschaft nach wie vor umstritten.

ZIEGEL IN ASPHALT – EIN ERFOLGSREZEPT

Der Bau des ersten Stufenturms von Ur stellte ganz neue Herausforderungen an die Architekten. Für die Treppenanlage mußten sie Ziegelgröße, Höhe der Mörtelfugen und die Steigung der Treppenstufen genau berechnen. Zudem hatten sie gewaltige Druckkräfte unter Kontrolle zu bringen. Denn der massive Kern der Zikkurrat aus luftgetrockneten Lehmziegeln dehnte sich unter dem eigenen Gewicht aus. Um ein Aufsprengen zu vermeiden, umgaben sie den Kern mit einem starken Mantel aus Ziegeln, die sie in Asphalt verlegten.

Obwohl die meisten Backsteine heute in Fabriken hergestellt werden, brennt man in der Gegend von Babylon Ziegel auch noch wie vor 4000 Jahren auf freiem Feld. Kilometerlange, tiefschwarze Rauchwolken weisen den Weg. Aus dem allgegenwärtigen Lehm geformt, in der Sonne vorgetrocknet, haushoch aufgetürmt und mit Lehm verputzt, bilden die Ziegel ihren eigenen »Ofen«. Durch Hohlräume im unteren Teil werden sie befeuert. Heute sorgt ungereinigtes Erdöl für die höllische Hitze. 36 Stunden müssen die Steine bei hohen Temperaturen brennen und anschließend zwei Tage abkühlen. Dann wird das Ganze abgebaut, der »Ofen« ist verschwunden. Aber direkt daneben steht meist schon ein neuer.

Welcher Brennstoff im Altertum die Öfen heizte, wissen wir nicht. Über Erdöl, das im Norden des Landes gefördert wird und den modernen Irak vor dem Embargo zu einem der großen Lieferanten machte, sagen die Keilschriftquellen nichts. Man wußte zwar, daß Öl brennt, wenn es hier oder da in kleinen Mengen an die Oberfläche trat. Der Naturasphalt jedoch war zur Befeuerung zu kostbar. Den brauchte man in großen Mengen als Isolierschicht für die Bauwerke.

aus hochmolekularen Kohlenwasserstoffen, also fossilen Brennstoffen, zusammen. Es ist biegsam bis hart, braungelb bis schwarz und brennbar. Dieses Erdpech – so nennt die Bibel den Naturasphalt – entsteht durch Verdunsten der leichtflüchtigen Bestandteile und durch Oxydation der schwerflüchtigen Stoffe

Lehmziegel werden zu Backsteinen gebrannt

Glücklicherweise hat die Natur das sonst an Bodenschätzen arme Land mit dem seltenen Rohstoff im Überfluß gesegnet. Die meisten Quellen lagen am Oberlauf des Tigris und am mittleren Euphrat bei der heutigen Stadt **Hit**. Naturasphalt ist ein Gemisch aus Bitumen und Mineralstoffen. Bitumen wiederum setzt sich

des Erdöls. Das Vorkommen von Naturasphalt zeigt somit auch Öllagerstätten an. Heute wird Bitumen aus Erdöl hergestellt und als Bindestoff beim Straßenbelag oder als Mittel zum Abdichten benutzt.
Diese Eigenschaft des Naturasphalts schätzten schon die Bauleute des Alter-

tums. Damit kein Wasser in die Fundamente eindrang, überzogen sie Sockel und Fußböden von Naßräumen mit der teerartigen Masse. Backsteinmauern stabilisierten sie durch eine Asphaltschicht auf jeder Ziegellage. Natürlich dichtete man mit dem Rohstoff auch Boote ab, und selbst zum Verkleben von Schmucksteinen fand er reißenden Absatz.

Die griechischen und römischen Historiker schwärmen geradezu euphorisch von den reichen Vorkommen. Diodor zum Beispiel schreibt: *»Das größte aller Wunder, die uns im babylonischen Land begegnen, ist die ungeheure Menge an Asphalt, die dort gefunden wird. Es gibt so viel davon, daß es nicht nur für so viele und so gewaltige Bauten ausreicht, sondern daß die Quellen unerschöpflich sind, obwohl die Menschen sie in unvorstellbarem Umfang ausbeuten.«*

In der Stadt Hit sprudelt noch immer eine Quelle – mitten zwischen den Häusern. Die dickflüssige, schwarze Masse blubbert vor sich hin und wirft dicke Blasen. Kleine Wasserfontänen zischen hoch, die aufsteigenden Schwefelwasserstoffgase stinken höllisch nach faulen Eiern. Doch der Eindruck eines »kochenden Teersees« täuscht. Die Masse ist kalt. Der Besitzer formt daraus mit den Händen streichfähige Klumpen. Hit war für die gebrauchsfertige Konsistenz des Asphalts schon im Altertum berühmt. In einem kleinen See nahe der Stadt wird das »schwarze Gold« vom Grund an die Wasseroberfläche gedrückt und schwimmt

darauf in riesigen schwarzen Lappen umher.

Die ungewöhnliche Idee Urnammus, die Zikkurrat von Ur mit einem Backsteinmantel zu umgeben, hat das Bauwerk anderthalb Jahrtausende überdauern lassen. Der letzte babylonische König Nabonid sah es bewußt als Denkmal an. Aber er konservierte es nicht nur, sondern gab ihm eine dritte Stufe mit Innentreppen und einen neuen Tempel. So repräsentiert das Wunderwerk buchstäblich Anfang und Ende in der Entwicklung der Stufentürme und wurde zum Schlüsseldenkmal für die Forschung.

Asphalt-See bei Hit

Die irakische Antikenverwaltung ließ den Backsteinmantel und die Treppenanlage rekonstruieren, so daß der Tempelturm von Ur nach fast 4000 Jahren wieder als Juwel altmesopotamischer Architektur in der Steppe glänzt. Zum Glück richteten die Treffer, die das Bauwerk im Golfkrieg abbekam, keinen größeren Schaden an.

DER AUFSTIEG BABYLONS

Der geniale Urnammu fand den Tod in einer Schlacht. Sein Sohn Schulgi, der »Herr der vier Weltgegenden«, bestieg den Thron und konnte die Macht noch einmal ausweiten. Doch schon unter seinen Nachfolgern begann der Verfall. Schließlich trieben die Elamiter, ein Bergvolk aus dem Osten, die ruhmreiche III. Dynastie von Ur um 2000 v. Chr. in den Untergang. Nutznießer wurde ein bis dahin unbedeutender Ort: Babylon. Zu politischer und wirtschaftlicher Blüte verhalf der Stadt ihre günstige Lage flußaufwärts am Euphrat. Um 1750 v. Chr. schuf Hammurabi nach vielen Kriegen und Wirren das Altbabylonische Weltreich. Von da an hieß der Süden des Landes Babylonien.

Seine berühmten Gesetze, der *Codex Hammurabi,* sind in eine 2,25 Meter hohe Stele aus poliertem Diorit gemeißelt. 282 Paragraphen regelten das Recht in einem typischen Ständestaat. Bauern und Bürgern, Baumeistern, Chirurgen, Tierärzten, Barbieren, Gastwirten oder Sklaven drohte für Vergehen jeglicher Art strenge Vergeltung – nach dem *ius talionis,* dem Prinzip »Auge um Auge, Zahn um Zahn«.

Fachleute vermuten inzwischen, daß die drastischen Strafen selbst für relativ geringfügige Vergehen nie angewendet wurden und der *Codex* nur der Abschreckung gedient habe. Die Stele verschleppte später ein elamitischer Eroberer als Trophäe nach Susa, wo sie 1901/2 von französischen Archäologen entdeckt wurde. Um das Reich zu festigen, erhob Hammurabi den Stadtgott von Babylon, Marduk, zum Reichsgott. Bauten des Königs selbst

Der Euphrat bei Babylon

wurden nicht gefunden. Aber Inschriften berichten von seinen Arbeiten am großen Marduktempel Esagila in Babylon und an Ezida, dem Heiligtum des Weisheitsgottes Nabu im benachbarten Borsippa. Neuerdings glauben die Wissenschaftler, daß der Herrscher in beiden Städten auch Tempeltürme errichten ließ. Für die Schwesterstadt **Kisch** ist das überliefert.

Hammurabi regierte 40 Jahre lang, hatte aber keinen ebenbürtigen Nachfolger. Es kam zu Unruhen, die Angriffe von außen häuften sich. Die Hethiter eroberten Babylon und plünderten es aus. Danach konnte sich die geschwächte Stadt nicht mehr gegen die Einfälle der Stämme aus dem Zagrosgebirge wehren. Im 15. Jahrhundert v. Chr. gelang es den Kassiten, einem Bergvolk unbekannter Rassen- und Sprachzugehörigkeit, Babylon einzunehmen und sich für die nächsten 350 Jahre dort festzusetzen.

Ihre Könige pflegten die babylonische Tradition, verehrten viele der alten Götter und erneuerten gar ihre Tempel – zum Beispiel das Nanna-Heiligtum in Ur. Auch in Uruk und anderen Städten

Die Zikkurrat von Aqar Quf. Filmszene

bauten sie eifrig. In der neuen Hauptstadt Dur-Kurigalzu, dem heutigen **Aqar Quf**, verwirklichte König Kurigalzu II. in der zweiten Hälfte des 14. Jahrhunderts v. Chr. mit einer neuen Zikkurrat ein Prestigeprojekt ersten Ranges. Und wieder übertraf die Konstruktion alles bisher Dagewesene.

Der erhaltene Lehmziegelkern ragt noch heute über 50 Meter hoch. Hier blieben die eingezogenen Schilflagen besonders gut erhalten. Der Backsteinmantel im unteren Teil ist eine moderne Restaurierung nach dem archäologischen Befund. Auch dieser Turm hat eine Mittel- und zwei Seitentreppen, die in etwa 30 Meter Höhe zusammentreffen.

Einige der frühen Reisenden glaubten, in dieser imposanten Ruine den Turm der Bibel gefunden zu haben. Als die Juden nach Babylon verschleppt wurden, muß der legendäre Bau ungefähr in dem Zustand gewesen sein wie Aqar Quf heute.

Denn er war ja nicht vollendet, wie es heißt. Aber diese Episode spielt fast 700 Jahre später.

DER ASSYRISCHE LÖWE

Ab 1300 v. Chr. erschien im Zweistromland eine neue Macht: die Assyrer. Auch sie gründeten ein Weltreich, das sich zeitweise bis Ägypten ausdehnte. Zunächst regierten sie von ihrer Metropole **Assur** aus, später residierten sie in neu erbauten Städten wie **Ninive** und **Nimrud/Kalach**. Für den nördlichen Teil Mesopotamiens bürgert sich der Name Assyrien ein.

Auch diese neuen Herrscher glänzten als große Architekten. Technische Pionierleistungen im Straßen- und Brückenbau machten sie berühmt. Im Gegensatz zu ihren Vorgängern im Süden hatten sie als Baumaterial zusätzlich Stein zur Verfügung. Die Innenwände der Paläste schmückten sie mit endlosen Reliefs, die uns viel aus dem Leben vor Jahrtausenden erzählen: von königlichen Banketten und Löwenjagden, vom Umgang mit Pferden und Hunden, von Steine schleppenden Arbeitssklaven oder dem Transport riesiger Holzstämme auf Booten und Karren. Sogar einen Aquädukt zur Herleitung des Wassers haben sie gebaut. Die detailgetreuen Darstellungen wirken wie Fotografien in Stein.

Aus Babylonien hatten die Assyrer die Idee der Tempeltürme übernommen. Doch ihre Zikkurrate hatten keine Freitreppenanlage; die Frage, wie man hinaufkam, bleibt ungeklärt. In der Hauptstadt Assur, die auf einem Plateau hoch über dem Tigris liegt, thront das majestätische Lehmziegelmassiv des Kriegs- und Reichsgottes Assur. Seine Basis mißt 61 × 62 Meter, die Höhe beträgt heute noch rund 20 Meter. Wie hoch der Turm ursprünglich war, läßt sich nicht mehr feststellen.

In unmittelbarer Nähe der Zikkurrat bauten die Assyrer den Königspalast. Auch das ist neu, denn gemäß der südlichen Tradition lagen die Paläste getrennt vom Heiligen Bezirk. Von den zwei weiteren, kleineren Türmen, der sogenannten Zwillingszikkurrat des Anu und des Adad ist so gut wie gar nichts mehr zu sehen.

Ab 1904 weckte der deutsche Architekt und Archäologe Walter Andrae die Ruine aus tausendjährigem Schlaf. In seinem unterhaltsamen Buch *»Das wiedererstandene Assur«* schildert er die große Geschichte der alten Stadt und zudem viele interessante Details vom Leben der ersten Ausgräber.

AGATHA CHRISTIE – ARCHÄOLOGIE ALS KRIMI

Archäologen können durchaus auch Mörder sein. Das jedenfalls erfahren wir von Agatha Christie in dem Ausgräberthriller *»Mord in Mesopotamien«*. Aber wie kommt die »First Lady des Kriminalromans« zu diesem Metier? Ganz einfach: Sie heiratete 1930 im Alter von 40 Jahren in zweiter Ehe den 26jährigen Archäologen Max Mallowan. Ihr Kommentar dazu: »Heiraten Sie nur einen Archäologen! Je älter Sie werden, desto interessanter findet er Sie.«

Agatha Christie begleitete ihren Mann auf seinen Expeditionen in den Orient. Die beiden nahmen schon an der Ausgrabung von Sir Leonard Woolley in Ur teil. Insider können Mitglieder seines Teams in den Figuren des Romans wiedererkennen. Auch die Autorin selbst setzte sich darin als Krankenschwester ein Denkmal. Vorbild für den Ort des grausigen Geschehens ist das Grabungshaus in Uruk. Auch ein zweiter Krimi – *»Sie kamen nach Bagdad«* – spielt in Mesopotamien.

Als Max Mallowan ab 1949 die archäologische Leitung in Kalach/Nimrud übernahm, zeigte sich die weltberühmte Schriftstellerin von einer ganz neuen Seite. Sie arbeitete als offizielle Grabungsfotografin und drehte sogar einen eigenen kleinen Film. In ihren Erinnerungen schreibt sie voller Sachkenntnis und Enthusiasmus über die Erlebnisse im Orient. Seit Mitte des letzten Jahrhunderts nennt jeder die alte Stadt Kalach nur noch »Nimrud«. Dahinter verbirgt sich eine

hübsche Geschichte. Der sagenumwo-
bene Städtegründer Nimrud hat mit dem
Ort historisch nichts zu tun. Die Bibel sagt
über ihn: »*Nimrod war der erste, der Macht
gewann auf Erden, und er war ein gewaltiger*

Im Februar 1846 grub der britische Archäologe Sir Austen Henry Layard in
Kalach. Als die Arbeiter zum ersten Mal
einen der riesigen, geflügelten Stiergöt-
ter freilegten, kamen zwei Araber auf-

Geflügelter Stiergott am Palast von Nimrud

*Jäger vor dem Herrn. Daher spricht man: Das
ist ein gewaltiger Jäger vor dem Herrn wie
Nimrod*« (1. Mose 10, 8–9). Vermutlich
geht der Name auf den assyrischen Kriegs-
und Jagdgott Ninurta zurück.

geregt zu Layard gerannt und brüllten:
»Herr, komm schnell, sie haben den
Nimrod gefunden! Bei Gott, es ist wun-
dersam, aber es ist wahr! Wir haben ihn
mit eigenen Augen gesehen!« »Nimrud«

entpuppte sich als *Lamassu* – eines jener Mischwesen aus Mensch, Löwe, Adler und Stier, die assyrische Palasttore häufig schmückten. Inzwischen sind sie weltberühmt, aber in der Anfangszeit der Archäologie kannte noch niemand diese schützenden Dämonen. Seit jenem Ereignis heißt Kalach jedenfalls Nimrud.

König Assurnasirpal II., der große Eroberer, liebte Kalach so sehr, daß er den Ort – assyrisch *Kalchu* – wiederaufbauen ließ und zur Hauptstadt machte. Bei der Einweihungsfeier seines über zwei Hektar großen Palastes im Jahr 879 v. Chr. zeigte sich der sonst als grausam bekannte Assurnasirpal als äußerst freigiebiger Gastgeber. Mit fast 70 000 Geladenen feierte er ein rauschendes Fest. Sie verspeisten 2200 Rinder, 16 000 Schafe, tranken 10 000 Schläuche Wein und 10 000 Faß Bier. Das verrät uns die ausführliche Inschrift auf der sogenannten »Bankett-Stele«.

Max Mallowan erkundete systematisch Assurnasirpals »Nordwestpalast«. Besonders erwähnenswert unter allen Funden ist die große Anzahl kunstvoller Elfenbeinarbeiten, vermutlich Auflagen für Möbelstücke des herrschaftlichen Haushalts. Inzwischen wurden Teile des Palastes wieder aufgebaut. 1989 fanden irakische Archäologen in den Gräbern einer Königin und mehrerer Prinzessinnen einen aufsehenerregenden Goldschatz.

Elfenbein-Arbeit aus Nimrud, um 880 v. Chr.

DER SCHRECKEN DER VÖLKER

Die Geschichte der Assyrer ist eine Geschichte des Krieges. Vom 14. bis zum 7. Jahrhundert v. Chr. versetzten ihre Feldzüge die Völker des Alten Orients in Angst und Schrecken und hinterließen Spuren furchtbarer Verwüstungen. Von Morden, Folterungen und Versklavung berichten sowohl ihre eigenen Inschriften als auch das Alte Testament.

Den Unterworfenen legten die Herrscher harten Tribut auf. Wurde er nicht pünktlich abgeliefert, schickten sie Strafexpeditionen.

Auch für Israel waren unter den Assyrern schlechte Zeiten angebrochen. Die Annalen Salamanassars III. (859 bis 824 v. Chr.) nennen Israel *Haus Omri*, obwohl die Dynastie dieses Feldherrn-Königs bereits vor dem Thronräuber Jehu ausgerottet war. Aber hier erwähnt zum ersten Mal eine außerbiblische Quelle einen König von Israel. Damit beginnt ein neues Kapitel, denn jetzt kann man die Berichte des Alten Testaments mit den assyrischen Quellen vergleichen.

Gut hundert Jahre später – 701 v. Chr. – belagerte König Sanherib Jerusalem, konnte es aber nicht einnehmen. Sein

Heer mußte plötzlich abziehen – vermutlich wegen der Pest, die Mäuse und Ratten ins Feldlager eingeschleppt hatten. Die Eroberung der Stadt Lachisch, die damals bedeutender war als Jerusalem, und den Zug der jüdischen Gefangenen haben die Hofkünstler in Sanheribs Palast in Ninive dargestellt. Mit der Deportation der Besiegten verfolgten die Assyrer ein ganz spezielles Interesse. Ihre Militäraktionen zielten selten auf die totale Ausrottung des Gegners. Man wollte vielmehr eine möglichst große Zahl von Familien aus ihrer Heimat wegführen und zur Stärkung der eigenen Wirtschaftskraft in den Randgebieten Mesopotamiens ansiedeln.

Wesentlich milder gingen die Assyrer mit Babylon um. Trotz ihrer sprichwörtlichen Härte achteten sie die Stadt am Euphrat, deren Kultur und Religion sie ja zu großen Teilen übernommen hatten. Assyrische Herrscher regierten Babylonien und Assyrien in Personalunion oder setzten einen ihnen gewogenen König ein.

Doch immer wieder versuchten Fürsten von Nomadenstämmen – man bezeichnet sie mit dem Sammelnamen Aramäer – die Macht an sich zu reißen und Babylon vom assyrischen Joch zu befreien. Als bedeutendste Stammesgruppe der Aramäer hatten die Chaldäer nach 1000 v. Chr. in Südmesopotamien – später wird das Gebiet Chaldäa genannt – mehrere Kleinstaaten gegründet und die Assyrer immer wieder attackiert. Ihr General Nabopolassar bestieg 626 v. Chr. den Thron in Babylon. Gemeinsam mit den persischen Medern zwang er den »assyrischen Löwen« zu Boden.

Im Jahr 612 v. Chr. brennt Ninive. Die Zerstörung – von allen Völkern ersehnt und von den Propheten geweissagt – war so gründlich, daß kein Stein auf dem anderen blieb und die Erinnerung an das einst so mächtige Reich für lange Zeit ausgelöscht wurde.

DEUTSCHLAND IM BANN DES ORIENTS

Nach dem Sieg über die Assyrer verschob sich das Zentrum der Macht wieder nach Süden. Unter Nabopolassar, vor allem aber unter seinem Sohn und Nachfolger Nebukadnezar II. sollte Babylon noch einmal zum strahlenden Mittelpunkt der antiken Welt werden. Doch bis zum Beginn unseres Jahrhunderts blieb die Stadt am Euphrat durch die biblischen Berichte nur als Ort der Gotteslästerung und des Größenwahns im Gedächtnis der Menschen.

Schon im Altertum lag Babylon verfallen und verwüstet. Es ist nicht einmal 400 Jahre her, seit man überhaupt weiß, wo die antike Stätte zu finden ist. Aber vor genau 100 Jahren, am 26. März 1899, machte der Deutsche Robert Koldewey den ersten Spatenstich am Euphrat und rückte die gigantische Ruine wieder ins Licht der Öffentlichkeit.

Bis dahin hatte die Feldforschung in Mesopotamien in der Hand der Engländer und Franzosen gelegen. Doch in den achtziger Jahren des 19. Jahrhunderts wuchs das Interesse an den orientalischen Wissenschaften hierzulande enorm. Zudem versuchte das Deutsche Reich unter Kaiser Wilhelm II. durch verstärkte Expansionspolitik neue Märkte zu erschließen. Ein deutsches Konsortium hatte 1888 von den Türken den Zuschlag zum Bau einer Bahnlinie erhalten, die einmal den Bosporus mit dem Persischen Golf verbinden sollte. Die ersten Pläne stammten von Georg von Siemens, dem Direktor der Deutschen Bank, die das gewaltige Unternehmen dann finanzierte und mit der Baufirma Philipp Holzmann ausführte. Am 18. Oktober 1898 traf der Kaiser in Konstantinopel ein. Mit seinem Besuch wollte er die Beziehungen zum Osmanischen Reich weiter verbessern und das Bahnprojekt vorantreiben. Endgültig fertiggestellt wurde die Gesamtstrecke der sogenannten Bagdadbahn übrigens erst 1940.

Daß Koldeweys Expedition schon bald nach der Kaiser-Visite in Mesopotamien zu graben begann, hing mit der Bagdadbahn zwar nicht direkt zusammen, aber es paßte ins Gesamtkonzept. Am 24. Januar 1898 hatte sich in Berlin die Deutsche Orient-Gesellschaft gegründet. Ihr Ziel sah sie in der wissenschaftlichen Erforschung der alten Kulturen, aber auch im Erwerb von Altertümern, vor allem für die Königlichen Museen in Berlin. Dem Leiter ihrer neu geschaffenen Vorderasiatischen Abteilung, Professor Friedrich Delitzsch, dem bedeutenden Mäzen James Simon und besonders Kaiser Wilhelm II. persönlich verdankte die Gesellschaft ihr enormes Anwachsen. Mitgliederbeiträge und hohe Spenden finanzierten die künftigen Grabungen. Auch der Kaiser unterstützte sie großzügig aus seiner Privatschatulle und verfolgte begeistert alle Entwicklungen. In seinen Erinnerungen schreibt er: *»Ein Gebiet, das mich in den Stunden der Erholung beschäftigt hat, war die Archäologie und die Ausgrabungstätigkeit. Die Assyriologie erschien mir besonders wichtig, weil von ihr eine Beleuchtung und Belebung des Alten Testaments zu erwarten war. Mit Freuden nahm ich daher den mir angebotenen Vorsitz der Deutschen Orient-Gesellschaft an und vertiefte mich in ihre Arbeiten, wie ich auch nie einen ihrer öffentlichen Vorträge über die Ergebnisse der Forschungen versäumt habe.«*

Gleich mit seinem ersten Vortrag *»Babel und Bibel«* löste der Assyriologe Friedrich Delitzsch im Januar 1902 nicht nur in Berlin eine ungeheure Kontroverse aus. Er behauptete, das Alte Testament sei nicht nur literarisch, sondern auch religiös und ethisch von Babylonien abhängig gewesen. Im Gegensatz zum humanen Zug im babylonischen Wesen seien ihm Sittlichkeit und gar Gottesoffenbarung abzusprechen. Diese provokanten Thesen erregten die Gemüter. Der Kaiser mußte eingreifen und den übereifrigen Professor zurechtweisen.

Karl May schrieb zu diesem Thema sogar ein Theaterstück, und die *Lustigen Blätter* brachten 1903 ein Babylon-Heft mit Karikaturen und einem anzüglichen Wiegenlied heraus:

Babel Bebel Bibel,
Das Wissen ist von Übel;
Die Wahrheit, die gebraucht man nicht,
Und für den Klerus taugt sie nicht.
Babel Bebel Bibel.
Bebel Bibel Babel,
O Mensch halt' deinen Schnabel!
Die große Lippe liebt man nicht,
Und Redefreiheit gibt es nicht.
Bebel Bibel Babel.

DER ARCHITEKT MIT DEM SPATEN

Unberührt von der Polemik in Europa, arbeitete der Architekt und Archäologe Robert Koldewey damals schon fast vier Jahre in Babylon. Von zwei Erkundungsreisen – 1887 und 1897 – hatte er Bruchstücke emaillierter Ziegelreliefs mit nach Berlin gebracht. Die farbigen Brokken machten einen ungeheuren Eindruck, die Deutsche Orient-Gesellschaft wählte unter mehreren Orten schließlich Babylon für ihre erste große Expedition aus. Einem Freund schrieb Koldewey über die entscheidende Sitzung: »*Man hat sich für Babylon entschieden aufgrund meines Berichts, namentlich wegen der von mir gerühmten Ziegelreliefs. Das war also ein vollständiger Triumph, wie ich ihn besser nicht verlangen kann.*«

Koldewey unermüdlich die Reste der antiken Stadt ans Licht. Selbst im brütend heißen Sommer gönnte er sich keine Pause. Das Mammutprojekt beschrieb er in dem 1913 erschienenen Buch »*Das wieder erstehende Babylon*«:

»*In Babylon ist seit dem Beginn unserer Ausgrabungen bis jetzt ungefähr die Hälfte der Arbeit bewältigt, obwohl wir im Sommer und Winter jeden Tag mit 200 bis 250 Arbeitern daran gearbeitet haben. Das wird verständlich, wenn man die Größe des Objekts bedenkt, und daß zum Beispiel gewöhnliche Festungsmauern, deren Dicke in anderen antiken Städten 3 m oder 6 bis 7 m beträgt, hier in Babylon leicht 17 m oder 22 m Dicke erreichen.*«

Koldeweys Assistent war der junge Walter Andrae, der gerade erst das Studium an der Technischen Hochschule in Dresden abgeschlossen hatte. Aus dem Lehrling zu Beginn der Grabung wurde schnell ein Meister: Koldewey übertrug ihm zeitweise die Leitung in Babylon, kleinere Untersuchungen in Borsippa und dann die großangelegte Erforschung

Robert Koldewey mit dem Nivelliergerät bei der Grabung von Babylon. Foto von 1907

Und er sollte seine Auftraggeber nicht enttäuschen. Koldewey war Architekt und gleichzeitig Archäologe. Seine bahnbrechende Leistung lag nicht allein im Finderglück, sondern er führte erstmals exakte Bauaufnahmen durch und ermittelte die Grundzüge einer altorientalischen Stadt anhand verschiedener Quellen. Für lange Zeit blieb die methodische Genauigkeit dieser sogenannten »Berliner Schule« unerreicht. Bis zum 7. März 1917 – fast auf den Tag genau 18 Jahre – holte

von Assur. Später, von 1928 bis 1951, war Walter Andrae Direktor der Vorderasiatischen Abteilung der Staatlichen Museen in Berlin. Ihm vor allem ist die Rekonstruktion des Ischtar-Tores, der Thronsaalfront und der Prozessionsstraße zu verdanken, die heute unzählige Museumsbesucher bewundern. Schon in Babylon hatte er sich unermüdlich um die Wiederherstellung der inzwischen berühmten Tierfiguren bemüht: »*Da saß ich nun als Ausgräber und setzte

Tag und Nacht ein ganzes Jahr lang den damals noch ganz unbekannten farbigen Löwen von Babylon aus Tausenden von Bruchstücken zunächst auf dem Papier zusammen.«

Man stelle sich vor: 536 Kisten – fast alle gefüllt mit farbigen Ziegelfragmenten – kamen 1926, neun Jahre nach Abschluß der Grabung, im Zug der Fundteilung nach Berlin! Die Brocken wurden vom Salz gereinigt, und dann begann man, die prächtigen Löwen der Prozessionsstraße, die Stiere und Drachen des Ischtar-Tores zusammenzufügen. Versatzmarken, die babylonische Künstler auf der Rückseite der Reliefziegel angebracht hatten, halfen beim größten Puzzle der Welt wenigstens ab und an weiter.

Große Teile des monumentalen, zwölf Meter hohen Ischtar-Tores mußten rekonstruiert und daher die getreue Nachahmung der Farben in vielen Versuchen getestet werden. Doch die ausgeklügelte Technik der Babylonier bleibt unerreicht. Die schwarzen Glasfäden zur Abgrenzung von Umrissen hatten damals denselben Schmelzpunkt wie die Emaille-Farben. Das verleiht den Figuren ein plastisches Aussehen. Andrae nannte es *»einen Gipfel der Kunst, farbige Keramik stilecht im Monumentalbau zu verwenden. Mehr als 30jährige Arbeit hat dazu gehört, diese Kunst wiedererstehen zu lassen.«*

BABYLON – DER NABEL DER WELT

Mit drei Quadratkilometern ummauerter Fläche war Babylon eine Metropole der Superlative. Die Vororte dehnten sich noch weit darüber hinaus aus. Über

Rekonstruktion des Ischtar-Tors im Vorderasiatischen Museum Berlin

die genaue Einwohnerzahl erfahren wir nichts. Aufgrund der politischen, wirtschaftlichen und kulturellen Bedeutung Babylons gehen Schätzungen bis zu einer halben Million. Schon in Ninive wohnten rund 300 000 Menschen, und das noch zu einer Zeit, als die Macht der Stadt bereits erloschen war.

Herodot rühmte die Mauern von Babylon: 86 Kilometer lang seien sie gewesen, und auf ihrer Krone habe ein vierspänniger Wagen fahren können. Wenn die Angaben des griechischen Historikers aus dem 5. Jahrhundert v. Chr. auch ins Reich der Legende gehören, so waren die massiven Befestigungen doch einzigartig. Eine doppelte Mauer umgab die Stadt – die äußere war 3,70 Meter breit, die innere 6,5 Meter – also fast doppelt so stark – und 12 Meter hoch. Vorspringende Türme im Abstand von 20 Metern und ein ebenfalls 20 Meter breiter, vorgelagerter Wassergraben sicherten die Wälle. Die Altstadt mit dem Heiligen Bezirk umgab eine zusätzliche, dritte Mauer. Und eine vierte, der sogenannte »Osthaken«, umschloß mit mehr als 18 Kilometern Länge auch den Sommerpalast Nebukadnezars.

Breite Straßen gliederten Babylon übersichtlich, so daß sich auch Fremde schnell zurechtfanden. Als Weltwunder der Antike machten die *Hängenden Gärten* Schlagzeilen – wohl eine terrassenartig angelegte Grünanlage, über deren genaue Lage und Form die Forschung nach wie vor uneinig ist.

Im Altertum ebenso berühmt war die 123 Meter lange Brücke über den Euphrat. Sieben ihrer acht Backstein-Pfeiler konnte man ausgraben. Die Fahrbahn bestand aus Holzbohlen, die nachts für die Durchfahrt hochmastiger Segelschiffe entfernt wurden.

Welche Bedeutung die Metropole in den Augen der Menschen hatte, zeigt die »Babylonische Weltkarte«, eine Tontafel aus dem 6. Jahrhundert v. Chr. Die Erde ist kreisrund gezeichnet, der Euphrat teilt sie von Norden nach Süden in zwei Hälften. Außen herum fließt der »Bitterstrom«, der Ozean. Umgeben von bekannten Ländern liegt Babylon genau in der Mitte, gleichsam als »Nabel der Welt«.

Zu keiner anderen Zeit des Jahres entfalteten sich Pracht und Glanz der Stadt mehr als beim großen, elftägigen Neujahrsfest. Die Feierlichkeiten begannen mit einer großen Prozession. Auch die Götter anderer Städte nahmen daran teil, um das Wohlergehen für ihre Gemeinwesen zu sichern. Das gesamte geistliche und weltliche Personal zog vom Haupttempel Esagila zur Euphratbrücke und von dort mit Schiffen flußaufwärts zum Festhaus vor den Mauern der Stadt. Dort ließ sich der Reichsgott Marduk auf seinem Thron nieder. Opfer wurden dargebracht, und ein großes Festmahl folgte. Am elften Tag bewegte sich der Zug durch das

Die Prozessionsstraße in Babylon

Ischtar-Tor über die prächtige Prozessionsstraße zurück in die Stadt – vorbei an den
blauglasierten Wänden mit den maje-
stätisch schreitenden Löwen. Als Krönung
fand die »Heilige Hochzeit« zwischen
Marduk – vermutlich in Gestalt des Königs – und der Oberpriesterin statt, um
Fruchtbarkeit und Reichtum des Landes
für das kommende Jahr zu garantieren.
Über dieses Ritual wissen wir nur sehr
wenig. Schauplatz war wahrscheinlich der
Tempel auf der großen Zikkurrat von
Babylon.

MARDUKS »WOLKENKRATZER«

Zugegeben: Der schilfüberwucherte
Tümpel ist nicht gerade klein. Doch
jeder, der nicht weiß, daß hier das
berühmteste Bauwerk Mesopotamiens
stand, würde achtlos daran vorbeigehen.
Selbst den Stumpf des Lehmziegelmassivs
überwuchern heute meterhohe Grün-
pflanzen. Nicht einmal Koldewey deutete
den unscheinbaren Platz richtig, als er in
Babylon anfing. Erst nachdem er 1901
den Tempel Esagila gefunden hatte, kam
man auf die Idee, daß die Ruine mit dem
Wassergraben die Zikkurrat Etemenanki,
das »Haus des Grundsteins von Himmel
und Erde«, sein könne.
Brunnenbauer waren 20 Jahre zuvor auf
eine gewaltige Mauer aus Backsteinen ge-
stoßen, die sie in offiziellem Auftrag ab-
trugen. Zurück blieb ein überfluteter Graben um einen großen Erdblock. 1913 war
das Grundwasser um vier Meter gesunken, so daß Koldewey von Februar bis Juni
die tiefer liegenden Teile der Turmruine

»abtasten« und vermessen konnte. Er
fand einen 15 Meter starken, mit Asphalt
gemauerten Backsteinmantel, der um einen massiven Lehmziegelkern gelegt war.
Damit war der Grundriß des Turms mit
91,5 Metern Seitenlänge bekannt. Zudem
entdeckte der Archäologe die unteren
Stufen einer monumentalen Freitreppe.
Aus dem Schutt grub er einen Gründungszylinder Nebukadnezars und ge-
stempelte Ziegel. Andere Texte erwähnen
Baumaßnahmen des Herrschers und seines Vaters, aber auch assyrischer Könige.
Die Ergebnisse stellten die Diskussion um
den legendären Bau auf eine völlig neue
Basis.
Zufällig tauchte im gleichen Jahr in Paris eine Tontafel auf, von der Koldewey
aber nichts erfuhr. Das einzigartige Dokument beschreibt den Marduk-Tempel
Esagila und den Stufenturm Etemenanki!
229 v. Chr. hatte Anubelschunu, ein Priester aus Uruk, die genauen Maße über
Terrassenstufen und Götterräume angegeben. Zu den Treppen sagt der Text nichts.
Das einzige keilschriftliche Zeugnis über
die Zikkurrat von Babylon wurde ein absoluter Glücks-, aber auch Streitfall für die
Wissenschaft.
Der Entdecker der Tontafel, der Assyriologe George Smith, fertigte eine Übersetzung an und publizierte sie 1876 in
London. Doch darauf wollten sich die
anderen Forscher nicht stützen, weil das
Original bis 1913 unzugänglich blieb.
In der Folgezeit haben sich zahlreiche
Wissenschaftler um die Rekonstruktion
des Bauwerks bemüht. Im Jahr 1962
führte der Bauhistoriker Hansjörg Schmid
im Auftrag des Deutschen Archäologischen Instituts eine zweite Grabung im
Bereich des Kernmassivs durch. Damit
konnte er die Untersuchungen von 1913
differenzierter betrachten, vor allem aber
einen neuen, gewichtigen Beitrag zur Bau-
geschichte von Etemenanki leisten.

Professor Schmid stellte drei verschiedene Turmbauten fest. Der älteste, das Kernmassiv, vielleicht aus der Zeit Hammurabis, ist aus ungebrannten Ziegeln durchgemauert. In einer ersten Restauration wurde ein Lehmziegelmantel mit Holzverankerung herumgelegt. Die jüngste Zikkurrat hat den 15 Meter starken Backsteinmantel, den Koldewey identifizierte. Das große Problem für den Wissenschaftler war die Rekonstruktion des Aufbaus mit Hilfe der wenigen, noch aufgefundenen Treppenstufen. Er mußte herausfinden, wie die babylonischen Baumeister die Treppen berechneten. Der Schlüssel lag im Verhältnis 8:11 bei Höhe zu Länge.

Bruchstücke blauglasierter Ziegel, mit denen dieser Tempel laut Nebukadnezar verkleidet war, hat man beim Turm im nahen Borsippa gefunden. Unermüdlich forscht seit 1980 ein Team der Universität Innsbruck an der noch 50 Meter hoch aufragenden Ruine. Der Archäologe Wilfrid Allinger-Csollich entdeckte viele interessante Details zur Statik:
Auch diese Zikkurrat ist überbaut worden. Zedernstämme waren in das Ziegelmassiv eingemauert, um den Druck gleichmäßig auf den alten Kern und die neue Außenschale zu verteilen. Die Errichtung eines solchen Riesenturms basierte auf jahrhundertelangen Erfahrungen. Die Architekten

Grabung in Birs Nimrud/Borsippa

Konkret heißt das: Die beiden Seitentreppen führten auf die erste Stufe in 31 Metern Höhe, die Mitteltreppe endete auf der zweiten Stufe bei 48 Metern.
Der Clou: Diese Maße entsprechen, abzüglich Fundament und Brüstungen, genau den Angaben auf der Keilschrifttafel. Ein Beweis, daß der Text wirklich den Turm von Babylon beschreibt! Man konnte also auch die vier weiteren Stufen mit jeweils 6 Metern und den Tempel auf der Spitze mit 15 Metern Höhe nach seinen Daten rekonstruieren.

brauchten ein enormes Fachwissen, um zu verhindern, daß die gewaltigen Konstruktionen auseinanderbrachen.
In Babylon erreichten sie den Höhepunkt der Baukunst ihrer Zeit. Der Turm war 91,5 Meter hoch! Er stand in einem 400 × 400 Meter großen Hof, dem Heiligen Bezirk. Der »Wolkenkratzer« demonstrierte in einzigartiger Weise die Macht Marduks und den Reichtum der Könige. Schon viele Kilometer vor der Stadt erblickten Reisende das monumentale Wunderwerk. Doch warum hat die Bibel es verdammt?

EXIL AM EUPHRAT

Entstanden ist die Geschichte nach der Zerstörung des Tempels in Jerusalem und der Deportation der Juden nach Babylon. Nebukadnezar bestrafte das Volk Israel, weil es sich weigerte, die fälligen Tribute an ihn zu zahlen. Im März 597 v. Chr. eroberte er Jerusalem. Den 18jährigen Prinzen Jojachin setzte er als Thronfolger ab und erhob Zedekia, »einen Mann nach seinem Herzen«, zum König.

Jojachin, seine Familie, den Hofstaat, hohe Beamte und vor allem im Festungsbau ausgebildete Facharbeiter nahm Nebukadnezar mit nach Babylon. Die Schätze des Palastes und Tempels wurden als Reparationszahlung mitgeführt (2. Könige 24,13). Doch noch war Jerusalem glimpflich davongekommen, dank des jungen Jojachin, der sich freiwillig unterworfen hatte.

König Zedekia von Jerusalem paktierte, wie schon seine Vorgänger, mit den Ägyptern. Die Warnung des Propheten Jeremia, »du wirst dem König von Babel in die Hände gegeben werden« (Jer. 37, 17), schlägt er in den Wind und stoppt die Tributlieferungen an Nebukadnezar. Diesmal marschiert der König von Babylon sofort mit geballter Streitmacht in Judäa ein. Stadt um Stadt brennt er nieder. Nicht noch einmal läßt er die Milde walten, die ihm so schlecht gedankt wurde.

18 Monate belagern die Babylonier Jerusalem. Im August 587 v. Chr. nimmt er die von Hunger und Seuchen geschwächte Stadt ein und zerstört den Tempel Salomons. Seit damals ist das bedeutendste Heiligtum der Juden, die Bundeslade mit den Gesetzestafeln, verschwunden. Die Weissagungen der Propheten waren in Erfüllung gegangen; Israel wurde babylonische Provinz.

Nach dem herrschenden Kriegsrecht ließ Nebukadnezar den abtrünnigen Zedekia blenden und die Angehörigen der Oberschicht und des Adels in die Stadt am Euphrat führen. Jeremia gibt als Gesamtzahl der Gefangenen bei beiden Aktionen 4600 an (Jer. 52, 29–30). Für die Weltgeschichte spielte sich damit nur das übliche Schicksal eines aufmüpfigen Kleinstaates im Umkreis einer altorientalischen Großmacht ab. Für die Religionsgeschichte jedoch wurde die »Babylonische Gefangenschaft der Juden« zu einem einschneidenden Ereignis.

»An den Wassern zu Babel saßen wir und weinten, wenn wir an Zion dachten. Vergesse ich dich, Jerusalem, so verdorre meine Rechte ... Tochter Babel, du Verwüsterin; wohl dem, der dir vergilt, was du uns angetan hast!« (Psalm 137).

Die Juden hatten zwar ihre Heimat verloren, doch realistisch betrachtet ging es ihnen nicht schlecht in der Fremde. Sie lebten keinesfalls als Gefangene oder Sklaven, sondern als halbfreie Pächter in eigenen Siedlungen. Sie durften Häuser bauen, Gärten anlegen, heiraten und Kinder aufziehen.

Sogar die Ausübung ihrer Religion wurde ihnen gestattet. Von der einheimischen Bevölkerung grenzten sie sich durch äußere Zeichen wie Sabbat und Beschneidung ab. Der babylonische König Nebukadnezar wollte die Besiegten weder ausrotten noch ihre Kultur zerstören. Dennoch wurde der tolerante Herrscher als Inbegriff des Tyrannen verketzert, der die »Kinder Israels« in eine erbärmliche Gefangenschaft geführt hatte.

Sein Nachfolger begnadigte schließlich ihren Anführer Jojachin und zahlte ihm einen lebenslangen Unterhalt.

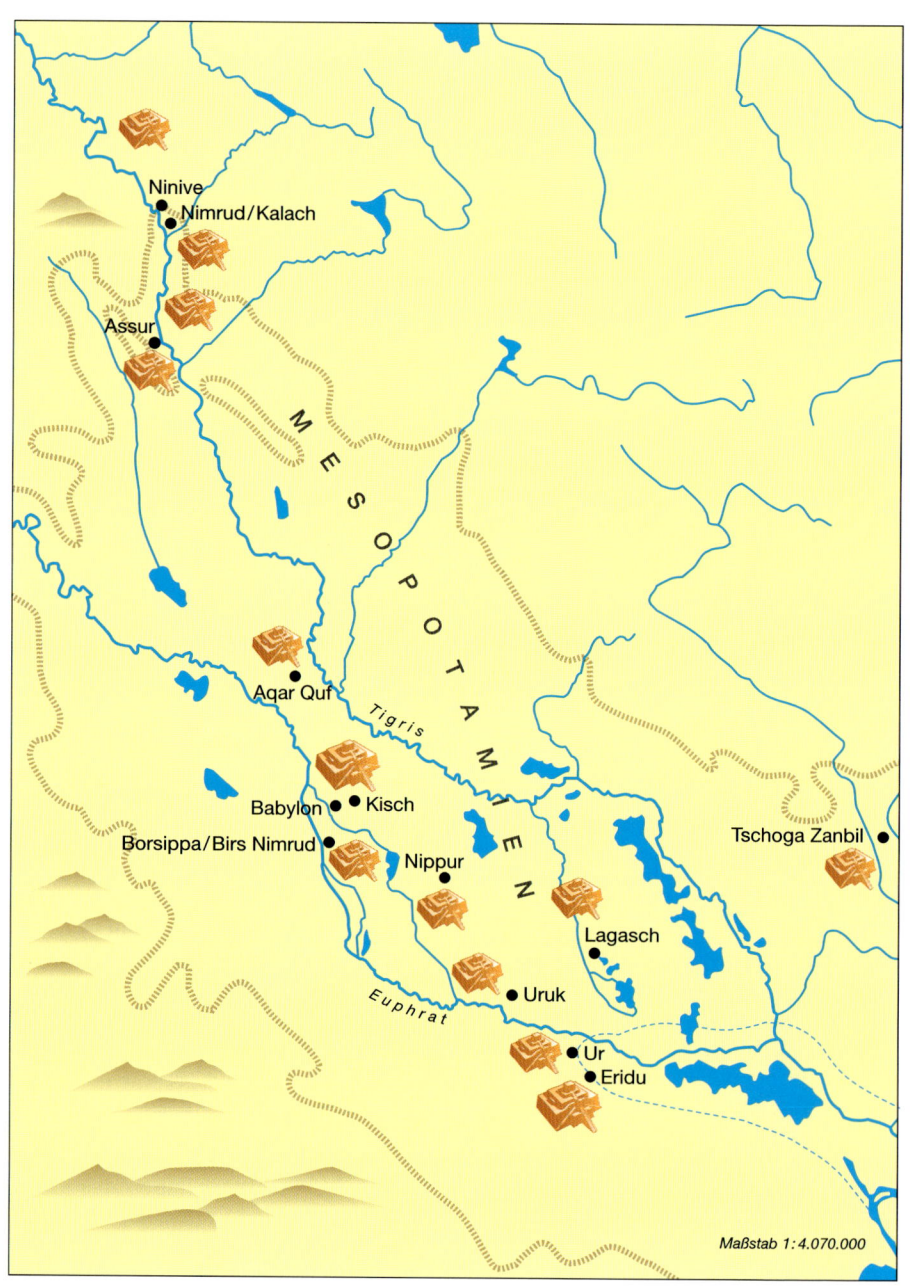

Mesopotamien und seine Tempeltürme

Es existieren noch Proviantquittungen für den König auf babylonischen Tontafeln. Sie belegen die Ausgabe von monatlich 15 Litern Sesamöl an Jojachin und seine Familie – eine großzügige Ration im Vergleich mit anderen Zuteilungen.

Als die Perser 539 v. Chr. nach der Eroberung Babylons den Juden die Rückkehr in die Heimat erlaubten, blieben viele von ihnen freiwillig in Mesopotamien. Einige hatten es sogar zu großem Reichtum gebracht. Tontafeln aus der Zeit nach dem Exil berichten vom jüdischen Bankhaus Murashu & Söhne mit Hauptsitz in Nippur und 200 Filialen im ganzen Land. Sie waren im Geschäftsleben fest etabliert und verkauften Grundstücke im großen Stil.

DAS BIBLISCHE MISSVERSTÄNDNIS

»*Und sie sprachen untereinander: Wohlauf, laßt uns eine Stadt und einen Turm bauen, dessen Spitze bis an den Himmel reiche, damit wir uns einen Namen machen. Und der Herr sprach: Wohlauf, laßt uns herniederfahren und dort ihre Sprache verwirren, daß keiner des andern Sprache verstehe. So zerstreute sie der Herr von dort in alle Länder, daß sie aufhören mußten, die Stadt zu bauen. Daher heißt ihr Name Babel, weil der Herr daselbst verwirrt hat aller Länder Sprache und sie von dort zerstreut hat in alle Länder.*« (1. Mose 11, 1–9).

Kaum eine Erzählung der Bibel hat die Menschen seit vielen Jahrhunderten so in Bann geschlagen wie der »Turmbau zu Babel«. Architekten, Altertumsforscher, Sprachwissenschaftler, Theologen und Maler haben immer wieder neue Deutungen vorgelegt. Ganze Bibliotheken könnte man damit füllen, und dennoch gibt es keine verbindliche Antwort.

Uns Europäern war bis zu den Ausgrabungen des letzten Jahrhunderts und der Entzifferung der Keilschrift die Architektur der Tempeltürme genauso fremd wie den Juden vor mehr als 2500 Jahren. In Babylon sahen sie zum ersten Mal eine halbfertige Zikkurrat. Man stelle sich vor, welch ungeheuren Eindruck der unvollendete Riesenbau auf die landfremden Gefangenen gemacht haben muß! Immerhin erwähnt der Bibeltext als Baumaterial »Ziegel« und »Erdpech«, was sich mit Texten Nabopolassars und Nebukadnezars deckt: »*Wie eine massige Hochflut ließ ich den Euphrat Asphalt und Erdpech herantragen, ließ Backsteine herstellen wie Regentropfen des Himmels ohne Zahl.*« Und Nebukadnezar schreibt: »*Mein Vater baute den Turm 30 Ellen hoch, und ich vollendete ihn. Ihn zu erhöhen, sein Haupt mit dem Himmel wetteifern zu lassen, legte ich Hand an.*«

Der Turm von Babylon hieß »Haus des Grundsteins von Himmel und Erde«. Auch die Namen anderer Türme weisen auf eine Begegnungsstätte zwischen der Erde und dem Himmel der Götter hin – zum Beispiel in Borsippa »Haus der sieben Lenker von Himmel und Erde« oder in Nippur »Haus der Burg von Himmel und Erde«. Eine Hymne besingt ihn mit den Worten: »*Großer Berg des Enlil, dessen Fundament in der glänzenden Tiefe gelegen ist, dessen Spitze bis an den Himmel reicht.*« Die Zikkurrat in Assur nannte man »Haus des Berges des Weltalls«. Die Tempeltürme wurden also auch mit Bergen verglichen.

Der Verfasser des Bibeltextes könnte also ganz einfach eine babylonische Formulierung übernommen haben. Und selbst das Sprachengewirr wäre leicht zu erklären, tummelten sich doch an den Baustellen

Arbeiter aus den verschiedensten Ländern. Babylon war zu dieser Zeit eine internationale Stadt. Das hebräische Wort *balal* – »stammeln« – setzten die Juden als Wortspiel in *Babel* um. Selbst unser umgangssprachlicher Begriff »babbeln« erinnert noch daran.

Ist der Turm von Babylon der Turm der Bibel? Bislang schrieben die Theologen den Text dem sogenannten »Jahwisten« aus dem 10./9.Jahrhundert v. Chr. zu. Damals stand in der Stadt am Euphrat höchstens ein Lehmziegelturm. Den Großbau in Backstein und Asphalt, wie ihn das Alte Testament beschreibt, gab es nur im Babylon der Chaldäerkönige. Neuerdings diskutieren Fachleute daher auch über eine spätere Datierung des Genesis-Berichts in die Zeit des Exils oder kurz danach.

Die Vorstellung von der turmbauenden Menschheit faszinierte auch die frühen jüdisch-rabbinischen Kommentatoren. Einige gehen davon aus, der Bau sei fertig geworden, denn es gibt im Text keinen Hinweis, daß Gott ihn zerstörte. Auf einer Forschungskonferenz in Hiddensee im September 1998 las die italienische Wissenschaftlerin Donatella di Cesare die Geschichte ganz neu: Während die christliche Überlieferung den Turm zum Symbol des menschlichen Größenwahns machte, stellt die rabbinische Gelehrsamkeit die Angst vor Zerstreuung ins Zentrum der Betrachtung. Die Fähigkeit, sich ohne Probleme zu verständigen, war der Grund für die Gemeinschaft, den Turm zu bauen. Er drückt den Willen zur Einheit als Volk und als Sprachgemeinschaft aus. Nicht eigentlich in den Himmel wollen die Menschen bauen, sondern dort bleiben, wo sie sich verstehen.

Aber Gott stoppte das Unternehmen, denn er wollte nicht nur ein Zentrum. Sein Befehl an Noah lautete, die ganze Erde mit Leben zu erfüllen. Der Vortrag der Wissenschaftlerin gipfelte in der unkonventionellen These, daß die »Zerstreuung in alle Länder« den Menschen vor Anpassung und Beschränkung auf sich allein geschützt hat. Was sich in Babel abspielte, war die Erlösung vom Wunsch nach Geborgenheit und Gemütsruhe, Einheit und Zentrum. Im Kommentar eines Rabbi heißt es: »*Überall, wo du das Wort ›sitzen‹ findest, da treibt der Satan sein Spiel. Und überall, wo du eine Spur von Wohlbehagen und Gemütsruhe findest, da treibt auch der Satan sein Spiel.*«

BELSAZAR UND DAS MENETEKEL

Als Nebukadnezar, der größte aller babylonischen Bauherren, im Jahr 562 v. Chr. starb, dämmerte das Reich langsam seinem Verfall entgegen. Über diese Zeit des Umbruchs berichtet das Alte Testament im Buch Daniel (Kap. 5, 1–30): König Belsazar hatte zu einem großen Gastmahl in den Thronsaal geladen. Als alle betrunken waren, ließ er die goldenen und silbernen Gefäße holen, die sein Vater Nebukadnezar aus dem Tempel Jerusalems weggenommen hatte. Sie tranken daraus und priesen lauthals ihre babylonischen Götter. »*Im gleichen Augenblick gingen Finger wie von einer Menschenhand, die schrieben auf die getünchte Wand in dem königlichen Saal.*« Keiner der babylonischen Gelehrten und Wahrsager konnte die Schrift deuten. Da empfahl die Mutter des Königs, den Juden Daniel zu holen, der am Hof als Traumdeuter und Ratgeber großen Einfluß besaß. Und Daniel verkündete dem entsetzten Belsazar den Inhalt der Botschaft: *»Mene mene tekel u-pharsin. Mene, das ist: Gott hat dein Königtum gezählt und beendet. Tekel, das ist: man hat dich auf der Waage gewogen und zu leicht befunden. Peres, das ist: dein Reich ist zerteilt und den Medern und Persern gegeben. Aber in derselben Nacht wurde Belsazar, der König der Chaldäer, getötet.«*

Das *Menetekel* kündet hier den Untergang des Reiches an. Als »Warnsignal« benutzen wir das Wort in unserem Sprachgebrauch noch heute. Doch die Geschichte der Bibel geht auf Kosten der historischen Wahrheit. Belsazar war nicht der Sohn

so ungerecht behandelt, verbinden die Juden mit Glanz und Untergang Babylons, mit dem Höhepunkt einer Kultur und dem Ende eines Zeitalters. Die berühmte Charakterisierung Babylons als »große Hure« sollen übrigens erst die Autoren des Neuen Testaments eingeführt haben, die in Wahrheit das sündige Rom ihrer Zeit meinten.

Die Priester Babylons hatten es Nabonid nicht verziehen, daß während seiner langen Abwesenheit das Neujahrsfest nicht gefeiert werden konnte und der Kult unterbrochen war. Das Volk von einem notwendigen Wechsel zu überzeugen, war leicht, zumal Unruhen, Inflation und sogar Hungersnöte im Land herrschten. So

Belsazars Gastmahl. Filmszene

Nebukadnezars, sondern Nabonids, des letzten Königs von Babylon. Der hatte zunächst als großer Bauherr geglänzt. Dann zog er sich für zehn Jahre in eine Wüstenstadt zurück und übergab die Amtsgeschäfte dem Kronprinzen Belsazar.

Doch das Alte Testament bringt in seinem dramatischen »Nachruf« auf das spätbabylonische Reich noch einmal Nebukadnezar ins Spiel. Den König, den die Bibel

nahmen sie Kontakt mit dem als tolerant gerühmten persischen König Kyros auf. Am 29. Oktober 539 v. Chr. ergriff Kyros unter dem Jubel der Bevölkerung beim Neujahrsfest die Hand Marduks und nahm den Titel »König aller Länder« an, seinen Sohn Kambyses machte er zum »König von Babylon«.

Das Leben in der Stadt ging ganz normal weiter. Die Wirtschaft nahm einen beachtlichen Aufschwung. Kyros erlaubte per Edikt den Juden die Rückkehr. Alle Tempelgeräte durften sie mitnehmen, der König ordnete gar den Wiederaufbau des Heiligtums in Jerusalem an. Die große Geste wirkte sich natürlich in den Berichten des Alten Testaments aus, während Nebukadnezar als Eroberer verdammt wird. Auch den Babyloniern gewährte der tolerante Herrscher die weitere Ausübung des Marduk-Kultes.

Nach fast 50 Jahren Ruhe zettelte Babylon Aufstände gegen die Perser an. Immer wieder flackerten sie auf, bis der neue König Xerxes an die Macht kam. Er kannte kein Pardon. Um 480 v. Chr. wurde die Stadt geplündert und ihre Mauer geschleift. Als schlimmste Strafe für die Babylonier ließ er den Tempel Esagila entweihen, die goldene Marduk-Statue einschmelzen und an der großen Zikkurat Etemenanki die Mitteltreppe einreißen. Damit war der Turm unbegehbar, das Machtsymbol babylonischer Herrschaft vernichtet.

Ungefähr 20 Jahre später muß Herodot in Babylon gewesen sein. Der Grieche beschreibt zwar einen intakten Turm, doch der Zustand der Treppen weist bereits auf den fortschreitenden Verfall der Zikkurat hin. Die Mauerschalen der oberen Terrassen hatten sich inzwischen abgelöst, so daß die ursprünglichen Innentreppen freilagen. Deshalb sah Herodot eine Treppe, *»die außen im Kreis um alle Türme herumführt«*.

Als die Macht der Perser nach rund 150 Jahren gebrochen war und der makedonische Eroberer Alexander der Große in Babylon einmarschierte, vollendete sich das Schicksal des berühmten Bauwerks. Alexander liebte die Stadt am Euphrat und wollte sie zur Metropole seines Reiches machen. Auch die berühmte Zikkurat sollte in neuem Glanz erstrahlen. Um sie wieder aufzubauen, mußte er zunächst

die ungeheuren Schuttberge abtragen und die Ruine einebnen lassen. Dabei ist es geblieben. Der siegreiche Feldherr konnte seinen Traum nicht mehr verwirklichen. Er starb 323 v. Chr. im Alter von 32 Jahren in Babylon. Und der größte Tempelturm Mesopotamiens war vom Erdboden verschwunden.

BILDER EINES WELTWUNDERS

Alle Reisenden, die nach dem Tod Alexanders nach Mesopotamien kamen und die Zikkurat von Babylon beschrieben, müssen entweder die Ruine von Aqar Quf oder von Borsippa – arabisch »Birs Nimrud« – gesehen haben.

Als Bildthema machte der Turm in nachantiker Zeit eine beachtliche Karriere. Da niemand genau wußte, wie er ausgesehen hatte, konnten ihn die Künstler allen Bedürfnissen anpassen. Die Palette reichte vom Symbol der Sünde bis zum Objekt der Bewunderung.

Die ältesten Abbildungen finden sich in Bibeln oder als Mosaiken in Kirchen. Die Türme sind meist viereckig und architektonisch bescheiden. Im Vordergrund steht die Tätigkeit der Bauleute.

Im 14. Jahrhundert ändert sich das Grundthema. Der Illustrator der Prager Welislaw-Bibel kündigt bereits die Zerstörung an, von der im Alten Testament gar nicht die Rede ist. Engel greifen mit einem Spieß nach den Menschen, und Gott bricht die oberste Ziegelschicht aus dem Turm.

Das wohl eindrucksvollste Gemälde schuf Pieter Bruegel 1563. Der niederländische

Das Minarett von Samarra aus dem 9. Jh., Vorbild für europäische Turmdarstellungen

Maler holte sich bei einem Aufenthalt in Rom Anregungen von Bauten der ewigen Stadt. Siebenmal stellt er das Kolosseum aufeinander. Genial ist seine Idee, den mehrgeschossigen Kern der achten Stufe aus der siebten, einer riesigen Muschel, emporwachsen zu lassen. Dieser Turm erhebt sich in einer weiten Panorama-Land-

cher ist ein früher Rationalist. Ihm ging es darum, auf theoretischem Weg den Eindruck der Baubarkeit zu erwecken. Er konnte sich dabei nur auf die Angaben antiker Autoren und der Bibel stützen. Verläßliche Daten gab es ja nicht.
Mit mathematischer Spitzfindigkeit beweist er, daß der Bau nicht bis zum Him-

Pieter Bruegel: Der Turm von Babel (1563). Kunsthistorisches Museum Wien

schaft in ungeheurer Monumentalität bis in die Wolken. Er übertrifft alles bisher Dagewesene. Als Mensch der Renaissance kann sich Bruegel die Ausführung und Vollendung eines solchen Baus vorstellen. 1679 entwirft der jesuitische Gelehrte Athanasius Kircher mehrere Rekonstruktionen, die er in dem Band *Turris Babel* veröffentlicht. Als Formen wählt er die Spindel, den Spiralkegel und eine Kombination aus Rampen- und Stufenturm. Kir-

mel gereicht haben kann. Die Entfernung Erde – Himmel berechnet er mit 265 380 Kilometern. Demnach hätten 4,5 Millionen Arbeiter in Tag- und Nachtschicht fast 3500 Jahre daran bauen müssen. Und ein Reiter müßte 800 Jahre lang die Spiralbahn hinaufreiten, um oben anzukommen. Darüber hinaus würde das Gewicht des Turms das Eigengewicht der Erde übertreffen und sie aus dem Mittelpunkt des Universums heben.

Prospectus Turris Babylonicae ex Praescripto R. Adm. Patris Athanasy Kircheri Soc. Jesu.

TURRIS BABEL.

**Rekonstruktion
des Turms
von Athanasius
Kircher (1679)**

Da schimmert wieder die biblische Moral durch: die Warnung vor menschlicher Hybris und dem gefährlichen Ehrgeiz, alles bisher Dagewesene immer wieder zu übertrumpfen.

Der Turm von Babel hat inzwischen gigantische Nachfolger bekommen. Schon ist er absehbar, der nächste Höhenrekord eines Wolkenkratzers, mit dem wir den technischen Fortschritt und unser Anspruchsdenken an den Himmel schreiben. Deshalb werden die uralten Türme am Euphrat aber nichts von ihrer Faszination verlieren.

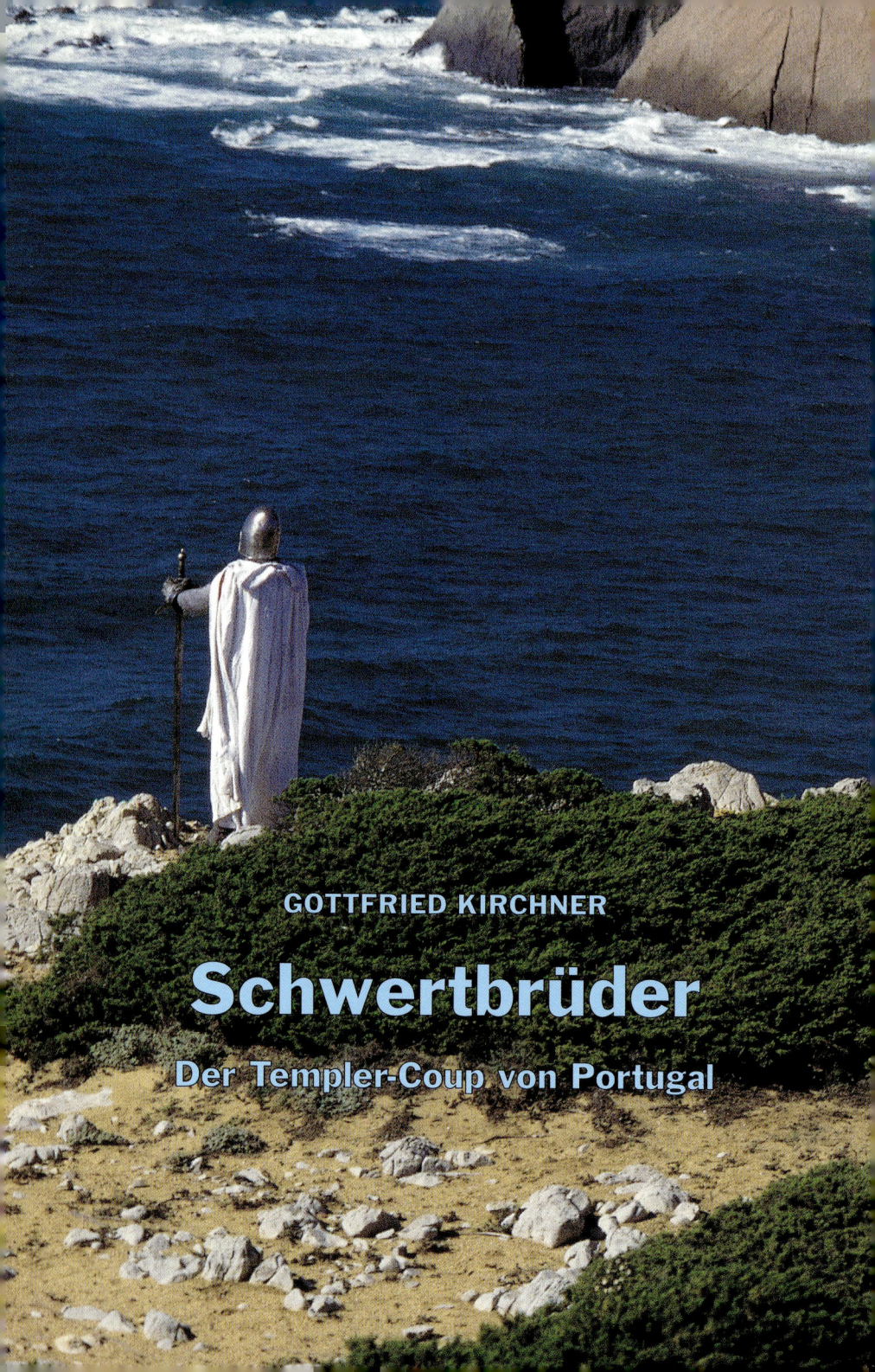

GOTTFRIED KIRCHNER

Schwertbrüder

Der Templer-Coup von Portugal

DER STURZ
DER
ROTEN MÖNCHE

Herbst Anno 1307. In Europa sammeln Bauern die Frucht auf den Feldern ein, und auch der König von Frankreich erntet, was er gesät hat: Am Freitag, den 13. Oktober, ganz früh im Morgengrauen, läßt er in einer beispiellosen Polizeiaktion seine ärgsten Feinde im Land unschädlich machen. Bei den Razzien werden 546 Personen verhaftet, nur zwölf entkommen den Häschern.

Die Situation kam, bis für ein paar Eingeweihte, völlig überraschend, aber sie wurde allen schnell klar. Der Orden der Tempelritter, die mächtigste Organisation des Mittelalters – einmalig in ihrer Struktur als geistliche Bruderschaft, militärische Elitetruppe und weltweit verzweigter Finanzkonzern – war einem Komplott zum Opfer gefallen.

Frankreichs Herrscher Philipp IV., auch »der Schöne« genannt, hatte Helfershelfer. An erster Stelle war es ein entscheidungsschwacher, geldgieriger wie geltungssüchtiger Papst.

Clemens V., selbst Franzose, verlegte ohne Not den Sitz der Kurie von Rom nach Avignon, direkt in den Einflußbereich der französischen Krone. Damit machte er sich nicht nur von ihr abhängig, sondern leitete auch die verhängnisvolle, fast 70 Jahre dauernde »Babylonische Gefangenschaft der Kirche« ein.

Außerdem wurde Philipp IV. von den Bischöfen, den Ständen und Baronen vor allem aus dem Norden und der Mitte seines Reiches unterstützt. Auch die öffentliche Meinung kam ihm zu Hilfe. Beim größten Teil der Bevölkerung hatte der Orden einen denkbar schlechten Ruf.

Fünf Jahre nach dem Erstschlag Philipps gegen die Templer segnete der Papst das

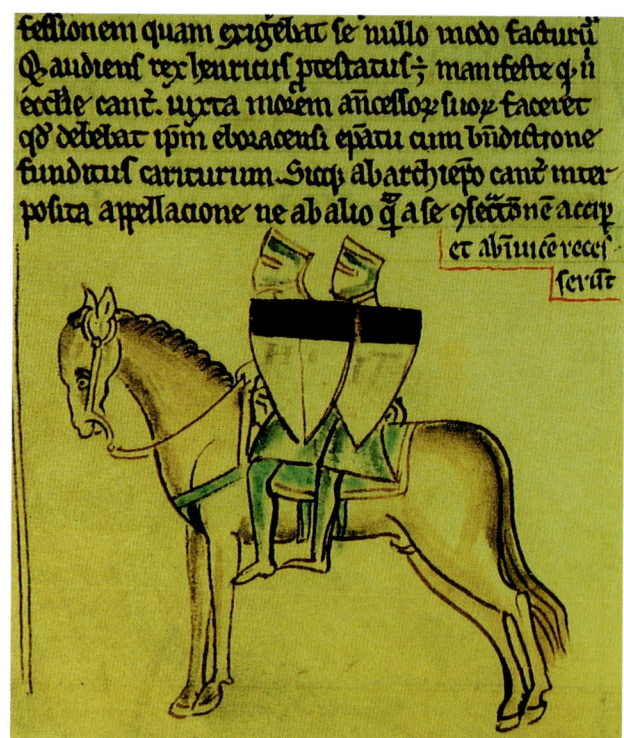

Zwei Templer zu Pferd. Miniatur aus der *Chronica Maior* des Matthäus Parisiensis, um 1250

illegale Vorgehen ab. Nachdem er europaweit die Verfolgung, Festnahme, Prozeßerhebung, Folterung und Verurteilung der »roten Mönche« (so nennt der deutsche Historiker Hans Prutz die Templer) ausgerufen hatte, löste er die Organisation nach fast zweihundertjähriger Existenz per Verwaltungsanordnung vom 22. März 1312 auf, ohne daß es zur Abstimmung der Mitglieder eines extra einberufenen Konzils kam.

Es ist müßig, darüber zu streiten, ob der Templerorden dieses Ende verdient hat. So bleibt nur die Frage, die schon ein Augenzeuge seines Untergangs stellte:

Li frère, li mestre du Temple
Qu'estoient rempli et ample
D'or et d'argent et de richèsse
Et qui menoient tel noblèsse,
Où sont ils? Que sont devenu?

»Die Brüder, die Meister des Tempels, so reich an Gold, Silber und Schätzen! Sie, die den Adel anführten – wo sind sie geblieben, was ist aus ihnen geworden?« Das will Geffroy de Paris, ein französischer Dichter vom Anfang des 14. Jahrhunderts, wissen.

Und genau das ist, fast 700 Jahre danach, auch unser Thema: Was geschieht mit einem traditionsreichen Interessenverband, der nur einer einzigen Kontrollinstanz untersteht, perfekt organisiert ist und international auftritt, der die Finanzmärkte lenkt und dessen schlagkräftige Armee für den christlichen Glauben geblutet hat – was passiert, wenn er nach einer beispiellosen Karriere plötzlich zerfällt?

Grundsätzlich gilt: Er kann nicht vom einen zum anderen Tag von der Bildfläche verschwinden, seine Mitglieder lösen sich nicht einfach in Luft auf. Natürlich sterben viele Templer auf den Scheiterhaufen oder in den Kerkern. Mancher, der nach

skandalösem Prozeß verurteilt wurde, aber mit dem Leben davonkam, geht zur Buße ins Kloster. Einige schlüpfen bei der langjährigen Konkurrenz unter, wo man ein ähnliches Handwerk ausübt, wie es die Templer kennen: dem Johanniter-Orden. Er erbte den größten Teil des Templer-Besitzes und konnte es sich daher leisten, den verbannten und entrechteten »roten Mönchen« das Gnadenbrot zu spendieren.

Doch für die Brüder des verbotenen Ordens gab es eine weit zukunftsträchtigere Chance: die Flucht an den Rand Europas, in das einzige Land, das am Komplott gegen sie nicht beteiligt war – Portugal.

FLUCHTWEGE

Im April heizt die Sonne dem Süden Frankreichs bisweilen schon mächtig ein. Unscharf, in flimmernder Luft, die Türme von Narbonne. Dort fahren wir auf die A 61, die *Autoroute des Deux Mers,* die Mittelmeer und Atlantik verbindet. Im Frühtau glänzen die Schollen der frisch gepflügten Felder wie poliertes Metall, und über dem Dunst der Ebene schwimmen die schneeweißen Zacken der Pyrenäen. Blutgetränkt ist der Boden des Languedoc. Rechts taucht Carcassonne auf, die steingewordene Vision einer mittelalterlichen Stadt. Links, versteckt hinter einem Hügel, bewahrt die Ordenskapelle von **Montsaunès** noch immer das Geheimnis ihrer rätselhaften Fresken, die »rote Mönche« vor 800 Jahren an die Decke gezaubert haben. Fast jeder Ort hier erinnert an die Katharer und die Templer.

Südfrankreich und Iberische Halbinsel

Maßstab 1:4.650.000

Deckenfresko in der Templer-Kapelle von Montsaunès/Dép. Haute-Garonne, Anf. 13. Jh.

Hinter Tarbes verlassen wir die Autobahn und kommen in die geschichtsreiche Landschaft Bigorre. Lange Zeit eine selbständige Grafschaft und eng verbunden mit dem spanischen Navarra, wurde sie erst unter dem Templer-Henker Philipp IV. französisch.

Lourdes ist auch im April von Pilgern überfüllt, selbst auf der Umgehungsstraße stockt der Verkehr. Bei Pierrefitte-Nestalas gabelt sich der Weg. Wir nehmen die Route entlang der wild schäumenden Gave und machen Station in **Luz-St. Sauveur.**

Eingekesselt von hohen Bergen, liegt der Ort am Treffpunkt zweier Täler, die in verschiedene Richtungen führen: das südlich verlaufende Gave-Tal und das nach Osten abzweigende Vallée de Barèges. Eine Siedlung an dieser Stelle hatte früher vor allem strategische Aufgaben. Das beweist nicht nur die Burgruine Sainte-Marie am Eingang ins Barèges-Tal. Unweit des Hotels »Les Templiers« thront mitten im Dorf die trutzige Kirchenfestung Saint-André, ein Templer-Bau aus dem 12. und 13. Jahrhundert. Eine zinnenbewehrte Mauer umgibt das Gotteshaus, das heute, wen wundert's, dem Johanniter-Orden gehört. Auffälligster Teil der Umwallung ist ein mächtiger Turm mit Pechnasen, in dem Waffen deponiert waren. Die imposante Anlage vor den Pyrenäen-Gipfeln wurde schon Ende des 19. Jahrhunderts in der spanischen Wochenzeitschrift *Semanario Pintoresco* abgebildet, jedoch nicht genau lokalisiert, sondern nur als Templer-Kirche im »Valle de Berejes« in Ober-Aragón vorgestellt. Auch ein Templer-For-

**Templer-
Kirchenburg in
Luz-St.Sauveur/
Dép. Hautes-
Pyrénées**

**Die gleiche Anlage
vor hundert
Jahren.
Lithographie im
*Semanario
Pintoresco* 1885**

scher unserer Zeit, der in Madrid lebende Juan García Atienza, weiß nicht, wo er sie suchen soll. Wir haben den Fall geklärt: Es handelt sich um die Kirchenburg von Luz-St. Sauveur, und das mysteriöse »Valle de Berejes« ist identisch mit der heutigen Talschaft Barèges, die einst zum Königreich Aragón gehörte.

eingerahmt von den Kronen des Marboré (3248 m) und des Taillón (3134 m). Bis vor kurzem bewahrte eine Vitrine in der Dorfkirche sieben menschliche Schädel auf, die Köpfe gefolterter Templer; jetzt sind sie verschwunden. Noch im 19. Jahrhundert erzählten die Bergbauern von Gavarnie eine schaurige Legende, die

Das Templer-Gespenst auf dem Friedhof von Gavarnie. Filmszene

Was aber hatten die Templer in dieser abgeschiedenen Gegend verloren? Antwort bekommt man, wenn man nur wenige Kilometer in Richtung Grenze fährt. **Gavarnie**, das letzte Dorf auf französischem Boden, liegt vor einer atemberaubenden Kulisse. Wie ein Amphitheater schirmt der *Cirque de Gavarnie* das Land gegen Spanien ab, überzogen von Eiskaskaden und leuchtenden Schneefeldern,

an die berüchtigte Templer-Razzia vom 13. Oktober 1307 erinnert: Jedes Jahr, in der Nacht vor dem schwarzen Freitag, beobachtet man auf dem Friedhof eine Erscheinung. Sie trägt eine alte Rüstung, darüber den weißen Mantel der Ordensritter mit dem blutroten Kreuz. Ein Helm verdeckt das Gesicht, aber man hört eine Stimme. Dreimal ruft sie: »Wer wird das Grab Christi befreien? Und wer verteidigt

Templer-Standorte in Portugal

den heiligen Tempel?« Da erwachen die
sieben Schädel und raunen: »Niemand,
niemand! Der Tempel ist zerstört!«
Noch lange nach dem Mittelalter glaubten die Menschen an solchen Spuk. In
Zeiten, wo irdisches Leid und die Phantasie sie vor allem das Fürchten lehrten,
herrschte in ihrer Vorstellung ein reger
Verkehr zwischen dem Jenseits und der
Welt der Lebenden. Die Toten kehren
wirklich zurück; davon war man fest überzeugt.

Ähnliche Geschichten wie die von Gavarnie kursieren auch in Luz-St. Sauveur und
in anderen Dörfern, selbst auf spanischer
Seite. In jeder steckt ein Kern historischer
Wahrheit. Das bedeutet: Sogar in diesem
einsamen Winkel wurden die Templer
verfolgt. Aber warum? Neben der Kirche
von Gavarnie steht das »Hôtel Compo-
stelle«, früher ein Hospiz für gottesfürch-
tige und reliquiensüchtige Pilger. Sie alle
wollten zum äußersten Westen Spaniens,
nach **Santiago de Compostela**, das im

Die Brücke von Alcántara

Mittelalter neben Jerusalem als berühmtester Wallfahrtsort galt, noch vor Rom! So kontrollierten die Templer von Luz-St. Sauveur und Gavarnie einen kleinen, aber einträglichen Übergang nach Aragón, schützten die Pilger vor Räubern und kassierten dafür eine Gebühr. Gegen bare Münze hielten sie auch im Winter die Paßstraße frei. Sie führt durch die *Brecha de Rolando*, die »Rolands-Bresche«, bei der man sofort an den kühnen Paladin Karls des Großen denkt, und geht

dann über Torla und Biescas nach Jaca. Mutige Wanderer mit der Jakobsmuschel am Stock oder der Jacke benutzen sie noch heute.

Die Masse der mittelalterlichen Wallfahrer nahm freilich die viel bequemeren Routen über den Col de Somport (früher: *Sainte-Christine-du-Somport*) oder, noch weiter westlich, bei Roncesvalles. Sie haben sicher auch verfolgten Templern als Fluchtweg gedient. Nicht zufällig hieß die Strecke zwischen Roncesvalles und Pamplona lange Zeit »Straße der Templer«. Und nicht zufällig blieb am Jakobsweg, weiter in Richtung Logroño, bei **Santa Maria de Eunate** eine der schönsten und geheimnisvollsten Templer-Kapellen erhalten. Wer sich unter die Pilgergruppen mischte, war unverdächtig und entkam leicht den Häschern des Königs. Hatte man erst einmal Santiago erreicht, dann war es von dort nur noch ein kurzes Stück bis Portugal.

Auch auf der Iberischen Halbinsel standen die »roten Mönche« vor dem Problem, möglichst unauffällig ins sichere Nachbarland zu kommen. Dabei hatten die Templer von León und Kastilien den Duero und den Tajo im Auge, jene großen Flüsse, die nach Westen strömen und viel seltener überwacht wurden als die Landverbindungen.

Alcántara war ein wichtiger Verkehrsknotenpunkt in der Grenzregion Estremadura. Es nahm eine strategische Schlüsselposition am linken Ufer des Tajo ein. Die Brücke über den Fluß wurde schon unter den Römern um 103 n. Chr. errichtet. Sie ist 194 Meter lang, 8 Meter breit, im Mittelteil 70 Meter hoch und besteht aus sechs Bögen. Als Material dienten Granitquader, die ohne Mörtel paßgenau aufeinandergesetzt sind. Nach diesem Bauwerk benannte man seit der maurischen Besatzungszeit den ganzen Ort: *Al-Quantara-As-Saif*; das bedeutet

Templer-Floß auf dem Tejo. Filmszene

»Brücke des Schwertes«. Einer alten Sage zufolge war die silberne Waffe in einem der mächtigen Pfeiler versteckt.

Über die Brücke führte eine Nord-Süd-Trasse direkt nach Portugal. Seit 1295 befand sich das militärische Objekt in Templer-Hand, während die Stadt und das große Kloster vom Alcántara-Orden, einem ehemals portugiesischen Ritterbund, besetzt waren. Keine glückliche Situation für die Templer!

Sie verschärfte sich noch, als Anno 1308 auch Kastilien dem Aufruf des Papstes zur Bekämpfung der »roten Mönche« folgte. Alcántara-Ritter und Soldaten aus den nahe gelegenen Gemeinden Plasencia und Cáceres wollten die begehrte Brücke endlich für sich haben. Aufgrund ihrer Überzahl glaubten sie an eine schnelle Lösung. Doch die Templer wußten, daß sie einen der letzten offenen Wege nach Portugal kontrollierten und wehrten sich verbissen. Erst nach dreimonatiger Bela-

gerung gaben sie auf. Die am Leben geblieben waren und nicht verhaftet wurden, bauten sich heimlich Flöße und flüchteten auf dem Tajo ins gelobte Land.

EINE INSEL FÜR DIE TEMPLER

70 Kilometer westlich von Alcántara schnüren die »Portas de Rodão«, ein markantes Felsentor, den breiten Strom auf 45 Meter ein. Hier heißt der Tajo schon Tejo. Die spanischen Templer hatten die unsichtbare Linie des Todes überquert, sie waren in Portugal und gerettet.

Endlich können sie den Zustand der wenigen Kostbarkeiten überprüfen, die sie hastig mitgenommen hatten: ein paar Meßkelche und Reliquien, versteckt in ausgehöhlten Baumstämmen, die das Floß im Schlepptau hinter sich herzog. Auf dem hochgelegenen Wachturm von Vila Velha de Rodão haben portugiesische Brüder das schwimmende Fahrzeug längst bemerkt. Ein kleiner Trupp stößt zu den Flüchtlingen, begrüßt sie herzlich und begleitet sie flußabwärts.

Plötzlich scheint ein mächtiges Bollwerk die Weiterfahrt zu blockieren. Direkt vor ihnen, mitten im Tejo, erhebt sich drohend eine Festung. Es ist die Templer-Burg **Almourol**, auf einer schmalen Insel verankert und auf römisch-arabischen Fundamenten errichtet. Ihr Name soll sich vom lateinischen *Morolia* oder *Muriella* ableiten, was wiederum auf das griechi-sche *Moria elaia* (»Heiliger Olivenhain«) zurückgeht. Doch es gibt noch eine andere Version, die dem Dunstkreis der Sage entstammt: Danach wohnte während der maurischen Besatzung der Emir *Al-Morolan* auf dem Kastell.

Almourol gehört heute der portugiesischen Armee, kann aber besichtigt werden, wobei es – bis auf die malerische Lage – nicht viel zu sehen gibt. Zehn Türme sind noch erhalten. Im Bergfried ist eine römische Grabsäule vermauert, und über dem Haupttor entdeckt man zwei Inschriften mit der Jahreszahl 1171, dem Datum, an dem die Templer die ehemals römisch-arabische Zollstation zur Festung ausbauten.

1899 fand man hier bei archäologischen Ausgrabungen 26 kleine Medaillons aus Kupfer bzw. Messing, kreisförmig oder sechseckig, zum Teil emailliert. Einige die-

Almourol, die Insel-Festung der Templer. Filmszene

ser Plaketten, die vielleicht als Anhänger
oder Gürtelverschlüsse benutzt wurden,
zeigen höfische Motive aus dem Mittelalter: Eine Dame reicht einem knieenden
Ritter den Helm. Hinter ihm erkennt man
eine Lanze, an der ein Wimpel mit dem
Templerkreuz befestigt ist. Eine Inschrift
erklärt die Szene:

AMOR VOU-ME
VACO FÌCA O CORACOM MEU

Das heißt:»Liebste, ich gehe. Leer bleibt
mein Herz.«
Auf einer anderen Gravur erscheint eine
Burg, umgeben von Blumen; darüber die
Büste einer gekrönten Frau.
Belegen diese Darstellungen, daß es auf
Almourol eine Art»Minnehof« gab, ähnlich wie in französisch-provenzalischen
Adelskreisen, wo Troubadoure Lieder vor-
trugen und Gesellschaftsspiele aufführ-
ten, in deren Mittelpunkt die ideale, aber
unerreichbare Geliebte stand? Eigentlich
traut man den rauhen Templern eine solche Einrichtung gar nicht zu, eher schon
ihren Nachfolgern.
Leider kann man die reizvolle Sache
nicht weiter untersuchen. Wir kennen
die in Almourol geborgenen Gegenstände
nur aus älteren Publikationen. Die Ori-
ginale sind inzwischen verschwunden,
kein Experte in Portugal weiß wohin. Jedenfalls sind sie ein Indiz, daß die Burg
zum Zeitpunkt unserer Geschichte mehr
als nur eine öde Unterkunft für Soldaten
war.
Almourol nahm 1308 die Flüchtlinge aus
Spanien auf. Von ihren Gastgebern erfuhren sie, warum ausgerechnet Portugal
schon immer als Paradies der Templer galt.
Begonnen hatte es schon etwa 180 Jahre
früher. Aber wann die Ritter mit dem roten
Kreuz zum ersten Mal hier in Erscheinung
treten, ist eine äußerst umstrittene Angele-
genheit.

DAS RÄTSEL DER FRÜHEN SPUREN

Am 13. Januar 1129 – nicht 1128, wie
lange behauptet – wurde der Orden
auf dem Konzil in Troyes offiziell von der
römischen Kirche anerkannt. Mit genau
ausgearbeiteten Regeln erhielt er eine Ge-
schäftsordnung und einen förmlichen
Status. Schon ein, ja zwei Jahre vor diesem
entscheidenden Datum hören wir jedoch
von umfangreichen Schenkungen, die
den Schwertbrüdern in Flandern und der
Champagne gemacht wurden. Das klingt
plausibel, weil die Gründungsmitglieder
aus dieser Gegend kamen.
Erstaunlich ist aber, was alte Dokumente
aus Portugal melden, das weit weg von
der Keimzelle der Templer-Bewegung lag.
So soll die Regentin Teresa am 19. März
1128 dem Orden frühere Besitzüber-
schreibungen bestätigt haben, die 1126
stattfanden und dem Tempelbruder Arnaldo da Rocha ausgehändigt wurden.
Dieser Name geistert vor allem durch die
portugiesische Literatur. Noch 1986 präsentiert ihn der Sachbuchautor António
Quadros als einen der Ordensgründer in
Jerusalem. Doch unter den neun Männern, die sich dort 1120 zur Bruderschaft
der»armen Ritter vom Tempel Salomons«
verschworen, gab es keinen Arnaldo da
Rocha. Vermutlich hat man ihn mit dem
Aragonesen Arnalt de Torroja verwechselt, der von 1180 bis 1184 Großmeister
des Ordens in Jerusalem war.
In den Bereich der Fabel gehört auch ein
gewisser»Guilherme Ricardo« als erster
Templer-Meister von Portugal; er taucht

schon in Bernardo da Costa's Ordensgeschichte von 1771 auf, einer wenig zuver-
lässigen Quelle. Tatsächlich aber bekleidete Hugo de Martino oder Ugo Martins
dieses Amt.

Heute wissen wir, daß ein Fremder das
Templer-Programm in Portugal bekannt
machte und dafür warb: Raimund Ber-
nard, ein Mann aus dem Roussillon. Er erschien am 19. März 1128 in Braga und
empfing von Königin Teresa eine Urkunde, mit der dem Orden das Kastell von
Soure im Norden des Landes vermacht
wurde.

Burg Soure lag in vorderster Linie an der
sogenannten »Halbmondfront«, gegen-

Heil meiner Seele«, sondern auch »zur
Vergebung meiner Sünden« abtritt. Andere Urkunden aus ihrer Hand enthalten
diese Floskel nicht. Welche »Sünden« hat
sie wohl gemeint?

Fast jeder in Portugal wußte, daß die
junge Witwe, nach zeitgenössischen Beschreibungen eine äußerst attraktive Frau,
ein Verhältnis mit einem Ausländer hatte.
Ihr Liebhaber war Graf Fernão Peres de
Trava aus Galicien, und mit den galicischen Nachbarn stritt man sich wegen
einiger Grenzgebiete. Teresa schenkte
ihrem Günstling sogar Besitztümer in Portugal, darunter auch Burg Soure. Um den
Skandal herunterzuspielen, trennt sich

Kathedrale
Sé Velha
in Coimbra

über den maurischen Besatzern. Sie sollte
das nahe **Coimbra** schützen, ein Bischofssitz, der 1139 zur Residenz der portugiesischen Herrscher aufstieg. Von der ehemals stattlichen Festung stehen jetzt nur
noch traurige Ruinen.

Der Schenkungsbrief von Soure verbirgt
ein pikantes Detail. Die Königin gibt zu
Papier, daß sie die Burg nicht nur »zum

Graf Trava von der Festung und händigt
sie »Gott und den Templern« aus, wie es
in besagtem Dokument heißt.

Seine Affäre mit der Königin blieb übrigens nicht folgenlos: Teresa gebar eine
Tochter gleichen Namens, und deren
Kind, Urraca Bermúdez, bezeichnet sich
später in einem Kaufvertrag als »Schwe-
ster der Templer-Miliz« im galicischen

Faro. Ein äußerst seltener und wichtiger Beleg, daß der Orden auch weibliche Mitglieder aufnahm.

Aus dem Jahr 1128 existiert noch eine weitere Urkunde, ebenfalls von der Königin ausgestellt. Darin überschreibt sie den Templern sogar eine ganze Siedlung: **Fonte Arcada.**

Die Suche nach dieser Stadt gestaltet sich außerordentlich schwierig. Es gibt nämlich in Portugal gleich mehrere Orte mit diesem Namen. In die engere Auswahl kommen aber nur zwei.

Das Dokument Nr. 77 im Nationalarchiv *Torre do Tombo* nennt als Orientierungshilfe »Fonte Arcada bei Penafiel«, östlich von Porto. Laut einer Enzyklopädie vom Anfang unseres Jahrhunderts besaß dieses Fonte Arcada früher ein Benediktinerinnenkloster. Ein Mitglied des Konvents, die reiche Witwe Froila Hermingues, vermachte den Templern großzügige Schenkungen, allerdings erst 1228 und dann noch mal 1239. Der Ort existiert noch heute, nur einen Katzensprung entfernt vom weitaus bekannteren Paço de Sousa mit dem kolossalen Grabmal des Egas Moniz, der grauen Eminenz am Königshof. Im Dorf selbst findet man zwar noch die namenstiftende Quelle, aber nicht die geringste Spur von den Templern.

So bleibt noch das Fonte Arcada bei Póvoa de Lanhoso, östlich von Braga im Norden des Landes. Der winzige Ort überrascht mit einer ungewöhnlich großen romani-

schen Kirche, eine der besterhaltenen in der ganzen Region. Neben der kunstvoll gemeißelten Fensterrose fällt die Darstellung im Bogenfeld des Hauptportals ins Auge: Das Lamm Christi – hier ein kräftiger Widder –, trägt die Glaubensfahne mit einem Kreuz, ähnlich dem Templer-Symbol. Über der Südpforte tritt das typische Templer-Kreuz noch deutlicher hervor, umgeben von Sonne und Mond.

Póvoa de Lanhoso, nur 3 Kilometer westlich, stellt eine direkte Verbindung zu jenem fürstlichen Paar her, dem die Ordensritter ihren neuen Besitz verdankten. Auf steilem Fels thront das Kastell aus dem frühen 12. Jahrhundert, von dem heute noch der Bergfried und ein Rest der Wehrmauern stehen.

Romanische Kirche in Fonte Arcada bei Póvoa de Lanhoso

Dort trafen sich die königliche Witwe Teresa und ihr Liebhaber, der Graf aus Galicien; zunächst heimlich, dann ohne Scheu vor der Öffentlichkeit. Der Conde Peres de Trava wird eigens erwähnt in jenem Dokument, mit dem die Templer »Brief und Siegel« auf Fonte Arcada bekommen! Afonso Henriques, der ehrgeizige Sohn Teresas aus ihrer Ehe mit dem Ritter Heinrich von Burgund, machte dem Treiben der beiden ein Ende. Er zettelte einen Aufstand gegen die Regentin an und hielt nach der siegreichen Schlacht von São Mamede 1128 die eigene Mutter auf ihrem romantischen Liebesnest in Póvoa de Lanhoso gefangen. Nur die Messe in der prächtigen Kirche von Fonte Arcada durfte sie besuchen.

DIE EROBERUNG VON LISSABON

Mitten im alten Coimbra, in der Kirche Santa Cruz, ruht der Mann, der die Templer am meisten gefördert hat: Afonso I. Henriques, Portugals erster Herrscher. Nachdem er 1129 König geworden war, trat er sogar dem Orden bei, ohne jedoch die Gelübde der Armut und Keuschheit abzulegen. Mit dieser Mitgliedschaft erwarb er sich den Anspruch auf geistlichen Beistand durch den Prior und das Recht, in der Todesstunde mit dem Ordensgewand bekleidet zu werden.

Sein später errichtetes Grabmal präsentiert ihn allerdings in voller Rüstung. Außerdem zeigt es ein kurioses, für das Mittelalter jedoch höchst symbolträchtiges Detail: Über der Liegefigur sieht man an der Wand zwei gepanzerte Fäustlinge. Afonso hatte also erst auf dem Ster-

Grabmal von Afonso I. Henriques

Eigentlich kommt nur dieser Ort als Templer-Stadt in Frage, wäre da nicht in der Urkunde der Hinweis »bei Penafiel«... Nach dem wahren Fonte Arcada darf also weiter geforscht werden. Schon jetzt aber steht fest: Portugal war neben Frankreich das erste Land in Europa, wo der Orden Fuß faßte, noch vor Spanien oder Deutschland.

belager die eisernen Kampfhandschuhe »an den Nagel gehängt«. Der »Eroberer«, wie er schon zu Lebzeiten genannt wurde, gewann 1139 nicht nur eine entscheidende Schlacht gegen die Mauren, er machte sein junges Königreich auch 1143 vom machthungrigen Nachbarn Kastilien-León unabhängig. Die Einnahme des arabisch besetzten **Santarém** im März 1147 gelang nur durch den todesverachtenden Einsatz der Templer. Zum Dank gewährte ihnen Afonso die reichen Einkünfte aus den Kirchen der Stadt. Das führte später zu Streitigkeiten mit dem Bischof von Lissabon, die erst 1159 durch päpstlichen Schiedsspruch geschlichtet wurden. Danach verzichtete der Orden auf alle Gotteshäuser von Santarém, mit Ausnahme der Kirche des heiligen Jakob, die im 19. Jahrhundert zerstört wurde. An St. Jakob (São João) hielten die Templer unnachgiebig fest, sahen sie sich doch als Leibgarde des Apostels und Schutztruppe seines berühmten Pilgerweges.

Schon drei Monate nach dem Fall von Santarém wagte sich der König an das

Mittelalterliche Schiffstypen. Gemälde mit der Legende der hl. Ursula, Ende 13. Jh. Kloster San Francisco, Palma de Mallorca

wichtigste Zentrum im Süden, den maurischen Regierungssitz *al-Ushbūna* (**Lissabon**). Nach Angaben des arabischen Kommandanten lebten damals 154 000 Personen, ohne Frauen und Kinder, in der Stadt. An der Belagerung waren wiederum Templer beteiligt, vor allem aber englische und norddeutsche Kreuzfahrer. Über diese Aktion sind wir gut informiert, dank der im Original verlorengegangenen

Briefe des Kölner Priesters Winand und dem Bericht eines Engländers namens Osbernus. Danach war am 23. Mai 1147 eine Flotte von etwa 190 Schiffen mit 10 000 Mann Besatzung im Hafen von Dartmouth, östlich von Plymouth, aufgebrochen. Ihr Ziel hieß Palästina. Zeitgenössischen Segelanweisungen zufolge brauchte man dafür rund 33 Tage. Doch bei ungünstigem Wind und mehreren Ruhetagen dauerte die Reise erheblich länger.

Außerdem gab es auftragsbedingte Verzögerungen. So war es fast selbstverständlich, daß Kreuzfahrer aus dem Norden bei Noya an der galicischen Küste haltmachten. Von dort pilgerten sie in das 8 Meilen entfernte Santiago de Compostela, um die Reliquien des Apostels Jakobus zu verehren. Unsere englischen und deutschen Ritter taten das zu Pfingsten Anno 1147.

In **Porto**, damals Oporto, betraten sie erstmals portugiesischen Boden. Hier unterbreitete ihnen der Bischof ein überraschendes Angebot König Afonsos: Weil ihr Kreuzzugsgelübde sie zum Kampf gegen alle Ungläubigen verpflichte, nicht nur die im Heiligen Land, sollten sie unbedingt bei der Eroberung von Luschbuna helfen. Natürlich gegen reiche Beute in barer Münze.

Die Meinung unter den Fremden war geteilt. Da man erst ein Sechstel der Strecke zurückgelegt hatte, drängten viele auf die Weiterfahrt nach Palästina. Andere lockte ein erster Waffentest mit dem Feind und das versprochene Gold. Man verschob die Entscheidung bis Luschbuna, um dort mit dem König direkt zu verhandeln. Am 28. Juni 1147 erreichten sie die Mündung des Tejo und gingen nahe der Stadt vor Anker.

Erst nach hitzigen Diskussionen und großzügigen Zusagen des Herrschers waren die Ausländer bereit, die Belagerung zu unterstützen. Man schloß einen regelrechten Vertrag: Nach geglückter Eroberung sollte die Stadt zunächst den Kreuzfahrern gehören, damit sie sie gründlich plündern konnten. Auch das Lösegeld für freigekaufte Gefangene durften sie einkassieren. Afonso garantierte ferner all jenen, die sich in der befreiten Zone ansiedeln wollten, nach eigenem (»fränkischen«) Recht zu leben und versprach ihnen und ihren Erben für alle Zeiten Zollfreiheit.

Anschließend nahmen die Truppen ihre Stellungen ein: Das königliche Heer samt den Templern besetzte die Hügel von Nossa Senhora da Graça im Norden. Deutsche und Flamen postierten sich auf der Anhöhe bei São Vicente im Osten. Vor der westlichen Unterstadt schlugen die Briten ihr Lager auf.

Obwohl die Christen schon nach kurzer Zeit einige Randgebiete in ihre Hand bekamen, dachten die Mauren auch nach sechs Wochen noch nicht daran zu kapitulieren. Die Deutschen rückten mit fahrbaren Türmen und Sturmböcken vor, wurden aber zurückgeschlagen. Es gab viele Tote, so daß der König für die Gefallenen jeder Nation verschiedene Friedhöfe anlegen ließ und eine Gedächtniskirche stiftete. Flamen und Deutsche wurden nahe der heutigen Kirche São Vicente da Fora begraben.

Obwohl sich die Sarazenen hartnäckig wehrten, spitzte sich die Situation in der Stadt immer mehr zu. Ende August versuchten zehn Krieger, heimlich durch die Belagerungskette zu schlüpfen. Sie wurden

entdeckt, konnten aber entkommen. Nur ein paar aufschlußreiche Briefe fielen den Engländern in die Hände. Es waren Hilferufe an maurische Nachbarstädte. Die Eingeschlossenen hofften vergebens auf Unterstützung durch ihre muslimischen Glaubensbrüder. Der *al-kâid* (Heerführer;

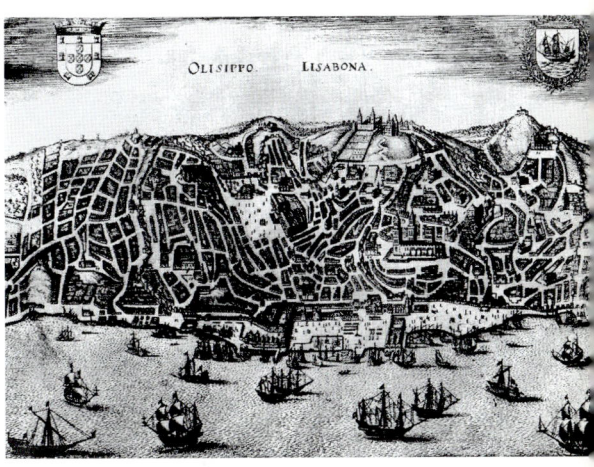

Lissabon vor dem Erdbeben. Kupferstich von Matthäus Merian in: Pierre Davity, *Vermehrte Archontologia Cosmica*, Frankfurt a. M. 1695

Alkalde) von Évora zum Beispiel hatte einen Waffenstillstand mit König Afonso vereinbart, lehnte jedes Eingreifen ab und riet den Belagerten, statt sinnlosen Widerstands lieber den Frieden zu erkaufen.

In Luschbuna wütete der Hunger. Besonders die arme Bevölkerung litt darunter; die Reichen wollten ihre gehorteten Lebensmittel mit niemandem teilen. Als es auch keine Hunde und Katzen mehr zu essen gab, liefen viele verzweifelt zu den Christen über. Die behandelten sie wenig human. Wer sich nicht taufen ließ, dem schlug man die Hände ab und schickte ihn zurück in die Stadt, wo er in der Regel von den Mitbürgern gesteinigt wurde.

Afonso wußte: Es war nur noch eine Frage der Zeit, daß Luschbuna kapitulieren mußte. So entließ er das Heer und wartete mit einer kleinen Gruppe von Rittern, darunter seine Templer, das Ende ab.

Die Kreuzfahrer aber stürmten weiter an. Britische Soldaten versuchten, die Stadtmauer zwischen der *Porta ferrea* (»Eisernes Tor«) und einem Turm durch einen Tunnel zu untergraben. Außerdem setzten sie »Balearische Schleudern« ein. Mit diesem Gerät konnte man in zehn Stunden 5000 Steine in das Bollwerk katapultieren.

Ein Umstand, den man sich heute kaum vorstellen kann, erschwerte die Belagerung enorm. Der Tejo floß damals noch dicht an der Altstadt vorbei. Wenn vom Meer her die Flut einsetzte, standen die Angreifer mit ihren Wurfmaschinen buchstäblich im Wasser und waren stundenlang von ihren Kameraden abgeschnitten.

Belagerungsmaschine des Mittelalters. Miniatur 14. Jh. British Library London

Auch die Deutschen trieben einen breiten Stollen unter die Fundamente des Walls an der östlichen Seite, füllten ihn mit leicht brennbarem Material und legten Feuer. Die Flammen fraßen die hölzernen Stützbalken im Minengang, und die Glut machte das Gestein so mürbe, daß die Mauer auf 200 Fuß Länge in sich zusammenfiel. Durch die rund 60 Meter breite Bresche wollten die Christen den Weg ins Zentrum erzwingen. Doch die Sarazenen wehrten sich verbissen, obwohl sie durch Hunger und Seuchen stark geschwächt waren. Bei diesen Kämpfen fiel auch der adlige Ritter Heinrich aus Bonn, an dessen Grab, so die Chroniken, allerlei Wunder geschehen sein sollen.

Erst am 21. Oktober 1147 gaben die Mauren auf. Die Kapitulationsbedingungen waren schnell ausgehandelt, und am 24. Oktober zog man feierlich in die Stadt, allen voran der Erzbischof von Braga. Auf der Festung, dem *Castelo de São Jorge,* holten Ritter die Fahne mit dem Halbmond herunter und pflanzten das Kreuzbanner auf. So wurde aus dem arabischen Luschbuna Lisboa, Lissabon.

Fünf Tage dauerte der Exodus der am Leben gebliebenen Einwohner, dann war Lissabon maurenfrei. Man reinigte die große Moschee, in der etwa 200 Leichen lagen, und weihte sie zu einer christlichen Kirche, Keimzelle der späteren Kathedrale *Sé Patriarchal.* Natürlich bekam Lissabon auch einen Bischof, den Engländer Gilbert von Hastings. Er führte an seinem Amtssitz, der *Sé,* schließlich in der ganzen Diözese, die Liturgie von Salisbury ein, die erst 1536 durch den römischen Ritus ersetzt wurde. Die engen Beziehungen zwischen Portugal und England bestehen also schon sehr früh, nicht erst seit den Zeiten der Portwein-Barone!

Die ausländischen Kreuzfahrer blieben noch über den Winter in der befreiten Stadt. Am 1. Februar 1148 segelten sie weiter in Richtung Palästina. Über ihr Schicksal dort schweigen die Quellen.

PORTUGAL – LAND DES GRALS?

Die Eroberung von Santarém und Lissabon hatte einen tiefen Keil in das Territorium der Mauren getrieben. Doch die östliche Flanke bis zur heutigen spanischen Grenze war nach wie vor unter ihrer Kontrolle. Deshalb planten Afonso I. und seine Strategen an der Front einen Gürtel von Militärbasen. Er sollte nicht nur den christlichen Landesteil sichern, sondern auch zum Ausgangspunkt weiterer Vorstöße in den feindlichen Süden werden. Diese Aufgabe war vor allem den Tempelrittern zugedacht.

Im Februar 1159 vermachte ihnen der »Templer-König« das fast menschenleere Gebiet um **Cera** mit einer verfallenen Burg. Die Schenkungsurkunde liegt im *Torre do Tombo*, dem Nationalarchiv zu Lissabon (Sign. 7–3/8), und enthält eines der großen Rätsel aus der dramatischen Frühzeit Portugals.

Das Dokument besteht aus besonders feinem Pergament, vermutlich der Haut eines ganz jungen Kalbes. Es wurde mit Tinte aus Galläpfeln akkurat beschrieben und ist, trotz seiner über 800 Jahre, in hervorragendem Zustand.

Seltsamerweise trägt das Schriftstück kein Wachssiegel, wie die meisten anderen aus jener Epoche. Statt dessen zeigt das Blatt eine Art Prägung, bzw. einen runden Stempel, mit dem die Gebietsübertragung beglaubigt wird.

Im äußeren Ring liest man den Namen und Titel des Herrschers: »*Alfonsus Rex*«. In einem zweiten, schmaleren Ring werden auch seine Söhne als Zeugen erwähnt: »*Cum Filiis Suis*«. Der große Kreis im Zentrum wird durch ein Kreuz geteilt. Sein senkrechter Balken bildet ein »*P*« und ein »*R*«; am Schnittpunkt beider Arme erkennt man ein liegendes »*O*«. In den vier Segmenten stehen die Versalien »*T*«, »*U*«, »*G*« und »*AL*«. Kryptogramme und Verschlüsselungen waren bei den mittelalterlichen Schreibern sehr beliebt, und so haben wir es auch hier mit einem Buchstabenrätsel zu tun, das folgende Worte enthüllt: »*PORTUGAL*« und »*POR TUO GRAL*« (Für deinen Gral).

Portugiesische Forscher wie André Jean Paraschi lesen aus diesem Code einen Geheimauftrag des Königs an seine Templer heraus: Sie sollten den noch immer arabisch besetzten Teil zum »Land des Grals« machen. Eine äußerst gewagte Interpretation!

Zwar gibt es im Altportugiesischen das Wort »gral« als Bezeichnung für ein Gefäß oder einen Mörser aus Holz. Noch im 16. Jahrhundert nennt der Bühnenautor

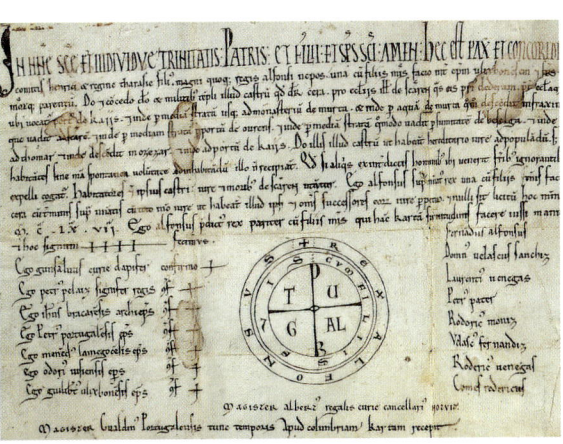

Schenkungsurkunde der Region Cera von 1159. Torre do Tombo, Lisboa

Antonio Ferreira in einem Komödientext
mehrere Haushaltsgeräte: »*Pineira, joeira,*
gral, *caldeira, e tudo mais que as importunas*
vizinhas soem pedir«. Auch kursierten
schon Sagen vom Heiligen Gral in Frankreich. Doch die großen Dichtungen über
Parzival, das Mysterium des Grals und
sein Burgversteck *Munsalvaesche* entstehen erst 20 bis 30 Jahre nach dem Dokument von Cera. Ihre frühesten Überset-
zungen ins Kastilische und Portugiesische
datieren noch später. So erscheint Parzival
erstmals 1272 in einem Gedicht des Ka-
talanen Serverí de Girona:

> *Lansalot e Tristany,*
> *Persaval e Ivani,*
> *Rotlan e Oliver,*
> *Berart de Monleyder*
> *e Xarles qui conques.*

Die weitverbreitete *Demanda del Sancto
Grial*, eine iberische Bearbeitung der französischen Vorlage *La Queste del Saint
Graal*, dürfte erst in der zweiten Hälfte des
14. Jahrhunderts entstanden sein. Die
Original-Handschrift liegt heute in Wien;
das beliebte Epos wurde noch um 1500 in
Sevilla und 1515 in Toledo gedruckt.
Nüchtern betrachtet, hat das Buchstabenrätsel im Siegel von 1159 eine ganz einfache Lösung: Von oben nach unten und
von links nach rechts gelesen, ergibt es
ein einziges Wort, nämlich »*PORTUGAL*«,
das Reich König Afonsos. In der Folgezeit
aber wird eine Verbindung zum Gralsmy-
thos sichtbar: durch die Aktivitäten der
Templer schon ein Jahr nach Ausstellung
der Urkunde und durch den starken Einfluß einer Person auf die portugiesische
Außenpolitik bis ins 16. Jahrhundert. Dabei handelt es sich, seltsam genug, um
eine Sagengestalt aus dem »*Parzival*«
Wolframs von Eschenbach (um 1210), die
am Schluß des Versromans als Nachfolger
des Helden und Erbe der Gralsfamilie auf-
taucht: der Priesterkönig Johannes.

BRENNPUNKT TOMAR

Für den Auftrag der Templer war das
stark beschädigte Kastell von Cera völlig ungeeignet. So errichteten sie nur we-

nige Kilometer südlich eine neue Burg. Sie erhob sich über dem Ufer des Rio Nabão, nahe den Ruinen der Römerstadt Nabantia, deren Steine beim Festungsbau verwendet wurden. Die Arbeiten begannen am 1. März 1160.

Wer die »Krone der Templer« heute besucht, kann sich kaum vorstellen, wie die Anlage im Mittelalter aussah. **Tomar** ist ein Jahrhundertwerk; Generationen haben daran gebaut, abgerissen und wieder ergänzt. Der gewaltige Komplex erstreckt sich über sieben Hügel, ist also ein magischer Platz wie Rom, Jerusalem oder Konstantinopel. Für den Namen Tomar gibt es bislang keine überzeugende Erklärung.

Ein mächtiger Bergfried beherrscht die militärische Schaltstelle der Templer. Sie wird im Norden vom St. Jakobstor, im Osten vom Katharinentor, im Süden vom Blutigen Tor und im Westen vom Turm der Gräfin begrenzt.

Der Christus-Konvent von Tomar. Links die Burg, rechts der Rundbau der Templer-Kapelle

Ältere Pläne zeigen den herzförmigen Grundriß der Zitadelle. Er paßt sich der besonderen Geländeform an, wird aber gern symbolisch gedeutet: Hier, genau in der geographischen Mitte Portugals, schlug das Herz des Widerstands gegen die Feinde des Glaubens.

Der verwinkelte, teilweise baufällige Burgbereich ist für Touristen gesperrt. Hier müßten erst Sicherheitsstandards geschaffen werden, und dazu haben weder die Verwaltung noch der *IPPAR* (Unterabteilung des Ministeriums für Kultur) die nötigen Mittel.

Aber es gibt noch andere Gründe. Seit vielen Jahren kursieren wilde Gerüchte über ein unterirdisches Netzwerk von Stollen und Verbindungswegen. In den verschütteten oder zugemauerten Gängen sollen Gold und Edelsteine der Templer versteckt sein. Phantasten und Esoteriker behaupten sogar, hier sei der Kristall der ewigen Weisheit aufbewahrt, vielleicht auch das mysteriöse Fünfte Evangelium, das Christus eigenhändig geschrieben habe! Die Behörden fürchten mit einigem Recht, daß sich Abenteurer auf dem Burgberg einschließen lassen und dort heimlich auf Schatzsuche gehen. Aber auch seriöse Forschungen werden abgeblockt. Wir hatten den Antrag gestellt, den unter der Erde befindlichen Teil einer Zisterne untersuchen zu lassen. Dies

Grundriß der Templer-Burg

Grundriß der Zisterne nach einer Planskizze von 1936

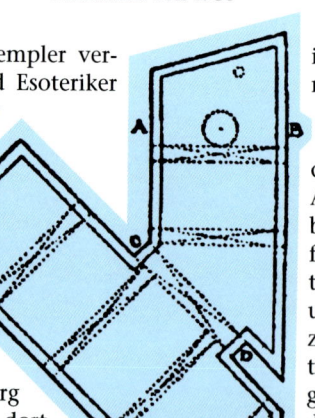

sollte durch einen portugiesischen Wissenschaftler und eine geophysikalische Firma geschehen, auf unsere Kosten natürlich. Mit modernsten Methoden wie Geoelektrik oder Georadar kann man heute Hohlräume im Boden bis zu einer Tiefe von 40 Metern völlig zerstörungsfrei aufspüren; nichts auf dem Platz wäre verändert oder beschädigt worden. Doch die zuständigen Stellen lehnten das Projekt ab. Es scheint, als habe man hier, 800 Jahre nach den Templern, immer noch etwas zu verbergen.

Nur wenige Meter westlich der Festung steht die Templer-Kapelle. Touristen dürfen einen Blick ins Innere werfen, aber den Raum nicht betreten. Die sogenannte *Charola* ist seit 1987 eingerüstet; ihre Renovierung wird noch Jahre dauern.

Nach dem Vorbild der Grabeskirche von Jerusalem, die mit dem ursprünglichen Auftrag des Ordens eng verbunden war, entstand ein fast runder Bau: Eine 16seitige äußere Schale legt sich um den 8eckigen Kern. Dazwischen verläuft ein breiter, hoher Wandelgang. Angeblich haben die Templer das Allerheiligste mit dem Altar sogar auf ihren Pferden umrundet. Doch das ist nur wieder eines jener zahlreichen Märchen über die Ritter.

Inneres der **Charola**

predigt (Matth. 5,3–10) zurückführt.

Möglicherweise prägt noch eine andere Tradition die runde Templer-Kapelle: die Sage vom Heiligen Gral. Albrecht von Scharfenberg, ein Schüler Wolframs von Eschenbach, beschreibt in seinem »Jüngeren Titurel« (1260/75) den Gralstempel als kreisförmige Anlage. Wörtlich heißt es: »*sinwel als ein rotunde*«. Die Tempelritter nannten sich nach dem Tempel Salomons, dessen Allerheiligstes später als Rundbau gestaltet wurde. Waren sie das Vorbild für die *Templeisen,* die Hüter des Grals in Wolframs »Parzival«?

Heute betritt man die Ordenskapelle von Tomar durch ein Portal aus dem 16. Jahrhundert und stellt bald fest, daß sie keine weitere Tür besitzt. Ursprünglich befand sich der Ein-

Sicher dagegen hat der Architekt den oktogonalen Grundriß mit Absicht gewählt: Im Mittelalter war die 8 als erste kubische, also räumliche Zahl, eine heilige Ziffer. Sie galt als Sinnbild der Erde mit den damals bekannten 7 Planeten. Sie symbolisierte aber auch die 8 Eckpunkte des Templerkreuzes, die man auf die 8 Seligpreisungen in der Berg-

**Inneres der Templer-Kapelle.
Holzschnitt von 1867**

Templer-Kapelle mit östlichem Eingang. Miniatur von 1509

Der Unterarm des heiligen Gregor wurde später in Silber gefaßt, teils mit Goldblech überzogen und mit kostbaren Steinen geschmückt. Heute befindet sich das Kultobjekt in der Schatzkammer der Kathedrale von Lissabon. Durch Glasfenster in der Metallverkleidung sieht man zwei Fingerknochen und die mumifizierte Handfläche.

gang an der Ostseite; so zeigt es eine frühe Illustration. Er lag in Richtung Sonnenaufgang und direkt gegenüber dem Kastell. Dort wurde ein Stein mit einer Inschrift vermauert, die auf die Bauherren hinweist. Da ist einmal »Alfonso«, der erste Regent des jungen Staates. Dann erscheint noch ein gewisser »Galdinus«. Hinter dem lateinischen Namen verbirgt sich Gualdim Pais, von 1159 bis 1195 Meister des Ordens in Portugal. Er wird noch heute als Nationalheld verehrt und ist auf seinem Denkmal mitten im Städtchen Tomar immer präsent.

Pais nahm am zweiten Kreuzzug teil, kämpfte fünf Jahre in Palästina und brachte aus dem Orient eine kostbare Reliquie mit: den angeblich echten Körperteil eines griechischen Kirchenlehrers und Heiligen namens Gregor von Nazianz (329–390). Der Theologe vertrat im dogmatischen Streit der frühen christlichen Kirche die Position der Jungnicäner, die im Gegensatz zu den Arianern die Wesensgleichheit von Gottvater, Sohn und Heiligem Geist anerkannten. Wer, wie der Templer Pais, eine Reliquie dieses Mannes besaß, erwies sich als rechtgläubiger Anhänger der römischen Trinitätslehre.

Denkmal des Gualdim Pais

Vermutlich hat man die Reliquie einst in der Templer-Kapelle von Tomar aufgestellt. Und vielleicht schützte diese tote Hand den Ort vor dem heftigsten Sturm: am 13. Juli 1190 bestand die Burg ihren ersten Härtetest. Jakub Ibn Jussuf, der Kalif von Marokko, wollte seinen in der Schlacht von Santarém gefallenen Vater rächen und stieß mit seinem Heer bis ins Herz des Landes vor. Nach der Einnahme von Torres Novas griff er Tomar an.

Die Portugiesen waren völlig überrascht. Der damals regierende König Sancho I. bat verzweifelt um ausländische Unterstützung. Wieder einmal waren es englische und deutsche Kreuzfahrer, die mit ihrer Flotte vor Lissabon ankerten und schnell zu Hilfe eilten. Doch die Templer von Tomar hatten die Belagerung bereits erfolgreich abgewehrt. Die Berber-Krieger aus Marokko traten den Rückzug an.

Viel später, als dieses Ereignis schon längst vergessen war, machte ein Zufall oder eine Laune der Geschichte die Erinnerung an das »Wunder von Tomar« wieder lebendig, ausgerechnet im fernen Deutschland:

1854 fand man bei der ostfriesischen Stadt Norden eine arabische Goldmünze. Laut Inschrift war sie während der Herrschaft des Kalifs Jakub Ibn Jussuf geprägt worden. Wahrscheinlich hatte sie ein friesischer Kreuzfahrer vor Tomar erbeutet. Zu Hause ließ er das Geldstück zu einer Brosche umarbeiten. Die dem Körper zugewandte Seite des Amuletts wurde mit einem Kreuz aus Goldblech bedeckt, um den Träger vor den heidnischen »Zaubersprüchen« zu schützen.

ALGARVE IN FLAMMEN

Von ihrem Hauptquartier in Tomar organisierten die Templer die Eroberung der letzten maurischen Bastionen. Um das Jahr 1200 saß der Feind noch immer dort, wo heute Portugals bizarre Felsküste und seine Traumstrände auf friedliche Touristen warten: im südlichen Alentejo und dem Algarve, arabisch *Algarbh al-Andalus,* der »Westen« oder das »Land der untergehenden Sonne«.

Anders als Spanien hat Portugal nur wenig aus maurischer Zeit zu bieten. Die christlichen Kämpfer haben damals reinen Tisch gemacht, so gründlich, daß ein muslimischer Chronist klagte: »Wollen die Männer des Kreuzes alles zerstören und über einen riesigen Friedhof herrschen?«

Und dennoch: Einiges blieb bis heute erhalten, zum Beispiel in **Mértola**, einem Bilderbuchstädtchen des Alentejo. Es thront auf einem Felssporn zwischen dem lehmbraunen Guadiana und seinem schmale-

Armreliquiar des Gregor von Nazianz. Schatzkammer der Kathedrale in Lissabon

ren Zufluß, dem Rio Alvacar. Schon den
Römern waren die strategisch günstige
Lage und das sonnige Plateau aufgefallen,
und so gründeten sie hier ihre Siedlung
Iulia Myrtilis, von der sich der heutige
Name ableitet.

Unterhalb der trutzigen Burg aus der
Maurenzeit steht Portugals einzige alte
Moschee, fast im Originalzustand, bis auf
das verschwundene Minarett. Sie überlebte nur, weil man den Kultbau nach
1238 in eine Kirche verwandelte. Doch

die hat den rechteckigen Grundriß bewahrt, der typisch für islamische Gotteshäuser ist. Im Inneren stützen noch immer Säulenreihen und Hufeisenbögen das
Gewölbe, so wie wir es auch von der
berühmten Moschee in Cordoba – jetzt

Kathedrale *La Mezquita* – kennen. Erhalten blieb auch der *Mihrab,* die Gebets-
nische, ein halbes Achteck mit Spuren
filigraner Stuckornamente. Sie gibt dem
gläubigen Muslim die Richtung (*Qibla*)
an, in die er sich bei seiner Andacht wen-

Mértola: Blick vom Kastell auf den Ort zwischen den Flüssen

Die ehemalige Moschee von Mértola

den muß: nach Mekka, südöstlich von hier.

Außerdem entdeckte man in Mértola islamische Gräber. Anders als bei den Christen des Mittelalters, die ihre Toten in Rückenlage und in West-Ost-Richtung bestatteten, nahmen die Skelette der Mohammedaner eine Nord-Süd-Position ein und waren zur Seite gedreht.

Maurische Reste findet man auch in **Silves**. Im arabischen *Šilb* lebten einmal 30 000 Menschen. Es besaß 20 Moscheen, reiche Marmorpaläste und luxuriöse Basare. Vier Mauerringe schützten das Wohnviertel, die *Medina*. Davon blieb nur das Almedina-Tor erhalten, die heutige *Porta de Loulé*. Šilb war die Hauptstadt der maurischen Provinz *Al-garbh*. Zeitgenössische Chronisten priesen überschwenglich ihre Schönheit und verglichen sie mit Granada. Vorbei und vergessen!

Auch landschaftlich hat sich eine Menge verändert. Der Rio Arade, ein versumpftes und schmutziges Rinnsal, über das eine Brücke auf römischen Fundamenten führt, war früher ein breiter Fluß und bis zur Stadt schiffbar. 1189 fuhren deutsche und englische Kreuzritter mit Booten dicht an Šilb heran und nahmen es im Handstreich. Nur zwei Jahre später nähert sich ein Heer unter Jakub Ibn Jussuf, dem gleichen Kalifen, der vor Tomar gescheitert war. Erneut besetzen die Sarazenen den Ort. 1244 wurde er endgültig christlich.

Das *Castelo dos Mouros*, die rötlich leuchtende Maurenfestung mit ihren elf Rechtecktürmen, wirkt noch heute bedrohlich.

Im Burghof sieht man in den Boden eingelassene Luftschächte für unterirdische Vorratsräume und einen 40 Meter tiefen Brunnen. Aus der Ära der Almohaden stammt auch die gewaltige »Zisterne der Hunde« (*Cisterna dos Cães*); kein Mensch

Grabmal ermordeter Kreuzfahrer in Tavira

weiß, woher dieser Name kommt. Auf dem Gelände ist nur die Abdeckung aus gewölbten Jochen sichtbar. Steigt man die Treppe hinab, gelangt man in eine große Halle. Sie nimmt eine Fläche von 265 Quadratmetern ein und reicht 10 Meter hoch. Sechs kräftige Pfeiler stützen die vier Gewölbe. Noch heute dient die Zisterne als wichtigstes Wasserreservoir von Silves.

Auch **Tavira** an der Algarve-Küste fiel 1244 in christliche Hand. Das Mauren-Kastell, jetzt eine romantische Ruine, war für die Angreifer der schwerste Brocken. Sie gruben sich wie Maulwürfe unter der Mauer zum Innenhof durch und hielten die Stellung trotz heftiger Gegenwehr. Man vereinbarte eine Waffenruhe. Doch während der Kampfpause werden sieben Kreuzfahrer, vermutlich Templer und Santiago-Ritter, hinterrücks von den Sarazenen getötet. Die Portugiesen metzeln daraufhin die muslimische Bevölkerung nieder und errichten den ermordeten Waffenbrüdern ein Grabmal. Man kann es in der Kirche *Santa Maria do Castelo* besichtigen.

So wurden Silves, Tavira und andere Orte im Süden wieder gut katholisch. Das war Anno 1244. Gleichzeitig kam frohe Kunde aus dem Ketzerland Südfrankreich. Dort war im März 1244 der **Montségur** gefallen, die letzte Bastion der Katharer. Seit dem nationalsozialistischen Schriftsteller Otto Rahn gilt das düstere Bollwerk auf schwindelerregendem Felskamm auch bei vielen Zeitgenossen als Hort des Grals.

Doch die Christenheit hatte damals keinen Grund zum Jubel. Im selben Jahr erreicht eine Schreckensmeldung aus dem Nahen Osten das Abendland: Jerusalem gehört endgültig den Ungläubigen! Im Juli 1244 stürmten choresmische Reiterhorden, ein türkischer Stamm, die heilige Stadt und zwangen die fränkische Besatzung zum Abzug. 6000 christliche Einwohner folgten ihr auf dem Weg zur Küste. Nur 300 erreichten den Hafen von Jaffa.

DAS PHANTOM AUS ASIEN

Europa ist geschockt. Während man über einen neuen Kreuzzug nachdenkt, kommt in Frankreich ein Gerücht auf. Es entsteht ebenfalls 1244 im Zisterzienserkloster von **Trois Fontaines**. Die längst verfallene Abtei liegt zwischen St. Dizier und Vitry-le-François in der Champagne, dem Kernland der Templer. Trois Fontaines genoß bei den Rittern großes Ansehen. Der von ihnen hoch verehrte Bernhard von Clairvaux hatte das

Ruine der Zisterzienser-Abtei Trois Fontaines

Kloster 1118 gegründet. 1129 nahm sein Abt am Konzil von Troyes teil, auf dem der Orden förmlich anerkannt wurde. Im 13. Jahrhundert besaßen die Templer den besten Nachrichtendienst. Brüder aus den nahen Komtureien Mancourt und Ruetz versorgten die Abtei mit wichtigen Informationen. So verbreitete der Mönch Alberich für den Zeitraum 1240/44 eine recht genaue Zahl über die Immobilien der Templer: 7050 Häuser sollen damals in ihrem Besitz gewesen sein.

Außerdem brachte der Zisterzienser eine politisch brisante Meldung in Umlauf: Ein fremder König hat die Perser besiegt und steht mit seiner Armee nur noch zehn Tagesmärsche von Bagdad entfernt, um dann Palästina von Osten anzugreifen. Es ist ein christlicher Herrscher aus den Steppen Asiens. Dieser Mann, der wie ein Geschenk des Himmels im Rücken des Feindes eine zweite Front eröffnet, hat einen Namen: Priesterkönig Johannes. Als Zeugen für das sensationelle Ereignis nennt Alberich von Trois Fontaines Kundschafter aus Rußland und natürlich die Templer.

Die Geschichte war damals schon hundert Jahre alt. Der geheimnisvolle Retter aus dem Osten tauchte erstmals um 1145 in der Chronik des Bischofs Otto von Freising auf. Dieser hatte von einem orientalischen Fürsten nestorianischen Glaubens gehört, der den bedrängten Christen schon beim ersten Kreuzzug zu Hilfe kommen wollte. Später schrieb der Unbekannte einen Brief an den Kaiser von Byzanz, an Friedrich Barbarossa und Papst Alexander III. Darin stellt er sich überaus selbstbewußt dar, wirft den Herrschern des Abendlands ihre Gier nach Reichtum und Ämterfülle vor, bietet sich aber gleichzeitig als Verbündeter gegen den Islam an. Heute wissen wir, daß dieses Schreiben eine der zahlreichen Fälschungen des Mittelalters war und daß

Wappen des Priesterkönigs Johannes: Ein Tatzenkreuz, ähnlich dem Templer-Zeichen, mit zwei Krummstäben. *Libro del Conoscimiento*, **Spanien um 1350**

kirchliche Kreise dahintersteckten, die der Kreuzzugsidee neue Impulse geben wollten.

Ähnlich muß es nach dem Fall Jerusalems 1244 gewesen sein. Alberich von Trois Fontaines holte den Presbyter Johannes einfach aus der Versenkung, um seinen verzweifelten Glaubensgenossen wieder Mut zu machen. Ein simpler Propagandatrick, der gerade in Frankreich wirkte: König Ludwig IX. unternahm 1248 von hier aus den sechsten Kreuzzug, der allerdings kläglich scheiterte.

Alberich von Trois Fontaines im Scriptorium. Filmszene

In den vergangenen hundert Jahren hatte kein Mensch den mysteriösen Herrscher im Priestergewand zu Gesicht bekommen. Niemand wußte genau, wo sein Reich lag – mal war die Rede von China, dann von Indien, später von Äthiopien. Es hieß, sein Palast sei durch eine Art Radarstation gesichert: Auf einem riesigen Spiegel könne man im voraus alle Anschläge erkennen, die der Feind gegen den Priesterkönig plane. Ein reines Phantasieprodukt! Doch sein Name hatte einen so magischen Klang, daß das christliche Abendland in ihm einen Hoffnungsträger sah und fest an seine Existenz glaubte.

Der Bericht des Mönchs von Trois Fontaines überzeugte vor allem deshalb, weil er sich auf die Templer als Augenzeugen berief. Wenn Mitglieder des hochgeachteten Ordens den Wundermann selbst gesehen hatten, wer wollte da noch zweifeln! So verbreitete sich sein Ruf wieder einmal in Windeseile durch Europa und drang auch nach Portugal.

Vielleicht haben die Troubadoure auf Burg Almourol, dem Templer-Sitz mitten im Tejo, das spannende Thema aufgegriffen. Seit 1249 jedoch brauchte das Land

keinen Verbündeten namens Johannes mehr. Es hatte den Feind aus eigener Kraft besiegt, viel früher als die spanischen Nachbarn. Portugal war maurenfrei und die sprichwörtliche »Heidenangst« zu Ende.

DINIS, DER KÖNIG DES WALDES

Die Templer können sich jetzt intensiv um ihre Ländereien kümmern. Sie legen Weingärten an und züchten neue Rebsorten, an den Ufern des Minho, am Douro, Dão, Zêzere und Tejo; dort, wo noch heute edle Tropfen wachsen. Neben der im Mittelalter weitverbreiteten Redensart »Er säuft wie ein Templer« *(Bibere templariter)* entstehen neue Gerüchte: Angeblich produzierte der Orden so viel Wein, daß man damit beim Hausbau den Mörtel anrührte. Das war natürlich übertrieben, doch man munkelte sogar: »Sie waten im Wein wie im Blut ihrer Feinde.« In Wahrheit zerstampften die Templer ihre Trauben mit den Füßen wie jeder Winzer damals.

Einige der alten Templer-Güter sind bis heute in Betrieb. So die *Quinta da Anunciada Velha* bei Tomar oder die *Quinta da Cardiga* am Tejo nahe Barquinha. Sie kam schon 1169 in Besitz des Ordens und lag im Schutz eines kleinen Kastells, von dem noch ein Turm steht. Das bäuerliche Anwesen stellte Olivenöl, Butter und Käse her, und speziell der Käse von Cardiga hat noch immer einen ausgezeichneten Ruf.

Harzgewinnung nach alter Methode im *Pinhal do Rei*

Auch in der Forstwirtschaft waren die Templer aktiv. Zwischen Soure, Pombal und Leiria gehörten ihnen große Nadelwälder. Hier zapften die Klosterbrüder Pi-

nien und Kiefern an, so wie es vorher schon die Sarazenen getan hatten. Durch tiefe Einschnitte in die Rinde gewannen sie Harz, das sie nach maurischem Rezept in einen teerartigen Leim verwandelten. Mit dieser Masse und zu Fäden aufgewickelter Baumwolle dichteten sie die Fugen ihrer Boote ab.

Man nennt das »kalfatern«; der Begriff geht auf die arabischen Wörter *kafr* (Asphalt) und *kalafa* zurück. Damit hängt auch der Name des Schiffskobolds »Klabautermann« zusammen: Er ist der hilfreiche Geist, der mit dem Kalfathammer von außen an die Bootswand pocht und so den Zimmermann mahnt, die schadhaften Stellen auszubessern.

Die Templer brauchten den Wald auch zum Bau ihrer Schiffe. Für die Masten, Rippen und Spanten verwendeten sie ausschließlich Nadelholz. Doch wo die fertigen Segler dann vor Anker lagen, ist bis in unsere Zeit falsch dargestellt worden.

Die Autoren Maurice Guinguand und Jacques de Mahieu behaupten ohne jede Quellenangabe, **Serra d'El-Rei** sei der wichtigste Atlantik-Hafen der Templer gewesen. Neueste Forschungen am Institut für Geowissenschaften der Universität Évora sagen jedoch etwas ganz anderes: Die Wissenschaftler werteten zahlreiche Landkarten aus dem 14. bis 16. Jahrhundert aus, fütterten den Computer mit geographischen Daten der Region zwischen Nazaré und Lourinha und rekonstruierten daraus den Küstenverlauf im Mittelalter. Damals lag der Meeresspiegel beträchtlich höher, und damals war die heutige Halbinsel Peniche noch eine Insel. Das bestätigen auch die schon erwähnten Berichte englischer und deutscher Kreuzfahrer von 1147. Sie schätzten, daß die Insel rund einen Kilometer vom Festland entfernt lag. Zu jener Zeit reichte der Atlantik bis **Atouguia da Baleia**, ein Ort, der jetzt ein ganzes Stück landein-

Serra d'El-Rei, das Dorf mit der »singenden Mühle«, war nie ein Hafen!

wärts liegt. Nur hier kann es einen Hafen für die Templer-Flotte gegeben haben, nicht aber in Serra d'El-Rei, das sechs Kilometer östlich von Atouguia auf einer Anhöhe thront.

Je stärker sich die portugiesischen Templer auf ihre Heimat konzentrierten, um so mehr verloren sie die Hauptaufgabe des Ordens aus dem Auge: den Heiligen Krieg in Palästina. Der schrittweise Verzicht auf den internationalen Status lief parallel zu einer immer engeren Bindung an das Königshaus. Im Gegensatz zu anderen Staaten Europas war der Ritterbund hier nie ein Fremdkörper, der dem Landesherrn gefährlich wurde. Sein ausgeprägt nationales Interesse deckte sich stets mit dem des Monarchen. Der hatte die Templer zwar zu reichen Grundbesitzern gemacht, sie blieben aber immer seine Vasallen und erfüllten ihre Lehnspflicht. Diese frühe Sonderrolle des Ordens in Portugal sollte die spätere Entwicklung nach dem Bannspruch des Papstes entscheidend beeinflussen.

1288 löst der portugiesische Templer-Zweig auch die traditionellen Verbindungen zu den Brüdern in León und Kastilien und wird eine völlig selbständige Organisation. Ebenso trennen sich die Santiago-Ritter vom spanischen Mutterhaus. Dieser Nationalisierungsprozeß erfolgt auf Druck von König Dinis (Dionysius).

Dinis war eine Ausnahmeerscheinung. Er ist der erste Herrscher Portugals, der sich nicht mit den Mauren oder den spanischen Nachbarn herumschlagen muß. So sorgt er für Wohlstand im Land, bringt Handel und Wirtschaft in Schwung, macht, zum Ärger des Papstes, sogar Geschäfte mit dem Sultan von Ägypten. Er leitet die Aufforstung eines langen Küstenabschnitts am Atlantik. Ein Gürtel von Strandkiefern soll die Dünen befestigen und das Land vor der Flut schützen.

Davon zeugt noch heute ein großes Waldgebiet von 9000 Hektar. Es heißt *Pinhal do Rei*, der »Königliche Pinienwald«, und erstreckt sich westlich von **Leiria**, dem Lieblingssitz von Dinis und seiner wie eine Heilige verehrten Gemahlin Isabel. Von ihrer Burg aus sahen sie den breiten, grünen Saum am Horizont. In der gut erhaltenen Festung waren vorher die Templer zu Hause. An zahlreichen Stellen des Mauerwerks erkennt man ihre typischen Kreuze.

Der König fand auch noch Zeit zum Dichten. Sein »Liederbuch« wurde 1894 ins Deutsche übersetzt. Am Hof zu Leiria trafen sich Troubadoure und trugen ihre Minneverse vor. Zwei Sänger aus dieser Zeit sind uns namentlich bekannt: Estevam de Guarda und Fernand'Esquio; sie sollen die Gralssage in die portugiesische Literatur eingeführt haben.

Der populäre, bis heute bewunderte Dinis wurde nach seinem Tod 1325 nicht in einer der prächtigen Königskathedralen bestattet, sondern an einem Ort, wo es eigentlich niemand erwartet: im Frauenkloster von **Odivelas** am nördlichen Stadtrand von Lissabon. Dinis selbst hatte die Abtei seit 1295 für die Zisterzienserinnen bauen lassen.

Kein Tourist verirrt sich hierher. Die versteckte Anlage steht jetzt unter militärischer Leitung und dient als Internat für Mädchen, deren Väter bei Kämpfen in den ehemaligen Kolonien Angola und Moçambique gefallen waren. Nach dem verheerenden Erdbeben von 1755 blieb vom Originalbau nur der Chor übrig. Hier ruht Dinis in einem steinernen Sarkophag. Die Schäden an der gotischen Grablege gehen nicht auf die Naturkatastrophe zurück, sondern auf Soldaten des Napoleonischen Invasionsheeres von 1807, die im Sarg Gold vermuteten und deshalb alles kurz und klein schlugen.

Die Vergewaltigung der Königstochter. Grabskulptur aus dem 14. Jh. im Kloster von Odivelas

Noch zu Lebzeiten traf Dinis ein schwerer Schicksalsschlag: Ein Unbekannter hatte seine junge Tochter Dona Maria Afonso vergewaltigt und mit einem Dolch verstümmelt. Gebrochen an Leib und Seele ging das Mädchen in dieses Kloster, wo es fünf Jahre vor dem Vater starb (1320).

Ihr Grabmal steht nur wenige Schritte von seinem entfernt. Am Sockel hat ein Bildhauer das Verbrechen in Szene gesetzt. Diese ungemein realistische Darstellung eines Kriminalfalls ist in der Kunst des Mittelalters einmalig. Der Täter – sein Kopf wurde später abgeschlagen – hat sich brutal über das Mädchen geworfen, ihre Schenkel gewaltsam gespreizt und dringt in den Körper ein. Die Waffe in seiner Hand zielt auf ihre Hüfte. Die 15jährige trägt nur ein Nachthemd, wurde also im Schlaf überrascht. Sie wehrt sich verzweifelt; ihr Gesicht ist ein einziger Schrei des Entsetzens.

DER VERRAT

Es war eine grausame, unruhige Zeit. Das Ende der Menschheit lag in der Luft. Schon 1241 waren auf Island die alten Weltuntergangsvorstellungen aus der *Edda* wieder belebt worden. Snorri Sturluson, ein Dichter und Staatsmann, der einem Mordanschlag politischer Gegner zum Opfer fiel, hatte vor seinem Tod düstere Visionen an die Wand gemalt: den eisigen »Fimbulwinter«, den nur ein Menschenpaar überlebt, die Götterdämmerung und den Weltenbrand, bei dem die Erde ins Meer stürzt.

In Kalabrien errechnete der Zisterzienserabt Joachim von Fiore für das Jahr 1260 den Beginn des »Dritten Reiches«, ein Zeitalter der Armut und des Friedens. Als die römische Kirche Joachims Lehre aber ein Jahr vor dem angekündigten Übergang verbot, stand das Datum 1260 sofort unter einem bösen Stern und wurde mit drohendem Unheil verknüpft.

Bemerkenswert ist, daß solche apokalyptischen Prophezeiungen kaum vor dem auftretenden Hungersnöten, Seuchen und unerklärlichen Himmelserscheinungen aus.

So verbreitete eine Sonnenfinsternis immer wieder Angst und Schrecken. Während der nur höchstens fünf Minuten dauernden Dunkelheit erinnerten

Die Audienz des Verräters. Filmszene

»Millennium«, der Jahrtausendwende entstehen. Beim Wechsel von Anno 999 zu 1000 gab es nach den historischen Quellen keine größere Panik oder Massenhysterie. Der Zahlensprung zu den magischen Nullen schockte die Menschheit nicht. Ihre Furcht vor Weltende und Jüngstem Gericht brach eher bei plötzlich sich gläubige Christen an die Worte aus der Offenbarung des Johannes (6, 12): »Und die Sonne ward finster wie ein schwarzer Sack, und der Mond ward wie Blut.«

Die Sonnenfinsternisse über Europa sind auch für vergangene Epochen genau datiert und systematisch erfaßt. Nach den

Tabellen von J. Schroeter trat das Phänomen zwischen 1239 und 1321 neunzehnmal auf, davon neunmal als totale Eklipse. Ein solches Naturschauspiel galt im Mittelalter nicht nur als böses Omen. Es war für die Betroffenen ein traumatisches Erlebnis, mit Folgen, die wir uns heute kaum vorstellen können.

Auch politische Ereignisse, z. B. militärische Niederlagen, lösten im Volk häufig Untergangsstimmungen aus. Als 1291 mit Akkon die letzte Bastion der Christenheit in Palästina fiel, zitterte das Abendland vor dem Auftauchen des Antichrist. Die Schuld an der Katastrophe gab man vor allem den Templern.

Über dem Orden braute sich Unheil zusammen. Alles begann mit einer Verleumdungskampagne und – im Gefängnis: dem Kerker von Agen im heutigen Département Lot-et-Garonne (Südwestfrankreich).

Dort warten zwei Kleinkriminelle auf ihren Prozeß. Der eine ist ein Templer, der die Organisation verlassen hat. Er weiß unglaubliche Dinge vom satanischen Treiben der ehemaligen Brüder und erzählt sie seinem Zellengenossen. Dieser Mann heißt Esquieu de Floyran, stammt aus der früheren Katharer-Hochburg Beziers und ist, wie sich später herausstellt, ein verdeckter Ermittler. Nachdem er genug erfahren hat, wird er freigelassen und bekommt im Frühjahr 1305 eine Audienz bei Jayme II., König von Aragón. Ihm will er das Templer-Geheimnis als *Factum Templariorum* offenlegen, natürlich gegen gute Bezahlung.

Der Herrscher glaubt nicht an irgendwelche Verfehlungen der Ordensritter in seinem Land, vor allem stört ihn die horrende Summe, die der Spitzel für seine Enthüllungsstory verlangt: ein einmaliges Honorar von 3000 Pfund und eine Jahresrente von noch mal 1000 Pfund. Für den Fall, daß Esquieu sichere Beweise liefert, macht er ihm immerhin eine vage Zusage.

Doch der Verräter sucht sich einen neuen Interessenten, den König von Frankreich. Er trifft ihn vermutlich Ende 1306 in Paris. Philipp IV. ist schon seit längerem über die Templer verärgert und greift jede Verdächtigung gierig auf. Seine Berater bauschen die Denunziation zur Anklage auf und eröffnen ein Gerichtsverfahren gegen den Orden.

Geheimagent Esquieu de Floyran wurde später übrigens nicht ermordet, wie der französische Templer-Experte Louis Charpentier behauptet. Er bekam vielmehr um 1313 als stattliche Belohnung den ehemaligen Ordensbesitz von Montricoux im Département Tarn-et-Garonne.

DAS DOKUMENT DES BAPHOMET

Im Zentrum der Anklage gegen die Templer steht *Baphomet,* das mysteriöse Götzenbild. Darüber ist viel gerätselt und spekuliert worden; zahlreiche Bücher widmen sich diesem Thema. Die Autoren haben jedoch eine wichtige Aussage in den Quellen übersehen:

Bei den Verhören auf Zypern im Mai und Juni 1310 stellt ein Templer klar, daß er und seine Brüder kein obskures Idol, sondern den Kopf der heiligen Euphemia verehrt hätten.

Diese Frau lebte um das Jahr 300 in Chalkedon (heute Kadiköi/Türkei) und verweigerte als überzeugte Christin das Opfer an heidnische Götter. Deshalb mußte sie sterben. Über die Art ihres Martyriums existieren verschiedene Versionen: Einmal wurde sie in der Arena von wilden Tieren zerrissen, ein andermal verbrannt, dann wieder enthauptet. Nach ihrem Tod sprach man sie heilig und machte sie zur Patronin des orthodoxen Glaubens. Schon ihr Name trug zur Legendenbildung bei. *Euphemia* bedeutet: »Sie spricht verhüllende Worte, aber im guten Sinn.« Dazu kamen noch Wunderberichte. So soll aus ihrem Sarkophag Blut geflossen sein, mit dem man viele Kranke heilte. Der Kult um Euphemia breitete sich rasch in Kleinasien, dann auch bis Ägypten und Norditalien aus. In ihrer Grabeskirche zu Chalkedon tagte 451 das vierte ökumenische Konzil. Angeblich waren die Akten der Synode lange Zeit in Euphemias verzaubertem Sarg deponiert. Ein wichtiger Beschluß dieser Kirchenversammlung lautet: Der Patriarch von Konstantinopel hat die gleichen Rechte wie der römische Bischof. Doch der Papst erkannte diesen Grundsatz niemals an.

Baphomet-Kopf von Caracena/Spanien, 12. Jh.

nes byzantinischen Schutzengels verehrte, war von vornherein verdächtig. Vermutlich hatten sie den metallverkleideten Schädel während des vierten Kreuzzugs bei der Plünderung Konstantinopels erbeutet. Dorthin waren die Reliquien der Heiligen schon im 7. Jahrhundert überführt worden, und zwar in eine eigens erbaute Basilika nahe dem Hippodrom. Der Augenzeuge Robert de Clari staunt ehrfürchtig vor der Reliquienpracht im eroberten Konstantinopel und zählt in seiner Chronik akribisch die Spitzenwerke auf, darunter das Haupt Johannes des Täufers. Auch der Bischof von Halberstadt nahm an jenem erbärmlichen Kreuzzug teil und lechzte nach einem der heiligen Gegenstände. Er begnügte sich aber, wie die Templer, mit dem Körperteil einer weniger bekannten Person: 1205 brachte er einen Arm der Euphemia in seine Heimatstadt am Harz. Einer seiner Nachfolger im Amt setzte sich später energisch für die verfolgten Ritter ein und riskierte ihretwegen sogar einen Streit mit dem Erzbischof von Magdeburg. Hatte ein weiteres Wunder der Heiligen diese ebenso seltene wie bemerkenswerte Allianz zwischen den Templern und dem Halberstädter Bischof bewirkt? Was nach dem Templer-Prozeß mit dem Haupt oder der Büste Euphemias in Zypern, der letzten Ordensbasis, geschah, ist unbekannt.

Wer sich im hohen Mittelalter, wo die Spaltung der beiden großen Glaubensgemeinschaften längst feststand, immer noch zu einer Heiligen der Ostkirche und zu der mit ihr verbundenen Konzilsregel bekannte, der galt nicht gerade als glühender Anhänger Roms. Und wer, wie die Templer auf Zypern, den Kopf ei-

Zu den äußerst wenigen *Baphomet*-Abbildungen, die der Beschreibung in den alten Gerichtsprotokollen entsprechen und bis heute erhalten blieben, gehört ein steinerner Kopf mit drei Gesichtern, den ich 1995 im spanischen Caracena (Provinz Soria) entdeckte. Wir wissen also, wie das Idol aussah. Doch wo wurde es aufbewahrt? In den Prozeßakten gibt es nur einen konkreten Hinweis auf den Standort. Die Spur führt nach Portugal, genauer nach Tomar.

Das beweist ein Dokument aus dem Geheimarchiv des Vatikans (Reg.Aven. Nr. 305 fol. 564). Heinrich Finke hatte es bereits 1907 ausgegraben und seinen Wortlaut publiziert. Doch keiner der späteren Wissenschaftler ist dieser Fährte nachgegangen, selbst in Portugal nicht.

Das Schriftstück stammt vom 6. Mai 1310. Es enthält die Aussage eines gefan-waren nicht nur hundert gestandene Tempelbrüder, sondern auch etwa acht Frauen mit schwarzen Schleiern über dem Kopf, »nach Sitte des Landes«. Das waren sicher keine Wanderdirnen, die im Mittelalter bei Kirchweihfesten oder an den bekannten Wallfahrtsorten auftauchten, um die Männer von ihren »schlechten Säften« zu befreien. Gaufridus sagt ausdrücklich, niemand aus der Gruppe habe mit diesen Frauen »gesündigt«. Vermutlich handelte es sich um getaufte (?) Araberinnen, die sich den Templern angeschlossen hatten. Ein weiteres Beispiel, daß der Orden auch weibliche Mitglieder zuließ (vgl. S. 69 f.).

Zu seiner eigenen Aufnahme in die Gemeinschaft befragt, antwortet der Gefangene, dies sei vor etwa 34 Jahren, also um 1276, geschehen und zwar in Portugal. Ferrando Afonso, Vorsteher der Komturei

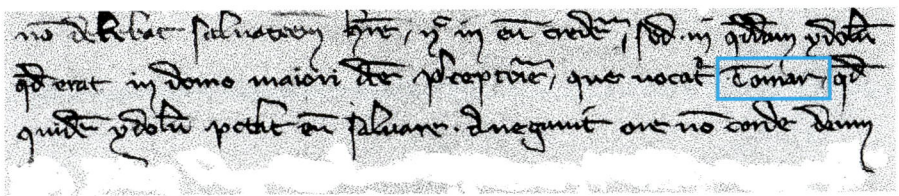

Auszug aus dem Protokoll von 1310 mit Hinweis auf den Baphomet-Standort Tomar

genen Templers, ist ein Beispiel für die internationale Verflechtung des Ordens und erzählt gleichzeitig eine abenteuerliche Geschichte:

Bruder Gaufridus erklärt zu seiner Person, er komme aus Pierrevert bei Forcalquier in der nördlichen Provence und sei zuletzt Vorsteher der Komturei von Rua gewesen; damit ist das heutige Kloster San Pietro di Feletto in der italienischen Provinz Venetien gemeint. In Akkon (Palästina) war er Augenzeuge eines Initiationsritus. Der Großmeister Guillaume de Beaujeu selbst führte damals einen Novizen in den Orden ein. Anwesend von Castelo Branco (Beira Baixa), habe bei dieser Zeremonie vor mehreren Personen erklärt, Jesus Christus sei nicht der wahre Sohn Gottes, sondern ein falscher Prophet. Nicht ihn solle er anbeten, sondern ein *ydolum*, das sich in Tomar, dem Hauptsitz der portugiesischen Templer, befände. Nur dieses Götzenbild könne ihn erlösen.

Aufgrund dieser Aussage hat die Inquisition höchstwahrscheinlich in Tomar nach dem Objekt gefahndet. Ein Originalkopf des *Baphomet* wurde nie gefunden. Es läßt sich auch nicht mehr feststellen, wo er ursprünglich aufbewahrt wurde. Es gibt je-

Tomar: der »Saal der Initiation«

doch noch einen unterirdischen Raum, den man nach alter Überlieferung »Saal der Initiation« nennt. Er liegt ein ganzes Stück westlich des mittelalterlichen Kerns; Touristen dürfen ihn nicht betreten. Der Schriftsteller Umberto Eco hat ihn untersucht und in seinem Roman »Das Foucaultsche Pendel« (1989) beschrieben. Die Verwaltung des Konvents von Tomar ist ihm deshalb noch heute gram.

Eco spricht korrekt von sieben Stufen zu einer Art Krypta. Richtig ist auch die Zahl der sieben Schlußsteine mit dem Symbol der Rose, die das Gewölbe zusammenhalten. Wenn er sich hier allerdings den »Thron des Groß-

meisters« vorstellt, geht die Phantasie mit ihm durch. Der Raum unter den Klosterbauten entstand erst im 16. Jahrhundert, lange nach dem Untergang der Templer. Aber es ist schon merkwürdig, daß in Tomar noch immer ein *Baphomet*-Bild existiert. Unweit vom »Saal der Initiation«, in einem Abstellraum vor der ehemaligen Küche. Auch hier haben Touristen keinen Zutritt. Der Kopf mit den drei Gesichtern schaut von der Decke herunter. Er schmückt einen Schlußstein aus dem 16. Jahrhundert. Wenn man ihn entfernt, stürzt nicht nur dieses Gewölbe ein. Auch im Stockwerk darüber bricht alles zusammen. Ein teuflischer Einfall des Architekten!

Baphomet-Kopf von Tomar, 16. Jh.

Pilger-Kapelle der Templer unterhalb von Monsaraz

Doch für gewisse »Experten« in Portugal trübt kein dunkler Punkt die Ordenstradition. Sie behaupten, der angebliche *Baphomet* in Tomar sei ein eindeutig christliches Symbol und stelle die heilige Dreifaltigkeit dar. Das stimmt nur teilweise. Die Kunstgeschichte kennt genügend Beispiele aus dem späten Mittelalter und der Renaissance, wo sich das Motiv von Vater, Sohn und Heiligem Geist als dreigesichtiges Haupt genau ins Gegenteil verkehrt und ein satanisches Wesen abbildet. Außerdem trägt der Kopf von Tomar einen Turban. Das ist im 16. Jahrhundert eine klare Anspielung auf die Türken, den islamischen Erzfeind. Der Schlußstein zeigt also keine christliche Allegorie, sondern ein Zeichen des Bösen. Wie konnte das Geheimsymbol der Templer so lange überleben?

DER COUP

König Dinis, der liberale Staatsmann und Dichter, hat nie an ihre Schuld geglaubt. Er wußte, was sein kleines Land den Rittern verdankte. Als Papst Clemens V. die Herrscher Europas 1308 auffordert, das Verhalten des Ordens in ihren Ländern zu untersuchen, stellt Dinis den Templer-Besitz unter seinen persönlichen Schutz. Er ahnt, welches Schicksal den Kriegermönchen droht und führt diplomatische Verhandlungen mit den Nachbarn.

1310 unterzeichnen er und sein Schwiegersohn Fernando IV. von Kastilien einen Vertrag, der das Templer-Erbe auf ihrem Territorium »im Interesse der Krone« vor jedem Zugriff von außen sichern soll. Diesem Pakt tritt auch Jayme II. von Aragón bei. Im gleichen Jahr erklärt das Konzil von Salamanca, die Vorwürfe gegen die Templer der Iberischen Halbinsel seien völlig haltlos.

1312 hebt Clemens V. den Orden auf und verlangt, daß seine Güter beschlagnahmt und später den Johannitern ausgehändigt werden. Dinis lehnt das mit einer juristischen Spitzfindigkeit ab. Er behauptet, die portugiesischen Templer seien nur »versetzbare Nutznießer« von Ländereien, die schon immer der Krone, also dem Staat, gehörten. Deshalb könne man sie auch nicht enteignen. Clemens V. bekommt diese unerfreuliche Nachricht in seinem Todesjahr 1314.

Die Tatsache, daß einer der größten Gegner der Templer aus dem Spiel ist, ändert nichts an ihrem Schicksal. In Portugal überleben sie nur durch einen gewagten Coup. Dahinter stecken König Dinis und der Ordensmeister João Lourenço aus **Monsaraz.**

Monsaraz ist ein Geheimtip. Ein vergessenes Städtchen im Alentejo, nahe der spanischen Grenze. Um Monsaraz hat die Zeit einen großen Bogen gemacht. Jeder Stein hier behauptet noch seinen angestammten Platz. Monsaraz ist ein höchst lebendiges Modell der Vergangenheit, bewohnt und liebevoll gepflegt, Mittelalter zum Anfassen!

Unterhalb des Ortes, an der alten Pilgerroute nach Santiago de Compostela, liegt die Wallfahrtskapelle Santa Catarina. Die Templer hatten sie auf sechseckigem Grundriß errichtet und mit Zinnen versehen. Im Inneren führt eine schmale Wendeltreppe hoch aufs Dach. Das Bauwerk diente nebenbei als militärischer Wachposten. Die Zeiten damals waren unsicher genug und die maurische Herrschaft noch nicht lange vorbei. An sie erinnert die sogenannte *Cuba* mit ihrer schneeweißen Kuppel vor der Stadtmauer. Die

Tomar: Christusritter. Wandskulptur aus dem 16. Jh.

Templer verwandelten das ehemalige Totenhaus im Zentrum des muslimischen Friedhofs in eine Kapelle für Johannes den Täufer.
Seit 1167 gehörte ihnen Monsaraz samt dem arabischen Kastell. Auf dieser späteren Ordensburg plante Meister João Lourenço, unterstützt von seinem König, den Neuanfang der verbotenen Organisation. Gegen den Widerstand von Bischof Stefan von Lissabon, den der alte Papst noch zum Verwalter des portugiesischen Templer-Besitzes ernannt hatte, verhandelten

Wappen von Hugues de Payns

sie sechs lange Jahre mit dem Nachfolger. Johannes XXII. sah schließlich ein, daß er die öffentliche Meinung in Portugal und die politischen Absichten von Dinis nicht einfach beiseite wischen konnte. So verkündete er offiziell am 14. März 1319 die Gründung einer neuen geistlichen Ritterschaft auf portugiesischem Boden.
Doch nicht einmal ihr Name war neu. Als »Christusritter« hatten sich schon die Templer in frühen Urkunden seit der Regierung ihres großen Förderers Afonso I. bezeichnet *(Milites Christi, Militiae*

Jesu Christi). Auch sonst blieb alles beim alten: das Personal, die Privilegien und Besitzverhältnisse. Selbst das rote Templer-Kreuz lebte weiter, jedoch mit einer kleinen Korrektur: In die Mitte kam ein schmales weißes Kreuz, als Zeichen der Läuterung und Unschuld.
Der Christusorden nahm ehemalige Templer aus ganz Europa auf. Er spielte aber keine internationale Rolle mehr, sondern wurde zur rein portugiesischen Institution. Sein Großmeister mußte dem König den Treueid leisten und schwören, nie etwas zum Schaden der Krone und der Nation zu unternehmen. Geistlicher Vorgesetzter war der Abt des Klosters von Alcobaça, ein Zisterzienser, wie gehabt.
Was damals in Portugal geschah, sieht im Rückblick wie ein großer Etikettenschwindel aus. Die sonst überall vernichteten Templer gingen nahtlos in einer vermeintlich neuen Organisation auf. Doch der alte Korpsgeist wirkte weiter. So erscheint es auch nur konsequent, daß der Christusorden nach einem kurzen Gastspiel in Castro Marim an der Südküste sein Hauptquartier 1356 an den magischen Ursprungsort verlegte, nach Tomar. Aus dem früheren Templer-Zentrum entstand der *Convento de Cristo.*
Templer und Christusritter waren Schwertbrüder. Sie hatten dieselben Wurzeln und die gleiche Vorliebe für geheime Symbole. Betritt der Besucher Tomars den »Kreuzgang der Waschungen«, sieht er etwa neun mittelalterliche Grabstelen mit dem Pentagramm, dem fünfzackigen Stern. Ein heidnischer Abwehrzauber, Sinnbild für die fünf Wunden Jesu, aber auch heiliges Zeichen des Islam, eng verbunden mit Fatima, der jüngsten Tochter Mohammeds. Kaum jemand weiß, daß im Wappen von Hugues de Payns, dem Gründer und ersten Großmeister des Templerordens, ebenfalls drei Pentagramme erscheinen!

Cabo São Vicente mit dem Felsblock »Gigante«

Der »Kreuzgang der Waschungen« entstand unter Heinrich dem Seefahrer, dem
berühmtesten Chef des neuen Ordens.
Der Prinz interessiert sich nicht für die
Thronfolge in Portugal, dafür um so mehr
für den Priesterkönig Johannes. Bald zieht
es ihn von Tomar zum Kap São Vicente,
der Sturmkante des Landes. Fast betäubt
vom ewigen Donner der Brandung und
dem weltentrückenden Weihrauchduft
der Zistrosen, fragt er sich immer wieder:
Was liegt hinter dem Horizont und jen-

seits des Meeres? Vielleicht das Paradies aus der Bibel? Oder das Reich des Johannes mit seinen sagenhaften Schätzen? Mit Heinrich begann Portugals große Zeit als Seefahrernation. Auf den Segeln der Schiffe leuchtete das abgewandelte Templer-Kreuz. Viele bekannte Entdecker waren Christusritter; so Bartolomeu Dias, der erstmals Afrika umrundete.

Auch sein Nachfolger Vasco da Gama, der auf seiner eigenen Expedition Kontakt mit dem mysteriösen Priesterkönig aufnehmen sollte. Er hatte sogar einen Brief für ihn dabei. Natürlich traf er den Herrscher nicht an; der Mann war ein Phantom. Dafür aber fand Vasco den Seeweg nach Indien.

Schließlich Pedro Alvares Cabral. Der Admiral des Christusordens landete 1500 in Brasilien, obwohl er eigentlich nach Indien unterwegs war. Ein tagelanger Sturm trieb ihn allerdings weit nach Westen ab. Sein portugiesisches Heimatdorf Belmonte hat ihm ein Denkmal gesetzt. Cabral hält ein mächtiges Kreuz. Darauf steht der alte Name für Brasilien: TERRA DA VERA CRUZ, »Land des wahren Kreuzes«.

Das wahre Kreuz zu schützen und seine Botschaft zu verbreiten – das war schon der Auftrag der Templer. Sie wurden Opfer eines Komplotts von Kirche und Staat. Doch die Wahrheit endet nicht mit denen, die ihretwegen starben, und manchmal sind die Opfer mächtiger als die Täter: Die Mission der Templer ging weiter, vom Rande Europas rund um den Erdball.

Nachbau einer Karavelle des Christusordens

GEORG GRAFFE

Die Jagd nach der Bundeslade

Jerusalems verlorener Schatz

DER UNSTERBLICHE MYTHOS

Der Archäologe aus Chicago hatte schon in manch einer haarsträubenden Situation die Nerven behalten. Aber dieses Abenteuer trieb ihm den Angstschweiß auf die Stirn. Überall Schlangen! Der Boden unter seinen Füßen schien sich förmlich zu bewegen. Wo er auch hinsah, kroch und züngelte es. Was für ein schauerlicher Ort! Vorsichtig tastete er sich voran. Im schwachen Schein der Fackel war das drohende Raubvogelgesicht eines Götzenbildes auszumachen, das seit Tausenden von Jahren die schweigende Finsternis dieser unterirdischen Welt bewachte. Der Amerikaner gab seinem Kameraden ein Zeichen. Weiter! Die beiden Männer drangen tiefer in die Dunkelheit vor. Dort hinten mußte es sein. Am Ende des Raums zeichnete sich ein steinerner Kasten ab. Mit pochenden Herzen machten sich die zwei daran, seine schwere Deckplatte zu lösen. Schließlich gab sie nach und rutschte polternd zu Boden. Das war der Augenblick, dem sie entgegengefiebert hatten. Vorsichtig schauten sie über den Rand des Kastens. Und tatsächlich – da war er: der größte aller Schätze, Gottes persönliches Vermächtnis, die Quelle einer unerhörten Kraft, der heilige Schrein der Zehn Gebote – die Bundeslade. Ihre goldene Oberfläche funkelte in überirdischem Glanz.

Diese Szene entstammt einem äußerst erfolgreichen Hollywood-Film vom Anfang der achtziger Jahre. Der Schauspieler Harrison Ford ist »Indiana Jones«, ein Archäologieprofessor mit den Fäusten von Rambo und der Nonchalance eines James Bond. Als Spezialist für Altertümer der besonderen Art ist er im Auftrag der CIA unterwegs. Denn das jüdische Heiligtum hat auch die Begehrlichkeiten eiskalter Nazis geweckt, die den legendären Schrein in ihre Hände bringen wollen. Erzählt nicht die Bibel, daß Gottes heilige Truhe ganze Armeen vernichtet hat? Natürlich kann Indiana Jones verhindern, daß die Bundeslade als Wunderwaffe des Führers nach Berlin gelangt. Der Film endet mit einem ironischen Augenzwinkern: Der heiligste Schatz der Menschheit wird in einem gigantischen unterirdischen Depot der CIA eingelagert.

Steven Spielbergs Spektakel begeisterte seinerzeit ein Millionenpublikum und lieferte den Beweis für die Vermarktung eines Mythos. Seine Popularität ist auch zwanzig Jahre später ungebrochen: Man mache sich nur die Mühe, das Suchwort Bundeslade, vor allem aber die englische Version Ark of the Covenant im Internet aufzurufen. Die Begriffe sind mit Tausenden von Einträgen verzeichnet. Ein wahrer Tummelplatz für Fabulierer. Jüdische und christliche Fundamentalisten, Esoteriker aller Schattierungen, überzeugte Ufologen und verrückte Exzentriker geben sich hier ein Stelldichein. Auch ein Erfolgsphantast mit Millionenauflagen hat nicht versäumt, dem Thema einige Kapitel zu widmen.

Die Bundeslade ist ein »Dauerbrenner«. Sie fasziniert Generation um Generation, denn sie gehört in jenes Zwischenreich aus Märchen und Realität, Glaube und Wissenschaft, das der Phantasie am meisten Nahrung bietet. Es gab sogar eine ganze Reihe Männer, die auf der Jagd nach der Bundeslade Kopf und Kragen riskierten. »Indiana Jones« ist in dieser Hinsicht keine Erfindung. Er besitzt eine stattliche Ahnenreihe, die ins letzte Jahrhundert zurückreicht. Die Abenteuer dieser verwegenen »Jäger des verlorenen Schatzes« in Tropenhelm und Knickerbocker stehen an Dramatik hinter dem Hollywood-Stoff nicht zurück. Und selbst heutzutage noch geben Leute ihren bürgerlichen Beruf auf, durchwühlen staubige Archive, vergraben sich in die Lektüre alter jüdischer Schriften und greifen schließlich zum Spaten – in der Hoffnung, den Fund ihres Lebens zu tun.

Die Legende lebt; wissenschaftliche Publikationen zu dem Thema sind allerdings rar. Wahrscheinlich scheuen viele Forscher ganz einfach die Nähe von Esoterikern und professionellen Vermarktern »geheimen Wissens«, die das Sujet schon lange für sich gepachtet haben. Es ist keine Frage: Wer bei der Bundeslade nach Fakten sucht, begibt sich auf dünnes Eis. Halten die Überlieferungen überhaupt einer nüchternen Betrachtung stand? Gibt es Tatsachen hinter den Mystifikationen, oder bleibt nichts übrig, wenn sich der Nebel der Spekulation verzogen hat? Machen wir uns also auf die Suche ...

GOTTES BAUPLAN

Alles, was wir von der Bundeslade wissen, geht auf eine einzige Quelle zurück: das Alte Testament. Im Buch »Exodus«, Kapitel 25, findet sich eine regelrechte Bauanleitung. Sie stammt der biblischen Überlieferung nach von Gott selbst:

»Verfertige eine Lade aus Akazienholz, zweieinhalb Ellen lang, eineinhalb Ellen breit und eineinhalb Ellen hoch! Überziehe sie mit reinem Gold von innen und außen und befestige eine Leiste aus Gold ringsumher! Gieße für sie vier goldene Ringe und bringe sie an den vier Ecken

Die Bundeslade begleitete die Israeliten auf ihrem Zug vom Sinai ins »gelobte Land«. Filmszene

an! Verfertige Stangen aus Akazienholz und überziehe sie mit Gold! Stecke die Stangen durch die Ringe an den Seitenwänden der Lade, daß man sie mit ihnen tragen kann! In die Lade sollst du das Gesetz legen, das ich dir geben werde!«

Nach der Bibel rettete Gott Jahwe die Israeliten unter ihrem Anführer Moses aus der ägyptischen Knechtschaft, führte sie auf wundersame Weise durch das Rote Meer und vernichtete eine Armee des Pharao. Nachdem er sein Volk in Sicherheit gebracht hatte, gab er ihm ein Gesetz: die Zehn Gebote, eine Sammlung einfachster Grundregeln für den Umgang mit Gott und den Menschen, geschrieben auf zwei Steintafeln. Nach dem Alten Testament empfing Moses sie von Jahwe persönlich, auf einem Berg im Sinai. Der Anführer der

Israeliten sollte die Tafeln in den Schrein legen, der aufgrund der göttlichen Anweisung bereits fertiggestellt war. Seit damals symbolisierte die Gesetzestruhe den Bund, den Gott mit seinem auserwählten Volk geschlossen hatte. Daher der Name »Bundeslade«. Die kultische Bedeutung des Schreins lag in seinem heiligen Inhalt, den Zehn Geboten. Sie repräsentierten in der damaligen Welt einen religiösen und kulturellen Wandel ersten Ranges. Nicht so sehr wegen ihrer einzelnen Bestimmungen, die auch in anderen Gesellschaften existierten, sondern wegen ihrer rituellen Funktion innerhalb des Jahwe-Glaubens. Die jüdische Religion sollte sich nicht länger um Götterbilder ranken, sondern um einen Text, nicht um einen besonderen Ort, sondern um Worte Gottes. Dadurch setzte sich der Glaube der Juden von den Naturreligionen der übrigen Völker des Vorderen Orients ab. In ihren Kulten spielten Fruchtbarkeitsriten eine zentrale Rolle. Ihr mächtigster Gott war im Stier verkörpert – Symbol der männlichen Zeugungskraft. Das weibliche Element wurde in der Jungfrau Astarte verehrt. Ihre Abbildungen und Altäre fanden sich zu Hunderten im gesamten vorderasiatischen Raum.

Nach der Bibel erteilte Gott nicht nur den Auftrag zum Bau der Bundeslade, er lieferte auch gleich den präzisen Konstruktionsplan mit. Eine ähnlich detaillierte Beschreibung eines Gegenstandes inklusive Maßangaben findet sich im Alten Testament nur noch einmal für den Tempel Salomons. Das mag mit der zentralen Bedeutung von Schrein und Tempel für die jüdische Religion zu tun haben. Auf jeden Fall lag für unser Filmvorhaben ein interessanter Anreiz darin. Wenn schon eine so genaue Beschreibung vorliegt, dann könnte man doch versuchen, die Bundeslade ganz einfach nachzubauen!

Ganz einfach? Bei näherer Betrachtung wirft der Bauplan eine Menge von Fragen auf. Wie lange ist überhaupt eine biblische Elle? Wie dick sind denn die Ringe und wie lang die Tragestangen? Wie muß die Leiste aussehen, von der die Rede ist, und wie war der Goldüberzug beschaffen? Hier, das wurde mir bald klar, war fachkundige Hilfe gefragt. Ich erinnerte mich an eine Begegnung auf dem Flughafen von Tel Aviv. Ein befreundeter Journalist hatte mir den Autor Richard Andrews vorgestellt, der gerade für einen englischen Verlag an einer Geschichte des Jerusalemer Tempelbergs schrieb. Ich rief ihn an und begeisterte ihn für die Idee einer Rekonstruktion der Bundeslade. Ein paar Wochen später saßen wir über Pläne gebeugt in seinem Arbeitszimmer und setzten in Gedanken die Gesetzestruhe des Moses zusammen. Wie sich herausstellte, hatte ich den richtigen Mann für das Unternehmen getroffen. Richard verstand nicht nur etwas von den historischen Zusammenhängen, er betrieb zudem noch eine Restaurierungswerkstatt für antike Möbel. Seine Handwerker waren Experten im Umgang mit Holz und Blattgold. Jetzt war alles nur noch eine Frage der Gestaltung.

Im Laufe der Geschichte ist die Bundeslade so oft abgebildet worden, daß man allein damit ein voluminöses Buch füllen könnte. Von antiken Münzen über Darstellungen des Mittelalters, unzähligen Bibel-Illustrationen bis zum schon erwähnten »Indiana Jones«-Film reichen die Designvorlagen. Sie erzählen meist mehr über das Formempfinden der Epoche, in der sie entstanden sind, als über das biblische Original. Das tatsächliche Aussehen hängt in erster Linie von der richtigen Interpretation der in der Bibel genannten Maßangaben ab. Moses' Begegnung mit Gott auf dem Sinai, die Verleihung der Zehn Gebote und der Bau der Bundeslade fallen in die Zeit nach dem Auszug des Volkes Israel aus Ägypten. In dem hochentwickelten und straff organisierten Land existierte damals bereits ein vereinheitlichtes Maß- und Gewichtsystem. Wir können davon ausgehen, daß die Israeliten, die seit Generationen in Ägypten lebten, die dort gebräuchlichen Maße übernommen hatten. Die exakte Länge der »königlichen ägyptischen Elle« ist bekannt: Sie entspricht 53,35 Zentimetern. Das bedeutet, daß die Bun

Schultern tragen konnten. Durch solche Überlegungen kamen wir für die Stangen auf eine Länge von 3,5 Metern. Transportable Schreine dieser Art sind im übrigen keine biblische Erfindung. Sie wurden mehrfach in ägyptischen Gräbern entdeckt. Ein schönes Beispiel befindet sich heute im Museum von Kairo. Es stammt aus dem berühmten Grab des Tut Ench Amun und ist ein weiterer Beweis dafür,

So stellte man sich am Ende des Mittelalters den Heiligen Schrein vor. Holzschnitt aus Hartmann Schedels *Weltchronik* von 1493

deslade nach der Bibelangabe von 2,5 × 1,5 × 1,5 Ellen etwa 1,33 Meter lang und etwa 80 Zentimeter hoch und ebenso breit gewesen sein muß. Länge und Dicke der Tragestangen ergeben sich aus praktischen Erwägungen: Sie mußten stark genug sein, das nicht unbeträchtliche Gewicht der vergoldeten Holzkiste und der beiden Steintafeln zu tragen, ohne sich durchzubiegen. Außerdem mußten sie lang genug sein, daß wenigstens vier Männer den Schrein bequem auf den

daß das »Design« der Lade ursprünglich aus Ägypten kommt.
Eine schwierigere Frage ergibt sich aus der Fortsetzung des biblischen Textes: »Stelle zwei Goldcherubim her; als getriebene Arbeit sollst du sie an den beiden Enden der Deckplatte anfertigen! Und zwar sollst du den einen Cherub an dem einen Ende und den anderen an dem anderen Ende anbringen. Von der Deckplatte her mache die Cherubim über ihren beiden Enden! Die Cherubim sollen ihre Flügel nach

oben hin ausbreiten, indem sie mit ihren Flügeln die Deckplatte überdachen: ihre Antlitze seien einander zugekehrt; zur Deckplatte hin sollen die Gesichter der Cherubim schauen.« (2. Mose 25,17–20).

Mischwesen aus Stier, Vogel und Mensch wie diese Monumentalfiguren, die in Assyrien gefunden wurden, waren das Vorbild für die »Cherubim«. British Museum, London

Zwar ergeht sich der Text umständlich über die Art und Weise, wie die »Cherubim« auf dem Deckel der Lade anzubringen seien. Aber was sind eigentlich »Cherubim«? Mit Ausnahme der Tatsache, daß sie offenbar Flügel besaßen, bleibt ihre

Gestalt der Phantasie des Lesers überlassen. Wahrscheinlich wußte man in biblischer Zeit, was man darunter zu verstehen hatte, weshalb eine genauere Beschreibung überflüssig war. Doch dieses Wissen ging im Laufe der Jahrhunderte verloren. Die meisten Abbildungen der Bundeslade stammen außerdem aus dem christlichen Kulturkreis. Hier wurden die »Cherubim« im Lauf der Zeit mit einer Art Engel gleichgesetzt, Wesen in Menschengestalt und mit Flügeln. So jedenfalls findet man sie auf den Darstellungen der Bundeslade in vielen Bibel-Illustrationen.

Doch das ist ein frommes Mißverständnis. Der Ursprung der Cherubim führt tief in die heidnische Vorstellungswelt des Alten Orients. »Cherubim« ist der Plural des hebräischen Worts »Cherub«. Das Standardwerk für die Geschichte und Kultur des Judentums, die *Jewish Encyclopedia*, verweist in dem entsprechenden Artikel auf die Deutung des Orientalisten Friedrich Delitzsch, der das Wort Cherub mit dem assyrischen Ausdruck »Kirubu« in Verbindung brachte und zu dem Schluß kam, daß es soviel heißt wie »geflügelter Bulle«. In dem Wort ist nach dieser Deutung »Ba'al« versteckt, eine Gottheit, die überall in Vorderasien verehrt wurde und deren Symbol der Stier war. Erbittert bekämpft die Bibel den Kult des Stiers, der offenbar schwer auszurotten war und dem selbst israelitische Könige immer wieder huldigten. Der »Ba'al« kommt auch in dem Namen »Beel Zebul« vor, einer Gottheit des Volkes der Philister, mit dem die Israeliten einen jahrzehntelangen Krieg führten. Übersetzt bedeutet der Name »Erhabener Herr«. Die Bibel verspottet den feindlichen Gott als »Beelzebub«, was soviel wie »Herr der Fliegen« heißt. In dieser Bezeichnung spukt er in der christlichen Vorstellungswelt weiter als ein Synonym für den Teufel.

Darstellungen von Stieren oder auch Löwen mit Flügeln und Menschenkopf, sogenannte »Mischwesen«, sind aus dem vorderasiatischen Raum in großer Zahl bekannt. Die eindrucksvollsten Beispiele wurden in Assyrien, auf dem Gebiet des heutigen Irak ausgegraben und befinden sich im Britischen Museum. Die vier Meter hohen Figuren, magische Wächter an einem Toreingang, flößen noch heute Respekt ein. Auch aus dem ägyptischen Raum sind diese Mischwesen bekannt.

Wenn wir uns die Cherubim mit einem Tierleib vorstellen, rückt auch ein berühmtes Ereignis, das die Bibel berichtet, in ein interessantes Licht: Als Moses mit den Zehn Geboten vom Berg Sinai herabstieg, »tanzte sein Volk um das Goldene Kalb«. Offenbar huldigten Teile der Israeliten dem Fruchtbarkeitskult des Stiergottes Ba'al. Moses war so erzürnt, daß er die Gesetzestafeln Gottes zerschmetterte.

Dann zertrümmerte er das Goldene Kalb und machte anschließend mit den Stier-Gläubigen kurzen Prozeß. Er sammelte seine Getreuen um sich und tötete fünftausend Männer unter den Israeliten. Um so bemerkenswerter, wenn anschließend doch zwei geflügelte Bullen das zentrale Heiligtum des Jahwe-Kultes zierten. Vielleicht ein politisch-religiöser Kompromiß,

den Moses eingehen mußte, um einen dauerhaften Bürgerkrieg zu vermeiden. Auf jeden Fall ein Hinweis darauf, daß sich die neue Religion nicht übergangslos etablierte. Die Cherubim auf der Bundeslade wiesen allerdings gegenüber allen anderen bekannten Darstellungen der damaligen Epoche eine Besonderheit auf: Sie streckten ihre Flügel nach vorne aus und beschirmten auf diese Weise den Schrein, der für die nächsten Jahrhunderte der zentrale Kultgegenstand der jüdischen Religion war.

Als nach einigen Wochen Richards Bundeslade aus einem Meer von Sägespänen auftauchte, vollständig mit Blattgold überzogen und von zwei Cherubim gekrönt, die er exakt nach einer ägyptischen Vorlage gestaltet hatte, standen wir tatsächlich vor einem ehrfurchtsgebieten-

Nachbau der Bundeslade

den Schrein. Er war überraschend schwer. Vier Männer konnten ihn zwar heben, aber sicher nicht mehrere Stunden lang tragen. Diese Erfahrung mußten offenbar auch die Israeliten gemacht haben. Nach den Berichten des Alten Testaments wurde die Bundeslade, wo die Wege es zuließen, auf einem hölzernen Karren transportiert.

DER TÖDLICHE SCHREIN

Die Bibel läßt keinen Zweifel daran: Die Bundeslade besaß eine magische Kraft, die den Feinden Israels Verderben brachte. Schon bei der berühmten Eroberung Jerichos spielte sie eine Rolle. Dreimal wurde der Gesetzesschrein in feierlicher Prozession um die Stadt getragen, dann ließen die Israeliten Trompeten erschallen, und die Mauern stürzten ein. Konnte die Bundeslade eine Kraft entfesseln, die Mauern mürbe machte? Eine naheliegende Erklärung für den Fall Jerichos könnte eher bei den Trompeten zu finden sein. Vielleicht diente das israelitische Blaskonzert der Ablenkung der Feinde. Es übertönte das Geräusch der Werkzeuge, mit denen die Angreifer Tunnel unter die Mauern trieben, um ins Innere der Stadt zu gelangen.

Eine andere Stelle in der Bibel berichtet von der Entführung der Bundeslade durch das Volk der Philister, mit dem die Israeliten einen jahrzehntelangen Krieg führten. Im Lager der Feinde, wohin man die Beute verschleppt hatte, brach daraufhin eine merkwürdige Seuche aus, der die Philister gleich dutzendweise zum Opfer fielen. Entsetzt gaben sie den verderbenbringenden Schrein ihren Feinden zurück. Die Bundeslade als biologische Waffe, imprägniert mit einem Krankheitserreger, gegen den die Israeliten selbst immun waren? Wer weiß! Letztlich berichtet die Bibel von einer Zauberkraft, über deren Ursache und Wirkungsweise wir nichts erfahren. Deshalb sind den Spe-

kulationen darüber auch keine Grenzen gesetzt. Die Erklärungsmodelle reichen von einer Batterie oder einem radioaktiven Meteoriten, der sich im Inneren befand, über eine Maschine zur Kommunikation mit Außerirdischen bis zu einer Art »Laserkanone«. Lauter Annahmen, die nicht weniger märchenhaft sind als die biblischen Erzählungen selbst.

Der am wenigsten spektakuläre Todesfall in Verbindung mit der Bundeslade, den die Bibel überliefert, ist die Geschichte von Ussa. Bei der feierlichen Überführung des Schreins nach Jerusalem unter König David hielt er die Lade fest, weil sie von einem Wagen zu fallen drohte. Ussa war kein Priester. Er beging einen schrecklichen Frevel, als er das Heiligtum berührte. Da half auch seine gute Absicht nichts. Gott war so erzürnt, daß er ihn auf der Stelle tot zu Boden streckte (2. Sam. 6, 6–8). Was mag hinter dieser Geschichte stecken? Alles nur fromme Ausschmückung, oder konnte der Schrein bei Berührung töten? Wirkte der »Zorn Gottes« durch eine physikalische Kraft?

Ich teilte Richard Andrews meine Enttäuschung über die bisherigen Erklärungsversuche der geheimnisvollen Macht mit. Wir nahmen uns vor, die biblische Bauanleitung der Bundeslade noch einmal genau unter die Lupe zu nehmen. Denn sie war das einzig Handgreifliche, das wir zu diesem Thema tatsächlich besaßen.

Die Bibel berichtet, daß für den Bau der Bundeslade Bretter aus Akazienholz benutzt wurden. Der Baum, von dem das Holz stammt, war zur Zeit der biblischen Geschichte im ganzen Vorderen Orient verbreitet und findet sich auch heute noch in Ägypten und dem Sudan. Er zeichnet sich durch ein sehr schweres, hartes und harzreiches Holz aus. Aus der Rinde gewinnt man seit alters *Gummi arabicum*, eine klebrige Substanz, die man früher zum Abdichten benutzte und heutzutage noch als Verdickungsmittel in der Lebensmittelindustrie einsetzt. Von außen und innen war die Akazienholzkiste mit Gold überzogen und mit einer massiven Goldplatte abgedeckt. Gummi und Gold – das brachte uns auf eine Idee!

Richard setzte sich mit Bob Koons, Professor an einem Technologie-College in der Nähe von Oxford, in Verbindung. Wir machten ihn mit unserer Idee vertraut: Könnte eine Konstruktion aus Gold, einem sehr gut elektrisch leitenden Material, und gummihaltigem Holz, einem guten Isolator, eine Art primitiver Batterie ergeben? Der Ingenieur zeigte sich zurückhaltend, erst recht als er erfuhr, in welchem Zusammenhang unser Interesse stand. Wir wollten nämlich wissen, ob die Bundeslade in der Lage war, einen Stromschlag auszuteilen, der für den Tod von Ussa verantwortlich gewesen sein könnte. Wir erfuhren, daß das Phänomen, dem wir auf der Spur waren, von Physikern »statische Elektrizität« genannt wird. Das sei allerdings eine sehr kapriziöse Erscheinung und von komplexen Bedingungen abhängig. Nicht zuletzt das Klima habe einen entscheidenden Einfluß auf die elektrostatische Aufladung von Gegenständen. Je trockener das Klima, desto besser. »Sehr gut«, insistierten wir, »die Bundeslade befand sich ja in der Wüste.« Nach und nach gelang es uns, den Ingenieur zu überzeugen, mit Hilfe unseres Modells der Bundeslade ein Experiment durchzuführen.

Ein paar Wochen später bauten wir unser Modell in einem Labor von Bob Koons'

College auf. Reibung spielt bei der Erzeugung von statischer Elektrizität eine große Rolle. Jeder kennt das Phänomen, daß man sich an bestimmten Gegenständen elektrisiert. Läuft man längere Zeit über einen Teppichboden, werden buchstäblich Elektronen aus den Schuhsohlen gerieben. Dadurch erhält der Träger der Schuhe eine elektrische Ladung, die sich an den Fingerspitzen schmerzhaft bemerkbar macht, sobald er einen geerdeten Gegenstand anfaßt. Wenn die Bundeslade transportiert wurde, was meist mit Hilfe eines hölzernen Karrens geschah, war sie von Fellen und wollenen Tüchern bedeckt. Daran läßt die Bibel keinen Zweifel.

Der magischen Kraft auf der Spur: die Bundeslade im Elektro-Labor

Der hölzerne Wagen hätte den Schrein gegen den Boden isoliert, die Felle und Tücher, die über den Goldbelag reiben, hätten für eine elektrostatische Aufladung gesorgt. Soweit unsere Hypothese.

Tatsächlich stellte sich heraus, daß wir mit unserer Vermutung gar nicht so falsch lagen. Während wir die Bundeslade mit Wolltüchern rieben, zeigte ein ange-

schlossener Voltmeter deutlich ein An-
steigen der Spannung! Zwar weit davon
entfernt, einen Menschen zu töten, aber
wie gesagt: Viele Bedingungen spielen
bei dem Phänomen der elektrostatischen
Energie eine Rolle. Das feuchte Klima in
England ist eher abträglich, auch dürfte
der Goldbelag der Bundeslade wesentlich
dicker gewesen sein als bei unserem Modell. Insbesondere der Deckel, der aus einer massiven Goldplatte bestand, hatte
vermutlich ganz andere elektrische Eigenschaften als der mit Blattgold überzogene
Holzdeckel unseres Nachbaus. Vor allem
aber war die echte Lade auch von innen
mit Gold ausgeschlagen. Ein Luxus, auf
den wir bei unserem Modell verzichtet
hatten. Das macht aber einen entscheidenden Unterschied aus: Denn der zwei-
fache Goldbelag mit einer isolierenden
Fläche dazwischen erinnert frappierend
an die einfachste Form eines Stromspei-
chers, den man aus einem Glas und Gold-
folie herstellen kann. Das Glas wird einfach von außen und innen mit der Folie
bedeckt. Läßt man die Konstruktion an einem trockenen Ort einige Wochen stehen, lädt sie sich ganz von alleine auf.
Zwischen innerer und äußerer Folie läßt
sich ein Kurzschluß erzeugen, der als
Funke sichtbar ist.
Als wir unser Modell wieder einpackten,
waren wir immerhin um zwei Einsichten
reicher: Töten konnte die Bundeslade aufgrund ihrer physikalischen Eigenschaften
sicher nicht. Aber sie war unter bestimmten Bedingungen in der Lage, jemandem
bei Berührung »eine zu wischen«, wie
man sagt. Vielleicht behielten die Priester
dieses Phänomen für sich. Ussa, der die
Lade unerlaubterweise anfaßte und sich
elektrisierte, könnte sich dabei einen
buchstäblich tödlichen Schrecken zugezo-
gen haben.
Ussas Tod fällt in die Zeit um 1000 v. Chr.
Damals nahm die Geschichte der Israe-

liten eine dramatische Wendung. David
war es gelungen, die zwölf Stämme des
Volkes, die einen losen Verbund bildeten,
zu einen. Er wurde zum König des neu
entstandenen Reiches gekrönt und wählte
eine Stadt zum Regierungssitz, mit deren
Name sich von nun an das Schicksal des
jüdischen Volkes unauflöslich verknüpfen wird: **Jerusalem**.

EIN KÖNIGLICHER SÜNDER

Wir sind auf einer archäologischen
Ausgrabung in der sogenannten Davidstadt verabredet. So bezeichnen die
Archäologen das steil abfallende Terrain
unmittelbar südlich des Tempelbergs.
Zweifellos befand sich hier die Keimzelle
des heutigen Jerusalem. Denn am Fuß des
Hangs existierte noch heute eine Quelle,
die das ganze Jahr über reichlich sprudelt.
Ein israelitischer König ließ sie um etwa
800 v. Chr. mit Hilfe eines Tunnels ins Innere der Stadt umleiten. Von oben wurde
die Quelle verschüttet, so daß ihre Lage
nicht mehr auszumachen war. Im Falle einer Belagerung konnten die Angreifer den
Bewohnern nicht mehr das Wasser abgra-
ben. Quelle und Tunnel gehören zu den
weniger bekannten Attraktionen von Jerusalem. Wer nicht an Klaustrophobie lei-
det und das eiskalte Wasser nicht scheut,
das an manchen Stellen bis zu den Hüften
reicht, kann sich durch die etwa einen Kilometer lange Steinröhre führen lassen.
Man gewinnt einen Eindruck von der
enormen Anstrengung, mit der die le-

benswichtige Wasserader nur mit Hilfe von Bronzemeißeln und Hämmern in den massiven Fels getrieben wurde. Sie stellt auch eine erstaunliche technische Leistung dar. Nicht anders als bei modernen Tunnelanlagen begannen die Israeliten von zwei Seiten zu graben. Mit einem Versatz von nur wenigen Zentimetern trafen sich die Bautrupps in der Mitte.

Unser Wagen folgt der Serpentinenstraße durch das arabische Stadtviertel, das sich

Der Forscher Richard Andrews in einem Tunnel des Tempelbergs

heutzutage an den steilen Südhang des Tempelbergs schmiegt. Hier wohnten bis vor kurzem ausschließlich Palästinenser. Jetzt weht auf einem Haus die blaue israelische Flagge mit dem Davidstern. Das Gebäude selbst gleicht einer kleinen Festung mit Betonarmierungen und Stacheldrahtverhauen. Jüdische Siedler haben das Haus gekauft und weisen seitdem unübersehbar auf ihre Präsenz in der »Stadt Davids« hin. Die Nähe zu den archäologischen Ausgrabungen ist kein Zufall. Jede Scherbe, die eine Kontinuität jüdischer Besiedlung beweist, dient radikalen politischen Gruppen zur Rechtfertigung ihrer Besitzansprüche. Eine schwierige Situation für Archäologen. Auf der einen Seite

schauen ihnen Nationalisten mißtrauisch über die Schulter, auf der anderen Seite machen ihnen religiöse Extremisten das Leben schwer. Sie haben ganz andere Motive. Für die Ultraorthodoxen hat ausschließlich das Wort Gottes, die Bibel, Geltung. Sie lehnen jede Form von wissenschaftlicher Beschäftigung mit der Vergangenheit ab. Wie gefährlich es in diesem aufgeheizten Klima sein kann, heilige Orte auszugraben, weiß der Jerusalemer Chefarchäologe Prof. Ronny Reich aus eigener Erfahrung. Von Morddrohungen am Telefon bis zu einem Brandanschlag auf sein Auto reichen die Versuche, ihn von seinem vermeintlich gottlosen Tun abzubringen.

Unser Fahrer hält in der Talsohle am Fuß der »Davidstadt«. Hoch über uns in etwa 500 Meter Entfernung thront die mächtige Südostflanke des Tempelbergs. Von unserem Standpunkt aus gewinnen wir einen Eindruck von der Ausdehnung Jerusalems um etwa 1000 v. Chr. Nach unseren heutigen Vorstellungen war es eher ein Dorf als eine Stadt. Hier wohnten maximal zweitausend Menschen. »Ist es nicht erstaunlich«, meint einer meiner israelischen Begleiter, »daß diese kleine Wüstensiedlung, die ihre Existenz ausschließlich einer Wasserquelle verdankt, eine so enorme Bedeutung für einen großen Teil der Menschheit gewinnen konnte?« Davon ahnten die Menschen, die vor über dreitausend Jahren hier siedelten, allerdings noch nichts.

Den Weg zur Ausgrabung weist uns das große schwarze Sonnensegel, das die Archäologen vor der Gluthitze der Juli-

sonne schützt. Darunter tut sich ein er-
staunlicher Blick in einen etwa zehn
Meter tiefen Schacht auf, durch den eine
Mauer aus mächtigen Natursteinen freigelegt wurde. Das Erdreich, das die übrigen Wände der Grabung bildet, ist von
Bändern aus Keramikbruchstücken durch-
zogen, ein regelrechter »Scherbenkalen-
der«, der von unserem Jahrhundert bis in
die Bronzezeit reicht. Wir klettern in die
Tiefe des Schachts und betrachten fasziniert die Mauer, deren imposante Höhe
auf eine Stadtbefestigung schließen läßt.
Hier also könnte der legendenumrankte
biblische König David, der Bezwinger
Goliaths, auf einem Streitwagen entlang-
gefahren sein. Hier könnten die Priester
die Bundeslade bei ihrer feierlichen Überführung nach Jerusalem vorbeigetragen
haben. Hier könnte David vor dem
Schrein getanzt haben, wobei er sich so
wild aufführte, daß er seine Mannes-
pracht entblößte und von einer Frau verspottet wurde – so jedenfalls überliefert es
die Bibel (2. Samuel 6, 14–20).
Doch mein Enthusiasmus wird bald ge-
dämpft. Ob diese Mauer tatsächlich zur
Befestigung der Davidstadt gehörte, kann
niemand mit Sicherheit sagen; so meinen
die Archäologen. Nur eines sei gewiß:
Sie stand schon Jahrhunderte, bevor die
Israeliten überhaupt in diese Gegend kamen. David – und darin wird die biblische Überlieferung bestätigt – eroberte
eine Stadt, die dem Volk der Jebusiter
gehörte, und machte sie zur Hauptstadt
seines Reiches.
David hatte das Leben eines Kriegsherrn
geführt. Ihm blieb keine Zeit mehr, Jerusalem zu einer Residenz auszubauen und
der Bundeslade eine Bleibe zu schaffen.
Nach dem biblischen Text wurde es ihm
von Gott sogar ausdrücklich verboten.
Trotz aller Verdienste um die Größe des
Volkes Israel betrachtet das Alte Testament ihn als unwürdig für diese Aufgabe.

Hatte er nicht Bathseba, die mit einem
seiner Offiziere verheiratet war, beim Ba-
den beobachtet und, angezogen von ihrer
Schönheit, zu sich in den Palast zitiert
und zu seiner Geliebten gemacht? Jahwe
zürnte nicht nur wegen dieses Ehebruchs.
Denn David ließ es nicht dabei bewen-
den. Er sorgte dafür, daß ihr Mann, ein
tapferer und loyaler Soldat, bei einer
Schlacht in der vordersten Reihe kämpfen
mußte und zwangsläufig den Tod fand.
Anschließend heiratete der König seine
Geliebte, die bereits schwanger von ihm
war. An Davids Händen klebte Blut; er war
nicht rein genug, um Jahwe ein Haus zu
errichten. Diese Aufgabe fiel seinem Sohn
Salomon zu, der nach dem Tod des Königs
die Herrschaft übernahm.
David, so berichtet das Alte Testament,
kaufte noch gegen Ende seines Lebens
im Norden der Stadt, an der höchstge-
legenen Stelle, ein freies Gelände, das zum
Dreschen des Getreides diente. Es gehörte
dem Jebusiter Awrana. Der biblische Im-
mobilienhandel ist die Grundlage für die
dreitausendjährige Geschichte des Jerusalemer Tempelbergs. Denn auf diesem
Platz beginnen um 950 v. Chr. die Bauarbeiten am legendären Haus Jahwes.
Seitenlang ergeht sich der Text des Alten
Testaments in minuziösen Beschreibungen des prächtigen Bauwerks, das in seinem innersten und heiligsten Bezirk die
Bundeslade aufnehmen sollte. Doch das
ist auch alles, was wir von dem Tempel
Salomons besitzen. Buchstäblich keine
einzige Scherbe haben die Bauherren späterer Zeiten davon übriggelassen. Ja, sogar
seine Lage ist bis heute heftig umstritten.
Nur eines ist sicher: Irgendwo auf dem
riesigen Gelände des Tempelbergs, der gewaltigen steinernen Plattform im Südosten der Jerusalemer Altstadt, muß er gestanden haben. Dort, im Schatten der
goldenen Kuppel des Felsendoms, würde
unsere Spurensuche weitergehen.

SALOMONS VERSCHOLLENER TEMPEL

»**K**ommen Sie, greifen Sie hier hinein!« Der beflissene Touristenführer im Felsendom deutet auf eine Öffnung in einer Art hölzernem Schrein. »Sie können den Fußabdruck des Propheten Mohammed fühlen.« Ich tue, was er sagt, und ertaste das von Millionen Händen glattpolierte Stück Stein. »Riechen Sie an der Hand!« Überrascht stelle ich fest, daß an meinen Fingern ein leichter Parfümgeruch haftet. Der Mann lächelt zufrieden. »Dort drüben«, er zeigt auf den großen freiliegenden Felsen, der das Zentrum des Gebäudes einnimmt, »sehen Sie einen Abdruck vom Huf des Pferdes Burak, auf dem der Prophet in den Himmel geflogen ist. Weiter hinten können Sie die Basis eines Altars erkennen, den die christlichen Kreuzritter hier errichtet hatten. Außerdem ist der Felsen der höchste Punkt des Berges *Moriah*, die Stelle, an der Abraham seinen Sohn opfern sollte.«

Der Mann geht weiter, und ich habe Zeit, mir den Felsen genauer anzuschauen, auf dem die Tradition dreier Weltreligionen angehäuft ist. Der Grund dafür liegt in der berühmten Abraham-Erzählung aus der Bibel. Sie hat diesen gelblichen Kalkbrocken, den die Moslems *Sakrah* nennen, zum Gründungsstein des Monotheismus, des Glaubens an den Einen Gott, gemacht. Die Geschichte ist bekannt: Abraham wird von Gott aufgefordert, nach *Moriah* zu gehen und dort sei-

Der Felsendom, das Wahrzeichen Jerusalems

nen Sohn Isaak zu opfern. Die Bibel gibt keine weitere Ortsbeschreibung, womit man den Platz geographisch genau fixieren könnte. Tatsächlich aber besitzt der Felsen eine schmale Röhre, die in eine darunter liegende Grotte führt; wahrscheinlich das Relikt einer uralten heidnischen Opferstätte. Durch die Röhre floß vielleicht Opferblut und tropfte auf das Kultbild eines finsteren Erdgeistes, das in der Grotte stand. Das könnte der Grund gewesen sein, warum Abraham an diesen Platz geschickt wurde. Er gehorchte dem grausamen Befehl Jahwes. In letzter Sekunde aber hinderte ihn ein vom Himmel gesandter Engel daran, den Sohn zu töten.

In dieser Geschichte drückt sich auf mythologische Weise ein enormer kultureller und geistesgeschichtlicher Wandel aus: Gott Jahwe verzichtet auf das Opfer des Erstgeborenen, das im 2. Jahrtausend v. Chr. und auch noch lange danach bei vielen Völkern des Vorderen Orients durchaus üblich war. Gleichzeitig aber unterwirft sich Abraham dem göttlichen Befehl und wird damit zum Stammvater der jüdischen Religion. Der Jahwe-Glaube besitzt noch eine Besonderheit: Es ist der Glaube an einen unsichtbaren Gott, der keine Gestalt besitzt und den Menschen sogar ausdrücklich verbietet, Abbilder von ihm herzustellen. Nur unter dieser Voraussetzung ist zu verstehen, daß der zentrale Kultgegenstand der jüdischen Religion kein Götterbild war, sondern zehn Gebote Gottes, die, auf zwei Steintafeln eingemeißelt, in einer vergoldeten Truhe aufbewahrt wurden: der Bundeslade.

Ich schaue mich weiter in dem wunderbaren Bauwerk um. Der architektonische Traum eines Kalifen aus dem 8. Jahrhundert n. Chr. ist vollständig mit Marmor und vergoldeten Arabesken ausgekleidet. Ich bin froh, daß die islamischen Behörden uns eine Genehmigung für die Dreharbeiten erteilt haben. Denn das Mißtrauen gegenüber der Presse ist groß an diesem Ort, wo himmlische Verheißungen und irdische Besitzansprüche eine explosive Mischung eingehen. Zwar teilen Juden, Christen und Moslems den Glauben an den Einen Gott und betrachten sich als »Kinder Abrahams«. Weiter als bis zu diesem mythischen Stammvater reicht allerdings die Gemeinsamkeit nicht – zumindest was Juden und Moslems betrifft. Denn in der Überlieferung des Koran wurde nicht Isaak, sondern Ismael, der zwar uneheliche, aber eigentlich erstgeborene Sohn Abrahams, für das Opfer vorgesehen.

Überhaupt muß man hier mit Namen vorsichtig sein. Im Sprachgebrauch der Juden, der sich auch in der christlichen Welt durchgesetzt hat, heißt das Plateau, auf dem sich der Felsendom befindet: »Tempelberg«. Der Name erinnert daran, daß sich einst an dieser Stelle die Tempel Salomons und Herodes' erhoben. Im Umgang mit Moslems sollte man den Begriff tunlichst vermeiden. Erst recht, seit jüdische Extremisten den Abriß der Moscheen und die Errichtung eines neuen Tempels propagieren. In der islamischen Welt ist der Tempelberg als *Haram al-Sharif* bekannt, »das erhabene Heiligtum«. Tatsächlich gilt der *Haram* den Moslems als drittheiligster Ort nach Mekka und Medina, und in der Frühzeit des Islam verneigten sich die Gläubigen beim Gebet sogar in Richtung Jerusalem.

Natürlich ist auch die Bundeslade für Moslems ein Reizthema. Nach der jüdischen Tradition wäre ihr Wiederauftauchen ein Zeichen für die baldige Ankunft des Messias, des himmlischen Gesandten, der das Reich Gottes auf Erden errichtet. Da er nach der Überlieferung durch das sogenannte »Goldene Tor« auf dem Tempelberg einziehen wird, ließ es einer der islamischen Herrscher Jerusalems im Mittelalter vorsichtshalber zumauern. Auch christliche Spuren hat der heilige Felsen zu verzeichnen. Denn die europäischen Ritter, die vor genau neunhundert Jahren im Namen Christi Jerusalem eroberten, errichteten an dieser Stelle einen Altar und brachen dafür Stücke aus dem Stein heraus, um eine glatte Fläche zu schaffen. Die abgeschlagenen Brocken verkauften sie als heilige Souvenirs an Pilger. Die Spuren ihres frommen Geschäftssinns sind bis heute deutlich sichtbar.

Doch ist der heilige Felsen dreier Religionen auch die Stelle, an der sich Salomons Tempel erhob – der einzige, historisch wirklich gesicherte Aufenthaltsort der Gesetzestruhe? Einige Forscher gehen davon aus, vor allem, weil die *Sakrah* den geographisch höchsten Punkt des Bergs *Moriah* markiert. Aber das Aufspüren des legendären Gotteshauses ist in Wirklichkeit genauso ein Puzzlespiel wie die Suche nach der Bundeslade selbst.

ein kleines Schild an einem unauffälligen Backsteinhaus, daß wir beim *Palestine Exploration Fund* angekommen waren. Die Institution, auf deutsch etwa »Stiftung zur Erkundung Palästinas«, geht auf die sechziger Jahre des letzten Jahrhunderts zurück. Die jetzigen Mitarbeiter verwalten die Ergebnisse einer hundertfünfzigjährigen britischen Forschungstätigkeit im Vorderen Orient.

Als die *PEF* 1866 unter der Schirmherrschaft von Queen Victoria ins Leben gerufen wurde, stand dahinter ein Sammelsurium verschiedenster Interessen: Archäologie, Geographie, Kartographie, Bibelwissenschaft und nicht zuletzt auch praktische Hilfe für christliche Pilger im Heiligen Land. So bunt wie die Unternehmungen der *PEF* präsentierten sich auch ihre Räume. Das Ensemble aus Büchern und Aktenbergen, Fotografien, Landkarten, Modellen, ausgestopften Vögeln, altertümlichen Apparaten und ar-

Der Tempelberg mit dem Felsendom zur Zeit seiner ersten Erforschung durch britische Militäringenieure. Foto von 1865

Diesmal führte die Spur nach England, genauer gesagt mitten in die City von London. In dem Labyrinth aus Einbahnstraßen hatten wir Mühe, die angegebene Adresse zu finden. Schließlich verriet uns

chäologischen Fundstücken erweckte Erwartungen in mir. Besonders ein Stapel ungeöffneter Pakete zog meine Aufmerksamkeit an. Aufschriften und Poststempel verrieten, daß sie in den sechziger Jahren aus irgendeinem arabischen Land den Weg hierher fanden. Offenbar hatte niemand Eile damit, sie auszupacken. Ich begriff, warum Richard so sicher war, daß man an diesem Ort Entdeckungen machen könne.

Hinter den wissenschaftlichen Zielen der *PEF* standen auch – versteckt freilich – militärische Erwägungen. Denn ihre Gründung fiel in die Zeit der Bauarbeiten am Suezkanal. Den britischen Militärs mangelte es an genauen Karten der angrenzenden Gebiete im Sinai und Palästina. Im Fall einer kriegerischen Auseinandersetzung mit dem türkisch-osmanischen Reich, das damals den gesamten Vorderen Orient beherrschte, wären präzise Karten von größter strategischer Bedeutung gewesen. Eine Überlegung, die sich durch den Kriegsausbruch von 1914 bewahrheitete. So überrascht es nicht, daß die ersten »Forscher«, die im Auftrag der *PEF* nach Palästina reisten, Militäringenieure waren. Bis heute schlummert deren Nachlaß unbeachtet von der Öffentlichkeit in den Londoner Kellern.

Das wertvolle Material enthält vor allem Pläne, die auf den ersten exakten Vermessungen des Tempelbergs beruhen. Die Ingenieure Charles Wilson und Charles Warren leisteten in dieser Hinsicht Pionierarbeit. Vor allem aber konnten sie sich damals direkt am Heiligen Berg zu schaffen machen. Eine Möglichkeit, die durch die politischen Entwicklungen nach dem Ersten Weltkrieg nicht mehr gegeben war und heutzutage durch den is-

raelisch-palästinensischen Konflikt völlig ausgeschlossen ist. Vor allem die Aufzeichnungen Warrens strotzen vor Vermerken wie »Geheimgang«, »Versteckte Kammer«, »Verborgener Kanal«, »Unterirdische Zisterne« und dergleichen mehr. Einige dieser Plätze hat seit Warren kein Forscher mehr zu Gesicht bekommen. Der

Charles Warren, Erforscher des Tempelbergs, in der Uniform des Chefinspektors der Londoner Polizei. Er war dem berüchtigten Mörder »Jack the Ripper« auf der Spur

Angehörige der *Royal Engineers* machte in späteren Jahren noch eine solide Karriere. Er brachte es zum Chef der Londoner Polizei. In dieser Funktion sah er sich mit der Aufklärung einer Reihe von gräßlichen Morden an Prostituierten betraut. Damals war er weniger erfolgreich als in Jerusalem. Der Mörder, der unter dem Namen »Jack the Ripper« in die Annalen der

Kriminalgeschichte einging, wurde nie gefaßt.

Warrens genauen Untersuchungen des Tempelbergs verdanken wir den entscheidenden Hinweis auf den Standort des Salomonischen Tempels. Die meisten Gelehrten des letzten Jahrhunderts siedelten den Tempel direkt auf der *Sakrah* an, da

Standort ist nämlich das Abwassersystem! Das mag seltsam klingen. Aber der Tempel Jahwes war ein riesiges Schlachthaus. Nur hier durften Juden das geforderte Tieropfer darbringen. Die Zentralisierung des Kultes führte dazu, daß an hohen Festtagen auf dem Platz vor dem Eingang Tausende von Schafen und Stieren rituell

An hohen Festtagen wurden vor dem Tempel Salomons Zehntausende von Opfertieren rituell geschlachtet. Filmszene

der Felsen tatsächlich heute den höchsten Punkt des Bergs *Moriah* markiert. Man ging ganz einfach davon aus, daß der Tempel auch an der höchsten Stelle stand. Das Terrain wurde im Lauf der Geschichte allerdings so häufig neu bebaut, daß die ursprüngliche Bergspitze durchaus an einer anderen Stelle gelegen haben könnte. Viel wichtiger aber ist ein anderer Zusammenhang, der Warren schließlich zu der Überzeugung gelangen ließ, daß sich der Tempel an einem anderen Platz befunden habe. Der Schlüssel zum tatsächlichen

getötet wurden, indem man ihnen die Kehle durchschnitt. Die gewaltigen Blutmengen mußten irgendwie entsorgt werden.

Die Karten der britischen Militäringenieure geben in dieser Hinsicht den entscheidenden Hinweis. Wilson verzeichnete südöstlich des Felsendoms ein System unterirdischer Kammern, dem er den Namen »Zisterne 5« gab. Die Lage am östlichen Rand des Tempelbergs und der Zusammenhang mit anderen Entdeckungen ließen seinen Nachfolger Warren zu der Überzeugung gelangen, daß es sich bei »Zisterne 5« um das Ableitungssystem für das Blut vom Opferaltar handelte, das von hier aus in das tief eingeschnittene Kidrontal außerhalb des Stadtbezirks floß. Da

schung des Heiligen Berges. Mehr als einmal wurde er im Verlauf der Grabungsarbeiten verschüttet, stand in gerade mannshohen Gängen bis zum Hals im eiskalten Quellwasser, eine Kerze als einzige Lichtquelle in den Mund geklemmt. Oft verbrachte er ganze Tage in baufälligen, röhrenähnlichen Tunnels, die so eng waren, daß man sich nicht einmal umdrehen konnte und rückwärts wieder hinauskriechen mußte. Der englische Ingenieur sah dabei wahrscheinlich mehr vom Jerusalemer Untergrund als irgendein anderer Mensch der Neuzeit. Während seines zweijährigen Aufenthalts wühlte er sich durch mehrere Kilometer unterirdische Gänge und Kammern und war sich am Ende doch bewußt, daß er nur den kleinsten Teil der Eingeweide des Heiligen Berges erkundet hatte. In seinem Abschlußbericht über die Forschungsreise verhehlt er nicht, daß er dort Plätze vermutete, »an denen

Mit einer Kerze als einziger Lichtquelle steigt Charles Warren in einen Tunnel am Tempelberg. Kolorierte Zeichnung von 1871

der Eingang des Tempels nach Osten ausgerichtet war und der Opferaltar vor dem Eingang stand, ist Warrens Argumentation überzeugend. Denn »Zisterne 5« ist das einzige unterirdische Kanalsystem im östlichen Bereich des Tempelbergs.
Warren, in dessen Charakter die Akribie des Ingenieurs mit einem erstaunlichen Draufgängertum wetteiferte, entwickelte einen verbissenen Ehrgeiz bei der Erfor-

Gegenstände größten Interesses verborgen sind«. Daß er dabei an Teile des Salomonischen Tempelschatzes dachte, läßt sich schon aus seinen umfangreichen Notizen und Zeichnungen schließen, die der exakten Lokalisierung des legendären Bauwerks gewidmet sind. Jedenfalls verließ Warren Jerusalem nicht, ohne sich eine gefährliche Kapriole zu leisten, die möglicherweise mit den »Gegenständen größten Interesses« in Zusammenhang steht.

Bei einem seiner Besuche im Felsendom erregten zwei steinerne Verschlußplatten seine Aufmerksamkeit. Sie waren in die *Sakrah*, den freiliegenden Felsen im Zentrum des Gebäudes, eingelassen. In einem unbeobachteten Moment sprang Warren über die hölzerne Absperrung und vergewisserte sich, daß die Steine den Eingang zu einem schmalen Schacht versperrten. Seine Neugier war stärker als die Furcht vor den türkischen Behörden, die jede Art von archäologischer Forschung innerhalb der Moscheen streng verboten hatten. Er beschloß, der Sache ein paar Tage später auf den Grund zu gehen.

Die Aktion war als touristischer Ausflug getarnt. In Begleitung zweier englischer Damen begab sich Warren zum Felsendom. Den beiden Frauen fiel die Aufgabe zu, den Wächter abzulenken. Sie gaben vor, die Höhle sehen zu wollen, die unter dem Felsen liegt, und überredeten ihn, sie zu begleiten. Sobald das Trio auf der Treppe verschwand, ging Warren ans Werk. Mit Hilfe eines Stemmeisens, das er im Ärmel seiner Jacke eingeschmuggelt hatte, lockerte er die Steine aus ihrem Mörtelbett. Doch als er versuchte, eine der schweren Platten wegzuheben, geschah etwas, das nicht im Plan vorgesehen war: Sie entglitt seinen Händen und stürzte in den Schacht. »Dabei entstand ein Krach, der das gesamte Gebäude erschütterte und als Echo von überall zurückgeworfen wurde«, erzählt Warren in einem Brief. Der Engländer mochte sich in diesem Moment an die barbarische türkische Hinrichtung erinnern, deren Augenzeuge er geworden war. Mindestens aber mußte er das Ende seiner gesamten Jerusalemer Expedition vor Augen gesehen haben, denn er war gerade dabei, den heiligen Felsen Mohammeds zu schänden; ein Sakrileg, das ihm kein Moslem

verzeihen würde. Doch die Geistesgegenwart seiner Komplizinnen rettete ihn. »Als sie den Krach über sich und das Echo ringsum hörten, blieben sie ganz ruhig, zumal sie keine Idee davon hatten, was vorgefallen war. Eine der beiden besänftigte den aufkeimenden Verdacht des Wächters mit der Bemerkung, daß der Wind wohl stärker geworden sei, denn das Portal vom Felsendom sei zugeschlagen.« Als Warren oben auf dem Felsen begriff, daß die Sache wohl glimpflich verlaufen war, wollte er das begonnene Werk auch zu Ende führen. Er zwängte sich durch den Eingang des Schachts und stellte fest, daß er in einen Tunnel mündete. Er besaß sogar die Kaltblütigkeit, die Richtung der steinernen Röhre mit dem Kompaß zu bestimmen, bevor er sich in Sicherheit brachte. Ein paar Tage später stellte er zu seiner Überraschung fest, daß die Platte sich wieder in ihrer Verankerung befand. Dort liegt sie heute noch, vermutlich seit damals unangetastet.

Den entdeckten Tunnel ordnete Warren ebenfalls dem Abwassersystem des Opferbezirks zu. Er vermutete dort die Stelle, an der die Tiere ausgeweidet und zerlegt wurden. Von dort flossen die Abfälle zusammen mit dem Reinigungswasser, das man in großen bronzenen Behältern heranschaffte, zum Sammelbecken, der schon erwähnten »Zisterne 5«, und von da aus ins Kidrontal. Zwar wissen wir dank Warrens Untersuchungen, wo sich der Tempel Salomons samt dem Standort der Bundeslade einmal befunden hat. Aber auch er fand keinerlei Spuren der einstigen Pracht. Die Eroberer ohne Zahl, die über die Mauern Jerusalems kletterten, und die Bauherren unterschiedlichen Glaubens, die sich auf dem Tempelberg verewigen wollten, haben von dem legendären Bauwerk nicht einmal eine Scherbe übriggelassen. Wir besitzen zwar die seitenlange Passage des Alten Testaments, die minuziös die Herrlichkeit des Gotteshauses preist, aber wie schon im Fall der Bundeslade bleiben die Beschreibungen relativ abstrakt, wenn man sie nicht mit archäologischen Befunden oder Vergleichsstücken füllen kann. Auch in diesem Fall halfen uns die Archive des *Palestine Exploration Fund* und legten eine Spur in die Türkei.

Im Jahr 1912 organisierte die *PEF* eine archäologische Expedition, die zu einem Ort mit Namen **Karkemisch** führte. Die Stadt, die der Kultur der Hethiter zugerechnet wird, lag am Oberlauf des Euphrat, im heutigen Grenzgebiet zwischen der Türkei und Syrien. An der Kampagne nahm ein junger britischer Archäologe teil, der unter anderem durch seine Un-

die türkische Herrschaft im Vorderen Orient und wurde so als »Lawrence von Arabien« eine der populärsten Heldenfiguren des zwanzigsten Jahrhunderts.

1912 beschäftigte den hochbegabten Absolventen der Universität von Oxford noch in erster Linie das Handwerkszeug des Archäologen. Schon dem Ausgräber fiel auf, wie sehr die Tempelanlage von Karkemisch an das Gotteshaus Salomons erinnert. Genau wie das Jerusalemer Gebäude besaß das Heiligtum der Hethiter einen Vorraum, der von zwei Säulen flankiert war, eine Haupthalle und dahinter einen kleineren Raum. Auch die Abmessungen waren ähnlich. Vor allem aber tauchten in der Grabung eine große Zahl gut erhaltener Skulpturen und Reliefs auf,

Modell des Salomonischen Tempels mit dem »Bronzenen Meer«, einer gewaltigen Wasserschüssel, die auf zwölf Stierskulpturen ruht

erschrockenheit auffiel. Als deutsche Ingenieure, die in unmittelbarer Nähe der Grabung eine Eisenbahntrasse verlegten, seinen Ärger erregten, lieferte er sich mit ihnen ein kurzes Feuergefecht. Dies war der Auftakt zu einer Guerilla-Karriere, die den jungen Mann mit Namen Thomas Edward Lawrence ein paar Jahre später weltberühmt machen sollte. Während des Ersten Weltkriegs organisierte er den Widerstand der arabischen Stämme gegen

die bis in die Details mit der biblischen Beschreibung des Salomonischen Bauwerks übereinstimmen. Die Figuren der geflügelten Tierwesen mit Menschenkopf, mit denen auch das Haus Jahwes geschmückt war, finden sich ebenso wie verschiedene Bassins in der Nähe des Tempels, die zum Waschen des Opferfleisches benötigt wurden. Die überraschendste Parallele aber war ein Wasserbecken, das zwischen Stierfiguren ruhte.

Ein solches gehörte auch zur Ausstattung in Jerusalem. Das Alte Testament bezeichnet es ehrfürchtig als »Bronzenes Meer«, da die Bronzeschüssel von fünf Metern Durchmesser, die auf mannshohen Stierleibern ruhte, einen gewaltigen Eindruck machte. Das Stierbecken von Karkemisch ist zwar wesentlich kleiner und aus Stein gehauen, aber die Ähnlichkeit der Gestaltung ist doch zu groß, um zufällig zu sein.

Tatsächlich gab es um 1000 v. Chr. eine Verbindung zwischen Jerusalem und der Stadt am Oberlauf des Euphrat. Sie führte über die Stadt Tyrus am Mittelmeer, im heutigen Libanon. Die dort ansässigen Phönizier beherrschten als geschickte Seeleute den Mittelmeerhandel. Auch Salomon war offenbar nicht nur bei der Lieferung von Zedern für die Deckenbalken des Tempels von der mächtigen Handelsmacht abhängig. Er forderte sogar einen Handwerker aus Tyrus an, der die Gold- und Bronzearbeiten ausführen sollte. Der Mann mit Namen Hiram wurde der maßgebliche Gestalter des Gebäudes. Aber der Einfluß der Phönizier reichte nicht nur nach Süden. Sie unterhielten auch enge Verbindungen mit ihren östlichen Nachbarn, den Hethitern. Ihre königlichen Bauherrn könnten genausogut wie Salomon auf Spezialisten aus Tyrus zurückgegriffen haben, und so schließt sich der Kreis.

Die ausführliche biblische Beschreibung, ergänzt durch die Fundstücke aus Karkemisch, die sich heute im Museum von Ankara befinden, geben uns eine recht genaue Vorstellung vom Aussehen des Salomonischen Bauwerks. Der Tempel bestand aus einer Halle von etwa dreißig Metern Länge, die von einem niedrigeren Anbau umgeben war. Darin befanden sich die Lagerräume für die Gerätschaften, die für die rituellen Handlungen benötigt wurden, und die Schatzkammern. Den Hauptraum hatte der Baumeister dreigeteilt. Eine von zwei mächtigen bronzenen Säulen flankierte Vorhalle führte zum Heiligtum, in dem sich ein goldener Altar, die Tische für die Schaubrote und die *Menoras*, die siebenarmigen Leuchter, Symbole des Lebensbaums, befanden. Dahinter, abgeteilt durch eine Tür und nur den Hohepriestern zugänglich, lag das Allerheiligste. Hier stand die Bundeslade in einem vollständig mit Goldblech ausgekleideten Raum, flankiert von zwei mächtigen Cherubim-Figuren, die ihre Flügel über den Schrein ausbreiteten. Mit diesem Raum schuf Salomon die zentrale Kultstätte der jüdischen Religion.

DAS SCHWEIGEN DER BIBEL

»Hier will ich für immer meinen Namen ruhen lassen«, sprach Gott zu dem Erbauer des Tempels und fügte gleich eine Warnung hinzu: »Wendet ihr und eure Söhne euch aber ab von mir, geht ihr vielmehr hin, fremden Göttern zu dienen und sie anzubeten, dann rotte ich Israel vom Boden aus. Dieses Haus aber wird zu einem Trümmerhaufen. Jeder, der daran vorbeigeht, wird entsetzt sein und höhnisch pfeifen.« (1. Könige 9,6–8).

Das war keine leere Drohung. Dreihundert Jahre nach seiner Errichtung plünderten und zerstörten babylonische Truppen das stolze Bauwerk. Die biblischen Autoren interpretierten die Katastrophe des Jahres 587 v. Chr. als Strafe Gottes. Einige Bücher des Alten Testaments sind voll bitterer Klagen über abtrünnige Könige, die fremde Kulte duldeten oder ihnen sogar selbst anhingen. Die Liste der königlichen Ketzer wird sogar von Salomon höchstpersönlich angeführt. Der Erbauer des Tempels, von dem geschrieben steht, daß seine Weisheit unendlich sei wie die Sandkörner am Meer, hatte eine sehr irdische Schwäche, aus der die Bibel auch gar keinen Hehl macht: »Wende dich, wende dich, Sulamit! Der Bug deiner Hüften gleicht einem Geschmeide, einem Werk von Künstlerhänden. Dein Schoß ist ein rundes Becken, es mangele ihm nie der gewürzte Wein! Deine beiden Brüste sind wie zwei Kitzlein. Wie bist du so schön und so lieblich. Und dein Mund soll mir sein wie der edelste Wein, der fließt zu meinen Liebkosungen, meine Lippen und Zähne benetzend.« (Hoheslied 7,1–10)

Das Hohelied, das ein ganzes Buch des Alten Testaments ausmacht, ist nichts anderes als eine Sammlung erotischer Gedichte, die aus der Feder Salomons stammen sollen. Glaubt man der Bibel, dann besaß er einen Harem, in dem sich alleine tausend offizielle Ehefrauen tummelten. Das hätte nicht unbedingt den Zorn Gottes erregt. Aber der königliche Schwerenöter pflegte den fremdländischen Schönen, denen er verfallen war, Altäre ihrer Heimatgottheiten zu errichten. Das allerdings konnte Jahwe nicht dulden. Unter Salomons Nachfolgern rauchten sogar Altäre des *Moloch*, auch *Molek* genannt, im Hinnom-Tal, direkt unterhalb des Tempelbergs. Die finstere phönizische Gottheit dürstete nach dem Blut von Neugeborenen. Ihr Altar, *Tophet* genannt, war Schauplatz eines gräßlichen Rituals, bei dem Säuglinge dem Gott zu Ehren verbrannt wurden. Der Prophet Jeremias, Zeitgenosse der Eroberung Jerusalems, wird nicht müde, die Israeliten vor dem Zorn Jahwes zu warnen:»Sie haben ihre Scheu-

Alter Orient

Meer

Kaspisches Meer

HETHITER

Karkemisch

Tigris

MESOPOTAMIEN

ASSYRIEN

Euphrat

Assur

s

m ▲ **Berg Nebo**

Qumran

Babylon

BABY-
LONIEN

Totes
Meer

vermutl. Küstenverlauf ──

Pers.
Golf

Maßstab 1:14.000.000

es
er

sale aufgestellt in dem Haus, das nach meinem Namen benannt ist, um es zu verunreinigen. Sie bauten die Opferstätte des *Tophet* im Tale Ben-Hinnom und verbrannten ihre Söhne und Töchter im Feuer. Solches habe ich nicht geboten und kam mir nie in den Sinn. Darum siehe, es kommen Tage, dann werden die Leichen dieses Volkes den Vögeln des Himmels und den wilden Tieren zum Fraß dienen und niemand verscheucht sie!« (Jeremias 7,30–33).

Die babylonischen Heerscharen, die im Jahre 597 zum erstenmal vor den Mauern Jerusalems erschienen, ließen die Drohungen des Propheten Wahrheit werden. Babylon besaß die bestorganisierte und schlagkräftigste Armee des damaligen Vorderen Orients. Wie eine Belagerung in jener Zeit aussah, demonstrieren eindrucksvoll die Reliefs aus dem Palast des assyrischen Königs Sargon II., der etwa ein Jahrhundert zuvor das israelitische Nordreich ausgelöscht hatte. Die Reliefs, die sich heute im Britischen Museum befinden, zeigen die Eroberung der Stadt Lachisch durch die assyrischen Truppen. Nicht anders dürfte sich auch der Untergang Jerusalems abgespielt haben. Die Angreifer rückten in wohlgeordneten Verbänden heran. Bogenschützen und Steinschleuderer nahmen die Verteidiger auf den Zinnen unter Beschuß. Andere Trupps versuchten Leitern an die Mauern heranzubringen. Sogar eine Art Panzer kommt zum Einsatz. Das mit Metallplatten bewehrte Gefährt wurde gegen eines der Stadttore vorgeschoben. Durch Schießscharten in der Panzerung konnten Bogenschützen die Verteidiger auf kürzeste Entfernung aufs Korn nehmen. Jerusalem fiel unter dem Ansturm der babylonischen Kriegsmaschinerie. Auch über das, was dann folgte, geben die Londoner Reliefs unverblümt Auskunft. Die Sieger hielten ein grausiges Strafgericht. Die Anführer der Verteidiger werden gepfählt oder bei lebendigem Leib gehäutet. Nebukadnezar, der König der Babylonier, etablierte in Judäa ein Regime von seinen Gnaden, und die Armee rückte wieder ab. Doch zehn Jahre später empörten sich die Israeliten gegen die Fremdherrschaft, und Jerusalem wurde ein zweites Mal belagert. In Erinnerung an die Schrecken der ersten Eroberung leisteten die Bewohner achtzehn Monate lang verzweifelt Widerstand. Dann ergaben sie sich völlig erschöpft ihrem Schicksal. Bereits bei der ersten Erstürmung hatten die Babylonier den Tempel geplündert, das Gebäude selbst aber verschont. Diesmal gingen sie gründlicher vor. Das »Bronzene Meer« wurde ebenso wie die Bronzesäulen des Portals zerschlagen und abtransportiert. Salomons prächtiges Gotteshaus versank in Schutt und Asche. Der Großteil der Bevölkerung aber wurde deportiert. Dabei trafen die Babylonier offenbar eine bestimmte Auswahl: »Jerusalem führte er in die Gefangenschaft, und zwar alle vornehmen und wehrtüchtigen Männer, zehntausend Gefangene, auch alle Schmiede und Schlosser; nur die geringen Leute unter den Bürgern des Landes blieben zurück.« (2. Könige 24,14) Etwa vierzig Jahre sollte die sogenannte Babylonische Gefangenschaft dauern, dann fiel die Stadt am Euphrat einer anderen Großmacht zum Opfer: dem Persischen Reich. Die neuen Herren des Landes ließen die deportierten Juden in ihre Heimat zurückkehren.

Die Zerstörung des Tempels im Jahr 587 v. Chr. war das erste große Trauma des jüdischen Volkes in seiner biblischen Geschichte. Denn weit mehr als die politische Niederlage wog der Verlust des religiösen Zentrums. Bis heute gedenken die Juden am neunten Tag des Monats »Av«, etwa Anfang August, der Katastrophe. Während einer ganzen Nacht strömen

Tausende zum Platz vor der Klagemauer, um im Angedenken an den Untergang des Tempels zu trauern. Zwar wurde er nach der Rückkehr der Vertriebenen wieder aufgebaut, doch er besaß weder die Pracht noch den Nimbus des legendären Salomonischen Gebäudes. Vor allem aber fehlte diesem Tempel sein eigentliches Heiligtum: die Bundeslade. Sie war seit der Eroberung Jerusalems verschwunden.

Die naheliegendste Annahme wäre, daß die Babylonier sie als zweifellos prominentestes Beutestück mitgenommen hatten. Aber genau an diesem Punkt läßt uns die biblische Überlieferung seltsamerweise im Stich. Zwar zählt der Text eine ganze Reihe von Gegenständen auf, die damals geraubt wurden, doch der wichtigste, die Bundeslade mit den göttlichen Gesetzestafeln, taucht in der Liste nicht auf. Auch keine Wehklage über ihren Verlust, nicht ein einziges Wort des Bedauerns! Sang- und klanglos verschwindet sie einfach von der Bildfläche.

Die verschwundene Bundeslade

Dieses merkwürdige Schweigen der Bibel nährt seither Spekulationen verschiedenster Art. Gelang es vielleicht den Priestern, die Bundeslade an einen sicheren Ort zu bringen, bevor die feindlichen Soldaten den Tempel stürmten? Die Belagerung der Stadt zog sich, wie wir wissen, monatelang hin; Zeit genug, für ein Versteck zu sorgen. Aber warum taucht die Lade dann in späterer Zeit nicht wieder auf? Warum wurde sie von den Heimkehrern aus dem Exil nicht aus ihrer Geheimkammer geholt und in den Tempel zurückgebracht? In diesem Zusammenhang ist ein Vorgang interessant, der in der Bibel nur eine beiläufige Erwähnung findet. Nebukadnezar befahl, daß die Oberpriester und drei Schwellenhüter des Tempels an seinen Hof gebracht wurden. Der Text berichtet nichts über die Absichten des Königs. Allerdings erfahren wir, daß die Audienz – oder wohl besser das Verhör – schlecht für die Männer ausging: »Der König von Babel ließ sie schlagen und hinrichten.« (2. Könige 25,21). Hoffte Nebukadnezar, von ihnen das Versteck der Bundeslade zu erfahren, deren Besitz seinen Triumph vollkommen gemacht hätte, und übergab er sie, erzürnt über ihr beharrliches Schweigen, dem Henker? Das würde vielleicht erklären, warum die Gesetzestruhe verschwunden blieb: Da sie nur den Oberpriestern zugänglich war, hätten diese als einzige auch von dem Versteck gewußt. Aber die Diener Jahwes nahmen ihr Geheimnis mit ins Grab.

So geriet das Versteck in Vergessenheit, nicht aber der Mythos des heiligen Schreins. Er zieht seit jeher Forscher, Abenteurer und Exzentriker unterschiedlicher Prägung in seinen Bann. Die Geschichte der Bundeslade und des Salomonischen Tempels ist zugleich die Geschichte jener unverdrossenen »Jäger des verlorenen Schatzes« und der absonderlichsten Theorien, die sich um den Verbleib der goldenen Truhe ranken.

DIE ERBEN VON INDIANA JONES

Den Spekulationen über das mögliche Versteck des Schreins sind buchstäblich keine Grenzen gesetzt. Es würde den Rahmen dieses Artikels bei weitem sprengen, wollte man allen angeblichen Spuren folgen. Es scheint jedenfalls so, daß die Bundeslade eine starke Anziehungskraft auf skurrile Charaktere ausübt. Denn die meisten vom Mythos der magischen

Truhe inspirierten Suchaktionen erwiesen sich am Ende als bizarre Kapriolen. Dafür ein paar Beispiele:

Ein exzentrischer Amerikaner mit Namen Antonia Frederick Futterer durchwühlte in den zwanziger Jahren den Berg Nebo, am östlichen Hang des Küstengebirges am Toten Meer, der ihm als mögliches Versteck galt. Auch dieser »Jäger des verlorenen Schatzes«, der gerne in einem selbstgestylten Mosesgewand herumlief, folgte einer Passage aus der Bibel, dem sogenannten »Buch der Makkabäer«. Nach diesem Text soll der Prophet Jeremias den Heiligen Schrein rechtzeitig vor der Zerstörung des Salomonischen Tempels in dem Berg, der heute in Jordanien liegt, versteckt haben. »Das Buch der Makkabäer« entstammt allerdings einer sehr viel späteren Zeit und ist ein visionärer Text ohne direkte historische Bezüge. Doch Futterer wurde fündig! Zumindest behauptete er das. Angeblich hatte er einen Geheimgang entdeckt, der sogar eine Hieroglyphen-Inschrift aufwies. Sie soll allen Ernstes gelautet haben: »Hier liegt die Bundeslade.« Als die Presse begann, sich für die spektakuläre Entdeckung zu interessieren, konnte der Amerikaner aber weder die Inschrift vorlegen, noch kehrte er jemals zu der angeblichen Fundstelle zurück.

Noch skurriler ist der Fall eines anderen Amerikaners, Tom Crotser, der Anfang der achtziger Jahre von sich reden machte. Der Hobby-Archäologe hatte bereits die Arche Noah, den Turm zu Babel und die Stadt Adams »entdeckt«. Er richtete sein Augenmerk auf einen dem Nebo benachbarten Berg und fand nichts weniger als eine Geheimkammer mit der Bundeslade! Er ließ das Heiligtum aus Ehrfurcht an seinem Platz, ohne jedoch zu versäumen, ein paar Fotos anzufertigen. Es geschah ähnliches wie im Fall Futterer. Als die Presse darauf aufmerksam wurde, zierte sich der Entdecker plötzlich. Ein deutscher

Archäologe bekam die Bilder schließlich zu Gesicht: Die Fotos zeigten eine offensichtlich maschinell gefertigte Metallkiste! Natürlich ist die angebliche Bundeslade selbst niemals aufgetaucht.

Und sogar diese Geschichte wurde an Bizarrerie noch übertroffen. Etwa zur selben Zeit wie Crotser griff auch ein weiterer Amerikaner zum Spaten, um den Schrein des Moses zu finden. Ron Wyatt aus Nashville, Tennessee, folgte einer göttlichen Eingebung und begann in der Nähe des »Gordon-Grabes« außerhalb der Jerusalemer Altstadt zu suchen.

Das Grab, eine Höhle in der Nähe des Damaskustors, bezieht seinen Namen von einem schrulligen englischen General, der sich mit der Lokalisierung des Christusgrabes in der berühmten Kirche innerhalb der Altstadt nicht zufriedengeben wollte. Er ließ sich von dem Ausdruck »Schädelstätte« leiten, der in der Bibel für den Hinrichtungsort Christi gebraucht wird, und fand einen Steinbruch direkt vor den Toren der Altstadt. Dort waren zwei große Nischen in die Felswand gehauen, die an die Augenhöhlen eines Schädels erinnern. Deshalb hielt er diesen Ort für die Kreuzigungs- und Begräbnisstätte von Jesus. Das angebliche Grab kann heute noch besichtigt werden.

In unmittelbarer Nähe begannen Wyatt und seine Mitstreiter sich durch einen Abfallhaufen zu wühlen. Nachdem sie ganz nebenbei die authentische Stelle entdeckt hatten, an der Christus gekreuzigt wurde, fanden sie schließlich auch die Gesetzestruhe des Moses. Anders als im Fall Crotser versagten diesmal aber Fotoapparat und Videokamera. Der heilige Gegenstand weigerte sich, abgelichtet zu werden. Wyatt beendete die Grabung, die von einer ganzen Reihe wunderbarer Erscheinungen begleitet war, weil er angeblich den israelischen Behörden Folge leisten mußte, die genaue Fundstelle nicht

preiszugeben, um politisch-religiöse Verwicklungen zu vermeiden. So wartet die Welt bis heute auf die endgültige Enthüllung des großen Geheimnisses. Bleibt noch anzumerken, daß der Mann aus Tennessee auch noch ein paar Blutspuren von Jesus fand. Die genetische Analyse zeigte, daß sämtliche Chromosomen ausschließlich von der Mutter stammten, bis auf das Geschlechtschromosom. Das heißt, kein Mann war an der Zeugung beteiligt, und Christus ist die Frucht einer jungfräulichen Geburt! Womit auch noch dieses Menschheitsrätsel gelöst wäre.

So verrückt derartige Unternehmungen anmuten – sie halten Menschen in Atem, werden finanziert und sind allemal eine Pressemeldung wert. So wurden wir auch durch eine israelische Zeitung auf einen Mann aufmerksam, der gerade zum Zeitpunkt der Dreharbeiten dabei war, die Bundeslade zu suchen! Nachdem wir die Nachricht über den Amerikaner gelesen hatten, der mit offizieller Genehmigung der israelischen Behörden in den Höhlen von Qumran nach dem Tempelschatz Salomons suchte, war der Kontakt schnell hergestellt. Ein paar Tage später quälten wir uns in der Gluthitze der Wüste am Toten Meer einen steilen Felsabhang empor. Auf halber Höhe des Berges verriet ein weißes Sonnensegel den Eingang zu einer Grabung.

Der Mann, der uns begrüßte, schien einem Film entsprungen zu sein: Cowboyhut, Gürtel und Hosenträger aus Schlangenleder, ein schneeweißer Vollbart und eine Maiskolbenpfeife, die er nur beim Sprechen aus dem Mund nahm. Wir standen Mr. Vendyl Jones gegenüber. Natürlich konnte auch ich mir die Frage nicht verkneifen, die ihm jeder Journalist als erste stellt: ob er denn etwas mit »Indiana Jones« zu tun habe? Die Antwort erfolgte prompt: »Natürlich nicht!« Das sei alles Erfindung und zur Unterhaltung ge-

macht. Er aber treibe hier ernsthafte For-
schung. Außerdem gäbe es haufenweise
Leute mit dem Namen Jones. In dem
Punkt hatte er zweifellos recht.
Wie sich weiter herausstellte, war der ge-
bürtige Texaner, Jahrgang 1930, tatsäch-

**Ein »Jäger des verlorenen Schatzes«: Der Texaner Vendyl Jones
ist seit 30 Jahren der mysteriösen Bundeslade auf der Spur**

studiums. Als er Mitte der sechziger Jahre
in einer Fachzeitschrift zum ersten Mal
von einer rätselhaften Schriftrolle las, die
am Toten Meer gefunden worden war, er-
wachte in ihm eine Leidenschaft, die ihn
bis heute umtreibt.

Der Text, der es Jones angetan hat, ist die sogenannte
»Kupferrolle«. Sie wurde wie
hundert andere Schriftrollen
in einer der Höhlen von
Qumran am Toten Meer ge-
funden. Diese Texte und
Textfragmente, die seit ihrer
Entdeckung im Jahr 1948
nach und nach ausgegraben
und publiziert wurden, stellen einen der bedeutendsten
archäologischen Funde des
Jahrhunderts dar und be-
schäftigen bis heute Bibel-
wissenschaftler und Theologen. Nicht zuletzt, weil diese
Texte auch ein neues Licht
auf die Gestalt Jesu Christi
zu werfen scheinen, sind sie
bis heute Gegenstand heftiger Kontroversen. Einer der
Texte war merkwürdiger-
weise in ein aufgewickeltes
Kupferblech eingehämmert.
Seit der Öffnung der Rolle
durch Spezialisten an der
Universität von Manchester
und ersten Versuchen, die
stark beschädigte Schrift zu
rekonstruieren, streitet sich
die Fachwelt über Sinn und
Bedeutung der Botschaft der »Kupferrolle«. Offensichtlich enthält sie eine Liste
von wertvollen sakralen Gegenständen
samt Hinweisen auf ein geheimes Versteck. Jones jedenfalls glaubt, in dem
ominösen Text tatsächlich eine Art verschlüsselter Schatzkarte entdeckt und entziffert zu haben, mit deren Hilfe er die

lich ein professioneller Bundesladenjäger
und seit Jahrzehnten dem verlorenen
Tempelschatz von Jerusalem auf der Spur.
Seine Grabungskampagnen finanzierte er
über private Geldgeber. Der ehemalige
Pfarrer einer Baptistengemeinde in Virgi-
nia entdeckte sein Interesse an der biblischen Geschichte während des Theologie-

Bundeslade und andere Kultgegenstände des Salomonischen Tempels lokalisieren kann. Danach soll sich der Schatz in einem unterirdischen Tunnel befinden, einer Art natürlicher Erdspalte, die Jerusalem mit der Gegend der Qumran-Höhlen am Toten Meer verbindet. Durch die Grabung, auf der wir uns gerade befanden, hoffte Jones, den Zugang zu diesem Tunnel zu finden. Eine ziemlich exzentrische Theorie, die von keinem Wissenschaftler geteilt wird. Zu bruchstückhaft ist der Text der »Kupferrolle«, und zu unwahrscheinlich sind die Schlußfolgerungen, die Jones daraus zieht. Ganz alleine steht er nicht nur mit seiner Annahme, die Rolle entstamme der Epoche der Zerstörung des Tempels durch die Babylonier. Denn es gibt nicht den geringsten Hinweis darauf, daß die »Kupferrolle« tatsächlich älter ist als die übrigen Texte aus Qumran, die allesamt mehrere hundert Jahre nach der Vernichtung des Salomonischen Tempels geschrieben wurden. Auch die Existenz des Tunnels, der ja immerhin etwa fünfzig Kilometer lang sein müßte, ist ziemlich unwahrscheinlich.

Bei unserem Besuch zeigte sich Jones unbeeindruckt von der Kritik der Fachwelt an seinen Unternehmungen. Wurde nicht auch Schliemann, der Entdecker von Troja, von den Fachgelehrten seiner Zeit zunächst ausgelacht? Bewundernswert war tatsächlich die Energie, mit der ein mittlerweile fast Siebzigjähriger seit Jahren Expeditionen auf die Beine stellt und sich auch nicht davon entmutigen läßt, daß ein spektakulärer Fund bisher ausgeblieben ist. Jones gab sich selbstbewußt: »Wir graben hier nicht nur nach der Vergangenheit, sondern auch nach der Zukunft des jüdischen Volkes«, ließ er uns zum Abschied wissen, und wir begriffen, daß wir gerade dem lebenden Beweis für die Existenz eines Mythos begegnet waren.

EIN OFFIZIER UND GENTLEMAN

Jones und Co. haben einen Vorgänger. In einem Kellerwinkel des Londoner Times-Gebäudes, wo in Regalen alte Jahrgänge der berühmten Zeitung verstauben, kamen wir einer der verwegensten Aktionen auf die Spur, die von der unauslöschlichen Faszination des Schreins angeregt wurde. Am 4. Mai des Jahres 1911 meldete die Times eine seltsame Begebenheit aus Jerusalem: Da werden Engländer der Schändung der islamischen Heiligtümer auf dem Tempelberg beschuldigt. Die Stadt befinde sich in Aufruhr. Diplomatische Verwicklungen zwischen Istanbul und London werden nicht ausgeschlossen. Die New York Times widmete den Vorgängen gar eine ganze Seite und wurde noch deutlicher: »Haben Engländer die Bundeslade gefunden?«, wird in Riesenlettern gefragt. Von einer mysteriösen Expedition ist die Rede und der Jagd nach einem seltsamen Schatz.

Der Mann, der die Schlagzeilen des Jahres 1911 lieferte, war ein englischer Adliger mit dem Namen Montagu Brownlow Parker, Earl of Morley. Nach Abschluß einer kurzen militärischen Laufbahn war der junge Offizier, dessen familiärer Hintergrund ihn von allen Sorgen um einen Broterwerb befreite, offen für manches verrückte Unternehmen. Zufällig machte er die Bekanntschaft eines selbsternannten Bibelforschers mit Namen Valter H. Juvelius. Die Theorien des Finnen über den verschwundenen Tempelschatz Salomons fesselten Parker. Juvelius glaubte, durch die Interpretation bestimmter Passagen aus antiken jüdischen Schriften einen Hinweis auf ein Versteck der Bundeslade im Innern des Tempelbergs gewonnen zu haben. Parker gelang, was Juvelius vergeblich versucht hatte: Er stellte eine Expedition nach Jerusalem auf die Beine. Dabei nutzte er seine gesellschaftliche Position und familiäre Verbindungen, um eine beträchtliche Geldmenge zur Finanzierung des Unternehmens aufzubringen. Den Investoren gegenüber verpflichtete sich Parker zur Abtretung bestimmter Prozente am Verkaufserlös des Schatzes.

Im Jahr 1909 traf Parkers Expedition in Jerusalem ein. Die Heilige Stadt gehörte in jener Zeit noch zum türkisch-osmanischen Großreich, das den gesamten Vorderen Orient beherrschte. Nicht anders als zu Zeiten von Warrens Grabungen vierzig Jahre zuvor, gestatteten die türkischen Behörden zwar die angebliche archäologische Unternehmung, beäugten sie aber gleichzeitig mißtrauisch. Allerdings ahnten sie nichts von Parkers verwegenem Plan. Er wollte heimlich ins Innere des Tempelberges vordringen. Juvelius hatte ihn davon überzeugt, daß sich das Allerheiligste des Salomonischen Tempels genau über der *Sakrah* befunden habe. Von dort mußte es einen direkten Zugang zu einem Raum gegeben haben, in dem die Priester die Bundeslade vor dem Heranrücken der babylonischen Truppen in Sicherheit gebracht hatten. Parker begann, einen Tunnel unterhalb der »Davidstadt« freizulegen, den Warren vierzig Jahre vorher auf halber Strecke aufgegeben hatte. Er war der festen Überzeugung, daß der Tunnel direkt unter den Tempelberg führte. Eine Annahme, die sich am Ende als falsch erweisen sollte. Bis zur Einsicht, daß er von seinem Grabungsgelände aus niemals ins Innere des heiligen Bezirks gelangen würde, gingen allerdings über zwei Jahre ins Land. Während dieses Zeitraums wühlte sich

Parker mit seinen Getreuen, denen sich auch ein prominenter Jerusalemer Dominikanerpater zugesellt hatte, durch ein komplexes Tunnelsystem. Durch Pater Vincents Aufzeichnungen von den Grabungen geriet Parkers Expedition sozusagen wider Willen zu einer archäologischen Pioniertat in der »Davidstadt«. Aber ihrem eigentlichen Ziel kam sie keinen Schritt näher.

Mittlerweile machten auch Gerüchte über die angebliche Entdeckung der Schätze Salomons die Runde in Jerusalem und erschwerten Parkers Unternehmung. Die türkischen Behörden begannen, ihm Schwierigkeiten zu machen. Denn die Moslems besaßen auch schon damals nicht das geringste Interesse an der Auffindung jüdischen Erbes in Jerusalem. Außerdem tauchte noch ein ganz unerwartetes Hindernis auf und zwar in Gestalt des berühmten Barons Edmond de Rothschild. Der sagenhaft reiche Mann hatte von Parkers Schatzsuche Wind bekommen. Der in Frankreich geadelte Jude war ein glühender Anhänger des Zionismus, jener politischen Bewegung, die seit Ende des letzten Jahrhunderts für die Schaffung eines israelischen Staates in Palästina eintrat. Rothschild wollte verhindern, daß der Engländer das jüdische Heiligtum an sich brachte. Er kaufte ein Gelände neben Parkers Ausgrabung und untersagte ihm, darunter weiterzuarbeiten. Zu diesen ganzen Widrigkeiten gesellten sich auch noch finanzielle Probleme. Parker hatte das Geld der Investoren aufgebracht. Das drohende finanzielle Desaster vor Augen, sah er sich gezwungen, alles auf eine Karte zu setzen. Ein waghalsiger Coup sollte die entscheidende Wende bringen! Wenn es nicht möglich war, von unten in den Tempelberg einzudringen, dann eben von oben! Der kürzeste Weg zur vermeintlichen Schatzkammer führte direkt durch den

Felsendom, genauer gesagt durch den Boden der heiligen Grotte im Inneren der Moschee. Die kleine Höhle, die auch heute noch über eine Treppe begehbar ist, trägt den Namen »Brunnen der Seelen«, weil sich hier nach muslimischer Überlieferung die Toten zum Gebet versammeln. Ob es sich dabei um eine uralte heidnische Opferstätte handelt oder nur eine banale chungen Warrens kannte, war klar, daß von dieser Stelle aus ein Zugang zum unterirdischen Tunnelsystem des Tempelbergs bestand. In diesem Labyrinth mußte die Bundeslade stecken! Aber der Weg durch den Felsendom ließ sich nur heimlich und unter Lebensgefahr beschreiten. Der Tempelberg und die Moscheen waren unantastbar. Wenn es ihnen dennoch

Das »große Meer«, ein überfluteter unterirdischer Steinbruch im Tempelberg. Aquarellzeichnung aus dem 19. Jh.

Wasserzisterne, die aus dem massiven Fels herausgehauen wurde, ist nicht geklärt. An manchen Tagen, insbesondere nach stärkeren Regenfällen, ist hier jedenfalls ein leises Wassergeräusch vernehmbar. Frommen Ohren gilt es als das Rauschen der Paradiesflüsse. Parker, der die Untersu- gelänge, dort zu graben, würde das Henkersbeil über ihnen schweben. Das war Parker und den Seinen klar. Wer den Schatz der Schätze finden wollte, mußte eben etwas riskieren. Parker zögerte nicht und bestach einen hohen türkischen Beamten. Damit erkaufte er sich ungestörten

Zutritt zum Felsendom, allerdings nur vom Abend bis zur Morgendämmerung. In einer Mainacht des Jahres 1911 erlebte die ehrwürdige Moschee den seltsamen Auftritt von vier britischen Gentlemen nebst einem französischen Pater, die als Araber verkleidet durch das dunkle Gebäude schlichen. Wie mag der erste Schlag der Spitzhacke den Männern in den Ohren geklungen haben? Wenn man sie jetzt entdeckte, würden die Moslems kurzen Prozeß mit ihnen machen!

Welche Geheimnisse die fünf in jener Nacht dem heiligen Berg entrissen, werden wir wohl nie genau erfahren. Sicher ist nur, daß sie ihr Vorhaben nicht zu Ende führen konnten. Denn irgendwann vor Morgengrauen kam einer der Wärter am Felsendom vorbei, dessen Schweigen Parker nicht gekauft hatte. Der Mann wurde auf die Geräusche aus dem Inneren aufmerksam und schaute nach dem Rechten. Glück im Unglück, daß der fromme Araber die fünf Europäer, die im Schweiße ihres Angesichts einen der heiligsten Orte der islamischen Welt durchwühlten, für böse Geister hielt. Er rannte erst einmal kopflos davon, bevor er zu sich kam und Alarm schlug. Das gab Parkers Crew wertvolle Minuten, im Dunkel der Nacht zu verschwinden. Um Haaresbreite erreichten sie ihre Yacht im Hafen von Jaffa, setzten Segel und ließen das Heilige Land hinter sich – auf Nimmerwiedersehen.

Der Vorfall erzeugte einen riesigen Tumult in Jerusalem. Der bestochene Beamte wurde von der aufgebrachten Menge gelyncht. Die Gegner des Sultans, die sogenannten Jungtürken, beuteten die Schändung der Moschee durch Ausländer für ihre politischen Zwecke aus, als Beispiel für den maroden Zustand des Osmanischen Reiches. Auch in der internationalen Presse sorgte Parkers wahnwitzige Unternehmung für Aufsehen. Mancherorts wurde sogar spekuliert, daß die Engländer

die Bundeslade tatsächlich gefunden und mitgenommen hätten. Das ist allerdings völlig unwahrscheinlich. Denn die fünf Männer, die durch die nächtlichen Gassen von Jerusalem um ihr Leben rannten, schleppten sicher nicht den wuchtigen Schrein mit sich. Es gibt keinen Anhaltspunkt dafür, daß Parker in jener Nacht überhaupt irgend etwas entdeckte. Für moderne Bibel-Archäologen ist deshalb die spektakuläre nächtliche Aktion Parkers weniger interessant als seine jahrelangen Grabungen im Untergrund der »Davidstadt«, die manch Unbekanntes zutage förderten. Auch wenn das Unternehmen unter wissenschaftlichen Gesichtspunkten haarsträubend war, schrieb der englische Adlige damit doch ein Kapitel in der Geschichte der Jerusalem-Archäologie.

DIE ÄTHIOPIEN-CONNECTION

Im Grunde braucht man die Bundeslade gar nicht zu suchen. Denn sie steht in einer kleinen Kirche in der äthiopischen Stadt **Aksum**! Das zumindest behaupten die dort lebenden Christen. Der heilige Schrein wird sogar bei einer alljährlichen Prozession im Januar feierlich herumgetragen! So einfach löst sich also das Rätsel?

Den Besitz der echten Bundeslade leiten die Äthiopier aus einer Nationallegende ab, die den Namen *Kebra Nagast* trägt, »die Herrlichkeit der Könige«. Der Titel verrät schon, worum es geht. Die im Mittelalter verfaßte Schrift will das abessinische Königshaus verherrlichen, indem sie die Linie der Monarchen auf niemand an-

deren als Salomon persönlich zurückführt. Selbst der letzte Kaiser des Landes,
Haile Selassi, der 1974 einem Militär-
putsch weichen mußte, beanspruchte den
biblischen Herrscher als Ahnherrn. Dem
Kebra Nagast zufolge zeugte Salomon ei-

gestohlen und in die Heimat seiner Mutter mitgenommen. Dort befinde sie sich
noch heute.
In unseren Tagen hat sich der britische
Autor Graham Hancock zum Anwalt der
äthiopischen Ansprüche auf die echte

**Im heiligen Aksum, einst Hauptstadt des Abessinischen Reiches, wurden vor 2000 Jahren riesige
Stelen errichtet**

nen Sohn mit der sagenhaften Königin
von Saba, die der Legende nach aus dem
afrikanischen Land stammen soll. Bis
heute gelten Ruinen in Aksum als Reste
ihres Palastes. Der Sohn mit Namen
Menelik, so heißt es, habe die Bundeslade

Lade gemacht. In einem umfangreichen
Werk, das auch auf deutsch unter dem Titel »Die Wächter des heiligen Siegels« erschienen ist, geht er auf labyrinthischen
Wegen der Legende nach und kommt zu
dem Schluß, daß die kleine Kapelle von

Aksum tatsächlich den Heiligen Schrein birgt, den Moses auf dem Sinai bauen ließ. Seiner Argumentation nach gelangte die Bundeslade vor der Zerstörung des Tempels über Zwischenstationen in Ägypten und einer Insel auf einem See im Norden Äthiopiens schließlich nach Aksum, der Hauptstadt des alten Abessinischen Reiches. Tatsächlich leben bis heute Nachkommen jüdischer Einwanderer in dem afrikanischen Land. Die sogenannten *Falaschen* repräsentieren eine sehr altertümliche Form des mosaischen Glaubens. Während der großen Hungersnot infolge des Bürgerkriegs Mitte der achtziger Jahre wurden sie vom israelischen Oberrabbinat als Juden anerkannt und in einer spektakulären Rettungsaktion zu Tausenden nach Israel ausgeflogen. Deshalb existieren heute nur noch vereinzelte Falaschendörfer im Norden Äthiopiens. Die Falaschen – so Hancock – seien die Nachkommen jener Juden, die das Heiligtum aus Jerusalem nach Afrika mitgenommen hatten. Irgendwann nach der Christianisierung des Landes im vierten Jahrhundert sei die Bundeslade in den Besitz der neuen Herren und ihrer Kirche gelangt.

Hancocks detailreiche und verwickelte Spurensuche liest sich spannend, muß aber am Ende den Beweis schuldig bleiben, denn der Autor bekommt den Gegenstand seines Interesses nicht zu Gesicht. Das Geheimnis um die äthiopische »Bundeslade« lebt von einer einfachen Tatsache: Sie wird streng vor der Öffentlichkeit verborgen. Bei der alljährlichen Prozession am Timkat-Fest, die schon mehrfach gefilmt wurde, trägt sie zwar ein Priester auf dem Kopf umher. Aber der angebliche Schrein ist dabei vollständig von einer roten Umhüllung bedeckt. Nur der Wächter der Kapelle und das Oberhaupt der äthiopischen Christen dürfen ihn unverhüllt sehen. Doch eine Ausnahme gab

es: Im Jahr 1868 bekam ein armenischer Priester aus Jerusalem mit Namen Dimotheos das Heiligtum zu Gesicht. Sein Bericht füllt ein kleines Bändchen, das 1871 gedruckt wurde und von dem nur noch wenige Exemplare existieren. Der Inhalt ist sehr aufschlußreich, denn er stellt die gesamte Argumentation von Hancocks Buch an einem entscheidenden Punkt in Frage.

Der Priester reiste in einer heiklen diplomatischen Mission. Der vermutlich geistig verwirrte äthiopische Kaiser Tewodros hatte, weil ein erwartetes Schreiben der britischen Regierung zu lange auf sich warten ließ, den englischen Konsul inhaftiert. Da die Armenier gute Kontakte nach Äthiopien unterhielten, hofften die Briten, durch die Vermittlung des Jerusalemer Priesters eine diplomatische Lösung des Falls herbeiführen zu können. Doch offenbar ging dem Londoner Außenministerium die Reise des Armeniers zu langsam. Als Dimotheos in Aksum eintraf, fand er bereits englische Truppen vor, die kurzerhand in Äthiopien einmarschiert waren, um den Konsul zu befreien. Zur selben Zeit starb der Kaiser, und der Kronprinz übernahm die Regentschaft. Der neue Herrscher, darauf bedacht, den Konflikt mit den Engländern rasch beizulegen, behandelte auch den armenischen Gesandten mit höchstem Respekt. Persönlich begleitete er den Priester, der den Wunsch geäußert hatte, das berühmte Heiligtum zu sehen, an den Aufbewahrungsort. Dimotheos bekam eine kleine hölzerne Kiste zu Gesicht, die seiner Meinung nach indischer Herkunft war. Darin befand sich eine Steintafel von rötlicher Farbe, etwa 24 Zentimeter lang, 22 Zentimeter breit und 3 Zentimeter dick. Sie zeigte keinerlei Spuren der Alterung. In zwei Kolonnen, durch eine Mittellinie getrennt, waren die zehn Gebote darauf geschrieben – in einer Schrift, die Dimotheos für altertümliches Äthiopisch hielt, die aber auf keinen Fall eine Ähnlichkeit mit Althebräisch hatte. Am unteren Ende der Tafel entdeckte er Zeichen, die möglicherweise die lateinischen Buchstaben »JS« darstellen, eine Abkürzung für »Jesus Salvator«, Jesus der Erlöser: ein im Mittelalter häufig verwendetes lateinisches Kürzel. Die angebliche Gesetzestafel des Moses, daran bestand für Dimotheos kein Zweifel, war eine christliche Nachschöpfung, die frühestens dem 14. Jahrhundert entstammen konnte.

Bemerkenswert an diesem Bericht ist auch, daß die überlieferte äthiopische Legende offenbar zwei Dinge miteinander verwechselt: die Bundeslade als Behältnis und ihren Inhalt, die Tafeln mit den Zehn Geboten. Tatsächlich werden in allen äthiopischen Kirchen sogenannte *Tabots* verehrt, hölzerne oder steinerne Tafeln, die als Repliken des Originals in Aksum betrachtet werden. So löst sich die äthiopische Spur vollständig in Luft auf: Die sogenannte Bundeslade ist in Wirklichkeit eine Steintafel, die obendrein noch eine Fälschung ist.

Hancock erwähnt zwar in seinem Buch den Bericht des Dimotheos, räumt ihn aber schnell beiseite. Man habe den Fremden natürlich hinters Licht geführt. Die rötliche Tafel, die man dem Priester zeigte, sei nicht das Original gewesen. Aber der Autor läßt die wichtigsten Details uner-

wähnt, vor allem die Umstände, unter denen der Armenier das Heiligtum zu Gesicht bekam. Es ist kaum glaubhaft, daß die Priester es gewagt hätten, auch den zukünftigen Kaiser, der sich in Dimotheos' Begleitung befand, zu foppen.

So spricht alles dafür, daß die kleine Kiste, die alljährlich bei der Timkat-Prozession durch Aksum getragen wird, jene indische Truhe ist, die Dimotheos vor 130 Jahren

Prozession beim Timkat-Fest in Lalibela/Äthiopien

sah. In ihrem Innern liegt eine Steintafel aus dem Mittelalter. Die äthiopischen Juden und Christen, die in völliger Isolation von ihren Glaubensbrüdern im Norden lebten, schufen sich eine stolze Legende, deren Zauber sie mit großem Geschick bis ans Ende des 20. Jahrhunderts zu bewahren wissen. Aber wenn die Bundeslade auch nicht in Äthiopien ist, wo dann?

RÖMISCHES INTERMEZZO

Der junge Mann zögerte keinen Moment mit seiner Antwort auf unsere Frage: »Die Bundeslade? Die befindet sich im Vatikan!« Und er fügte noch hinzu: »Das ist doch allgemein bekannt!« Schwarzer Hut, Kaftan und Schläfenlocken ließen keinen Zweifel daran, daß unser Gesprächspartner zur Gruppe der sogenannten Ultraorthodoxen gehörte, jener jüdischen Gemeinschaft, die auch heute noch streng nach den Vorschriften der Bibel lebt, wie sie im fünften Buch Moses dargelegt werden.

Wir waren zufällig in eine der Demonstrationen der Rechtgläubigen geraten, die in Jerusalem an der Tagesordnung sind. Weil vieles, was die moderne Welt bewegt, im Widerspruch zu den jahrtausendealten Gesetzen steht, kommt es immer wieder zu Auseinandersetzungen zwischen den »Ultras« und der Polizei. Vor allem der Autoverkehr ist ihnen ein Dorn im Auge. Weil man am Sabbat ruhen soll, versuchen sie jeden Freitagabend bestimmte Verkehrswege in Jerusalem zu blockieren. In diesem Fall ging es sogar um eine Straße, die sich erst im Bau befand. Angeblich hatten die Bagger Gräber aufgedeckt. Grund genug für die schwarz gekleideten Männer, auf der Baustelle Flagge zu zeigen, denn die Beseitigung von Gräbern ist nach den alten jüdischen Vorschriften nur unter Beachtung eines komplizierten Ritus möglich.

Die Begegnung am Rand der Demonstration verblüffte uns. Es existierte also noch eine Variante zu den uns bekannten Theorien über den Verbleib der Bundeslade. Das jüdische Heiligtum sei durch die Eroberung Jerusalems unter Kaiser Titus, 70 n. Chr., ins spätere Machtzentrum der christlich-katholischen Welt gelangt. Als dann im Jahr 455 der germanische Stamm der Vandalen Rom eroberte und brandschatzte, habe er von dort eine große Menge an Schätzen fortgeschleppt. Darunter habe sich auch die heilige Lade befunden. Sie sei dann an die Residenz der Vandalenkönige in Karthago gelangt. Als das germanische Reich auf afrikanischem Boden von dem byzantinischen Feldherrn Belisar 533 n. Chr. vernichtet wurde, sei der Schrein nach Italien zurückgebracht worden. Es stellte sich heraus, daß unser Mann der Meinung war, die Bundeslade sei auf dem Relief am Titusbogen in Rom zu sehen. Dort ist in der Tat der Triumphzug der römischen Armee samt der Beute aus dem Tempel abgebildet. Ein Ausschnitt des Reliefs ist weltberühmt: Er zeigt, wie Soldaten die *Menora*, den siebenarmigen Leuchter, wegschleppen. Aber eine Darstellung der Bundeslade findet sich dort nicht. Sie kann den Legionen vom Tiber nicht in die Hände gefallen sein, denn sie war zum Zeitpunkt der Eroberung Jerusalems schon jahrhundertelang verschollen.

Die Verwechslung zwischen dem Beutezug der Römer und der Brandschatzung des Tempels durch die Babylonier ist offenbar weit verbreitet. Dabei liegen mehr als sechshundert Jahre zwischen beiden Ereignissen. Als die Israeliten um 530 v. Chr. aus dem Exil »an den Flüssen Babylons« zurückkehrten, bauten sie den Tempel zwar wieder auf. Aber das Allerheiligste enthielt buchstäblich nichts. Denn die Bundeslade wurde auch nicht etwa durch eine Nachbildung ersetzt. Dafür gibt es einen prominenten Zeugen: Der römische Feldherr Pompeius marschierte 63 v. Chr. in Jerusalem ein und versäumte auch nicht, sich im Tempel umzusehen. Das leere Heiligtum veranlaßte ihn angeblich zu der Bemerkung, die Juden seien in der Lage, selbst einen Traum zu verkaufen. Die Großmacht vom Tiber bestimmte seit den Tagen von Pompeius das Schicksal Palästinas. Sie verhalf auch einem Mann zur Herrschaft, dessen Name nicht nur durch das Neue Testament bis heute in Erinnerung geblieben ist: Herodes. Denn der König von Roms Gnaden ließ ein Bauwerk errichten, das alles in den Schatten stellte, was der Berg *Moriah* bis dahin gesehen hatte. Als der »Zweite Tempel« ging es in die Geschichtsschreibung ein. Die gewaltigen Mauern, mit denen der jüdische Herrscher in den zwei Jahrzehnten vor Christi Geburt das Terrain befestigen ließ, bilden bis heute das sichtbare Fundament des Tempelbergs. Auch die berühmte Klagemauer ist ein Rest der kilometerlangen Stützwand, durch die Herodes das ursprüngliche Plateau erweiterte, um Platz für seinen gewaltigen Bau zu schaffen.

Der jüdische Herrscher hatte Anzeichen einer Geisteskrankheit. Von Verfolgungswahn geplagt, verschanzte er sich sein Leben lang hinter hohen Mauern und zögerte nicht, seine eigenen Söhne töten zu lassen. Berühmt ist die Erzählung vom Kindermord zu Bethlehem aus dem Neuen Testament. Angeblich wurde Herodes die Geburt Jesu vorausgesagt. Durch das Abschlachten aller Neugeborenen in der Stadt sollte auch der angekündigte »neue König Israels« aus dem Weg geräumt werden. Das Ereignis ist historisch nicht nachweisbar. Aber in dieser Geschichte schwingt zweifellos die Erinnerung an den gespenstischen Charakter des Tyrannen mit. Herodes war nicht einmal jüdischer Abstammung und wußte, daß sein Volk ihn haßte. Vielleicht wollte er die Herzen seiner Untertanen gewinnen, vielleicht aber auch nur Salomons Herrlichkeit übertreffen: Jedenfalls ließ er auf dem Tempelberg eines der eindrucks-

vollsten Gebäude der antiken Welt errichten. An der Südwand des Plateaus erhält man noch eine Ahnung von dem überwältigenden Eindruck, den der Bau auf die Zeitgenossen gemacht haben muß. Die Mauer, die zum Teil noch fünfzehn Meter über das Bodenniveau ragt, ist aus Abertausenden gleich hoher, aber unterschiedlich breiter Kalksteinquader gefügt, als habe ein Riese mit Bauklötzen gespielt. Selbst die kleinsten wiegen viele Tonnen. Gewaltige Ecksteine geben der Wand festen Halt. Sie messen zum Teil fünf bis sechs Meter. Schwer vorstellbar, wie diese Brocken ohne moderne Technologien kilometerweit vom Steinbruch bis zu dieser Stelle bewegt werden konnten. Vollends rätselhaft bleibt, wie der größte Block an seinen Platz in der Mauer gelangte. Er ist dreizehn Meter lang und wiegt über 500 Tonnen – so viel wie zwei vollgetankte Jumbo-Jets! Mehr als alles andere verdeutlicht er den Größenwahn des Königs Herodes, der sich mit seinem Tempel ein Denkmal für die Ewigkeit zu setzen glaubte. Doch die Ironie der Geschichte wollte, daß dem größten Bauwerk, das jemals den Berg *Moriah* krönte, die kürzeste Lebenszeit beschieden war. »Seht ihr dieses stolze Gebäude? Kein Stein wird auf dem anderen bleiben!« Diese Worte Jesu überliefert das Neue Testament. Bis heute erinnert eine kleine Kapelle am Ölberg an die Stelle, an der Jesus die Zerstörung des Tempels vorausgesagt haben soll. Sie trägt den Namen *Dominus flevit*, »Der Herr weinte«. Von hier aus hat man heute eine der schönsten Aussichten auf den Tempelberg. Am 2. August des Jahres 70 n. Chr. muß diese Stelle ein Panorama des Schreckens geboten haben. An diesem Tag eroberte ein Heer unter dem Kommando des römischen Kaisers Titus Jerusalem. Auf dem Gelände des Tempels fielen Hunderte von Verteidigern in verzweifeltem Kampf. Schließlich legten die Sieger Feuer.

Zum zweiten Mal ging das Haus Jahwes
unter.

Der Eroberung Jerusalems war ein langer
Krieg vorausgegangen. Das unbeugsame
jüdische Volk hatte die Großmacht Rom
herausgefordert. Jetzt wollten die Legionen vom Tiber ein für allemal den Widerstand brechen. Der Schriftsteller Josephus
Flavius, ein Jude in römischen Diensten,
war Augenzeuge jener Ereignisse. Ein-
dringlich beschreibt er die Leiden der
Stadtbewohner während der monatelangen Belagerung, die Greueltaten der Sieger
und den endgültigen Untergang. Als ob
der gesamte Tempelberg koche, so wirkte
die von den Römern geschürte Feuersbrunst, die tagelang wütete. Was die Flammen übriggelassen hatten, mußte die

Die Westmauer des Herodianischen Tempelplateaus. Die Steine am Fuß der Mauer wurden bei der Zerstörung des Bauwerks durch die Römer herabgestürzt

Noch heute sieht man an der südwestlichen Ecke des Plateaus, in der Nähe der Klagemauer, die Spuren des römischen Strafgerichts: große Haufen von Steinblöcken, die damals über die Mauerkante gestürzt wurden. Gleich daneben haben Archäologen steinerne Nischen freigelegt. Sie lagen einst am Fuß der Treppe, die zum Hauptportal des Tempels führte. Vor der Zerstörung wurden sie von Händlern genutzt. Denn an hohen Festtagen strömten hier Zehntausende von Menschen vorbei. Rund um den Tempel brodelte ein großer Basar. Hier feilschte man um Waren aus aller Herren Länder, nicht anders als heute noch auf den Märkten des Orients.

Doch die Geschäftemacherei an heiligem Ort erregte den Unwillen eines jungen Rabbi, der die Weltgeschichte verändern sollte. Sein Name war Jesus. Das Neue Testament erzählt, daß er sogar handgreiflich wurde, um den Tempel von dem gottlosen Schachern zu reinigen. Seine Kritik an der Oberflächlichkeit der Glaubensgenossen verschonte auch die mächtige Priesterkaste nicht. Das sollte ihn das Leben kosten. Als Jesus im Alter von dreiunddreißig Jahren hingerichtet wurde, erregte das weder bei der römischen Besatzungsmacht noch beim Großteil seiner jüdischen Zeitgenossen großes Aufsehen. Aber aus der winzigen Schar seiner Anhänger sollte eine weltumspannende Religion werden. Unter den Juden, die nach der Katastrophe des Jahres 70 ihre Heimat für immer verließen, befanden sich auch Männer und Frauen, die an die neue Lehre glaubten. Sie trugen den Mythos des Bergs *Moriah* und der Bundeslade in eine neue Welt: Europa.

versklavte Bevölkerung vollständig niederreißen. Nur die gigantischen Fundamente trotzten der Zerstörungswut der Sieger. Am Ende des Vernichtungswerks streuten sie Salz über die Ruinen. Nie wieder sollte nach ihrem Willen an dieser Stelle eine jüdische Stadt erblühen, nie wieder ein Haus Jahwes den Berg *Moriah* krönen.

IM ZEICHEN
DES KREUZES

Die Szene aus dem Jahr 1095 ist historisch verbürgt: Während einer Versammlung kirchlicher Würdenträger in
der kleinen französischen Stadt Clermont
bestieg Papst Urban II. ein Gerüst und
predigte zu der Menge. Eine der folgen-
reichsten Reden, die je gehalten wurden.
Das Oberhaupt der westlichen Christenheit entwarf ein düsteres Bild. Jerusalem,
die Stadt des Herrn, sei besudelt von den
Ungläubigen. Jetzt hinderten sie sogar
die Pilger am Besuch der heiligen Stätten. Diese Schmach müsse endlich ein
Ende haben. Seine lange, aufwühlende
Predigt schloß mit einer geradezu aber-
witzigen Vision: Die Christenheit solle Jerusalem den Moslems entreißen! Auch
die Reaktion der Zuhörer ist überliefert.
Spontan zerriß man rote Tücher in Streifen und heftete sie kreuzweise auf die
Gewänder. Die Idee des Kreuzzuges war
geboren.
Ein erstaunliches Phänomen. Da brachen
Männer, die meist nicht einmal eine Vorstellung davon hatten, was hinter den
heimatlichen Wäldern lag, zu einer Tausende von Kilometern langen Reise auf.
Sie ließen alles hinter sich, gaben Haus
und Hof auf und vertrauten sich einem
militärischen Abenteuer an, dessen Aus-
gang völlig ungewiß war. Soziale Gründe
mochten dabei eine Rolle gespielt haben.
Die zweitgeborenen, nicht erbberechtig-
ten Söhne des Adels waren zu manchem
Wagnis bereit. Entwurzelte aller sozialen
Schichten hofften auf reiche Beute. Aber
der religiöse Impuls der Epoche darf auch
nicht unterschätzt werden. Für die Men-

schen des Mittelalters war Jerusalem das
Zentrum der Welt, weil es die Stätte des
Leidens und der Auferstehung Christi war.
Ein Ort, der in der überhitzten Phantasie
gewaltige, überirdische Dimensionen an-
nahm.
Die Realität des monatelangen Marsches,
Hitze, Hunger, Durst und Krankheiten
holten viele auf den Boden zurück. In
zähem Kampf schlugen sich die französischen und deutschen Ritter bis nach Palästina durch und erreichten schließlich an
einem Junitag des Jahres 1099 die Stadt
des Herrn. Unter den Augen der erstaun-
ten Verteidiger umrundete das christliche
Heer dreimal in feierlicher Prozession die
Mauern Jerusalems. Dann begann der
Sturm. Den gepanzerten Rittern und ihren Belagerungsmaschinen waren die Verteidiger nicht gewachsen. Jerusalem fiel
nach kurzem Kampf.
Was dann folgte, wurde eines der düster-
sten Kapitel in der Geschichte der Stadt
und ihres Heiligen Berges. Die Raserei der
Sieger, die nach unendlichen Strapazen
ihre Mission erfüllt hatten, kannte keine
Besinnung und keine Gnade. Sie richteten unter den Moslems und Juden ein
schreckliches Blutbad an. Die entsetzten
Bewohner flohen auf den befestigten
Tempelberg und verteidigten ihn mit
dem Mut der Verzweiflung. Doch als ihr
Widerstand erlahmte, verwandelte sich
die letzte Bastion in eine tödliche Falle.
Denn von hier gab es keinen Fluchtweg
mehr. Nach zweitägigem Morden bedeck-
ten Leichen den gesamten Berg. Die Ritter

Karte des Tempelbergs, die auf den Untersuchungen britischer Militäringenieure des 19. Jahrhunderts beruht. Felsendom und Al Aksa-Moschee sind gelb eingezeichnet. Die blauen Flächen und Linien markieren unterirdische Anlagen. Salomons Tempel lag unmittelbar südlich des Felsendoms. Die beiden roten Quadrate kennzeichnen den Opferaltar und das Allerheiligste des Tempels

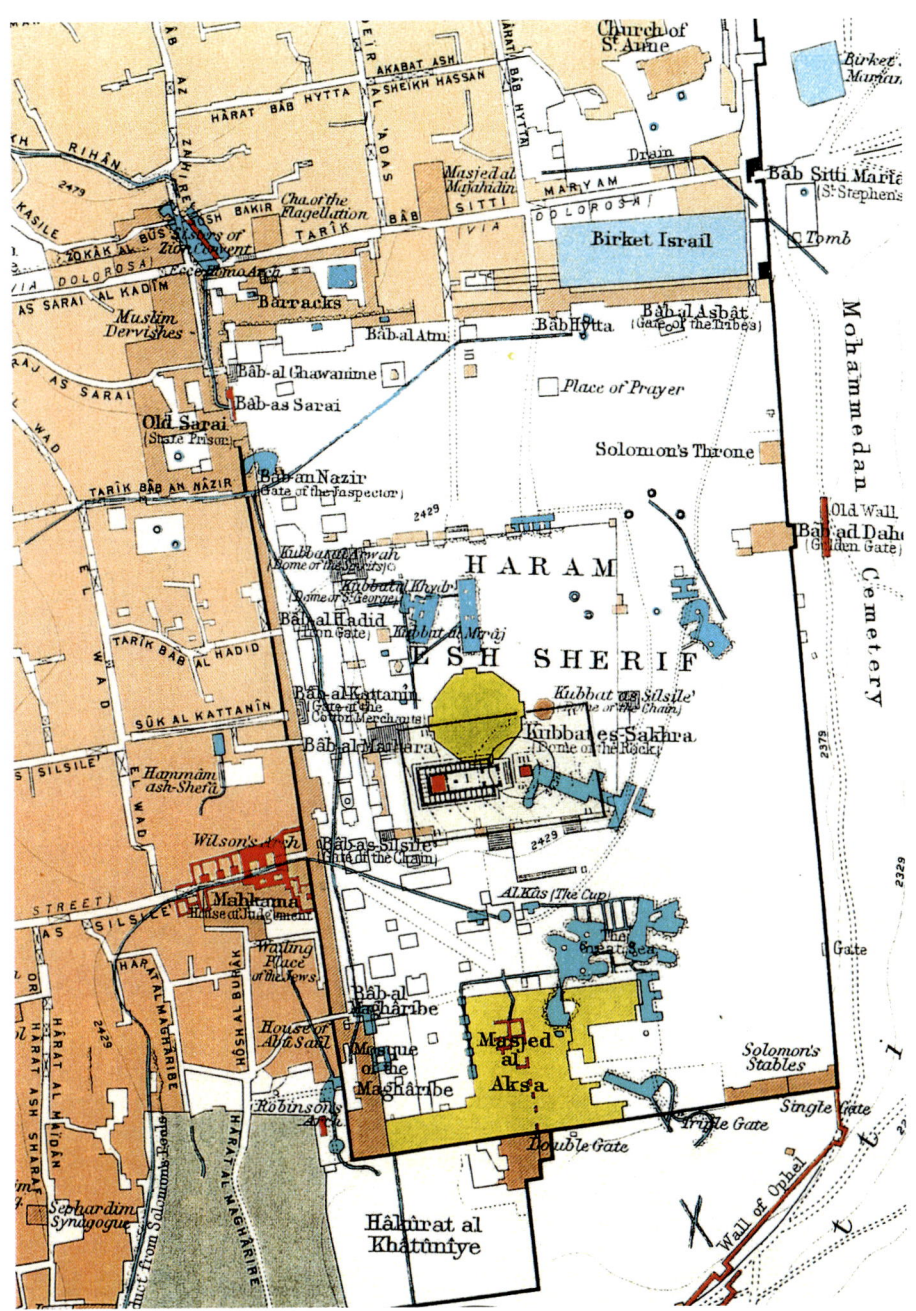

Das Innere der Al Aksa-Moschee

verschonten auch Frauen und Kinder nicht. Etwa dreißigtausend Menschen, so schätzt man, fielen dem Massaker zum Opfer. Und das alles zur Ehre Gottes!
Die Einnahme Jerusalems durch die Kreuzritter war der blutige Auftakt zu einer knapp hundertjährigen christlichen Herrschaft über Palästina. Die siegreichen Ritter nutzten die prächtigen islamischen Gebäude, die nach der arabischen Erobe-

rung gegen Ende des 7. Jahrhunderts den Tempelberg schmückten, und bauten sie teilweise um. Noch heute erinnern gotische Gewölbe in einem Seitenflügel der Al Aksa-Moschee an das christliche Königreich. Den *Haram al-Sharif*, wie der Tempelberg auf arabisch heißt, »das erhabene Heiligtum«, verwandelte man in eine Wallfahrtsstätte, und in den Moscheen erklangen lateinische Choräle.

Die Al Aksa-Moschee diente sogar als Palast. Hier residierte zeitweilig der König von Jerusalem. Als die Moslems hundert Jahre später unter Sultan Saladin die Stadt zurückeroberten, machten sie aus dem prächtigen Gebäude wieder ein islamisches Gotteshaus. Das ist es bis heute geblieben. Denn auf weiteren Kreuzzügen während des Mittelalters gelang es nicht mehr, den heiligen Berg einzunehmen. So blieb die Herrschaft der deutschen und französischen Ritter über Jerusalem nur eine historische Episode. Aber in diese Zeit fällt die Gründung einer geheimnisumwitterten Organisation, die bis heute Anlaß zu vielen Spekulationen gibt.

Im Jahr 1120 ließen sich neun Ritter auf dem Tempelberg zu Mönchen weihen. Den neu geschaffenen Orden nannte man »Arme Ritter vom Tempel Salomons«. Er orientierte sich am Vorbild der Zisterzienser – jedoch mit einem entscheidenden Unterschied: Diese Mönche trugen unter der Kutte eine Rüstung und am Gürtel ein Schwert. Sie gelobten, die Pilger im Heiligen Land gegen Überfälle zu schützen, und bezogen ein Quartier auf dem Tem-

1120 wurde in Jerusalem der Orden der Tempelritter gegründet. Filmszene

pelberg. Der König selbst räumte sogar seinen Palast und überließ den Mönchsrittern das gesamte Terrain.

Die Ritterorden waren eine typisch mittelalterliche Idee. Schwer vorstellbar, daß heutige Mönche mit geschulterten Waffen herumlaufen. Die Christen des 12. Jahrhunderts nahmen daran keinen Anstoß. In der religiösen Vorstellungswelt der Zeit, wie sie zum Beispiel auch in der berühmten Grallegende ihren Ausdruck findet, ist der ideale Ritter ein Soldat Gottes, der auf der Suche nach Erlösung ein Leben voller Gefahren bestehen muß. Die neun Männer, die sich auf dem Tempelberg zu Mönchen weihen ließen, gelobten im Geist der Regeln, die der heilige Benedikt aufgestellt hatte, Keuschheit, Armut und Gehorsam. An der Spitze ihres Ordens stand ein Großmeister.

Um die Tempelritter ranken sich mindestens ebenso viele Mythen wie um die Bundeslade. Eine Aura des Geheimnisses umgibt die Organisation, die aus ihren bescheidenen Anfängen bald zu einer europäischen Macht heranwuchs. In allen Reichen der christlichen Welt existierten Niederlassungen des Ordens, der Tausende von Mitgliedern zählte. Am Ende des 13. Jahrhunderts besaßen die Tempelritter nicht nur politischen Einfluß. Sie hatten auch enorme Reichtümer und Grundbesitz angehäuft. Das sollte ihnen zum Verhängnis werden. Denn die notorisch geldknappen Monarchen begannen nach den Schatzkammern der Ritter zu schielen. Ab 1307 startete der französische König Philipp IV., »der Schöne«, einen ideologischen Vernichtungsfeldzug gegen die Templer. Im Stil der Zeit bezogen sich die Vorwürfe in erster Linie auf die Verbreitung von Irrlehren, den Abfall vom wahren christlichen Glauben, die Anbetung von Götzen und sexuelle Verfehlungen. Solche Anschuldigungen kamen in der mittelalterlichen Welt einem Todesurteil gleich. Denn die Geständnisse der Angeklagten wurden durch die Folter erpreßt. Dutzende von Templern endeten auf den Scheiterhaufen der Inquisition. Die Mehrheit tauchte in anderen Orden unter. Die mächtige Organisation aber war ein für allemal ausgelöscht.

Zu Beginn ihrer Karriere erhielten die Mönchsritter noch jede denkbare Unterstützung seitens der Päpste und der europäischen Monarchen, so daß sie in der Lage waren, auf dem Tempelberg ausgedehnte Baumaßnahmen durchzuführen. Die gotischen Spitzbögen in Teilen der Al Aksa-Moschee und in dem Seitengebäude, in dem sich heute das Islamische Museum befindet, zeugen noch von der erstaunlichen Energie, die der Orden in den Umbau des Tempelbergs steckte. Unterhalb der Moschee befindet sich ein mehrere tausend Quadratmeter großes Gewölbe, das einst zur Eingangshalle des Herodianischen Tempelbezirks gehörte. Es wurde von den Rittern als Stall genutzt. Noch heute erkennt man die Ösen, die sie zum Anbinden der Pferde in die Pfeiler schlugen. Das sind aber auch schon alle handgreiflichen Spuren, die der Orden auf dem Tempelberg zurückgelassen hat. Johann von Würzburg, ein deutscher Mönch, der zur Zeit der christlichen Herrschaft über Jerusalem die heiligen Stätten besuchte, zeigte sich beeindruckt von ihren Aktivitäten auf dem Heiligen Berg. Offenbar hatten die Templer auch eine Reihe unterirdischer Gewölbe und Zisternen ausgegraben. Waren sie vielleicht die ersten, die sich auf der Suche nach der Bundeslade durch das jahrtausendealte Labyrinth wühlten? Es ist zumindest nicht unwahrscheinlich. Zweifellos waren die Templer von dem legendären Gotteshaus Salomons, das den Gesetzesschrein beherbergte, fasziniert. Das beweist schon der Name, den sie ihrem Orden gaben. Außerdem entwickelten sie ein großes Interesse an Architektur. Dabei hatte es ihnen besonders der Felsendom angetan. Wahrschein-

lich gingen sie davon aus, daß er sich exakt an der Stelle des Salomonischen Bauwerks erhob. Im Laufe der Zeit scheint eine Art Gleichsetzung der beiden Gebäude stattgefunden zu haben. Jedenfalls finden sich die Proportionen des Felsendoms in Kirchenbauten wieder, die der Orden später in Europa errichten ließ.

Das Interesse an Architektur und Mathematik mag viel zu der geheimnisvollen Aura beigetragen haben, die den Templerorden umgab. Denn für das Mittelalter existierte Wissenschaft nicht im modernen Sinne. Die Menschen lebten nicht in

Grabsteine von Tempelrittern an der Westküste Schottlands

einer quantifizierbaren Welt, sondern in einem Kosmos symbolischer Bezüge. Zahlen besaßen magische Kräfte, und die Beschäftigung damit grenzte an das Reich der Zauberei. Auf einigen Templer-Grabsteinen findet man das Symbol der Zahl »Pi« eingemeißelt. Auf ihr beruht die Berechnung von Kreisinhalt und Umfang. Ein Herrschaftssymbol. Naturwissenschaftliche Kenntnisse bedeuteten Macht, denn sie ermöglichten nicht zuletzt die

Konstruktion der gewaltigen gotischen Kathedralen.

Das Vorbild perfekter Architektur aber war der Tempel Salomons. Er stellte für die Menschen des Mittelalters das erste und heiligste aller Gebäude dar, denn sein Bauplan fand sich in der Bibel. Die Akribie, mit der das Alte Testament das Haus Jahwes beschreibt, konnte kein Zufall sein. Tatsächlich ergeht sich der Text seitenlang in minuziösen Maßangaben. Sollte in diesen Zahlen nicht eine geheime Botschaft Gottes versteckt sein? Der mathematische Schlüssel zur architektonischen Harmonie? Ein Gedanke, der noch Jahrhunderte später große Geister umtrieb. Selbst Isaac Newton, einer der größten Naturwissenschaftler der Menschheit, betrieb mathematische Experimente mit den Zahlen des biblischen

Textes, in der Hoffnung, einer Art Superformel auf die Spur zu kommen. Wenn man sich die geistige Atmosphäre des Mittelalters vor Augen hält, dann ist es naheliegend, daß die Templer versuchten, dem Berg *Moriah* seine Geheimnisse zu entreißen. Sie hatten das Wagnis des Kreuzzuges auf sich genommen und unter unsäglichen Mühen den heiligsten Ort der Menschheit erreicht. Vielleicht ahnten sie auch, daß dieser Platz militärisch nicht lange zu behaupten war. Also werden sie sich auf die Suche gemacht haben nach allem, was einen unschätzbaren Wert darstellte: die Baupläne des Tempels, seine sagenhaften Schätze und die Truhe mit den Gesetzestafeln. Ob sie irgend etwas fanden, bleibt allerdings im Dunkel der Geschichte.

Um so reichhaltiger ist die Legendenbildung. Spuren der geheimnisvollen Mönchsritter führen weit weg von Jerusalem – in das schottische Hochland. Dorthin flüchteten sich Überlebende des Ordens, als er zu Beginn des 14. Jahrhunderts grausam verfolgt wurde. In der Nähe von Edinburgh steht eine Kapelle, die von den Flüchtlingen gebaut wurde. Seit Jahrhunderten ranken sich viele Geschichten um Rosslyn Chapel. Das ist kein Wunder. Denn das schottische Gotteshaus mit seiner verschlungenen Pracht rätselhafter Ornamente und verschlüsselter Symbole ist ein Ort, der die Phantasie beflügelt. Einer Überlieferung nach fanden die Ordensritter in Jerusalem die Baupläne des Salomonischen Tempels und brachten sie hierher. Einem anderen Gerücht zufolge verbargen die frommen Männer sogar die Bundeslade in einem Versteck unter der gotischen Kirche.

Ein Ort mehr auf unserer mittlerweile langen Liste von möglichen Verstecken der Bundeslade, für den es allerdings auch nicht den geringsten historischen Anhaltspunkt gibt.

DAS GEHEIMNIS DER SCHWARZEN LINIE

Die Suche nach der Bundeslade hatte uns in ein Labyrinth von Spekulationen geführt. In erster Linie folgten wir der Wirkungsgeschichte eines Mythos. Wo waren wir eigentlich angekommen? Vendyl Jones' Theorien hatten mich ebensowenig überzeugt wie die »Äthiopien-Connection«. Parker war auf halbem Weg gescheitert. Vatikan, Berg Nebo und Templer-Kirchen klangen erst recht nicht vielversprechend. Konnten wir selbst noch eine handfestere Spur hinzufügen?

Im Grunde war ich skeptisch. Wie sollte die Bundeslade mittlerweile mehr als dreitausend Jahre überlebt haben? Selbst wenn sie nicht im Lauf der Geschichte einem der vielen Eroberer Jerusalems in die Hände gefallen war, wäre sie dann nicht sowieso längst zu Staub zerfallen? »Kannst du dir vorstellen, daß ein verhältnismäßig fragiler Gegenstand wie die Bundeslade so viele Jahrhunderte unversehrt überstehen konnte?« fragte ich Richard eines Abends. Als Antwort präsentierte er mir ein rundliches Stück Holz, hart wie Stein. Wie sich herausstellte, ein Stück Akazienholz, der Stoff, aus dem bekanntlich auch die Bundeslade gezimmert worden war. Das Stück, das ich in der Hand hielt, stammte vom Fuß des Felsplateaus von Massada am Toten Meer, jener berühmten jüdischen Festung, die den Römern jahrelang Widerstand geleistet hatte. Die Angreifer errichteten damals eine gewaltige Rampe, mit deren Hilfe sie die Felsenburg schließlich einnehmen konnten. Viel-

leicht stamme das Holz von einem Pfosten aus der Verschalung jener Rampe, er-
läuterte mir Richard. Auf jeden Fall habe
es annähernd zweitausend Jahre im Boden überdauert. Die Holzgegenstände aus
ägyptischen Gräbern hätten oft sogar
mehr als dreitausend Jahre überlebt. Entscheidend sei ein trockenes Klima, in dem
Pilze und Bakterien dem Holz nicht zuset-

von vornherein klar: Jenseits aller Legenden führte die Spur wieder nach Jerusalem zurück. Denn der Tempel Salomons
war bis zu seiner Zerstörung tatsächlich
der einzige gesicherte Standort der Bundeslade, und die Bibel stellte die einzige
Quelle dar, aus der wir irgendwelche Hinweise schöpfen konnten. Wir nahmen
uns vor, das Alte Testament noch einmal

Jerusalem
mit
dreifachem
Mauerring
und dem
Tempel
Salomons.
Holzschnitt
aus
Hartmann
Schedels
Weltchronik
von 1493

zen könnten. Und Gold, der andere Bestandteil der Bundeslade, sei, sofern es
nur einen hohen Reinheitsgrad besitze,
auch unabhängig vom Klima praktisch
unbegrenzt haltbar.
Wenn der Heilige Schrein an einem geeigneten Versteck die Jahrhunderte überlebt haben konnte, dann blieb allerdings
immer noch die Frage: wo? Den vielen
existierenden Spekulationen noch eine
weitere hinzuzufügen schien uns beiden
nicht besonders verlockend. Eines war

genau unter die Lupe zu nehmen. Gab es
nicht vielleicht doch irgendeinen versteckten Hinweis auf eine Spur, an die
wir noch nicht gedacht hatten? Und
tatsächlich, wir wurden fündig! Im zweiten Buch der Chronik, Kapitel 35, läßt
König Josia den Priestern folgendes aus-
richten: »Bringt die heilige Lade ins Haus,
das Salomon, der Sohn Davids, gebaut
hat. Nun sollt ihr sie nicht mehr auf den
Schultern tragen. So dient nun dem
Herrn, eurem Gott, und seinem Volk

Israel.« Ein höchst aufschlußreicher Satz, wenn man ihn im historischen Kontext sieht. Josia gilt in der Bibel als ein König, der sich nach einer Epoche des völligen Niedergangs auf den wahren Glauben zurückbesinnt. Sein Vorgänger Manasse war politisch in Abhängigkeit vom Assyrischen Großreich geraten und hatte auch die religiöse Identität des Volkes Israel aufgegeben. Überall im Land und sogar im Tempel zu Jerusalem rauchten Altäre fremder Götter. So hatte man Jahwe offenbar auch eine weibliche Gottheit mit Namen Aschera zur Seite gestellt. In einem reformatorischen Akt räumt Josia gründlich auf. Er läßt die fremden Altäre und Kultbilder zerstören und vertreibt ihre Priesterschaft. Eine einschneidende historische Wende, die für die weitere Geschichte Israels von großer Bedeutung ist.

Vor diesem Hintergrund wird Josias Aufforderung an die Priester, die Lade in den Tempel zu bringen, verständlich. Salomons Gotteshaus diente jahrelang fremden Kulten, und deren Anhängerschaft hatte sich dort breitgemacht. Offenbar hielten es die Priester Jahwes für geboten, das Heiligtum in den wilden Zeiten an einem sicheren Ort aufzubewahren. Vielleicht nicht zuletzt, um es vor dem Zugriff des ketzerischen Königs Manasse zu schützen, von dem der Prophet Jeremias sagt, daß er seinen erstgeborenen Sohn »durchs Feuer gehen ließ«, das heißt, daß er ihn dem *Moloch* geopfert hatte. Josia signalisiert den Priestern Jahwes, daß sie jetzt keine Sorge mehr um die Lade zu haben brauchten und daß man sie getrost an ihren angestammten Platz im Tempel zurückbringen könne. Aber wo hatten die Priester den Schrein in der Zwischenzeit verborgen? Zweifellos in der Nähe des Allerheiligsten, zu dem nur sie selbst Zutritt hatten. Von dort konnten sie möglicherweise über einen geheimen Gang

die Lade unbemerkt zu einem steinernen Versteck im Inneren des Tempelbergs bringen. Das wäre eine naheliegende Lösung. Denn ein Transport der Lade aus dem Tempel heraus hätte kaum heimlich vonstatten gehen können.

Also doch im Tempelberg selbst? Parker lag demnach gar nicht so falsch mit seiner Hypothese. Allerdings irrte er nach Richards Auffassung bei der Lokalisierung des Tempels direkt über der *Sakrah*. Wenn, dann müßte man seiner Meinung nach weiter südlich suchen, außerhalb des Felsendoms in Richtung Al Aksa-Moschee. Aber wie? Die Möglichkeit von wissenschaftlichen Untersuchungen auf dem Gelände des Tempelbergs lag im Jahr 1998 in noch weiterer Ferne als zu Parkers Zeiten. Und was nächtliche Aktionen betraf, hatten wir wirklich keine Ambitionen, in seine Fußstapfen zu treten. Was tun? Richard hatte eine Idee. Wenn schon Untersuchungen auf dem Gelände selbst nicht erlaubt waren, so könnte man doch zumindest versuchen, etwas aus der Luft zu erreichen. Zwar war der Raum direkt über dem Berg auch für Flugzeuge oder Helikopter tabu, aber man durfte sich immerhin den Außenmauern bis auf wenige Meter nähern. Auf jeden Fall nahe genug, um einige perfekte Infrarotaufnahmen vom Gelände rund um den Felsendom anzufertigen. Das war zumindest ein realisierbares Vorhaben.

Infrarotfotografie ist eine vergleichsweise simple wissenschaftliche Erkundungsmethode, die auch von Archäologen genutzt wird. Wir benötigten dazu nichts weiter als eine herkömmliche Fotokamera und den speziellen Infrarotfilm. Er ist im Unterschied zu einem normalen Film für Strahlen empfänglich, deren Wellenlänge unterhalb des Lichtes liegt, das für das menschliche Auge noch sichtbar ist. Der besondere Gewinn des Infrarotverfahrens liegt darin, daß man Unterschiede in der

Der Tempelberg aus der Luft. Im Vergleich zu einer normalen Aufnahme (oben) zeigt das Infrarotbild (unten) deutlich eine dunkle Linie, die seitlich aus dem Felsendom herausführt. Sie rührt von einem Kanal her, der bisher unbekannt war

Oberflächentemperatur von Objekten erkennen kann. Da Hohlräume eine andere Temperatur besitzen als das von der Sommersonne aufgeheizte Gestein in der Umgebung, kann man durch ein Infrarotfoto unter Umständen verborgene Höhlen oder Tunnels sichtbar machen. Vielleicht ließen sich dadurch auch dem

Tempelberg irgendwelche Geheimnisse entreißen. Es war zumindest den Versuch wert.

An einem Julimorgen fand sich unser Team auf dem kleinen Flughafen in der Nähe von Tel Aviv ein, von dem aus unser Erkundungsflug in Sachen Bundeslade starten sollte. Natürlich wollten wir die teuren Helikopterstunden auch für Filmaufnahmen nutzen. Nachdem die Kamera in einer speziellen Aufhängung montiert war, ging es los in Richtung Osten mit Ziel Jerusalem. Erst aus der Luft bekommt man den richtigen Eindruck von den Dimensionen des Tempelbergs. Er nimmt etwa ein Fünftel der Gesamtfläche der Jerusalemer Altstadt ein. Selbst der mächtige Felsendom mit seiner goldenen Kuppel verliert sich von oben gesehen in dem weiträumigen Areal mit seinen großen freien Flächen, die in einem auffälligen Kontrast zur eng verschachtelten Altstadt stehen. Von Westen und Osten drängen sich die Häuser direkt an den heiligen Bezirk heran, mit Ausnahme des Platzes vor der Klagemauer, den die Israelis nach dem Sechs-Tage-Krieg 1967 anlegten. Im Süden und Osten stehen die Mauern frei. Wie viele Millionen Kubikmeter mag allein das umbaute Areal des gewaltigen Quaders fassen? Jedenfalls genug, um darin eine größere Holzkiste dauerhaft zu verstecken. Nach einigen Helikopterrunden um den Berg hatte Richard seinen Film verschossen. Würde der Berg uns ein Geheimnis preisgeben?

Mit Spannung schauten wir am nächsten Tag der Filmentwicklung zu. Als der Papierabzug des Negativs aus dem Wasserbad auftauchte und wir ihn in Augenschein nehmen konnten, machte sich allerdings Enttäuschung breit. Die schwarz-weiße Infrarotaufnahme schien überhaupt nichts Besonderes zu bieten. Die Gebäude, die Flächen, Licht und Schatten – nichts, was nicht auch ein herkömmliches Foto gezeigt hätte. Oder? Sicherheitshalber zogen wir noch einmal ein normales Luftbild zum Vergleich heran und trauten unseren Augen nicht. Wir begriffen, daß wir die ganze Zeit etwas übersehen hatten! Das Infrarotfoto zeigte einen deutlichen schwarzen Strich, der südlich aus dem Felsendom herausführte und der auf dem normalen Foto fehlte. Die Linie war so markant, daß wir sie beim ersten Betrachten für einen Schlagschatten gehalten hatten. Aber es gab kein Gebilde an der Moschee, das einen solchen Schatten hätte werfen können. Auch entsprach die Ausrichtung gar nicht dem Sonnenstand. Wir hatten also tatsächlich etwas entdeckt!

Aber was? Richard zog die alte Karte des Tempelbergs zu Rate, die uns schon bei der Frage nach dem Standort von Salomons Tempel geholfen hatte. Die Linie befindet sich tatsächlich in etwa dort, wo wir das Allerheiligste des Tempels inklusive Bundeslade ansiedelten. Sie verläuft in Richtung der schon erwähnten »Zisterne 5«, die wir dem Blutentsorgungssystem des Opferaltars zuordneten. Was also hatten wir entdeckt? Einen Geheimgang aus der Epoche des Salomonischen Tempels? Einen Abwasserkanal aus römischer Zeit? Ein Relikt aus der Epoche der Kreuzritter? Oder vielleicht eine Wasserleitung aus dem letzten Jahrhundert? Wir mußten uns eingestehen, daß wir es nicht wußten. Wir werden es vermutlich auch niemals erfahren. Denn um Klarheit zu gewinnen, müßte man den Spaten an dieser Stelle ansetzen. Aber aus politischen und religiösen Gründen ist der Tempelberg für Archäologen tabu, und daran ändert sich auch vermutlich im kommenden Jahrhundert nichts. So wird unsere Entdeckung keine Folgen haben – außer vielleicht, daß sie die Phantasie beflügelt und einem alten Traum neue Nahrung gibt.

HEINER STADLER

Das Wüstenorakel

Die Magie der Oase Siwa

DIE MACHT
DES ORAKELS

Die Boten des Königs haben alle den gleichen Auftrag: »Zählt ab heute die Tage. Am hundertsten Tag stellt den Orakelgöttern die Frage, was ich, euer König, zu dieser Stunde tue!« Die Boten machen sich auf den beschwerlichen Weg zu Apoll nach **Delphi**, zu Zeus nach **Dodona**, und sie scheuen auch nicht die Gefahren der Wüste auf der wochenlangen Reise zu Gott Amun in **Siwa**.
Nur ein sehr mächtiger König kann auf die blasphemische Idee kommen, die Götter auf die Probe zu stellen. König Krösus ist mächtig. Mitte des 6. Jahrhunderts v. Chr. hat er die Völker Kleinasiens bis zum Fluß Halys unterworfen, Freundschaftsverträge mit den Ionischen Inseln abgeschlossen, und das Gold der Tributzahlungen läßt seine Schatzkammern überquellen. Krösus sieht sich selbst als Liebling der Götter – bedroht nur von der aufkommenden Macht der Perser. Was soll er gegen die neuen Feinde unternehmen? Welches Orakel soll er befragen? Guter Rat ist im wörtlichen Sinn teuer: Er ist mit vielen Opfergaben aus Gold und Silber und manchmal sogar mit dem Bau eines neuen Tempels verbunden. Also kommt Krösus auf die Idee, zunächst die Zuverlässigkeit der verschiedenen Orakel zu testen, um dann dem Sieger im Wettstreit die eigentliche Frage zu stellen.
Am hundertsten Tag nach ihrer Abreise stehen die Boten vor den Orakelpriestern: »Was tut unser König zu dieser Stunde?« Aber die Orakel bleiben stumm – mit Ausnahme von Delphi. Von heiligen Dämpfen beflügelt, antwortet die Priesterin Py-

thia: »Ich zähle den Sand und kenne die Maße des Meeres, merke den Gedanken des Tauben und höre die Sprache des Stummen. Der Duft der hartumschildeten Kröte stieg mir zu Sinnen, welche gemengt in Erz mit Lammfleisch eben gekocht wird; untergebreitet ist Erz, und Erz von oben als Hülle.«
Am Tag der Prüfung hatte Krösus eine Schildkröte und ein Lamm in Stücke geschnitten und zusammen in einem eisernen Topf gekocht. Ein ungewöhnliches Mahl, dessen Rezeptur nicht zu erraten ist. Dazu bedarf es schon der Allwissenheit der Götter. Krösus ist beeindruckt von Pythias Präzision. Er läßt dreitausend Opfertiere schlachten und zusammen mit goldenen Ruhebetten und purpurner Kleidung verbrennen. Er läßt über sechstausend Kilogramm Gold zu Barren schmelzen, einen Löwen aus purem Gold fertigen, dazu zwei große Mischkrüge aus Gold und Silber, vier silberne Fässer, zwei Opfergefäße und ein goldenes Frauenbildnis. Das alles sowie das Geschmeide seiner Gattin tritt die Reise nach Delphi an, zusammen mit der Frage an den Orakelgott Apoll, was Krösus gegen die Perser unternehmen soll. Die Antwort kommt prompt: Wenn er den Halys, die Ostgrenze seines Reiches, überschreite, werde er ein großes Reich zerstören!
»Als die Boten mit dieser Antwort zu Krösus kamen und sie ihm mitteilten, freute er sich sehr, denn er faßte daraus eine gewisse Hoffnung, daß er das Reich der Perser zerstören würde«, heißt es in den alten Quellen.
Krösus zieht gegen die Perser in den Krieg, überschreitet den Halys und wird vernichtend geschlagen. Er selbst kommt dabei ums Leben. Das Orakel hat sich erfüllt: Er zerstörte ein großes Reich. Sein eigenes. Hundert Jahre lang triumphiert Delphi über die anderen Orakelorte. Dann, im Jahr 450 v. Chr., wird das Orakel des

Amun in Siwa mit einem einzigen Spruch weltberühmt. Kimon, der Sohn des Miltiades und einer der bedeutendsten Feldherren Athens, schickt Boten in die Wüste, um »gewisse geheime Angelegenheiten« in Erfahrung zu bringen. Doch das Orakel gibt keine Antwort. Es fordert vielmehr die Boten auf umzukehren, weil Kimon selbst bereits zu Amun gegangen sei. Wochen später, als sie, scheinbar unverrichteter Dinge, wieder in Griechenland eintreffen, erkennen sie den Sinn des Altertums. Noch einmal hundert Jahre später steht der Ruhm der fernen Oase im Zenit. Alexander der Große reist auf seinem Feldzug zur Eroberung der Welt persönlich in die Wüste und wird hier von Amun als Gottessohn, Pharao Ägyptens und künftiger Herrscher der Welt auserwählt. Jede gewonnene Schlacht des großen Alexander mehrt ab nun das Ansehen der Oase Siwa.

Amun-Re mit seiner Gattin Mut

EIN GARTEN EDEN IN DER WÜSTE

Siwa? Zweieinhalb Jahrtausende nach Krösus, Kimon und Alexander kennen in Europa nur noch ein paar Eingeweihte diesen Namen: Historiker, Archäologen und Wüstenforscher. Die Oase liegt fünfhundert Kilometer westlich des Niltals und dreihundert Kilometer südlich der Mittelmeerküste am äußersten Rand der Großen Sandsee. Aber Siwa ist nicht eine von ein paar Palmen beschattete Quelle inmitten der Wüste. Der Name Siwa steht für eine achtzig Kilometer lange Senke, im Norden von schroffen Felsen, im Süden von gewaltigen Sanddünen begrenzt. An den fruchtbarsten Stellen dieser Senke liegen kleine Dörfer, umgeben von Palmengärten und riesigen Salzseen. Dazwischen ein paar Hügel mit verfallenen, aber immer noch eindrucksvollen Salztonbauten aus dem Mittelalter. Etwa 10 000 Menschen leben hier von Dattel- und Olivenanbau, als Händler, als Arbeiter in den Mineralwasserfabriken oder als Soldaten in der nahe gelegenen Garnison.

Orakelspruchs. Kimon ist genau an dem Tag gestorben – also zu Amun gegangen –, an dem sie im Tempel zu Siwa ihre Frage stellten.

Die Nachricht von dieser Weissagung verbreitet sich wie ein Lauffeuer in der damals bekannten Welt. Siwa rückt an die erste Stelle der berühmten Orakelorte des

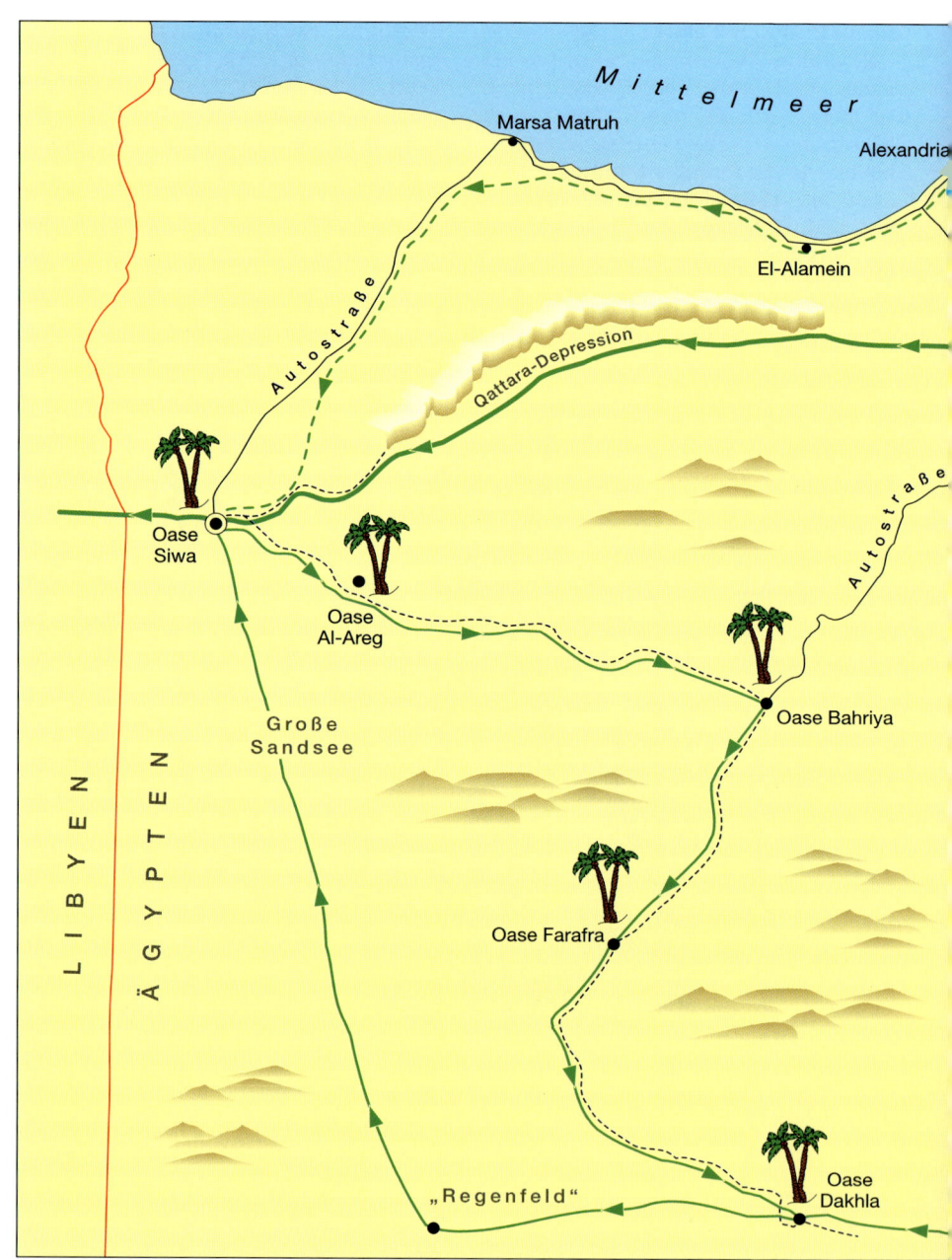

Ägypten mit den Routen von Alexander dem Großen, Hornemann und Rohlfs

Maßstab 1:3.500.000

Legende:

— Friedrich Hornemann
September 1798

— Gerhard Rohlfs
1873–74

--- Alexander der Große
331 v. Chr.

----- Englische Piste
aus dem 2. Weltkrieg

Wochenmarkt vor dem mittelalterlichen Shali

Doch von **Kairo** aus gesehen, ist Siwa immer noch das Ende der Welt. Die Absicht, in die Oase zu reisen, löst in der Hauptstadt Verwunderung und erstaunte Blicke aus. Was könnte man in Siwa wollen? Und das auch noch freiwillig! Vom Altertum bis in die jüngste Vergangenheit war die Oase ein Ort der Verbannung für mißliebige Ägypter. Und mancher heute dorthin versetzte Verwaltungsbeamte empfindet es immer noch als harte Strafe. Ein Siwaner erzählt uns mit kaum verhohlener Schadenfreude die Geschichte des vorletzten Provinzgouverneurs: »Er war ein Fremder vom Nil. Niemand mochte ihn, und er mochte uns nicht. Die meiste Zeit lebte er an der Küste und kam immer nur hierher, um unsinnige Vorschriften zu erlassen. 1995 gab er einem ausländischen Fernsehsender ein Interview und erzählte in aller Öffentlichkeit, die Männer in der Oase seien homosexuell und die Frauen für je-

den zu haben. Wahrscheinlich dachte er, es würde hier niemand mitbekommen, aber einer von uns hat die Sendung in Kairo gesehen. Wir haben versucht, ihn zur Rede zu stellen – aber er hat niemanden vorgelassen. Also haben ein paar junge Männer abends sein Auto angehalten, die Scheiben eingeschlagen und den Gouverneur herausgeholt. Sie haben ihn verprügelt und ihm dabei einen Arm gebrochen. Drei von den Männern kamen ins Gefängnis nach Alexandria.«

Vielleicht ist es einfach nur eine Geschichte. So wie viele Geschichten erzählt werden, um die Hitze des Tages zu vergessen. Vielleicht ist es aber auch genauso passiert. Jedenfalls findet am gleichen Tag, an dem wir diese Geschichte hören, ein großes Fest für drei junge Männer statt, die aus dem Gefängnis in Alexandria nach Siwa zurückgekommen sind. Sie gelten als Helden.

Bis zur Jahrhundertwende brauchte eine Kamelkarawane vom Nil bis zur Oase Siwa gute zwei Wochen. Die Einführung des Autos auf der alten Karawanenstrecke verkürzte die Reisezeit auf drei bis vier Tage. Seit 1983 führt eine Teerstraße von der Küste bis nach Siwa, und man fährt an einem Tag von Kairo bis hierher. Dennoch ist die Oase auch heute noch eine eigene Welt. Es gibt keine Anzeichen, daß christliche Missionare so weit in die Wüste vorgedrungen sind, und selbst der Islamisierung widersetzten sich die Bewohner Siwas lange Zeit. Noch länger allerdings den Steuerforderungen Kairos, was schließlich zu immer neuen Strafexpeditionen und lokalen Kleinkriegen bis ins letzte Jahrhundert führte. Heute ist die Verwaltungs- und Schulsprache arabisch, die Umgangssprache ein Berberdialekt, den weder die Verwaltungsleute noch die Lehrer vom Nil verstehen. Folgerichtig nennen sich die Siwaner »Leute aus der Oase« und ihre Landsleute aus Kairo, **Alexandria** oder **Assiut** »Ägypter« – und den Fremden, den Ägyptern gegenüber muß man zumindest vorsichtig sein...

Die Fremden erzählen im Gegenzug schaurige Geschichten über die Leute aus der Oase. Besonders jene Europäer, die im letzten Jahrhundert die Wüste erforschten. Möglicherweise hat das aber mehr damit zu tun, Gefahren, Exotik und ihr eigenes Heldentum in der unbekannten Fremde hervorzuheben.
Doch keiner der Reisenden ließ sich von den Berichten seiner Vorgänger abschrek-

ken. Sie wußten um die Gefahren der Wüste und um die Feindseligkeit der Bewohner. Dennoch verzeichnet Siwa seit Ende des 18. Jahrhunderts einen wahren Reiseboom. Große Teile der Wüste sind weder erforscht noch kartographiert, und viele Abenteurer und Forschungsreisende sind von der Idee getrieben, in den Olymp der berühmten Entdecker aufzusteigen und ihren Namen in Verbindung mit Orten oder Landschaften zu verewigen.
Im März 1792 kommt W. G. Browne als erster Europäer der Neuzeit nach Siwa. Dem Engländer erscheint die Oase als ein Dorado der Gesetzlosen: »Beim kleinsten Anlaß greifen sie zu den Waffen, und ver-

Die neue Teerstraße kurz vor Siwa

feindete Familien beschießen sich gegenseitig auf den Straßen.« Browne selbst wird mißtrauisch beäugt und manchmal sogar mit Steinen beworfen. Fünf Tage lang hält er durch und versucht unter widrigsten Bedingungen seine Forschungen durchzuführen. Dann gibt er auf, reist weiter und beklagt sich später in seinem Buch bitter über die Ignoranz der Leute.

Die ersten Europäer reisten auf Kamelen von Kairo nach Siwa

Sechs Jahre darauf macht sich Friedrich Hornemann auf den Weg. Er gibt sich ebenso wie Browne als gläubiger Moslem aus, untersucht wie sein Vorgänger die antiken Stätten und fertigt Skizzen an. Seine Neugier wird ihm fast zum Verhängnis. Die Einwohner Siwas sind sich sicher, daß nur ein ungläubiger Christ mehr Interesse an heidnischen Tempeln als an einer Moschee haben kann, und verurteilen ihn zum Tod. Am Ende retten ihn nur die Fürsprache eines mitreisenden Kaufmanns und einige Verse aus dem Koran, die er arabisch zitieren kann.

Browne und Hornemann vermuten, daß die von ihnen besuchte Oase mit dem antiken Orakelort des Götterkönigs Amun identisch ist. Aber sie sind sich nicht sicher. Der britische Geograph John Rennell vergleicht die Aufzeichnungen der beiden Reisenden mit den Schriften Herodots, Diodors und Plutarchs und kommt zu dem Ergebnis: Siwa muß der Ort des berühmten Orakels sein, die Oase des Gottes Amun. Wo ein Gott ist, muß ein Tempel sein. Wo ein Tempel ist, muß es Tempelschätze geben. Wie um jeden mythologischen Ort ranken sich auch um Siwa unendlich viele Geschichten und Gerüchte. Von unermeßlichem Reichtum und versunkenen Schätzen ist die Rede, und so kommt es, daß der nächste Reisende ein Boot durch die Wüste trägt. Er vermutet auf der kleinen Insel in der Mitte eines Salzsees Gold aus der Antike. Aber die Siwaner halten nichts von seiner geplanten Schatzsuche. Sie zertrümmern sein Boot, plündern seine gesamte Habe, und er hat Glück, mit heiler Haut davonzukommen.

Es folgen Franzosen, Engländer und Deutsche: Frédéric Caillod, der Generalkonsul Drovetti, Freiherr von Minutoli, Bayle St. John, James Hamilton, Gerhard Rohlfs, Luigi Robecchi-Bricchetti, Hermann Burchardt, Jennings-Bramly, Arthur Silva-White, Freiherr von Grünau und Georg Steindorff. Manche von ihnen schreiben dicke Bücher über ihre Reisen. Minutoli und Burchardt bringen die ersten Bilder und Photographien der Oase nach Europa, und die Daheimgebliebenen sind fasziniert von der Fremdartigkeit der Entdeckungen.

Es ist die Zeit Beethovens und Goethes, die Zeit Napoleons und Alexander von Humboldts. In den europäischen Städten werden neuerdings nachts die Straßen beleuchtet, und es werden neue chemische Elemente entdeckt. In England wird der Arbeitstag auf zwölf Stunden beschränkt, und wütende Arbeiter zertrümmern die Maschinen, die ihre Arbeitskraft ersetzen sollen. Das erste Dampfschiff fährt von Nordamerika nach Europa, die Eisenbahn tritt ihren Siegeszug an, und Monsieur Daguerre erfindet die Photographie. Stanley forscht in Afrika, Humboldt in Südamerika, und schon bald werden die ersten Menschen Süd- und Nordpol betreten. Europa erlebt das neunzehnte Jahrhundert als eine Zeit der Beschleunigung und der großen Veränderungen. Alfred Nobel erfindet das Dynamit, und der Sklavenhandel blüht noch einmal groß auf. In kürzester Zeit werden riesige Vermögen angehäuft, und neue Industrien bislang unbekannter Dimension entstehen. Die Industrie braucht Rohstoffe, und die gefertigten Waren brauchen neue Absatzmärkte. England hat seine nordamerikanischen Kolonien verloren und wirft

Die Mauern von Siwa. Foto von Hermann Burchardt 1893

begehrliche Blicke auf den Schwarzen
Kontinent. Im Juni 1788 gründen zwölf
Männer in London die »Gesellschaft zur
Förderung der Entdeckung der inneren
Teile Afrikas«. Hinter dem komplizierten
Namen verbirgt sich eine einfache Idee:
»Der Vorteil, welcher aus dem Verkehr
mit jenen Gegenden sowohl uns als auch
den Bewohnern derselben erwachsen
müßte, ist einleuchtend: Einführung milder Sitten und der Künste des Friedens
von der einen und Material für Handel,
Kunstfleiß und Wissenschaften von der
anderen Seite. Nimmt der britische Unter-
nehmungsgeist in dieser Hinsicht eine
zweckmäßige Richtung, so ist es kaum zu
berechnen, wie sehr britische Manufaktu-
ren und Fabriken durch den Absatz ihrer
Artikel an solche ungeheuren Strecken
Landes, in deren Schoß sich Gold ohne
Mühe findet, gewinnen und zunehmen
werden. Und sicher würde dieses Metall
um so begieriger aufgesucht und gefunden werden, je mehr die Artikel, welche
man dafür eintauschen kann, jenen Völkern unentbehrlich werden«, heißt es in
den Statuten des Vereins.
Der Zweck ist klar. Und so wie Krösus
seine Boten aussandte, so schickt nun die
Afrikanische Gesellschaft Männer aus, die
alle den gleichen Auftrag haben: Entdeckt
neues Land, erkundet die Handelswege
und bereitet gute Geschäfte vor. Vergeu-
det aber keine Zeit mit historischen und
archäologischen Forschungen.
Einer dieser Männer ist der Deutsche
Friedrich Hornemann. Seine Aufgabe: die
Libysche Wüste von Ost nach West zu
durchqueren, nach Süden abzubiegen,
irgendwann auf den Niger zu treffen und
sich von dort zur Goldküste durchzu-
schlagen. Ein englisches Handelsschiff
würde ihn dann nach Europa zurückbringen. Ein gewaltiges Unternehmen. Der geplante Zeitaufwand: fünf Jahre. Das erste
große Ziel: Siwa.

EIN
UNGLÄUBIGER
IN AFRIKA

Am 4. Oktober 1797 kommt Hornemann in Kairo an. Er ist bestens vorbereitet. Zur körperlichen Abhärtung saß
er in Göttingen im Sommer in Winterklei-
dung vor dem glühenden Ofen und
hockte bei klirrendem Frost im Januar am
offenen Fenster. Universitätslehrer unter-
richteten ihn in Geographie, Ethnologie
und Arabisch.
Auf langen Märschen ernährte er sich
von Beeren und Gräsern, in London
kaufte er auf Kosten der Afrikanischen
Gesellschaft Sextant, Fernrohr, Kompaß
und ein Merkbuch. Sein großer Förderer, der Naturforscher Professor Johann
Friedrich Blumenbach, gab ihm bei der
Abreise noch einen privaten Fragenkata-
log zur Klärung einiger Geheimnisse in
Afrika mit: »Wo sind die langhaarigen
Neger zu Hause, wo die rothaarigen? Plät-
ten wohl noch jetzt manche Neger ihren
neugeborenen Kindern die Nase absicht-
lich breit? Ist das Wasser im Magen der
Kamele wirklich wasserhell und ohne
fremden Geschmack? Werden unter den
polygamen Afrikanern weit mehr
Mädchen als Knaben geboren?«
Hornemann ist guter Dinge. Ab jetzt wird
ihm der Schatzmeister der Afrikanischen
Gesellschaft jährlich zweihundert Pfund
Sterling anweisen, mit seiner Gesundheit
steht es zum besten, und die europäischen
und arabischen Kaufleute, die er besucht,
behandeln ihn zuvorkommend. Er wird
die Zeit in Kairo gut nützen, seine Ara-
bischkenntnisse vervollständigen und

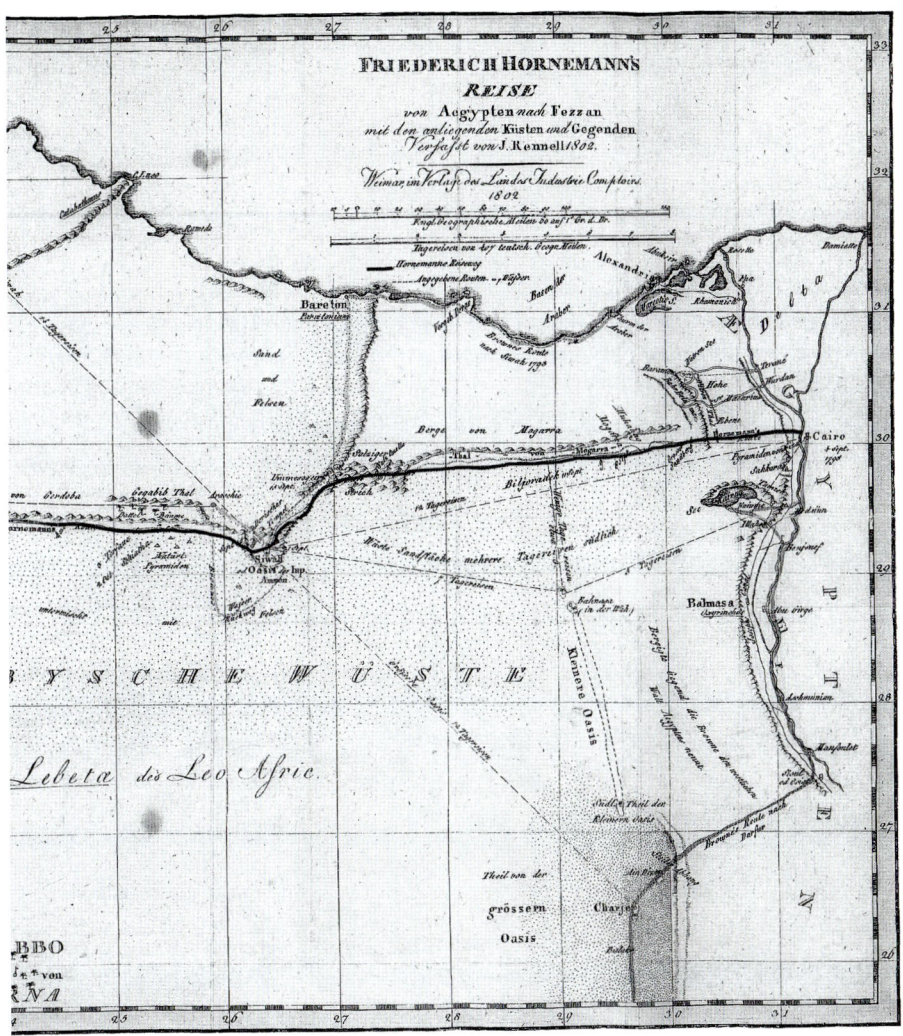

Karte von John Rennell 1802 mit dem Weg Friedrich Hornemanns von Kairo nach Siwa

dann im Frühjahr mit einer Karawane nach Westen ziehen. Es kommt anders. Reisende schleppen die Pest in die Metropole am Nil ein, und die Einwohner verkriechen sich voller Angst in ihre Häuser. Hornemann ist zur Untätigkeit verdammt. Da erreicht ihn auch noch ein Brief aus London mit der Nachricht, daß sein Forscherkollege Mungo Park von seiner Expedition zum Niger erfolgreich zurückgekehrt ist. Sollten ihm andere zuvorkommen? Die Pest ebbt ab, und Hornemann drängt zum Aufbruch. Aber genau zu diesem Zeitpunkt landet Napoleons Expeditionsheer in Ägypten, und alle Ausländer werden zu ihrem eigenen Schutz vor der wütenden Bevölkerung in die Zitadelle gebracht. Schlimmer noch: »Als Christ zu reisen, wird gewiß für wenigstens fünf Jahre eine Sache der Unmöglichkeit sein. Es ist unglaublich, wie groß der Eindruck ist, den die Landung der Franzosen auf die Pilger von Mekka gemacht hat, die ihren vermehrten Haß auf die Ungläubigen weit und breit bis in das Herz von Afrika mit sich nehmen und ausbreiten werden«, schreibt der junge Hornemann in weiser Voraussicht.

Am 1. Juli 1798 waren die Ungläubigen in Alexandria gelandet. Ihr Ziel, England von den Kolonien abzuschneiden und

hätte historisch weniger gut geklungen. Nach diesem Sieg beginnt »für die Soldaten die Hurerei und für die Wissenschaftler die Arbeit«. Tatsächlich starben dreieinhalbtausend französische Soldaten im Kampf – und zweieinhalbtausend an der Syphilis. Die Ägypterinnen, die sich mit den Besatzungssoldaten eingelassen hatten, wurden nach dem Abzug der Franzosen in Säcke genäht und in den Nil geworfen. Die Wissenschaftler dagegen mehren den Ruhm der *Grande Nation*. 167 Experten – Zoologen, Mineralogen, Geographen, Arabisten, Ingenieure und Mathematiker – reisen mit Napoleon in den Orient. Sie begründen einen neuen Zweig der Wissenschaften: die Ägyptologie. Von ihnen stammt auch die Anekdote von der Erfindung des Bleistifts. Die französischen Gelehrten fanden in der Fremde soviel Notierenswertes, daß ihnen die mitgebrachte Tinte nicht reichte. Da kam Monsieur Conté, einer der Forscher, auf die Idee, Gewehrkugeln zu schmelzen und das flüssige Blei in Schilfrohre zu füllen. Voilà: der Bleistift.

Zweimal rebellieren die Ägypter gegen Napoleon, zweimal wird der Aufstand blutig niedergeschlagen. Während der Haß gegen die Besatzer wächst, sieht sich Napoleon nicht nur als militärischer Oberbefehlshaber, sondern auch als großer Förderer der Wissenschaften. Er empfängt selbst Friedrich Hornemann, obwohl dieser im Dienst der englischen Feinde steht, und stellt ihm einen Schutzbrief aus. Welchen Nutzen dieser Brief allerdings außerhalb

Hornemanns Karawane auf dem Weg nach Siwa. Filmszene

Ägypten zu einer französischen Provinz zu machen, war nach dem Gemetzel an den Mamelucken in greifbare Nähe gerückt. Napoleon nannte es die Schlacht an den Pyramiden, und zu seinen Truppen hatte er gesagt: »Soldaten, denkt daran, vierzig Jahrhunderte blicken auf euch herab!« Der Kampf spielte sich zwar fünfzehn Kilometer von den Pyramiden entfernt ab, aber es

Kairos in der Wüste bringen soll, weiß niemand.

Am 5. September 1798 ist es endlich soweit. Hornemann verläßt zusammen mit Pilgern, Kaufleuten und Kameltreibern das Niltal auf einer Karawanenroute nach Westen. Noch in Kairo hat er einen Dolmetscher engagiert; Joseph Freudenburg aus Köln, der sich seit vielen Jahren in Konstantinopel und Ägypten herumtreibt, zum Islam übergetreten ist und bereits dreimal in Mekka war. Freudenburg spricht perfekt Türkisch und Arabisch. Von der Syphilis, die er sich in irgendeinem Bordell geholt hat, weiß sein Auftraggeber noch nichts.

Hornemann ist vorsichtig. Er hütet sich, zu viele Fragen zu stellen. Er trägt Turban und *Galabjia*, die traditionelle Kleidung seiner Mitreisenden, und niemand ahnt etwas von den Meßinstrumenten, dem Sextanten und dem Fernrohr in seinem Gepäck. Er gibt sich als muslimischer Kaufmann aus Konstantinopel aus und hofft, daß niemand prüfen wird, ob er beschnitten ist. In seinem letzten Brief nach London schreibt er: »Selbst wenn Sie in drei Jahren nichts von mir hören sollten, erkundigen Sie sich ja nicht nach mir, ich bitte Sie sehr darum! Bei solcher Vorsicht werden die Gefahren jetzt, da ich Muselman bin, nicht unüberwindlich sein. Diejenigen Gefahren, die aus der Hitze, der Länge des Weges entspringen, werde ich durch Mut, Beständigkeit und die gute Beschaffenheit meines Körpers zu bekämpfen wissen.«

In Wirklichkeit ist Friedrich Hornemann der Sohn eines biederen Pastors aus Hildesheim, hat selbst Theologie studiert und sein karges Brot als Hauslehrer und Hilfsprediger verdient. Eine Arbeit, die ihn zu Tode langweilte. Seine ganze Leidenschaft gilt der Ferne, dem Unbekannten. Er hat die antiken Schriftsteller gelesen und kennt die Beschreibungen eines geheimnisvollen Orakeltempels mitten in der Wüste – aber er weiß nicht, ob die Oase Siwa dieser Orakelort ist. Er will es herausfinden, und seine Landkarte, die er aus England mitgebracht hat, zeigt ihm, daß er zumindest einen Teil des Weges auf den Spuren von Alexander dem Großen gehen wird.

DAS ALEXANDER-ORAKEL

Im Jahre 336 v. Chr. folgt der zwanzigjährige Alexander seinem ermordeten Vater auf den Königsthron in Griechenland. Wie schon der reiche Krösus, geht auch er nach Delphi, um Rat zu holen, was gegen die mächtigen Perser zu tun sei. Doch die Priesterin Pythia vertröstet ihn: Das Orakel findet nur zu den von den Göttern festgelegten Zeiten statt; er muß sich gedulden. Aber einen König läßt man nicht warten, und Alexander ist in Eile. Er zerrt Pythia mit Gewalt in den Tempel, und sie ruft voller Angst vor dem jungen Heißsporn: »Du bist doch unüberwindlich!« Mehr will Alexander nicht hören. Das reicht ihm bereits als Weissagung, und er verzichtet auf einen formellen Orakelspruch.

Zwei Jahre darauf zieht er gegen die Perser in den Krieg. In Kleinasien fällt eine Stadt nach der anderen in seine Hände, und bald schon steht sein Heer vor der Hauptstadt Phrygiens. Hier verspricht ein altes Orakel demjenigen die Herrschaft über ganz Asien, der den berühmten Gordischen Knoten lösen kann – den Knoten an der Deichsel des Wagens, der Gordios zum Königsthron verhalf. Viele haben

Eingang zum Tempel des Amun

sich schon daran versucht – keinem ist es
gelungen. Alexander zögert nicht lange,
zieht sein Schwert und schlägt den Knoten mit einem Hieb entzwei. Das ist die
schnellste, aber auch die gewaltsamste Lösung der Aufgabe. Ein alter Mann, der
Alexander als technischer Berater auf seinem Feldzug begleitet, erklärt ihm später,
es hätte auch eine andere Lösung gegeben: »Man hätte bloß den Pflock, der den
Jochriemen festhielt, aus der Deichsel her-
auszunehmen und auf diese Weise das
Joch vom Wagen zu ziehen brauchen. Der
Knoten hätte sich von selbst gelöst.«
Doch Alexander löste ihn auf seine Weise,
nennt sich von nun an »König von Asien«
und zieht mit seinem Heer weiter nach
Ägypten. Das Land am Nil fällt ihm
kampflos zu. Die Ägypter begrüßen Alexander als Befreier vom persischen Joch, als
den Mann, der die Würde der Götter respektiert, die von den Persern mit Füßen
getreten wurde, als ihren nächsten Pharao. Von Memphis zieht er nilabwärts zur
Mittelmeerküste und gibt seinem Baumeister Demokrates genaue Anweisungen
zum Bau einer neuen Stadt: Alexandria.
Noch aber ist sein Königtum nicht von
den Göttern abgesegnet. Amun, der Göt-
terkönig, muß nach ägyptischem Ritual
seine Zustimmung geben. Es heißt, Alexander hätte spontan den Entschluß gefaßt, nach Siwa zu gehen, um das Orakel
zu befragen. Wahrscheinlicher ist, daß das
Unternehmen von langer Hand vorbereitet und von den mächtigen Priestern des
Amun eingefädelt wurde.
Alle militärische Vernunft spricht gegen
eine wochenlange Reise in die Wüste.
Zwar hat er die persische Armee unter Da-
reios bei Issos geschlagen – aber er hat sie
nicht vernichtet. Der Perserkönig würde
jeden Tag nutzen, um sein Heer zu reorga-
nisieren und zu einer Entscheidungs-
schlacht drängen. Alexander schlägt die
Bedenken seiner Berater in den Wind und
zieht mit einem Teil seines Heeres in die
Libysche Wüste. Sicherlich kannte er die
Geschichte des Perserkönigs Kambyses,
der lange vor seiner Zeit ausgezogen war,
Siwa zu erobern. 50 000 Mann, das gesamte Heer verschwand damals spurlos in
einem Sandsturm. Aber er läßt sich davon
nicht abschrecken; nicht vom drohenden
Verdursten, als die Wasservorräte zu Ende
gehen, und nicht vom Sandsturm, in dem
sie sich verirren. Die Götter sind mit ihm.
Sie schicken zuerst einen großen Regen

und später zwei Raben, die den Weg zur
Oase weisen.

Antike Schriftsteller beschreiben den
berühmten Zug Alexanders nach Siwa –
allerdings mit Verspätung. Strabon und
Diodor 300 Jahre nach dem großen Ereignis, Plutarch 400 Jahre danach. Alle drei
beziehen sich auf die Schriften oder die
Fragmente des Kallisthenes von Olynth,
der Alexander sechs Jahre lang auf dem
Feldzug begleitet und unter anderem
auch den »Zug zum Ammon« beschrieben
hat. Ein wenig ist das so, als würde heute
ein Historiker, nur in Kenntnis der Werke
Shakespeares, die Thronbesteigung von
Richard III. rekonstruieren – und zwar de-
tailliert, bis hin zu den Worten einzelner
Anwesender.

Plutarch läßt Alexander zunächst nach
den Mördern seines Vaters fragen; bei Strabon darf Alexander als einziger in Reise-
kleidung den Tempel betreten; seine
Begleiter müssen sich umziehen und außerhalb der Tempelanlage warten. Und
Diodor berichtet: »Nachdem Alexander
von den Priestern in den Tempel geleitet
worden war und vor dem Gott verharrt
hatte, ging der Älteste unter den Priestern

auf ihn zu und sprach: Sei gegrüßt, Sohn, und betrachtete diese Anrede als auch vom Gotte stammend. Der aber antwortete: Ich füge mich, Vater, und werde mich künftig dein Sohn nennen. Sage mir aber, ob du mir die Herrschaft über die ganze Welt gewährst. Da rief er, daß ihm der Gott den Wunsch mit absoluter Gewißheit gewähren werde.« Das sind die beiden entscheidenden Antworten. Mit diesem Orakelspruch wird Alexander gleichzeitig in den Kreis der Götter aufgenommen und zum kommenden Herrscher der Welt erklärt. Seine Ernennung zum Pharao Ägyptens ist damit besiegelt. Über weitere Antworten des Orakelgottes schweigt sich Alexander beharrlich aus. Seinen Begleitern, die vor dem Tempel warten mußten, sagt er nur, er habe gehört, was er hören wollte. Niemand weiß genau, wie das Orakelverfahren im einzelnen abgelaufen ist. Es gibt Vermutungen, phantasievolle Erzählungen, Romane und natürlich wissenschaftliche Untersuchungen. Aber selbst die Historiker und Archäologen formulieren vieles davon im Konjunktiv. So etwa könnte es gewesen sein:

Ithyphallische Darstellung des Amun

Wie jeden Morgen salben die Priester das Götterbild, schminken es und legen ihm neue Kleider an. Vielleicht sorgfältiger, mit mehr Hingabe, weil schon Tage zuvor Boten aus Memphis von der Ankunft eines mächtigen Königs berichtet haben. Der Oberpriester stellt die kleine Figur des Götterkönigs Amun zurück auf den Sockel in der Mitte der goldenen Götterbarke. Amuns erigierter Penis und die erhobene rechte Hand mit der Geißel werden von einem kostbar verzierten, ledernen Gewand umhüllt. Die Barke mit den Tragestangen, auf denen sie während der Umzüge von den Priestern getragen wird, ruht auf einem steinernen Altar im Allerheiligsten des Tempels – sorgfältig verschlossen vor den Blicken der Sterblichen. Nur Priester und Könige dürfen diesen Raum alleine aufsuchen. Und dann kommt Alexander tatsächlich. Erschöpft von der langen Reise und gleichzeitig voll brennender Neugier, was ihm die Götter über seine Zukunft mitteilen werden. Die Priester halten Leibwächter und Begleiter an der äußeren Umfriedung des Tempelbezirks zurück und führen Alexander zum heiligen Brunnen. Es folgt die rituelle Reinigung, die Weihe durch die Priester, dann schreitet der Zug die breiten Treppen nach oben zum Tempel. Die Luft ist weihrauchgeschwängert, Litaneien wechseln mit Trommeln, Klappern und dem Gesang der Priester.

Sie begleiten den König durch die beiden Vorhallen und öffnen ihm die Tür zum dritten Raum des Tempels. Alexander steht im Allerheiligsten. Von der linken Seite fällt ein schmaler Lichtstrahl durch eine Maueröffnung auf die Götterbarke, eine Öllampe flackert, ansonsten ist es dunkel. Die Tür hinter ihm schließt sich. Er ist alleine mit Gott Amun, dem mächtigsten aller Götter, gleichgestellt dem griechischen Zeus und dem römischen Jupiter. Alexander stellt seine Fragen in griechischer Sprache, und er weiß, daß diese Fragen so formuliert sein müssen, daß Amun sie mit einem klaren ›Ja‹ oder ›Nein‹ beantworten kann. In Makedonien hatte er die besten Lehrer, darunter den weisen Aristoteles. Also wird er nicht plump gefragt haben: Amun, erkennst du mich als deinen Sohn an? Er wird vielmehr königlich formvollendet zu dem fremden Gott gesprochen haben. Dennoch antwortet Amun nicht. Alexander sieht weder eine Bewegung noch hört er irgendeine Stimme. Die Götterbarke ruht unverändert auf dem steinernen Altarsockel. Nach einiger Zeit öffnet sich die Türe wieder, die Priester geleiten ihn hinaus und verwischen hinter ihm die königlichen Fußspuren. Die Musik schwillt an, neue Litaneien werden gesprochen, dann tritt der Oberpriester mit dem Gotteserlaß, dem Orakelspruch, ein. Er ist auf Papyrus geschrieben, und weil Alexander kein Ägyptisch spricht, wird ihm der Text ins Griechische übersetzt. Eine Kopie des Orakels geht an die Priesterschaft in Memphis.

Alexander hat sein Ziel in Ägypten erreicht: Er ist vor Gott, den Priestern und dem Volk als Pharao – nicht als Eroberer – legitimiert. Er braucht kein Besatzungsheer zu stationieren, kann mit allen Kräften gegen die Perser antreten und weiter nach Asien vordringen. Gleichzeitig steht ihm mit dem fruchtbaren Land am Nil ein unerschöpfliches Nachschubreservoir zur Verfügung. Dankbar verkündet er, er wolle dereinst in Siwa begraben werden – sollte ihn als Gottessohn tatsächlich einmal das Schicksal aller Sterblichen ereilen.

HORNEMANN AUF DEM WEG NACH SIWA

Friedrich Hornemann, der Reisende aus Hildesheim, kennt sich aus mit Göttern. Sein verstorbener Vater war Pfarrer, er selbst hat Theologie studiert und seine Examen gemacht. Doch er ist kein Eremit. Er sucht nicht die Zwiesprache mit Gott in der Wüste, er hält sich an die Lebenden. Von seinen Mitreisenden lernt er schnell die grundsätzlichen Regeln, die hier in der Einsamkeit gelten: »Ich hatte mir die Beschwerden der Reise nicht weniger als unbedeutend gedacht, vorzüglich für mich, der ich noch nie in einer Karawane gereist war; aber wie erstaunte ich erst, als ich gegen Mittag einige der vornehmsten und reichsten Kaufleute an einem trockenen Zwieback und einigen Zwiebeln nagen sah; als ich hörte, daß man während des Tages sich nie zu lagern pflege und die Kamele nur im Falle der größten Not aufhalte. Es blieb mir daher nichts übrig, als einige der neben mir reitenden Araber zu ersuchen, mich an ihrem Mahle teilnehmen zu lassen.« Auch seine Vorstellung, er könne sich abends am Feuer von seinem Dolmetscher bedienen lassen, erweist sich als falsch. Ein Kaufmann macht ihm heftige Vorwürfe, daß so nur die Ungläubigen leben würden. »Du mußt alles lernen, was der geringste Araber tut, damit du im Falle der Not anderen behilflich sein kannst!« Hornemann schreibt, daß man ihn an-

Dattelernte in der Oase

fänglich für einen Schwächling hielt. Erst als er sich an diese Regeln hielt, erwarb er sich die Achtung der anderen. In seinem Tagebuch beschreibt er ausführlich die Mahlzeiten. Er erzählt von den mitgeführten Lebensmitteln, von Mehl, Kuskus, Zwiebeln und Datteln und von der scharfen Würze des roten, spanischen Pfeffers; von gekochten Mehlfladen und einer dün-

nen Zwiebelsuppe; von einem Gerstenbrei, der mit Wasser verknetet auch im Sattel gegessen werden kann, und er erzählt vom besten Koch, dem Hunger, der »nach einer mühseligen Tagesreise auch die schlechtesten Lebensmittel schmackhaft macht«.

Hornemann ist mittlerweile mehr als zehn Tage unterwegs. In endlosen Märschen geht es immer weiter nach Westen, in das Land der untergehenden Sonne, das für die Alten das Reich der Finsternis und der Toten war. Im Westen herrschte Seth, der Gott des Chaos und der Unterwelt, und noch im Mittelalter stand der Name der Oase Siwa für das Ende der Welt. Hornemann weiß nicht, wie viele Tagesreisen es noch bis zum ersten Ziel sein werden, doch er hat einen Vorgeschmack auf die Gefahren der Wüste bekommen. Drei Männer sind bereits an Erschöpfung gestorben; am zwölften Tag schläft einer der Kaufleute auf dem Rücken seines Kamels ein. Er rutscht vom Sattel, schlägt mit dem Kopf gegen einen Stein und ist auf der Stelle tot.

Sechzehn Tage nach ihrem Abmarsch in Kairo erreicht die Karawane das Tal von Siwa. Es fällt nicht besonders schwer, sich vorzustellen, was die Reisenden nach den langen Tagen der Entbehrung bewegt. Der Blick von der Anhöhe in die Senke, die schattigen Palmengärten, ummauerte Quellen mit klarem, süßem Wasser, die märchenhaften Hochhausbauten auf den Hügelkuppen, Eselsgespanne und geschäftiges Treiben auf dem Marktplatz vor den Toren der Stadt: das Paradies. Die Erfahrungen der nächsten Tage zeigen Hornemann, daß es in diesem Paradies sehr menschlich zugeht. Er beobachtet einige Versammlungen der Scheichs an der äußeren Stadtmauer und bemerkt, daß hier »zum Durchsetzen eines Vorschlags eine durchdringende Stimme, Anhang und tätige Fäuste erforderlich waren«.

Und manchmal, wenn die Fäuste nicht ausreichen, spricht die langläufige Flinte. Er beobachtet auch Märkte und Preise, Gärten und Bewässerungssysteme, und in seinem Tagebuch beschreibt er sogar, wie der Schmuck aussieht, den die Frauen unter ihren Kleidern tragen. Das allerdings dürfte er nur vom Hörensagen wissen.

Bislang funktioniert seine Tarnung als Moslem, der nur deshalb kaum Arabisch spricht, weil er angeblich aus der Türkei kommt. Aber er hält sich nicht an die Anweisungen seiner Auftraggeber in London. Diese hatten ihm ausdrücklich geraten, sich nicht um historische Ruinen und antike Geschichte zu kümmern, sondern Handelswege zu erkunden. Hornemann vermutet in Siwa die alte Oase des Amun, den Tempel, in dem Alexander der Große als Sohn Gottes anerkannt wurde, die heilige Stätte der Antike. Und er wird nur einmal in seinem Leben die Gelegenheit haben, seine Vermutungen vor Ort zu überprüfen. Später notiert er in sein Tagebuch, daß es gewiß weiser gewesen wäre, dem großen Forscherziel der Entdeckung Nordafrikas die kleine Neugierde an Siwas Altertümern zu opfern. Doch diese Einsicht kommt zu spät.

Schon bald nach seiner Ankunft entdeckt Hornemann die Reste eines antiken Bauwerks. Er vergleicht sie mit den Beschreibungen seines Vorgängers Browne und fragt die Bewohner nach der Geschichte dieser Ruine. Er erfährt, daß Siwa vor langer Zeit von Ungläubigen bewohnt war,

die in diesem Gebäude Versammlungen abhielten. Und auch, daß die Menschen damals sehr viel stärker waren als heute – wie sonst hätten sie diese riesigen Steine aufeinandertürmen können? Außerdem sollte immer noch eine Menge Gold unter diesen Mauern begraben sein.

»Ich begab mich hinein in die Ruinen, wurde aber, da mir all diese Menschen auf dem Fuße nachfolgten, durchaus verhindert, gründliche Untersuchungen an-

Hieroglyphen im Orakeltempel von Siwa

zustellen. Bei einem zweiten Besuch war ich nicht glücklicher, und als ich nach einigen Tagen wiederkam, sagte einer der Männer: ›Du bist sicher noch Christ in deinem Herzen, da du so oft hierher kommst, um dieses Gebäude der Ungläubigen zu betrachten!‹«

Trotz dieses Verdachts macht Hornemann weiter. Heimlich stellt er mit seinem Kompaß die Ausrichtung des Gebäudes fest, vermißt Länge und Breite, schätzt die Höhe, untersucht das Gestein und die Inschriften und fertigt Skizzen an. Die Königskartusche und die Hieroglyphen kann er nicht entziffern – aber kaum fünfundzwanzig Jahre nach ihm löst der französische Forscher Jean François Champollion dieses Rätsel und legt damit den Grundstein für die neue Wissenschaft der Ägyptologie.

Hornemann ist in einer schwierigen Lage: Er will forschen, weitere Untersuchungen anstellen. Er könnte herausfinden, ob er tatsächlich am gleichen Ort steht, wie zweitausend Jahre zuvor Alexander der Große. Aber die Gefahr wächst. Er könnte für einen Spion der verhaßten französischen Besatzer gehalten oder, schlimmer noch, als Christ enttarnt werden. So bleibt der Sextant in seinem Reisegepäck, und er vermerkt statt dessen: »Ich weiß sehr wohl, daß diese Beschreibung zu unvollständig ist, als daß sie jemanden in den Stand setzen könnte, mehr als Vermutungen zu wagen, ob diese Ruinen Überbleibsel von dem berühmten Tempel Jupiter Amuns sind.«

Die Kaufleute drängen zum Aufbruch. Nach acht Tagen Aufenthalt in Siwa zieht die Karawane weiter nach Westen. Doch kaum zwei Tage später werden sie von einer Hundertschaft bewaffneter Männer aus Siwa eingeholt. Sie geben vor, die Reisenden vor einem drohenden Überfall feindlicher Araber schützen zu wollen. In Wirklichkeit sind sie mit Verspätung zu der Überzeugung gelangt, daß Hornemann und Freudenburg Ungläubige sind und den Tod verdient haben. Sie verlangen die Auslieferung der beiden; die muslimischen Brüder könnten ihrer Wege ziehen. Freudenburg gerät in Panik. Er lädt Gewehre und Pistolen und gibt alle Unterlagen Hornemanns einschließlich des Tagebuchs einem Sklaven, um sie vor den Männern Siwas zu verbergen. Hornemann behält einen kühlen Kopf. Er greift zum Koran, zitiert einige Verse und hält dem Anführer der Verfolger vor: »Du selbst hast uns angetroffen, wie wir beteten und im Koran lasen, und nun beschuldigst du uns, wir gehören zu den Ungläubigen in Kairo, die wir doch jetzt

meiden! Weißt du nicht, daß es eine große Sünde ist, einem Rechtgläubigen zu sagen, er sei ein Heide? Von dir erwarte ich mehr Verstand und mehr Gottesfurcht!« Seine Furchtlosigkeit verfehlt ihren Zweck nicht. Ein alter Mann ergreift Partei für Hornemann: »Wahrlich, dieser ist jünger als jener und doch unerschrockener!«

Die versteckten Unterlagen gehen verloren, aber Hornemann und sein Gefährte sind gerettet. Aber für wie lange? Ein altes arabisches Märchen erzählt, daß in der Wüste auf jeden Reisenden ein sechsfacher Tod wartet: Die Löwen werden ihn verschlingen, die Schlangen vergiften, der Durst wird ihn ausdörren, der Sandsturm begraben, die Sonne wird ihn verbrennen, und am Ende wird ihn die eigene Furcht vernichten. Freudenburg fällt wenig später der Syphilis zum Opfer. Hornemann reist noch drei Jahre lang durch die Wüste und kommt tatsächlich bis zum Niger. Dort stirbt er an der Ruhr, ohne Europa wiedergesehen zu haben.

VERABREDUNG IM SANDMEER

Heute nach Siwa zu reisen ist ein Kinderspiel. Man fliegt nach Kairo, mietet einen Wagen und fährt los. Es muß noch nicht einmal ein Geländewagen sein. Ein ganz normaler PKW tut es auch. Allerdings gilt das nur, wenn man in Siwa Freunde besuchen oder ein paar Datteln essen will. Sind die Pläne etwas umfangreicher, dann nehmen auch die Schwierigkeiten zu. Die Absicht, dort einige Wochen zu bleiben und einen Film zu drehen, ist in den Vorschriften der Ministerien nicht eingeplant. Kritisch wird es dann, wenn das Projekt Flugaufnahmen beinhaltet. Siwa liegt nur einen Katzensprung von der libyschen Grenze entfernt, und noch vor ein paar Jahren war die Oase militärisches Sperrgebiet. Die Streitigkeiten mit Libyen sind weitgehend beigelegt, aber die üblichen Empfindlichkeiten mit Grenzgebieten und Militärgarnisonen sind natürlich geblieben. Nach monatelangen Verhandlungen liegt ein kleiner Stapel offizieller Papiere vor uns: Genehmigungen des Innenministeriums, die Antikenverwaltung hat das Vorhaben abgesegnet, und die verschiedenen Geheimdienste sind informiert. Das Verteidigungsministerium erteilt eine Ausnahmegenehmigung, sogar die Flugaufnahmen sind gestattet – allerdings nur, wenn wir die Kosten für den riesigen Militärhelikopter übernehmen, der von der Küste eingeflogen werden muß, und das Filmmaterial anschließend dem Zensor in Kairo vorgelegt wird. Die Flugzeit für den Hubschrauber, abgerechnet nach Minuten, ist schon in Kairo zu bezahlen. Am besten sofort. Bar. Und noch eine Order: Selbstverständlich brauchen wir einen offiziellen Begleiter des Informationsministeriums. Er wird alle Probleme aus dem Weg räumen und uns immer mit Rat und Tat zur Seite stehen. Kamal wird in **Marsa Matruh** warten und von der Küstenstadt aus mit uns nach Siwa fahren. Alle Gegenargumente werden durchschaut als das, was sie sind: billige Ausreden, um einen Aufpasser loszuwerden. Wir haben keine Chance. Kamal ist unser Mann.

Für diejenigen, die die Wüste aus prächtigen Farbbildbänden kennen, ist die Straße nach Südwesten eine herbe Enttäuschung. Ein schnurgerades Asphaltband, gesäumt von Telegraphenmasten, schneidet dreihundert Kilometer durch eine steinige Ebene. Der Wind aus Nordwest treibt Staub vor sich her und färbt den Himmel im gleichen Grauton wie die Erde. Manchmal ist der Horizont zu erkennen, dann verschwindet er wieder im flirrenden, monochromen Licht. Eine Stunde begleiten uns hartblättrige, niedrige Sträucher, Disteln und bizarre, trockene Zweige, an denen die Fetzen alter Plastiktüten wie Blüten leuchten, und vereinzelte, magere Kamele mit dem Brandzeichen der Beduinenfamilien. Dann ist die Vegetation zu Ende, und wie eine Fata Morgana tauchen aus dem Staub drei Männer am Straßenrand auf, die per Anhalter in die Gegenrichtung fahren wollen. Wir haben gelernt, daß es in der Wüste eine Frage der Ehre und des Überlebens ist, jeden Fremden zu grüßen und ihm Hilfe anzubieten, wenn er sie benötigt. Die drei Männer lachen. Nein, nein, kein Problem! Sie warten erst seit zwei Stunden, und sicher wird auch ein Auto in ihre Richtung fahren und sie nach Marsa Matruh mitnehmen. Sie sind Arbeiter auf dem nahe gelegenen Ölbohrgelände und haben zwei Tage frei. So Allah will, wird die Zeit reichen, ihre Familien zu sehen und rechtzeitig wieder zur Arbeit zurück zu sein.

Die nächsten eintönigen Stunden werden unterbrochen von zwei ausgebrannten Minibussen, einem umgestürzten Tanklastzug und einem liegengebliebenen Zementtransporter. Der Fahrer hält uns an und bittet um Wasser. Nein, vielen Dank, ansonsten könnten wir nichts für ihn tun. Hilfe ist schon unterwegs, sie wird heute oder morgen kommen, *Insch'Allah*. Wir sehen uns zweifelnd um: in allen Himmelsrichtungen nichts als Staub, Dunst und flirrende Hitze. Eine halbe Stunde später bricht Kamal zum ersten Mal sein hartnäckiges Schweigen. Er schimpft auf den Lastwagenfahrer, der ohne ausreichend Wasser in die Wüste fährt, und er schimpft auf uns, weil wir ihm unsere letzten beiden Wasserflaschen dagelassen haben. Was ist, wenn wir selbst einen Motorschaden haben? Er schimpft auf arabisch, das nur unsere Produktionsleiterin beherrscht. Wir fragen ihn, wie weit es noch bis Siwa ist. Wir fragen englisch, deutsch, französisch. Keine Antwort. Am nächsten Tag erfahren wir, daß Kamal noch nie in Siwa war und daß er auch die Berbersprache der Leute dort nicht versteht. Es wird nicht einfach werden mit dem Mann »zur Lösung aller Probleme«. Wahrscheinlich denkt er genauso. Nach drei Stunden lockert er bei 35 Grad im Schatten die Krawatte und öffnet den obersten Hemdknopf. Wenn Allah ausgerechnet ihn ausgewählt hat, seine Zeit mit den verrückten Ausländern zu verbringen – dann sei es eben so.

Mit einemmal verändert sich die Landschaft dramatisch. Das steinige Plateau

fällt an manchen Stellen fast hundert Meter senkrecht in die Tiefe, und die Bruchkanten leuchten rot und gelb in der Abendsonne. Die Straße führt in Serpentinen nach unten in schier endlose Palmenwälder, aus denen in der Ferne die Hügel Siwas auftauchen. Allein dieser Blick versöhnt uns mit den letzten Stunden und der trockenen Kehle.

Wir sind mit einigen Leuten verabredet: mit Abd el Aziz, der alles und jeden kennt, früher in der Antikenverwaltung gearbeitet hat und jetzt einer schwer zu definierenden Arbeit in der Verwaltung nachgeht; mit Scheich Ahmed Haydah, einem der reichsten Grundbesitzer in Siwa; mit dem Captain, einem alten Mann, dessen richtigen Namen niemand kennt und der für unsere Unterkunft zuständig ist; und mit Klaus Kuhlmann, dem deutschen Archäologen, der seit sechs Jahren die

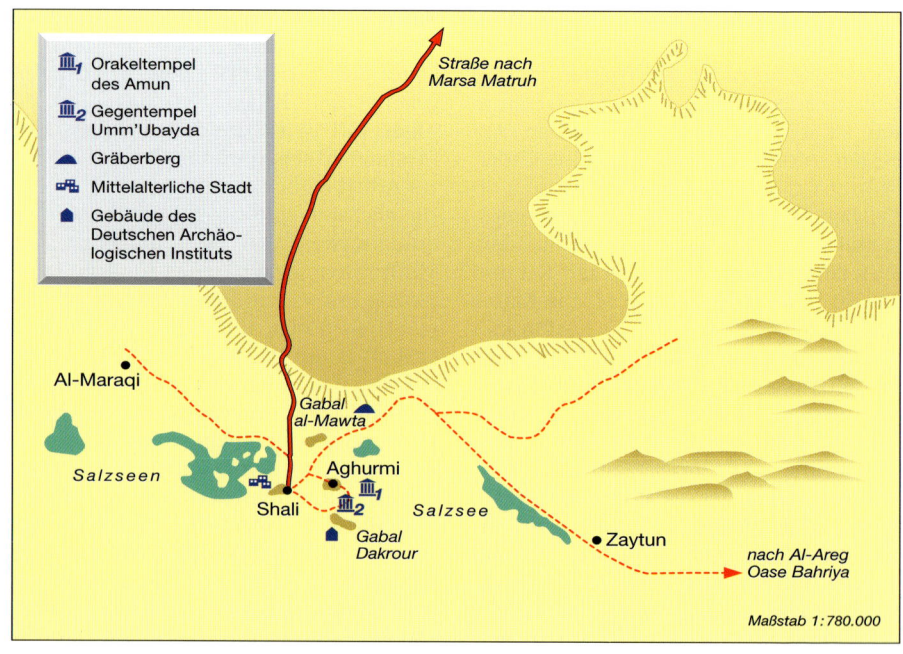

Oase Siwa

Ausgrabungen in Siwa leitet und als führender Experte für den Orakeltempel des Amun gilt. Aber mit keinem von ihnen sind Ort und Zeitpunkt der Verabredung festgelegt. Das funktioniert in Siwa anders. Man stellt sich an eine belebte Ecke und wartet, bis derjenige vorbeikommt oder ein anderer, der ihn kennt. Oder man schickt ein Kind an den vermuteten Aufenthaltsort und läßt bestellen, daß man den anderen gern sehen würde. Die Methode klappt immer. Es dauert manchmal nur ein wenig.

Klaus Kuhlmann ist leicht zu finden. In Siwa kennt jeder den Archäologen und seinen großen Geländewagen. Der Captain, das Hotel-Faktotum, erzählt voller Bewunderung vom Doktor, der alle Sprachen kennt, der die Hieroglyphen und die alte griechische Schrift entziffern kann, der Latein spricht wie die alten Römer, arabisch wie die Leute in Kairo und selbst von der Berbersprache einiges versteht. Er, der Captain, könne das beurteilen. Er ist dreißig Jahre seines Lebens zur See gefahren und hat viel von der Welt gesehen. Der Doktor kann nur im Tempel in **Aghurmi** oder in seinem Haus auf dem Gabal at-Takrur sein, direkt neben dem antiken Steinbruch.

Das Haus entpuppt sich als Zweigstelle des Deutschen Archäologischen Instituts in Kairo. Es liegt malerisch am Westhang eines kahlen Hügels, umschließt einen kleinen Innenhof, besitzt einen eigenen Brunnen, eine Reihe kleinerer Zimmer für die Mitarbeiter und eine große Terrasse auf dem talseits gelegenen Flachdach. Von hier aus sieht man die riesigen Dünen der Großen Sandsee, die verstreuten Ansiedlungen des modernen Siwa und natürlich Aghurmi, den Hügel mit dem Tempel des Amun. Ein leichter Wind macht die Hitze des Spätnachmittags erträglich, Kleopatra, die Hauskatze, rekelt sich im Schatten, und Klaus Kuhlmann zieht den Korken

aus einer wohltemperierten Flasche Bordeaux. Wir sehen auf die dunklen, weiten Palmenfelder, und fast gleichzeitig setzen aus allen Himmelsrichtungen die Stimmen der Muezzin zum Abendgebet ein. Siwa kann sehr schön sein.

ARCHÄOLOGIE UND MUMMENSCHANZ

Ahmed Fakhry, einer der ersten einheimischen Ägyptologen, nennt Siwa die schönste aller Oasen, in die ihn seine Arbeit als Historiker und Archäologe gebracht hat. Er beginnt 1970 mit den Ausgrabungen am Tempel des Amun, wobei Ausgrabung nicht ganz der richtige Ausdruck ist. Seit dem Mittelalter wurde der Tempel Lehmschicht um Lehmschicht zugebaut. Aus Salzton entstanden Zwischenwände, Anbauten und aufgesetzte Stockwerke, so daß am Ende nur noch an der steil abfallenden Nordseite die Steinquader des antiken Gebäudes sichtbar waren. Hölzerne Treppen verbanden alte mit neuen Bauteilen, Fenster und Türen wurden in das alte Gemäuer gebrochen, Wohnungen eingebaut, und die Räume des Königsorakels wurden als Stallungen benutzt. Fakhrys erste Arbeit bestand darin, die Leute in Siwa davon zu überzeugen, daß der Kern des verschachtelten Baus das eigentlich Wertvolle war. Die Ummantelung dagegen bestand aus minderwertigen Anbauten, die er abtragen mußte, um an die Original-Mauern heranzukommen. Fakhry war ein respektierter Wissenschaftler und er war Ägypter, und so gelang ihm etwas, wozu sein Nachfolger Klaus Kuhlmann als Ausländer kaum die Genehmigung bekommen hätte: der erste Spatenstich in einen Zeitabschnitt, der von den Siwanern auch heute noch als die dunkle Zeit der Ungläubigen betrachtet wird. Als die fünfhundert Jahre alten Lehmmauern das darunter verborgene, um zweitausend Jahre ältere Gebäude freigaben, macht Fakhry eine Entdeckung, die die Archäologen bis heute vor ein kaum lösbares Problem stellt. Er schreibt 1973: »Die hintere Wand des Tempels steht jetzt genau an der Kante des brüchigen Felsens, und sie wird in die Tiefe stürzen, wenn es einen neuen Bergrutsch gibt. Ich hoffe, die ägyptische Antikenverwaltung wird den Tempel sichern, bevor etwas Derartiges geschieht.«

Klaus Kuhlmann zeigt uns fünfundzwanzig Jahre später den langen, senkrechten Riß in der gleichen Wand und meint lapidar: »Wenn dieser ganze Teil nach unten kracht, kann ich meine Sachen einpacken und nach Hause fahren. In Ägypten brauche ich mich dann nicht mehr blicken zu lassen!«

Aufsteigendes Salzwasser im Gestein und die seltenen Regenfälle lassen Salzkristallisationen entstehen, die auf den Fels wie Dynamit wirken. Am Fuß des Hügels ist das Ergebnis der jahrhundertelangen Naturkräfte zu sehen: Mannshohe Felsbrocken, früher Teile des Plateaus von Aghurmi, liegen nun wie Findlinge in der Landschaft. Seit vier Jahren wird mit Unterstützung der Universität Karlsruhe und einer Ingenieurbaufirma aus Essen am Erhalt des Tempels gearbeitet. Mächtige T-Träger stützen die Eingangsportale. West- und Nordwand sind mit meterlangen Stahlstangen ineinander verschraubt. Aber es ist natürlich nur ein Provisorium. Der Felsuntergrund muß saniert werden, und die sichtbaren Hilfskonstruktionen tun dem Archäologen in der Seele weh. Nur: Das alles kostet sehr viel Geld. Geld, das bei der eigentlichen Grabungsarbeit fehlt. Und nur das Ergrabene, »der spatenstichhaltige Beweis« zählt für den Archäologen. Es ist wie bei einem Mosaik, wo die Hälfte der Steinchen fehlt. Aus der noch vorhandenen Bausubstanz und den überlieferten Schriften der Antike entsteht nach jahrelanger Arbeit ein »so könnte es gewesen sein« und nur sehr selten ein beweisbares »so war es!«

Herodot, der Vater der Geschichtsschreibung, notiert im 5. Jahrhundert v. Chr.: »Die Priesterinnen erzählten folgendes: Zwei schwarze Tauben seien einst von Theben in Ägypten aufgeflogen und die eine sei nach Libyen, die andere aber zu ihnen gekommen, wo sie sich auf einem Eichbaum niedergelassen und mit Menschenstimme gerufen habe, es müsse hier ein Orakel des Zeus gestiftet werden. Dies hätten sie als einen Befehl Gottes angesehen und ihn ausgeführt. Die andere Taube aber, die nach Libyen geflogen sei, gebot den Libyern, ein Orakel des Ammon zu gründen.« Zu dieser Legende liefert Hero-

Palmengarten mit Süßwasserquelle

dot noch eine zweite Variante. Danach hätten die Phönizier zwei Priesterinnen aus Theben entführt, eine von ihnen nach Griechenland, die andere in die Libysche Wüste verkauft, und beide hätten jeweils eine Orakelstätte begründet. Aber schon für Herodot sind es Sagen aus der Vorzeit. Die Archäologen sind sich einigermaßen sicher, daß Siwa als Orakelort bereits lange vor dem Bau des jetzt ausgegrabenen Tempels existierte, obwohl eine genaue Datierung erst mit diesem Tempelbau möglich ist.

Im 6. Jahrhundert v. Chr. beginnen in Siwa die Bauarbeiten am neuen Amun-Tempel. Zu dieser Zeit stehen die drei großen Pyramiden von Giseh schon seit zweitausend Jahren. Der Wüstenwind hat die Sphinx mit Sand verweht, die Macht Ägyptens ist im Niedergang. Nubien, Palästina und Syrien sind schon lange verloren, der Sitz der Pharaonen wurde ins Nildelta verlegt. In Oberägypten errichten die mächtigen Priester den Gottesstaat des Amun, die Perser drängen nach der Herrschaft am Nil – da erlebt Ägypten unter den Stadtfürsten von Sais eine letzte Blütezeit. In Siwa respektiert man die Pharaonen und vor allem die Macht der Amun-Priesterschaft. Aber die Oase versteht sich nicht als Teil Ägyptens. Die Handelsbeziehungen zu den Griechen an der Küste des heutigen Libyen sind sehr viel enger als diejenigen zum Niltal, und so entsteht eine einzigartige Architektur aus griechischen und ägyptischen Einflüssen. Im Allerheiligsten meißeln die griechischen Baumeister das Bild des Pharao ein. Die Uräusschlange als königliches Symbol an der Stirn, bringt er Gott Amun ein Brotopfer dar. Daneben, ebenfalls als Relief in die Wand eingeschlagen, das für die Historiker entscheidende Zeichen: ein Oval, die sogenannte Kartusche, mit dem Thronnamen des zur Bauzeit herrschenden Pharao Amasis aus der 26. Dynastie. Als

Beweis, daß es sich bei dem Bau tatsächlich um den Orakeltempel handelt, stehen drei Hieroglyphenzeilen neben dem widderköpfigen Amun: »Worte sprechen durch Amun-Re, den Herrn des Ratschlagerteilens, des großen Gottes: Ich gebe hiermit Leben, ich gebe Gesundheit und alle Herzensfreude dem Großen Fremdländer Seth Irdis.« Seth Irdis war zur Zeit des Tempelbaus König in Siwa, und der Ausdruck »Herr des Ratschlagerteilens« meint nichts anderes als Amun, den Orakelgott.

Amun ist kein freundlicher Gott – die Menschen fürchten ihn. Er ist allgegenwärtig wie der unsichtbare Wind und wie die sengenden Strahlen der Sonne. Er ist König der Götter, widderhörnig und lendenstark, er ist die Vatergottheit, von der alles Irdische abstammt. Er ist Herr von Ober- und Unterägypten, in der Götterwelt gleich dem griechischen Zeus und dem römischen Jupiter. Er kennt die Vergangenheit und die Zukunft, und er allein weiß die Antwort auf die eine Frage, die allen Irdischen verwehrt ist: Was wird morgen sein? Wird mir die Heirat mit der Tochter des Nachbarn Glück bringen? Werden wir eine reiche Ernte haben oder hungern müssen? Soll ich mich verschulden und das angebotene Grundstück kaufen?

Aber niemand, der solche Fragen hat, darf den Tempel betreten. Das Allerheiligste bleibt Priestern und Königen vorbehalten. Für die Fragen aus dem Volk wird die verhüllte Figur des Amun auf einem goldenen Boot aus dem Tempel getragen. Achtzig Priester tragen die Barke mit dem Gottesbild auf ihren Schultern die Treppe nach unten. Begleitet von Litaneien, Musik und dem Duft des Weihrauchs geht der Zug vierhundert Meter auf der Prozessionsstraße bis zu einem zweiten Tempel. Auf diesem Weg verkündet Amun das öffentliche Orakel.

Siwa ist zu dieser Zeit der berühmteste Orakelort der Antike. Amun begibt sich selten aus dem Tempel; entsprechend groß ist der Andrang der Fragesteller. Lange schon haben sie sich die Fragen zurechtgelegt und versuchen nun, sich in die Nähe der Götterbarke vorzuschieben. Jeder will etwas über seine Zukunft wissen. Aber Amun schweigt. Anders als in Delphi oder Dodona werden ägyptische Weissagungen nicht gesprochen. Die Antwort kommt über Bewegungen der Amunfigur, die von den willenlosen Barkenträgern, den Priestern des Kultes, ohne eigenes Zutun ausgeführt werden. Ist die Antwort auf eine Frage ›ja‹, dann bewegt sich die Barke auf den Fragesteller zu; die Priester, die vorne an den Holmen stehen, gehen in die Knie, und Amun scheint zu nicken. Ist die Antwort dagegen ›nein‹, dann weichen alle Barkenträger zurück, als scheue Amun vor einer Antwort zurück. Aus diesem Grund sind außer einem Ja oder Nein auch keine anderen Antworten möglich. Einfach, aber genial!

Sowenig sich dem Gläubigen bei einem katholischen Gottesdienst die praktische Frage stellt, wie aus einer Oblate der Leib Christi wird, sowenig wird sich der Gläubige im Altertum Gedanken um das Funktionieren des Orakels gemacht haben. Gott ist allmächtig. Er sieht alles, er hört alles, und die Priester sind nicht mehr als Mittler zwischen göttlichem Willen und menschlicher Auffassungsgabe. Sicher wußten

auch schon im Altertum manche Gläubige von Schiebung und Betrug im Zusammenhang mit Orakelsprüchen. Vom Chnum-Orakel auf der Nilinsel Elephantine ist ein Papyrus überliefert, wonach Priestern, die den Willen Gottes zur Stärkung der eigenen Macht mißbrauchten, der Prozeß gemacht wurde. Aber die Priester waren nur Menschen, und deren Verfehlungen haben dem Glauben keinen Abbruch getan.

Schwierig allerdings wird es beim Königsorakel. Priester, Könige und Pharaonen – wie Alexander der Große – dürfen ihre Fragen im Allerheiligsten des Tempels stellen, allein gelassen mit sich und der Gottheit. Da ist niemand, der Amun bewegen könnte, es gibt kein Näherkommen oder Zurückweichen der göttlichen Figur, kein Ja oder Nein, auf welche Frage auch immer. Und doch sagt Alexander nach dem Orakelbesuch, er habe gehört, was er hören wollte. Klaus Kuhlmann hat dafür eine ganz profane Erklärung. Neben dem Allerheiligsten verläuft ein sehr schmaler Gang, gerade breit genug für die Schultern eines Mannes. Dieser Gang ist über eine Geheimtür im Norden des Tempels zu erreichen und weder von außen noch vom Inneren des Tempels zu sehen. Mit einer hölzernen Leiter gelangt man von hier aus auf das Tempeldach, das mit einer mannshohen Sicht-

Amun in Widdergestalt mit Uräusschlange und Sonnenscheibe

blende umgeben ist, so daß jemand, der nach oben steigt, auch von der Straße aus nicht zu sehen ist. Vom Dach führt eine zweite, kürzere Leiter hinab in ein sehr niedriges Zwischengeschoß, getrennt durch eine hölzerne Decke aus Palmstäm-

Aufsicht auf das Allerheiligste mit Geheimgang, zwei Leitern, Tempeldach und Sichtblende. Computer-Rekonstruktion

men von dem Raum, in dem König und Gottheit im Zwiegespräch sind.

»Vorher liefen sicher sämtliche Zeremonien ab, die beim Besuch des Heiligtums üblich waren, mit Weihrauch, Litaneien und Trommeln. Dann entfernten sich die Priester diskret, und die Türen zu den inneren Räumen des Tempels wurden geschlossen. Es durfte ja beim Orakelsuchenden nicht der Eindruck entstehen, daß da etwas nicht mit rechten Dingen zugeht. Zumindest mußte der Schein aufrechterhalten werden, auch wenn manche wußten, daß manipuliert wurde. Man muß sich dazu auch die Atmosphäre vorstellen, die Dunkelheit, nur ein wenig erleuchtet durch die Öffnung in der Wand und das immer brennende Öllämpchen. Nun mußten die Priester aber in Erfahrung bringen, was da drinnen gefragt wurde.

Deshalb stiegen ein oder zwei Leute – vier Ohren hören besser als zwei – in den Raum über dem Allerheiligsten, legten sich mit dem Ohr auf den hölzernen Boden und versuchten zu verstehen, was da unten gesprochen wurde. Technisch gesehen ist das kein Problem. Es sind ja nur zwei Meter Abstand, und die Schallwellen gehen nach oben.«

Klaus Kuhlmann ist Wissenschaftler und kein Metaphysiker. Er stellt ganz nüchtern Überlegungen an, daß im Falle Alexanders zumindest einer der beiden Lauscher Griechisch gesprochen haben muß, daß Alexander zuerst aus dem Allerheiligsten geführt wurde, damit die wieder nach unten steigenden Priester sich nicht durch knarrende Bohlen verrieten, und daß die nun vorliegenden Fragen in einem göttlichen Orakelschreiben beantwortet werden mußten. Das und die Verlesung des göttlichen Ratschlags war Aufgabe des Oberpriesters. Die Auslegung der Antworten blieb allein dem Fragesteller überlassen. Und so konnte Alexander nach dem Treffen mit dem stummen Gott seinen Begleitern mitteilen, er habe gehört, was er hören wollte.

Bei der Erforschung des Amun-Tempels auf Aghurmi kann sich die Archäologie noch auf eine weitgehend erhaltene Bausubstanz stützen. Sehr viel schwieriger ist es bei dem zweiten Tempel am Ende der Prozessionsstraße. Friedrich Hornemann war der letzte Europäer, der den Bau in seiner ursprünglichen Form zu sehen bekam. Zwölf Jahre später brachte ein schweres Erdbeben die Dachkonstruktion zum Einsturz. Noch standen das mächtige Eingangstor und eine Seitenwand, die der deutsche Konsul in Ägypten, General von Minutoli, 1820 in zwei Zeichnungen festhalten ließ. 1897 aber beschloß Mahmud Azmi, damals Gouverneur in Siwa, die unnütze, alte Ruine einem besseren Zweck zuzuführen. Er deponierte ordentlich Dynamit unter der letzten erhaltenen Wand und sprengte den Tempel des Amun in die Luft. Mahmud brauchte die Steine für die Treppe einer neuen Polizeistation und für den Bau seines eigenen Hauses. Heute steht noch eine einzige Mauersäule mit drei Reihen Götterfiguren. Zuoberst kniet der König von Siwa vor Gott Amun. Darunter liegen, wie von Titanenhand verstreut, riesige Steinblöcke, Relikte der Zerstörung und augenscheinlich zu groß, um von Mahmuds Gehilfen einem Neubau einverleibt worden zu sein. Nicht ganz so hoffnungslos sieht es aus der Sicht der Archäologen mit der Rekonstruktion – beziehungsweise Freilegung – der Prozessionsstraße aus. Der Verlauf scheint eindeutig zu sein: Die Ausrichtung beider Tempel liegt genau auf einer Verbindungsachse, die Fundamente eines kleinen Stationstempels auf halbem Weg sind bereits ausgegraben, und die Fortsetzung der Arbeit ist nach Klaus Kuhlmann nur eine Frage der Finanzierung. Mit einer Einschränkung: Ein Teil des vermuteten *Dromos*, der Prozessionsstraße, liegt unter einem alten islamischen Friedhof. Hier zu graben würde ähnlich böses Blut schaffen wie Friedrich Hornemanns Neugier vor zweihundert Jahren. So läßt man es lieber.

FREMDE UND EINHEIMISCHE

Es gibt wenige Orte, die so sehr von den Schichten der Vergangenheit überlagert sind und deren Bewohner so ausschließlich in der Gegenwart leben wie Siwa. Aber vielleicht bedingt ja das eine das andere. Kein Oasenbewohner käme auf die absurde Idee, einen Abendspa-

Dr. Klaus Kuhlmann zeigt die Position der Götterbarke im Allerheiligsten

ziergang im verfallenen, mittelalterlichen **Shali** zu unternehmen oder den Tempel des Amun zu besuchen. Das Orakel interessiert hier außer den Archäologen niemanden mehr. Außerdem wäre auch der Orakelkult nicht mit dem Islam zu vereinbaren. Das Leben dreht sich um die nächste Dattelernte, um die Einrichtung einer funktionierenden Telefonverbindung mit dem Rest der Welt und um die Konflikte, die mit dem allmählich aufkommenden Tourismus entstehen.

Früher, vor den Zeiten des Automobils, hatte jeder Fremde, sofern er gläubiger Moslem war und in friedlicher Absicht kam, das Recht auf drei Tage Gastfreundschaft, auf freie Unterkunft und Verpflegung. Nach diesen drei Tagen hatte er dann auch wieder zu gehen. Heute gelten diese alten Besuchsregeln nicht mehr. Aber auch die umzäunten Ghettos, in de-

Speisekarte für Touristen

nen bis vor kurzem die Gastarbeiter aus dem Niltal während der Dattelernte lebten, sind kein probates Mittel für den Tourismus. Die Fremden kommen und gehen, lassen ihr Geld bei den Restaurant- und Hotelbesitzern und sind immer auf der Suche nach dem exotischen, unverfälschten Wüstenleben. Ihr Einfluß ist nicht zu übersehen: Lokale mit englischen Namen, Fahrradverleiher und Kleinunternehmer, die Wüstentouren mit dem Jeep anbieten. Manche Siwaner wünschen die Touristen zum Teufel, den meisten sind sie gleichgültig, und einige verdienen Geld mit ihnen. Übrigens zählen wir selbst natürlich zu denen, die das Leben in Siwa verändern. Kamal, unser Mann zur Lösung aller

Probleme, sorgt sich aber nicht um den Eindruck, den wir in der Oase hinterlassen, sondern ausschließlich um das Bild, das wir von Siwa in die Fremde tragen. Ein Wagen mit geöffneter Motorhaube? Darf nicht aufs Bild. Es könnte so aussehen, als hätten Autos in Ägypten manchmal einen Motorschaden. Gemüsereste vom Freitagsmarkt auf der Straße? Nein. Ägypten ist ein sauberes Land. Esel mit Holzkarren? Das schon gar nicht! Esel erwecken den Eindruck von Rückständigkeit, und wer will schon als zurückgeblieben gelten? Die Sache mit den Eseln hat es aber in sich. Eselskarren sind in Siwa immer noch das wichtigste Transportmittel. Sie bringen die Dattel- und Olivenernte zu den Häusern; der Markt wird mit Karren beliefert, und wenn eine gänzlich verhüllte Frau außerhalb des Hauses zu sehen ist, dann auf einem Eselskarren. Man kann ihnen nicht ausweichen. Das sieht auch Kamal nach einer Woche ein und resigniert.

Manchen Vorläufern des modernen Tourismus erging es noch schlechter als Friedrich Hornemann, anderen hingegen sehr viel besser. Zum Beispiel Gerhard Rohlfs. Er war einer der bekanntesten Forscher in der nordafrikanischen Wüste. Er hielt sich 1869 und 1874 in Siwa auf, und beide Male begeistert ihn die Freundlichkeit der Oasenbewohner. Seine erste Reise führt ihn auf einer normalen Karawanenroute vom Niltal aus nach Siwa. Auf der zweiten will er die Große Sandsee von Ost nach West bis Kufra durchqueren. Ein Abenteuer, das vor ihm noch niemand gewagt hat. Es beginnt vielversprechend: Der ägyptische Vizekönig Ismail unterstützt ihn mit überschwenglicher Gastfreundschaft. Als die Vorbereitungen in Kairo bereits abgeschlossen sind, schickt Ismail nicht nur die besten Wünsche, sondern auch noch die komplette königliche Reiseküche.

Rohlfs erinnert sich später: »Da war aber auch alles Nötige, um auf der Reise mit allem europäischen Komfort zu speisen. Ein ganzes Silberservice, Porzellan, Glas, Kristall und eine vollkommene Küche. Da waren Schafe, Puter und große Käfige mit Hühnern, da waren Hunderte von Büchsen mit eingemachten Pasteten, Gemüsen und Leckereien, da waren Champagner, französische, deutsche und spanische Weine, Liköre und Bier, da waren Kaffee, Tee, Schokolade und Zigarren und der Befehl, alles zu erneuern, falls es verbraucht sei, und jeden unserer Wünsche in bezug auf materielle Bedürfnisse zu befriedigen.«

Das alles wird auf einem Nildampfer von Kairo nach Assiut transportiert, dann aber zum größten Teil dort deponiert, weil Kristallgläser und Porzellan nicht sonderlich geeignet sind für den Transport auf Kamelrücken. Den Champagner allerdings nimmt Rohlfs mit auf seine abenteuerliche Reise. Fast zwei Monate ziehen sie nach Westen, bis sie die endlosen, fast hundert Meter hohen Dünen erreichen. Gerhard Rohlfs versteht viel von Kamelen. Es ist nicht seine erste Wüstendurchquerung, er kennt die zwanzig verschiedenen Namen, die die Araber dem Kamel je nach Alter und Herkunft geben. Er weiß, wie groß die Last sein darf, die ein Kamel tragen kann, und er errechnet, daß die Kraft der Tiere beim

An- und Abstieg im weichen Sand nicht mehr als vier Tage oder 65 Kilometer reichen würde. Dann gingen sie nach einer mehrtägigen Rast vielleicht noch einmal fünfzig Kilometer. Aber sie haben bis jetzt noch nicht einmal die Hälfte des tausend Kilometer langen Weges zurückgelegt.

Rohlfs beschließt, das ursprüngliche Ziel aufzugeben und nach Norden in Richtung Siwa abzubiegen. Allerdings ist auch diesen Weg noch kein Europäer vor ihm gegangen. Es gibt weder Karawanenstraßen noch Wasserstellen bis zur fünfzehn Tagesmärsche entfernten Oase.

Vor dem Aufbruch vom letzten Lagerplatz vergräbt er eine versiegelte Flasche mit Datum, Ortsangabe und den Namen der Expeditionsteilnehmer. »Wegen eines am 2. und 3. Februar gefallenen Regens, welcher 16 mm Wasserhöhe lieferte, wurde diese Gegend Regenfeld genannt. Regenfeld, den 5. Februar 1874. G. Rohlfs, K. Zittel, W. Jordan.« Über der Flaschenpost

Die Große Sandsee südlich von Siwa

im Sandmeer läßt er eine drei Meter hohe Pyramide aus leeren Wasserkisten und

**Blick von Shali auf den Westhügel.
Hier verlief die Grenze zwischen den
beiden verfeindeten Parteien in Siwa**

Steinen errichten. Wenigstens die Spuren
des großen Unternehmens sollen der
Nachwelt überliefert werden. Gleichzeitig
schreibt er in sein Tagebuch:»Ob jemals
wieder der Fuß eines Menschen diese
Stätte betreten wird?«
Fünfzehn Tage später steht er auf einer Anhöhe, eine Tagesreise von Siwa entfernt.
»Unwillkürlich stieß ich einen lauten Ju-
belruf aus. Scharf und doch wieder mild
umhaucht lagen sie vor uns, die pitto-
resken Abstürze des libyschen Küstenpla-
teaus, und im Westen senkte soeben die
Sonne ihre letzten goldenen Strahlen in
jene unvergleichlich schönen Azurseen,
welche den Schmuck der Oase des Jupiter
Ammon bilden. Aus dem dunklen Grün
ragten die Hochburgen der beiden Haupt-
orte Siwa und Aghurmi empor. Hätten wir
den Verlust unserer Kamele zu beklagen
gehabt, so wäre unser Untergang unver-
meidlich gewesen. Wohl war die Einöde
des libyschen Sandmeers dazu angetan,
derartige Gedanken aufkommen zu lassen, aber jetzt war jede Furcht verscheucht,
lag doch im Glanz der untergehenden
Sonne der heilige Orakelort des Jupiter
Ammon vor uns. Mit freudigerem Gefühl
hat wohl niemand vor uns die alte ehrwürdige Tempelstätte erblickt.«
Rohlfs wird von den alten Freunden seiner ersten, fünf Jahre zurückliegenden
Reise begrüßt. Sie werden im Gästehaus
der Regierung untergebracht, und die
Scheichs von Aghurmi machen ihm ihre
Aufwartung. Selbst die Notablen des verfeindeten westlichen Teils schicken einen
Boten mit der Nachricht, sie würden
Rohlfs gerne besuchen und einen Hammel als Geschenk mitbringen. Das wiederum wissen die Leute aus Aghurmi zu
verhindern. Die tausend Meter entfernt

lebenden Erzfeinde bei einem Gastmahl
auf ihrem Gebiet! Das können sie nicht
zulassen. Seit dem Mittelalter kämpft die
westliche Seite der Oase gegen die östliche. Es geht um fruchtbares Land, um
Brunnen, und selbst der Plan zur Verbrei-
terung einer Straße führt zu einer blutigen
Auseinandersetzung. Es gibt Prügeleien,
Schießereien, sie zerstören gegenseitig
ihre Palmengärten – nur im Kampf gegen

Feinde von außen wird ein befristeter Frieden geschlossen. Der Besuch eines Europäers ist kein ausreichender Grund für einen längeren Waffenstillstand.

Doch Rohlfs kann sich weitgehend ungehindert in beiden Teilen der Oase umsehen. Es ist Ende Februar; die Zeit der Dattelausfuhr geht zu Ende. Aber immer noch kommen täglich Karawanen mit bis zu hundert Kamelen. Sie bringen Getreide, Stoffe, Schießpulver, Seife, Spiegel, Messer, Scheren, Tabak, Zündhölzer, Zucker, Kaffee und Tee im Austausch gegen die wertvollen Datteln. Rohlfs spricht von 30 000 Zentnern Datteln, die jedes Jahr Siwa verlassen, und er läßt sich auch über den lockeren Lebensstil der Frauen aus, der wie überall, wo große Karawanen hinkommen, auch hier besonders ausgeprägt sein soll.

Hornemann hat in Siwa keine Frauen zu Gesicht bekommen – aber er beschreibt den Schmuck, den sie unter ihren Kleidern tragen. Rohlfs hat keinen Kontakt zu den Frauen in der Wüste – aber er weiß um ihren leichtfertigen Lebensstil. So übernimmt ein Reisender die Vorurteile seines Vorgängers und gibt sie an den Nachfolger weiter. In einem neueren englischen Reiseführer ist von Siwa als einem Paradies für Homosexuelle die Rede, und ein Freund in Kairo, der einen Teil seiner Militärzeit in Siwa verbrachte – wohlgemerkt in ägyptischen Kasernen –, fragt bei unserer Abreise, was wir von den Schwulen wollen. Ahmed Fakhry schrieb schon vor fünfundzwanzig Jahren, daß sich die Moral in Siwa heute durch nichts von irgendeinem anderen Ort in Ägypten oder in Europa unterscheide. Und Fakhry war einer der besten Kenner des Landes. Wir waren alles in allem nur einen Monat in Siwa, und unser Begleiter Kamal hätte einen Herzschlag bekommen, wenn wir uns für das Sexualleben der Siwaner interessiert hätten. Aber nach diesen vier Wochen liegt nichts ferner als der Eindruck von Lotterleben unter Palmen. Wann immer wir in ein Privathaus eingeladen werden, sitzen wir in einem separaten Raum mit einem Eingang. Das Reich der Frauen bleibt tabu. Es kommen Brüder, Onkel, Neffen und Söhne. Essen und Trinken wird von den jungen Männern serviert – von den Frauen noch nicht einmal ein neugieriger Blick. Wie hier das Illegitime, das Unaussprechliche geschehen sollte, entzieht sich unserer Kenntnis.

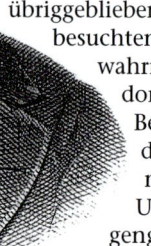

Gerhard Rohlfs (1831–1896)
Lithographie von 1869

Rohlfs interessierte sich ohnehin mehr für Geographie, Geologie, Meteorologie und natürlich für die Geschichte des Ortes. Er besuchte beide Tempel des Amun in Aghurmi und Umm ‘Ubayda, letzteren noch vor der kulturhistorischen Großtat des Provinzgouverneurs unter Verwendung einer Ladung Dynamit. Ohne zu ahnen, was ein paar Jahre später passieren würde, beklagt er sich über die Schatzsucher, die den Boden aufwühlen, und über die Barbarei der Bewohner, die für das Altertum kein Verständnis haben, sondern, im Gegenteil, die Zerstörung der Bauten der Ungläubigen für eine verdienstvolle Aufgabe halten. Nachdenklich schreibt er in seinem Tagebuch: »Was ist von all der Herrlichkeit übriggeblieben? Als wir Aghurmi besuchten, konnten wir wahrnehmen, daß die dort auf der Spitze des Berges sich befindende Akropolis immer schneller ihrem Untergange entgegengeht. Und wer sollte ihn auch hindern?« Die Europäer seiner Meinung nach nicht. Sie würden es in dem malariaverseuchten Siwa gar nicht aushalten, wie er abschließend in seinem Bericht bemerkt: »Für Europäer wird die Oase des Jupiter Ammon kein Aufenthaltsort sein, weil der ganze Boden versumpft ist und die gefährlichsten Miasmen aushaucht. Fieber, und zwar bösartige Wechselfieber, sind fast das ganze Jahr hindurch herrschend, nur die Monate Dezember, Januar und Februar sind einigermaßen gesund. Aber die fahle, gelbliche Hautfarbe der Eingeborenen, die tiefliegenden, umränderten Augen sprechen laut genug für das ungesunde Klima.«

TENNISSCHUHE
IM SAND

Gerhard Rohlfs verabschiedete sich von seinen Gastgebern in Siwa und zog mit seiner Karawane nach Osten, Richtung Niltal. Klaus Kuhlmann, der nicht nur mit den Tempeln des Amun vertraut ist, erzählt, daß in der Nähe der alten Karawanenstraße Überreste aus dem Zweiten Weltkrieg zu finden seien. Die Phantasie gaukelt uns sandverwehte Panzer, abgeschossene Flugzeuge und zerfaserte Uniformen vor; aber Kuhlmann verrät nicht, was uns dort erwartet.

Heute ist es auch nicht wie vor 125 Jahren damit getan, sich freundlich zu verabschieden und loszufahren. Wir müssen beim örtlichen Geheimdienst Kopien unserer Pässe hinterlegen, eine Reisegenehmigung für diese spezielle Straße beantragen, und dann erst beginnt eine lange Diskussion über die Notwendigkeit einer Militäreskorte. Der Anschlag auf eine Touristengruppe in Luxor, bei dem über sechzig Menschen starben, liegt gerade erst eine Woche zurück, und der Geheimdienstchef versichert, daß die Eskorte nicht zu unserer Überwachung, sondern ausschließlich zum Schutz vor Terroristen gedacht ist. Für alles andere ist Kamal zuständig, der die kühne Theorie vertritt, der Massenmord in **Luxor** sei das Werk des israelischen Geheimdienstes, um Ägypten und den Einnahmen aus dem Tourismus Schaden zuzufügen. Nach zwei Tagen einigen wir uns endlich auf einen Soldaten als Begleitung, der gerade noch in einem unserer beiden Wagen Platz findet. Wir laden Ersatzreifen, Benzinkanister und Wasservorräte aufs Dach und

fahren in der Morgendämmerung der Sonne entgegen.

Die Straße ist bis zum ersten Militärkontrollpunkt geteert und geht dann in eine Sandpiste über, manchmal klar begrenzt, manchmal vom Flugsand verweht und nur noch zu erahnen. An einer solchen Stelle, mitten in der unendlichen Weite der Libyschen Wüste, steht eine Schranke. Man könnte ebensogut rechts oder links daran vorbeifahren, es würde keinen Unterschied im Straßenverlauf machen. Aber es würde den Soldaten nicht gefallen, die in einem kleinen Holzgebäude neben dieser Schranke ihren Dienst tun. An diesem Tag sind wir die ersten und aller Voraussicht nach auch die letzten Reisenden, die ihre Kontrollstelle passieren, und die Soldaten sind froh über jede Abwechslung. Sie laden uns zum Tee ein, und wir machen den zögerlichen Vorschlag, daß ihr Kollege – unser bewaffneter Begleiter – bei ihnen bleiben könnte, bis wir ihn auf unserer Rückfahrt wieder abholen würden. Der Vorschlag wird widerspruchslos akzeptiert. Jeder Einheimische verbringt die Hitze des Tages lieber im Schatten mit ein paar Freunden als in Begleitung von sonderbaren Europäern, die nichts Besseres zu tun haben, als sich in der Wüste herumzutreiben.

Aber schon allein der erste längere Aufenthalt lohnt die Anstrengung: **Al-Areg**, eine verlassene Oase, die selbst Gerhard Rohlfs, den erfahrenen Wüstenreisenden, zu einer hymnischen Beschreibung hinriß:

»Senkrechte, 300 Fuß hohe, aus schneeweißem Nummulitenkalk bestehende Felsblöcke mußten wir durchwandern, ehe wir unseren malerisch in der Nähe von Palmbäumen gelegenen Lagerplatz erreichten, und fortwährend das fünffache Echo herausfordernd, hatten wir bald unsere Zelte errichtet. Da waren Felsblöcke, welche wie der Rumpf eines riesigen Kirchenschiffes geformt waren, da waren Dome, da waren gotische Kirchtürme, Pyramiden, vollkommene Würfel. Und dazu das blendende Weiß der Felsen, grell beleuchtet von den silbernen Strahlen des hoch stehenden Mondes. Was würde mancher darum geben, einen Augenblick ein solches Bild betrachten zu können, und wer hätte vermutet, inmit-

ten der Libyschen Wüste eine solch köstliche Insel der Glückseligen zu finden.« Am nächsten Morgen durchstreift Rohlfs das zerklüftete Gelände und entdeckt eine ganze Reihe antiker Gräber. Er findet Knochen, Scherben, Leinwandstreifen, aber nirgendwo eine erhaltene Mumie. Aus einem Wandbild, das einen Mann neben einer Palme und einem Rind zeigt, schließt er aus dem Gegenstand in der Hand des

Zufahrt zur verlassenen Oase Al-Areg

Mannes, daß es sich um ein christliches Grab handeln müsse. Klaus Kuhlmann zeigt uns dasselbe Bild. Seiner Meinung nach war Rohlfs Rückschluß zu voreilig. Das Kreuz in der erhobenen Hand könnte

Felsmalerei in einem Grab in Al-Areg

ebensogut ein Beil oder ein anderes Werkzeug sein. Auch Ahmed Fakhry hat 1938 diesen verlassenen Ort besucht, das Bild fotografiert und veröffentlicht, aber er enthält sich einer genaueren Datierung. Statt dessen erzählt er die Geschichte eines unglücklichen Grabräubers, der hier 1965 eine bestens erhaltene Mumie fand, sie heimlich nach Alexandria schaffte und sie in seiner Wohnung zwischenlagerte. Er ging aus dem Haus zu einem Schwarzmarkthändler und berichtete ihm von seinem Fund. In der Zwischenzeit kam das Dienstmädchen in die Wohnung, sah die Beine der Mumie aus dem Leinentuch ragen und schloß auf Mord. Schreiend lief es aus der Wohnung und verständigte die Polizei. Diese fand nicht nur eine, sondern auch noch eine zweite Mumie, die beide jetzt im Museum in Alexandria aus-

gestellt sind. Was mit dem Grabräuber passierte, verschweigt Fakhry.

Die gleiche Strecke, für die Rohlfs mit seinen Kamelen fünf Tage brauchte, schaffen wir mit den Wagen an einem Tag. Klaus Kuhlmann kontrolliert mit einem kleinen Gerät zur Satellitennavigation unsere Position und biegt von der Piste in die weglose Wüste nach Süden ab. Hier irgendwo muß es sein, das Relikt aus dem Zweiten Weltkrieg, das er uns zeigen will. Aber es ist kurz vor Sonnenuntergang, und wir schlagen in einer Senke zwischen riesigen Dünen unser Nachtlager auf. Am nächsten Morgen, bei einer neuen Positionsbestimmung, lassen wir uns das Navigationsgerät erklären. *GPS* steht für *Global Positioning System* und peilt bei jeder Messung vier von achtzehn geostationären Satelliten an. Die Genauigkeit bei der militärischen Nutzung ist beängstigend – wie die Videobilder aus dem letzten Golfkrieg vom punktgenauen Einschlag der amerikanischen Raketen zeigen. Für die zivile Nutzung ist eine Abweichung von fünfzig Metern einprogrammiert, damit es auch bei einer zivilen Nutzung bleibt. Das Ergebnis: Wir sind keine drei Kilometer von unserem Ziel entfernt. Diese drei Kilometer haben es aber in sich. Wir bleiben zweimal im Flugsand stecken und kommen nur mit untergeschobenen Sandblechen wieder frei. Kurz vor dem Ziel dann das Trauma jedes Dünenfahrers: genügend Anlauf, den Anfahrtswinkel nicht zu steil und nicht zu flach gewählt, Gas geben, der Neigungsmesser zeigt 25 Grad, durch die Windschutzscheibe ist nur noch der Himmel zu sehen – der Schwung muß reichen, um über den Dünenkamm zu rutschen. Wenn dann aber nicht von unten wieder Sand ins Gesichtsfeld kommt, hilft nur Notbremsung und Querstellen des Wagens. Man könnte natürlich auch vorher jede Düne zu Fuß erkunden; bei 40 Grad wahrlich kein Vergnügen!

Nach einer halben Stunde ist die letzte Düne überquert, die Landschaft liegt bis zum Horizont flach wie ein Brett vor uns, und der Boden ist nicht mehr sandig, sondern wie mit Perlmuttpailletten bestickt. Kreisrunde, platte Muschelhälften in der Größe von Fünfmarkstücken bedecken den Sand. Auf einer Fläche von zehn Fußballfeldern liegen Hunderte verrosteter Benzinkanister. »Shell Benzine« ist deutlich lesbar, und die scheinbar zufällige Anordnung der Kanister folgt durchaus einer Logik: Sie markieren eine geheime Landebahn der Engländer aus dem Zweiten Weltkrieg. Von hier bis zum Gilf Kebir, weit im Süden Ägyptens, erstreckte sich das Operationsfeld der *Long Range Desert Group,* der englischen Spionageabwehr in Nordafrika. Von diesen Männern stammen etliche vom Wüstenwind sandgestrahlte Flaschen, die zwischen den Kanistern verstreut sind, und ein paar Tennisschuhe, die beim Anheben die Sohle verlieren.

Verrostete Kanister für Flugbenzin aus dem Zweiten Weltkrieg

Haufen aus Spezialisten und Abenteurern. Die schillerndste Figur unter ihnen war der ungarische Graf Ladislaus Almásy. Vielsprachig, automobilbesessen und ein begnadeter Flieger mit der ägyptischen Pilotenlizenz Nummer eins. Es kursiert die Anekdote, *Al Maza,* der Name des internationalen Flughafens in Kairo, leite sich von Almásy her. Trotzdem kannten nur Eingeweihte bis vor wenigen Jahren diesen Namen. Erst ein Roman, sehr frei nach seinem abenteuerlichen Leben, und die anschließende Verfilmung machen ihn berühmt: Almásy, der »Englische Patient«. Als Forscher ist er Autodidakt. Er kommt 1926 als Vertreter der österreichischen Steyr-Autowerke nach Ägypten, unternimmt waghalsige Reisen mit dem Auto in den Sudan, organisiert die erste Automobilausstellung in Kairo und begeistert sich immer mehr für die Wüste. Auf seinen Fahrten entdeckt er die berühmten Höhlenmalereien im Gilf Kebir und sucht per Flugzeug nach der mythologischen Oase Zarzura, dem »Atlantis der Wüste«.
Almásy wird unterstützt vom ägyptischen Thronfolger Prinz Kemal El Din, der selbst begeisterter Wüstenforscher ist und als

DER ENGLISCHE PATIENT

Die besten Leute der *Long Range Desert Group* hatten vor dem Krieg als Geographen in der Libyschen Wüste gearbeitet. Von ihnen kamen die ersten detaillierten Landkarten der Großen Sandsee. Es war ein bunt zusammengewürfelter

erster mit kettengetriebenen Fahrzeugen
die Spuren von Gerhard Rohlfs sucht. Er
ist es, der nach fünfzig Jahren die von
Rohlfs vergrabene Flasche findet: »Regen-
feld, den 5. Februar 1874.« Er fertigt eine
Abschrift an, fügt noch einen eigenen
Text hinzu, verschließt beides in einer
Champagnerflasche mit seinem Siegel-

**Der ungarische Graf Ladislaus Almásy in der
Libyschen Wüste**

ring und gräbt diese an der gleichen Stelle
ein. »Allah allein weiß, wer einst meine
Schriftzüge in der Hand halten wird.«
Es ist Ladislaus Almásy, neun Jahre später.
Er bringt die verschlossene Flasche des in-
zwischen verstorbenen Prinzen Kemal El
Din dem ägyptischen König, fertigt sei-
nerseits eine Abschrift der Rohlfschen
Nachricht an und deponiert sie in der
Wüste. In Almásys Buch heißt es: »Und
während ich diese Zeilen schreibe, setzt

ein leises, rauschendes Rieseln ein, große
Regentropfen fallen aus dem düsteren
Nachthimmel! Regenfeld hatte Rohlfs diesen Ort genannt, an dem er in einer Re-
gennacht des Jahres 1874 den Entschluß
zur Aufgabe seines Vormarsches nach Westen gefaßt hatte. Heute, nach neunund-
fünfzig Jahren, wiederholt sich die gleiche
Naturerscheinung, wie dies bisher noch
an keiner anderen Stelle der großen Libyschen Wüstenebene beobachtet worden
ist. Fröstelnd lausche ich in die Nacht hinaus. Der weiche Dünensand dämpft das
Geräusch der fallenden Tropfen. Es klingt
wie eine flüsternde Stimme: Allah allein
weiß, wer einst meine Schriftzüge in der
Hand halten wird...«
Wenige Jahre später erreicht der Zweite
Weltkrieg auch den entlegensten Winkel
in der Libyschen Wüste. Geographen und
Wüstenforscher, Freunde und Kollegen
finden sich jetzt in feindlichen Lagern
wieder. Die eine Seite stapelt Benzinkanister, um die Reichweite ihrer Aufklärungs-
flugzeuge zu erweitern, die andere Seite
entdeckt die geheimen Landepisten und
läßt das Flugbenzin in den Wüstensand
laufen. Beide Seiten kennen sich und ihre
Fähigkeiten gut genug, um zu wissen, wer
hinter welchen Aktionen steckt. Almásy
ist nun Hauptmann im deutschen Afrikakorps. Von ihm stammt der Plan, zwei
Spione quer durch die Wüste hinter die
englischen Linien bis zum Nil zu bringen.
Der Plan gelingt. Doch die Engländer fangen ihre Funksprüche ab und nehmen die
beiden Spione bei ihrer Ankunft in Kairo
fest. Almásy ist zu diesem Zeitpunkt
längst wieder zurück bei den deutschen
Truppen.
Noch vor dem Zweiten Weltkrieg war Almásy mehrere Male in Siwa. Zuletzt am
Ende der Vermessungsexpedition in der
Großen Sandsee. Nach drei Wochen Aufenthalt in der Wüste ist die Arbeit so gut
wie abgeschlossen. Jetzt starten er und

seine vier Begleiter zur allerletzten Fahrt, zunächst 150 Kilometer nach Westen und dann 250 Kilometer nach Norden bis Siwa. Sie erreichen ohne Schwierigkeiten den westlichsten Punkt und schlagen ihr Nachtlager auf.

»Am südlichen Himmel stiegen niedrige Haufenwolken auf, die sich langsam über uns zu einer dichten Decke sammelten. Es war also mit Gewißheit ein *Qibli*, ein heißer Südwind, im Anmarsch. Der *Qibli* ist der ärgste Feind der Beduinen. Er läßt die Kamele ermatten und bringt die Wasserschläuche zum Bersten.«

Vier Tage kämpfen sie sich durch den Sandsturm nach Norden. Sie verlieren zwei ihrer drei Wagen und erreichen völlig erschöpft mit der letzten Flasche Wasser die Oase. »*Alhamdulellah errahman errahim!* – Dank sei Allah, dem allbarmherzigen Erbarmer!«

Almásy schreibt, daß es wohl ein solcher *Qibli* war, der dem Heer des Perserkönigs Kambyses zum Verhängnis wurde. Die 50 000 Mann starke Armee war von **Theben** aus aufgebrochen, um die Oase des Amun zu erobern. Sie sollten die Ammonier unterwerfen, die Gefangenen als Sklaven verkaufen und das Orakel des Zeus-Amun verbrennen. Herodot versuchte die Spur dieser Streitmacht zu verfolgen. Da aber kein einziger persischer Soldat Siwa erreichte und keiner zum Niltal zurückkehrte, gab es auch keine Zeugen der Katastrophe. So zitiert der griechische Geschichtsschreiber nur eine Möglichkeit, von der ihm die Menschen in Siwa berichtet hatten:

»Als das Heer durch die Sandwüste gegen sie vorrückte und etwa bis zur Hälfte des Weges gekommen sei, hätte sich zu der Zeit, da sie das Frühmahl nahmen, der Südwind mit unmäßiger Heftigkeit erhoben und sie unter den Sanddünen, die er vor sich hertrieb, begraben, und so sei das Heer verschwunden.«

BOMBEN AUF SIWA

Scheich Ahmed Haydah ist ein würdiger Herr von 63 Jahren. Er trägt eine blütenweiße *Galabjia*, darüber eine bestickte Stoffweste und einen dunkelroten Fez. Wir sind in sein Haus eingeladen, trinken Tee in dem von den Wohnräumen getrennten Gästezimmer, und er erzählt wundersame Geschichten von den allgegenwärtigen *Jinns*, den Geistern der Wüste. Er erzählt von einer jungen Frau aus Siwa, die einen Mann aus Al Maraqi heiratete, zu ihm in sein zwanzig Kilometer entferntes Haus zog und auf der Stelle von einem *Jinn* besetzt wurde. »Sie wurde krank, bekam Fieber, und niemand konnte ihr helfen. In seiner Verzweiflung brachte der Ehemann seine leidende Frau zu ihren Eltern zurück – und sie wurde wie durch ein Wunder gesund. Das Ganze wiederholte sich noch viele Male. Die Frau war in Al Maraqi sterbenskrank, kam sie aber wieder nach Siwa, so war sie plötzlich gesund. Der *Jinn* konnte am Ende nur durch eine Scheidung vertrieben werden, und die Frau, inzwischen mit einem anderen Mann in Siwa verheiratet, hat seitdem keine neuen Fieberanfälle mehr bekommen.«

Scheich Ahmed Haydah nickt und zaubert ein winziges Lächeln auf die Lippen. Es ist nicht ganz klar, wie es mit seinem eigenen Glauben an die Geister steht.

Zur Märchenstunde werden Pistazien, Erdnüsse, Datteln der feinsten Sorte und Pfefferminztee gereicht. Doch der Abend ist nicht lang genug, um die eigentliche Geschichte, die vom Aufstieg seines Vaters zum reichsten Mann in Siwa, zu hören. Wir verabreden uns zu einem zweiten Treffen, ein paar Tage später. Diesmal kommt auch Scheich Ahmeds jüngerer Bruder dazu. Er hat Fotos mitgebracht, kleine Schwarzweißabzüge aus den vierziger Jahren, Aufnahmen von englischen, italienischen und deutschen Soldaten.

Die Brüder Haydah mit einem Bild ihres Vaters

Dann nimmt er zwei große, goldgerahmte Bilder von der Wand. Eines zeigt seinen Vater zusammen mit zwei anderen Scheichs in Festtagskleidung, das andere Feldmarschall Erwin Rommel. 56 Jahre nach dem Abzug der fremden Besatzer hängt ein Foto vom Chef dieser Besatzungsmacht an einer Zimmerwand in Siwa. An einem Ort, der so sehr auf die eigene Unabhängigkeit bedacht war, daß er sich jahrzehntelang auf Scharmützel mit der Regierung in Kairo einließ. Die Geschichte ist kompliziert.

1940 bereiten italienische und deutsche Truppen von Libyen aus einen Angriff auf Ägypten vor. Die Alliierten verstärken ihre Kräfte an der Küste und stationieren eine internationale Truppe aus Ägyptern, Australiern, Neuseeländern und Engländern in Siwa. Kurze Zeit später beginnen italienische Jagdflugzeuge mit Bombenangriffen auf die Oase. Die Alarmglocke an der Polizeistation schrillt, Männer, Frauen und Kinder flüchten in die Palmengärten. Doch auch hier fallen Bomben, und hundert Siwaner kommen ums Leben. Auf der Suche nach einem leidlich sicheren Ort ziehen nach und nach alle Familien in die zweitausend Jahre alten Gräber am **Gabal al-Mawta**. Die ersten Flüchtlinge finden Schutz in den bereits bekannten, von Grabräubern geöffneten Felshöhlen. Als diese nicht mehr ausreichen, werden noch intakte Gräber geöffnet, die Mumien beiseite geräumt, und zwei Jahre lang lebt die Bevölkerung mit ihrem ganzen Hausstand mitten unter den Toten. Auch die Familie Haydah mit ihren vierzehn Kindern haust während dieser Zeit im Gräberberg. Nur Ali Haydah, der Vater unseres Gastgebers, geht tagsüber seinen Geschäften in Siwa nach.

Der ägyptische Archäologe Ahmed Fakhry berichtet, daß zu dieser Zeit vergoldete Särge, Schmuck und antike Wandmalereien aus Siwa in Kairo auftauchen. Er beantragt eine Inspektionsreise, unterzeichnet ein Papier, daß er auf eigenes Risiko unterwegs ist und im Falle seines Todes niemand dafür verantwortlich gemacht werden kann – dann bekommt er von der Militärverwaltung eine Sondergenehmigung für die Reise nach Siwa.

»Fast alle Familien lebten in Gabal al-Mawta«, erinnert sich Fakhry später. »Die Felsgräber waren vollgestopft mit Männern, Frauen, Kindern, Hühnern, Hunden und Haustieren. Alle lebten auf engstem Raum zusammen. Ich war entsetzt, als ich sah, daß viele Soldaten die Gräber besuchten, den dort lebenden Familien ein paar

Piaster gaben, um dann irgendein Stück einer Wandmalerei als Souvenir mit nach Hause zu nehmen. Das ging fast zwei Monate so und führte zur Zerstörung wunderbar erhaltener antiker Szenen. Die Leute in Siwa profitierten von der Anwesenheit der Soldaten, und manch einer von ihnen brachte es dabei zu Reichtum.«

Die Flüchtlinge entdecken 1940 das Grab des Si-Amun. Fakhry bezeichnet es als das prachtvollste Grab der gesamten westlichen Wüste, und Klaus Kuhlmann schreibt, es brauche keinen Vergleich mit den schönsten Gräbern des Niltals zu scheuen. Eine ganze Reihe Archäologen haben die Felskammer untersucht, die Bilder des Grabherren, seiner Familien und die Darstellungen der Götter bewundert – aber das Geheimnis des Grabes bis heute nicht entschlüsselt. Wer war Si-Amun? War er Grieche oder Ägypter? War er reisender Händler oder lebte er in der Oase? Woher stammte sein Reichtum, um eine derart opulente Grabstätte bezahlen zu können? Wer waren die Künstler, die das Grab so außergewöhnlich ausmalten? Die Flüchtlinge kümmern sich nicht um diese Fragen. Für sie sind es Gräber der Ungläubigen aus längst vergessenen Zeiten, und wenn sie im Krieg als Einnahmequelle dienen – um so besser.

An einem Tag im Juli 1942 ziehen die Alliierten aus Siwa ab. Sie zerstören ihre militärischen Einrichtungen und nehmen nur Lastwagen, Panzer und Geschütze auf ihrem Rückzug mit. Die italienische Luftwaffe verstärkt die Bombenangriffe auf die verlassene Oase und besetzt sie wenige Tage später, ohne auf irgendeinen Widerstand zu stoßen. Noch einmal zwei Monate später kommt das große Ereignis, das Ahmed Haydah noch so gut in Erinnerung ist. »Ich hütete Schafe und Ziegen auf einem Feld meines Vaters. Zuerst hörte ich nur das Geräusch. Ich sah zum Himmel und erschrak. Da waren Hunderte von Flugzeugen, und mein Vater

Der geheimnisvolle Grabherr Si-Amun

sagte mir, daß Rommel, der Chef der deutschen Armee, nach Siwa kommt.«

Die Deutsche Wochenschau von 1942 zeigt heroisierende Bilder. Rommel landet auf einer Sandpiste außerhalb Siwas, fährt im Autokonvoi in den Ort und begrüßt jeden einzelnen Scheich per Handschlag. Darunter auch Ali Haydah, den Vater der beiden Männer, mit denen wir jetzt zusammensitzen. Er machte von nun an Geschäfte mit Deutschen und Italienern, so wie er es vorher mit den Engländern getan hatte. An diesem besonderen Tag verkaufte er Trauben und Datteln an die Deutschen und lud Feldmarschall Rommel zum Tee in seinen Palmengarten. Dieser revanchiert sich mit sieben Pfund Tee und 10 000 italienischen Lire. Ali Haydah ist Scheich eines Clans in Ost-Siwa, und der Streit zwischen Ost und West schwelt auch während des Krieges. Vielleicht ist es nur Mißgunst, jedenfalls denunzieren ihn einige Männer aus West-Siwa bei den Italienern, er spioniere für die Engländer.

Sein Sohn berichtet: »Eines Morgens war das Grab in Gabal al-Mawta, wo wir lebten, von italienischen Soldaten umstellt. Mein Vater wurde festgenommen und zum Verhör dann zur Polizei gebracht. Er sagte ihnen, daß er kein Spion, sondern nur ein Händler sei. Einer, der seine Waren an jeden verkauft, der nach Siwa kommt – egal ob Engländer, Italiener oder Deutscher. Sie haben ihn trotzdem nach Rom mitgenommen, und ich weiß noch, daß wir als Kinder große Angst um unseren Vater hatten.«

Ali Haydah kann nur kurze Zeit in Rom gewesen sein, weil er noch während der italienischen Besatzung Siwas das Geschäft seines Lebens macht. In der Oase gilt statt des ägyptischen Pfunds die italienische Lira als Zahlungsmittel. Die meisten Einheimischen sind skeptisch. Nicht so Ali Haydah. Er verkauft Datteln gegen Lira, Trauben gegen Lira und hortet soviel wie möglich von der fremden Währung. Ein englischer Offizier gibt ihm heimlich den Tip, noch rechtzeitig vor der Niederlage der Italiener alles in ägyptische Pfund zu wechseln. Also geht er mit einem ganzen Sack Lire zu einer Bank in Alexandria und bekommt dafür ein Vermögen von 40000 Pfund. Er kauft neue Dattelplantagen und ist mit einem Schlag der reichste Mann im Ort.

»Aber ich bin nicht so reich, wie Sie vielleicht denken«, sagt sein Sohn. »Ich habe

Die Büste des Feldmarschalls im Rommel-Museum in Marsa Matruh

elf Brüder, drei Schwestern und zwei Mütter, weil mein Vater mit zwei Frauen verheiratet war. Sein Vermögen ist unter uns aufgeteilt worden.«

Der Sohn des anderen Hauptdarstellers aus dieser Zeit ist heute siebzig Jahre alt. Manfred Rommel, ehemaliger Oberbürgermeister von Stuttgart, erinnert sich noch an die Geschenke, die sein Vater damals aus Siwa mitgebracht hat: Palmenherzen und kunstvoll geflochtene Körbe. Er zeigt uns eine verblichene Uniformjacke, die der Feldmarschall in der Libyschen Wüste getragen hat, und er hat auch eine Erklärung, weshalb 56 Jahre nach der deutsch-italienischen Besatzung ein Bild seines Vaters in einem Zimmer in Siwa an der Wand hängt:

»Mein Vater war zwar Chef einer Besatzungsmacht, aber bei ihm hat auch eine Art Heldenverehrung eine Rolle gespielt. Er war ja dort der große Kriegerfürst, und für viele Araber, die in militärischen Kategorien gedacht haben, war es eine Ehre, ihn kennenzulernen. Wenn er dann noch ›guten Tag‹ oder ›auf Wiedersehen‹ auf arabisch gesagt hat, dann waren sie sehr beeindruckt.«

Das Material der Deutschen Wochenschau von 1942 enthält viele Szenen, die zu dieser Einschätzung passen: Rommel fährt im offenen Wagen durch Siwa, und die Menschen am Straßenrand heben die rechte Hand zum »deutschen Gruß«; Rommel steigt aus und begrüßt die Scheichs, die sich vor ihm verneigen; Rommel beim Gastmahl in einem Palmenhain, ihm gegenüber Scheich Ali Haydah. Die Stimmung ist gelöst, es wird gelacht, und die lange Tafel biegt sich unter all den Köstlichkeiten, die die Oase zu bieten hat. Selbst wenn man die Perspektive der Nazipropaganda von diesen Bildern abzieht, bleibt immer noch eine freundlich respektvolle Behandlung der Besatzer. Und vielleicht hat Ahmed Fakhry recht mit seiner Einschätzung, daß sich »die Leute in Siwa zunächst jedem siegreichen Eroberer gegenüber loyal verhielten«.

Das Afrikakorps an der Sonnenquelle in Siwa

Doch dann kommt eine Szene, die nicht in dieses Bild paßt. Rommel besucht die Sonnenquelle, den berühmten heiligen Brunnen in der Nähe des Amun-Tempels, den schon Herodot beschrieben hat: »Dieses Quellwasser ist während der ersten Morgenzeit lauwarm; zu der Zeit, wenn der Markt sich füllt, ist es schon kühler; um die Mittagszeit schon ganz kalt; dann wässern sie ihre Gärten. Danach neigt sich der Tag, und die Kälte des Wassers nimmt wieder ab, bis die Sonne sinkt; da ist es schon lauwarm. Nun steigt und steigt die Wärme mehr und mehr, bis Mitternacht, dann kocht und siedet es, daß die Blasen steigen. Man nennt es den Sonnenquell.«

Rommel fährt also vor, blickt gebannt auf die steigenden Luftblasen und lauscht den Erklärungen seiner Begleiter. Die Soldaten aber ziehen die Uniformjacken aus, schnüren die Stiefel auf, lassen die Hosen fallen und springen nackt in das große, steingefaßte Becken. Es ist ein Sakrileg.

Die Sonnenquelle heute

Und bald schon tauchen in Siwa die ersten Gerüchte auf, daß der Ort des Orakels ein böses Omen für die neuen Besatzer sein könnte.
Den alten Filmaufnahmen ist allerdings nicht anzusehen, ob den Soldaten das Wasser besonders kalt oder warm erscheint. Sie springen, offensichtlich auf ein Zeichen des Wochenschau-Kameramannes, in die Sonnenquelle, und ganz sicher haben sie vorher nicht Herodots Beschreibung gelesen. Friedrich Hornemann hatte nur seine Hand in das Wasser gehalten, aber Georg Steindorff und Gerhard Rohlfs brachten Thermometer mit nach Siwa, um die mysteriösen Temperaturschwankungen zu überprüfen. Das Ergebnis war zu jeder Tages- und Nachtzeit gleich: 29 Grad Celsius. Die Hitze des Wassers um Mitternacht und die Kälte am Mittag sind ganz einfach auf das subjektive Empfinden zurückzuführen. Bei 45 Grad Lufttemperatur erscheinen 29 Grad relativ kühl; wenn nachts das Thermometer auf 15 Grad fällt, dann sind 29 Grad, wenn schon nicht kochend, dann doch ziemlich warm.
Drei Monate und achtzehn Tage dauert das italienisch-deutsche Intermezzo in Siwa. Anfang November 1942 werden Rommels Truppen von den Engländern unter Montgomery in El-Alamein vernichtend geschlagen. Die Nachricht von der Niederlage erreicht kurz darauf Siwa, und am 8. November verläßt der letzte italienische Soldat die Oase. Ahmed Haydah erzählt, daß sich drei Italiener bei ihrem Rückzug mit dem Motorrad in der Wüste verirrten. Sie fuhren im Kreis und waren plötzlich wieder in Siwa. Sie wurden festgenommen und an die Engländer ausgeliefert.
Mit einigem Zynismus könnte man behaupten, die Menschen in Siwa wären über die Jahrhunderte an Kriege und bewaffnete Auseinandersetzungen gewöhnt.

Der Bruch mit den alten Traditionen und den eigenen Erfahrungen kommt ausgerechnet mit dem Besuch des ägyptischen Königs Faruk 1945. Vielleicht ist es Zufall, vielleicht Absicht, jedenfalls unternimmt der exzentrische König nach seinem 24. Geburtstag mit 24 bestens ausgerüsteten Wagen eine Wüstentour über die Oase Al-Bahriya nach Siwa. Ein paar Freunde und eine kleine Heerschar Diener begleiten ihn. Die Alten in Siwa erinnern sich noch gut an die früheren prachtvollen Besuche von Vizekönig Abbas und König Fuad. Beide benutzten den gleichen Weg wie Alexander der Große, und schon Monate bevor sich Fuad auf die Reise begab, liefen in Siwa die Vorbereitungen für den hohen Gast. Ein Rasthaus wurde halbwegs zwischen Marsa Matruh und der Oase errichtet, Triumphbögen mit Palmenzweigen und Blumen geschmückt, und als er dann endlich kam, standen alle Männer Spalier, um den königlichen Gast zu begrüßen. Jeder Scheich bekam von ihm ein Ehrengewand, eine goldene Uhr und ein Schwert. An die Armen verteilte er Kleider und Geld, und am Abend gab es für alle ein großes Feuerwerk und die erste Filmvorführung, die man jemals in Siwa gesehen hatte.
So also sieht der Besuch eines Königs aus. Und das erwartet man auch von Fuads Sohn, König Faruk. Die Scheichs ziehen die besten Gewänder an und tragen die Schwerter, die sie siebzehn Jahre zuvor bekommen haben. Dann stehen sie vor Faruk und trauen ihren Augen nicht: Ein dicker junger Mann in Shorts und offenem Hemd hört sich gelangweilt die Begrüßungsreden der Alten an. Er fragt, was er für Siwa tun könne, und sein Sekretär notiert, daß sich die Leute eine Teerstraße zur Küste wünschen. Dann bricht Faruk alle Regeln der Höflichkeit und Gastfreundschaft. Er wendet sich an den Ortsältesten, Scheich Mahdi Abu Giri, und

fragt, ob die Männer in Siwa immer noch dieses besondere Laster praktizierten. Jeder weiß, daß er damit die Homosexualität meint. Wortlos verlassen die Scheichs den Raum. Niemand erhält ein Geschenk, und die Straße nach Marsa Matruh bleibt eine Sandpiste. Als Ahmed Fakhry im Jahr darauf einen jüngeren Scheich nach diesem Zwischenfall fragt, bekommt er nur zu hören, daß Faruk weder wie ein König aussah noch sich wie ein solcher zu benehmen wußte.

MUMIEN UND EIN VERGESSENES GRAB

In einer Seitenstraße Kairos, ganz in der Nähe des Ägyptischen Museums, versteckt sich zwischen hohen Bürogebäuden das Antiquariat »L 'Orientaliste«. Die Augen brauchen einige Zeit, um sich an das Halbdunkel zu gewöhnen, der Deckenventilator übertönt den Verkehrslärm, und der Besucher taucht in die staubige Welt vergangener Jahrhunderte. Auf zwei Etagen stapeln sich Folianten, Erstausgaben seltener Bücher, Aquarelle und mit Postkarten und alten Fotos vollgestopfte Kartons. Hier findet man die Reiseberichte von Rohlfs, Steindorff, Bagnold und Almásy. Hier liegen Feldpostkarten aus beiden Weltkriegen und private Fotos aus der Zeit Rommels, die denen der Gebrüder Haydah sehr ähnlich sind. Über eine schmale Wendeltreppe, vorbei an einer winzigen Nische, in der ein Re-

staurator seiner Arbeit nachgeht, kommt man ins erste Obergeschoß. Jeder Quadratzentimeter der Wandflächen ist mit alten Landkarten, Stichen und Genrebildern aus der Napoleonischen Zeit behängt. Darunter auch das großformatige Gemälde einer weiten Wüstenlandschaft, in der genau im Goldenen Schnitt drei erschöpfte Wanderer Rast machen. Erst bei genauerem Hinsehen erschließt sich der Grund für ihre Erschöpfung: Sie haben gegraben – und so wie es aussieht, nicht nach einer Wasserstelle, sondern nach versunkenen Schätzen, nach Grabbeigaben oder Mumien, unter deren Bandagen sich manchmal Gold oder Edelsteine fanden. Ob es nun Archäologen oder Grabräuber sind, ist dem Bild nicht anzusehen. Aber der Unterschied war in der Zeit, aus der das Bild stammt, ohnehin nicht sehr groß.

Mit Napoleons Ägyptenfeldzug setzt in Europa eine Art Orientfieber, eine »Ägyptomanie« ein. Architekten und Bühnenbildner arbeiten mit exotischen Stilelementen, in den besseren Haushalten nimmt man den Tee aus hieroglyphenverzierten Tassen, Götterfiguren aus dem alten Ägypten zieren Vorhänge und Möbelstoffe. Alte Adelsfamilien und neureiche Parvenus kaufen Antiquitäten, und wer es sich leisten kann, reist selbst an den Nil. Natürlich spielen auch erotische Phantasien dabei eine Rolle. Die Vorstellung vom Harem, von willigen Sklavinnen der Liebe, begeistert die reisenden Männer und die Daheimgebliebenen. Die Odaliske, weiße Sklavin im orientalischen Serail, wird zum festen Bestandteil der europäischen Salonmalerei, und der junge Schriftsteller Gustave Flaubert schreibt verwirrt von einer »außergewöhnlich stürmischen Vögelei« mit einer Liebesdienerin in Kairo: »Ruchiouk-Hanem ist ein großes, prächtiges Geschöpf, hellhäutiger als eine Araberin, sie stammt aus Damaskus; ihre Haut, besonders am Körper, ist leicht kaffeebraun. Wenn sie sich seitlich setzt, zeigen sich an ihren Hüften bronzene Polster...« Flauberts Verwirrung teilen viele seiner Zeitgenossen, und wenn sie schon nicht selbst reisen können, bezahlen sie wenigstens Unsummen für pulverisierte Mumien, denen Heilung von allerlei Gebrechen und auch aphrodisische Wirkung zugeschrieben wird. Grabräuber

den Mumienräten unterzeichnet sind. 1886 trifft dann tatsächlich eine weibliche Mumie in Hamm ein. Sie wird in der örtlichen Gaststätte ausgestellt und findet lebhaften Zuspruch.

Etwas privater gestaltet Lord Londesborough sein vergleichbares Unternehmen in London. Er verschickt kunstvoll gestaltete Einladungskarten an seine Freunde aus der besseren Gesellschaft und beehrt

Eine der bestens erhaltenen Mumien in Sakkara bei Kairo

und Mumienhändler haben zu Beginn des 19. Jahrhunderts Hochkonjunktur. Ganze Schiffsladungen Mumien verlassen Alexandria auf dem Weg über das Mittelmeer. Selbst in deutschen Kleinstädten lassen sich die Bürger von der Ägypten-Begeisterung anstecken. Die Männer in Hamm wollen selbst eine Mumie erwerben, gründen einen Mumienverein und legen Aktien auf, die vom Mumiendirektor und

sich, am Montag, den 10. Juni 1850, einen Empfang in seinem Haus am Piccadilly zu geben. »A Mummy from Thebes to be unrolled at half past Two«, steht auf der Karte. Es ist nicht überliefert, ob die Herren beim Enthüllen des Leichnams feuchte Hände bekamen.

Genauer beschrieben ist der gleiche Akt im Jagdschloß des Hohenzollernprinzen Friedrich-Karl. Der Neffe des Königs bringt selbst von einer Reise nach Ägypten eine Mumie mit und deponiert sie auf dem Billardtisch seines Schlosses. Der Ägyptologe Heinrich Brugsch ist beim Entblättern anwesend. Er schreibt:»Die bunte Cartonhülle wurde geöffnet, die Mumienbinden gelöst, und der braune, wohl erhaltene Körper einer Jungfrau, die in der Blüthe ihres Daseins das Zeitliche verlassen hatte, enthüllte sich vor den Blicken der Anwesenden. Kein Amulett, kein Schmuckgegenstand, keine Papyrusrolle fand sich am Leibe der heiligen Tempelmagd. Die Enttäuschung war allgemein.«

Kein Fund in Ägypten ist zu schwer oder zu groß, um nicht abtransportiert zu werden. Jede europäische Großstadt, die auf sich hält, läßt einen Obelisken aufstellen, und die Museen in London, Paris oder Berlin legen den Grundstein ihrer reichen ägyptischen Sammlungen. Daß dabei nicht gekleckert wurde, zeigt der fast acht Tonnen schwere, zweifarbige Granitkopf des jungen Memnon im Britischen Museum in London. Und heute noch sind sich die Historiker uneins, ob sie diese Zeit als entscheidende Rettung der altägyptischen Kunstschätze oder als deren größten Raub in der Geschichte einstufen sollen.

Nur aus dieser Zeitstimmung heraus ist zu erklären, weshalb 1850 der atemlose Bericht eines gewissen Ambrosius Schilizzi so viel Aufsehen erregt. Er erzählt, daß er in Alexandria heimlich in das Gewölbe unter einer Moschee geschlichen sei, dort einen in die Tiefe führenden Gang entdeckte und schließlich vor einer brüchigen Holztür stand. Er wagte nicht, sie zu öffnen, aber durch einen Spalt sah er einen gläsernen Sarkophag, darin eine Mumie mit einem Diadem auf dem Kopf. Schilizzi ist sich sicher: Er hat das Grab Alexanders des Großen gefunden – doch im gleichen Moment wird er von einem

Wächter entdeckt und aus der Moschee gejagt. Alle Versuche, den wundersamen Ort wiederzufinden, scheitern, und Schilizzi muß sich den Vorwurf gefallen lassen, etwas zuviel Phantasie entwickelt zu haben. Jedenfalls wäre er der erste gewesen, der nach dem römischen Kaiser Caracalla die Mumie Alexanders zu Gesicht bekommen hätte. Sie ist seit mehr als 1600 Jahren verschollen, und bislang war noch keine der unzähligen Suchaktionen erfolgreich.

331 v. Chr. wird Alexander von Gott Amun in Siwa zum künftigen Herrscher der Welt bestimmt. Acht Jahre später hat er sein Ziel erreicht. Nach einem Eroberungsfeldzug, wie ihn die Welt noch nicht gesehen hat, zieht er in Babylon ein und stirbt noch im selben Jahr an einem bösartigen Fieber. Sein Halbbruder und Nachfolger Arrhidaios soll, Alexanders Wunsch entsprechend, den mumifizierten Leichnam nach Siwa bringen. Allein die aufwendige Balsamierung und der Bau des prächtigen Leichenwagens nehmen viele Monate in Anspruch.

Mit dem triumphalen Zug zurück nach Westen beginnt gleichzeitig der Kampf um die Mumie. Sie zu besitzen würde den Anspruch auf die Nachfolge Alexanders stärken, denn der Halbbruder Arrhidaios, der als schwachsinnig gilt, ist nur eine Verlegenheitslösung. Ptolemaios, der Statthalter in Ägypten, setzt sich durch. Mehr als zwei Jahre nach seinem Tod wird Alexander der Große in Memphis bestattet, einige Zeit später exhumiert, in die neue ägyptische Hauptstadt Alexandria überführt und hier im Königsviertel erneut bestattet. Hundert Jahre darauf wird er ein drittes und letztes Mal in die königliche Familiengruft umgebettet.

Die römischen Kaiser von Cäsar über Augustus bis zu Caracalla erweisen dem toten Weltenherrscher ihre Reverenz. Augustus soll dabei so stürmisch vorgegangen

sein, daß er ein Stück von Alexanders Nase abbrach. Dann verliert sich die Spur der lädierten Mumie, und eine jahrhundertelange Suche beginnt. Ein ägyptischer Journalist zählt nach und kommt zu dem erstaunlichen Ergebnis, daß seit der römischen Kaiserzeit das Grab Alexanders 139mal gefunden wurde – und daß die Entdeckungen sich genau 139mal als Irrtum erwiesen, die des wunderlichen Ambrosius Schilizzi eingeschlossen. Im Januar 1995 meldet die Weltpresse wieder einmal die Sensation: »Alexandergrab entdeckt!« Wo? In Siwa! In der Oase,

Angesicht mit Alexander stehen werde!«
Der Fund wird rasch zum Politikum. Einige Kollegen melden Zweifel an, die
Antikenverwaltung in Kairo unterstützt
jedoch ihre Theorie. Die Stimmung in
Griechenland und Makedonien ist euphorisch. Frau Souvaltzi wird innerhalb
einer Woche zur Heldin der Nation stili-
siert, und die ersten Reisebüros werben
für Studienreisen zum Alexandergrab in
Siwa.

Dann folgt die Ernüchterung. Eine Dele-
gation von Fachleuten reist in die Oase
und kommt zu dem Ergebnis, daß das ver-
meintliche Königsgrab aus ptolemäischer
Zeit in Wirklichkeit ein römischer Tempel
ist. Die ägyptische Regierung erteilt ein
Grabungsverbot bis zur Klärung des Fal-
les. Das Gelände wird mit Stacheldraht
eingezäunt, und ein Wächter dreht ein-
sam seine Runden. Nur Liana Souvaltzi
bleibt dabei: Alexander wollte in Siwa begraben werden. Er liebte Siwa.

Genau vier Jahre später folgt eine neue
Sensation. Diesmal aber mit größerer Vorsicht formuliert. Der ägyptische Professor
Fausi el-Faharani glaubt, in Kürze Ent-
scheidendes zum Alexandergrab präsen-
tieren zu können. Er gräbt auf dem *Cimi-
tero Latino di Terra Santa*, dem lateinischen
Friedhof in Alexandria. Und die meisten
Fachleute sind sich einig: Wenn die »Jäger
des verlorenen Schatzes« irgendwo fündig
werden, dann hier.

Vielleicht sollte man nach Siwa zurückkehren und das Orakel im Tempel des
Amun befragen, wo das Alexandergrab
liegt. Doch Amun duldet nur Fragen, die
mit einem klaren »Ja« oder »Nein« zu beantworten sind. Und daran wird es scheitern. Oder an den fehlenden Geschenken
für die Priester, um den König der Götter
gnädig zu stimmen.

in der Alexander auf eigenen Wunsch begraben werden wollte. Fünf Jahre lang
schaufelt die griechische Archäologin Liana Souvaltzi in **Al-Maraqi**, dann beruft
sie eine Pressekonferenz ein und verkündet mit einigem Pathos: »Ich weiß, daß
ich jeden Augenblick von Angesicht zu

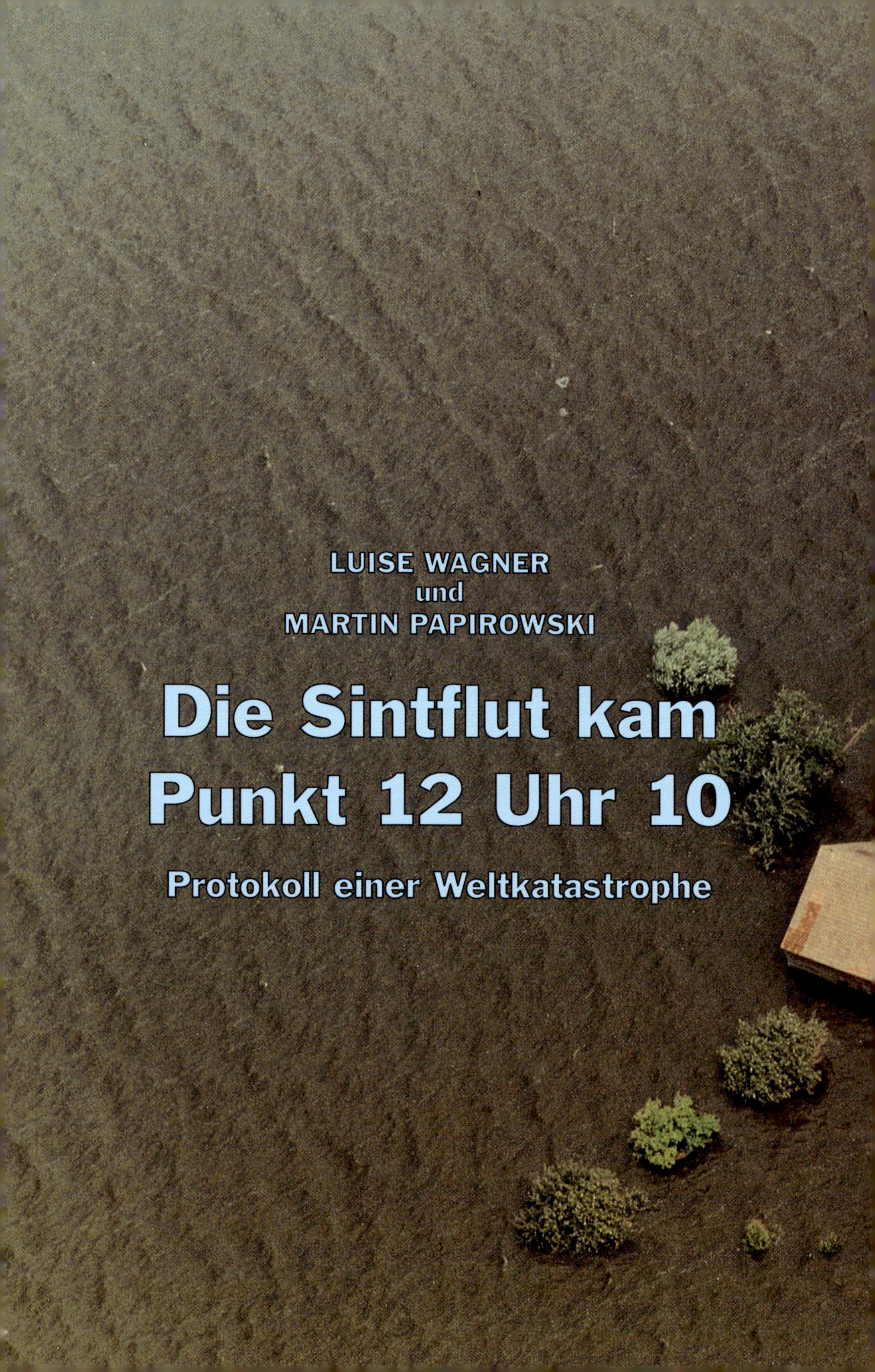

LUISE WAGNER
und
MARTIN PAPIROWSKI

Die Sintflut kam Punkt 12 Uhr 10

Protokoll einer Weltkatastrophe

KARIBISCHER ALPTRAUM

Ihre Arche war das blauweiße Haus am Meer – das Haus der Wunder. Hierher retteten sich die sieben Brüder López, als die große Flut kam. Es war das einzige Gebäude weit und breit, das im karibischen Städtchen Santa Rosa de Aguán von der verheerenden Katastrophe verschont blieb. Fast einhundert Menschen saßen hier angsterfüllt zusammen, in der Nacht des Judas Thaddäus, des heiligen Helfers in verzweifelten Anliegen. »Hilfe, wir brauchen Hilfe!«, schrien sie an jenem 28. Oktober 1998 in das einzige Funkgerät. Aber niemand glaubte ihnen. So eine Sintflut konnte es doch gar nicht geben.

Am Anfang hatte ein Sturm den Himmel verdunkelt. Hurrikan *Mitch* tobte anderthalb Tage lang über Honduras und Nicaragua, wütete mit Tempo 200 zuerst in Santa Rosa de Aguán. Der Wind wehte den gelben Schulbus ins Meer, zerknickte Palmen und Mangroven, wirbelte wie ein Ungetüm weidende Rinder und Wellblechdächer durch die Luft. Dann folgte der Regen und ließ die Flüsse anschwellen. Die wütenden Fluten des Río Aguán zerrissen das Fischerstädtchen in drei Teile, verschlangen die Schule, die Tanzbuden, die Autos – nur den einzigen Leichenwagen nicht.

Mit unbändiger Kraft drängte das Meer ins Land, die Flutwelle verschlang den 600 Meter breiten Strand. In einer einzigen Nacht verloren die Gebrüder López ihre Frauen und alle neun Kinder, Holzhäuser, Boote und Vieh – ihr ganzes Hab und Gut. Immer näher kam die Sintflut

dem Haus der Wunder. Das ist das Millennium, sagte jemand, und der Vater der sieben Söhne soll gestöhnt haben. Stumm vor Entsetzen spähten die Menschen, die hier Schutz suchten, durch die Mauerritzen – das Grauen sollte sich für immer und ewig in ihre Seelen einbrennen.

Sie sahen 13 Menschen, die in den tobenden Fluten von einem Inselchen zum nächsten sprangen; einige Männer und Frauen hielten Kinder in den Armen. Doch binnen kurzem waren auch die letzten dahintreibenden Landschollen versunken. Die Todgeweihten faßten sich an den Händen, bildeten einen Kreis und beteten – bevor das Meer sie verschlang. Die einzige Überlebende wurde sechs Tage später gefunden, an eine Bananenstaude geklammert, 600 Kilometer von Santa Rosa de Aguán entfernt. Ihr Mann und ihre Kinder waren in den Fluten umgekommen – wie lange zuvor ihre Eltern; damals hatte ein Wirbelsturm die Frau namens Isabel Aryola-Güity zum ersten Mal ins Meer gespült, auf einer Bananenstaude.

Sie und die anderen Auserwählten von Santa Rosa de Aguán, die im Haus der Fischer überlebten, werden bis an ihr Lebensende von ihrer wundersamen Rettung erzählen. Ihre Kinder und Kindeskinder werden die große Flut, die einst ihre kleine Welt zerstörte, im Gedächtnis behalten und nachfolgenden Generationen davon berichten. So geschah es zu allen Zeiten, überall auf der Welt. Immer wieder haben apokalyptische Fluten die Menschheit heimgesucht, sich in ihr Gedächtnis eingegraben und ewige Angst vor dem Untergang entfacht – aus Katastrophen wurden Legenden geboren.

Doch beruht auch die Geschichte von der Sintflut, von der das Alte Testament erzählt, auf einer wirklichen Überschwemmung? Kein Mythos ist so alt und so weit verbreitet wie der von der alles verschlingenden Flut. Neunhundert Jahre hatte die Erde Bestand, so steht es in der Bibel, als Gott bereute, die Menschen geschaffen zu haben. Denn ihre Bosheit war groß und die Welt voller Gewalt. Ein Strafgericht sollte alles Leben vertilgen – die Sintflut. Nur Noah fand Gnade vor dem Herrn. Mit seinem Weib, seinen Söhnen und einem Paar jeder Tiergattung sollte er auf seiner Arche dem Weltuntergang entrinnen.

Die Quellen der gewaltigen Urflut brachen auf, die Schleusen des Himmels öffneten sich. Es regnete vierzig Tage und vierzig Nächte. Das Wasser überschwemmte die Erde und stieg so gewaltig an, daß alle hohen Berge darin versanken. Einhundertfünfzig Tage lang wütete die Flut, bis alles Leben ausgelöscht war. Noah aber landete mit seiner Arche auf dem Berg Ararat und gründete ein neues Menschengeschlecht.

Barocke Sintflut-Vision. Kolorierter Kupferstich von Matthäus Merian d. Ä. 1632

BOTSCHAFT IN KEILSCHRIFT

Die biblische Flutgeschichte galt viele Jahrhunderte lang als ältester Bericht einer weltweiten Katastrophe, die in grauer Vorzeit die Menschheit heimgesucht hatte. Bis der britische Altertumsforscher George Smith an einem nebligen Herbstmorgen des Jahres 1872 einer Sintflut-Saga auf die Spur kam, die noch älteren Ursprungs war und einer fremden Mythologie entstammte. In einer kalten, fensterlosen Kammer im Britischen Museum hatte Smith zahllose Scherben von Keilschrifttafeln auf seinem Tisch ausgebreitet, die Archäologen aus den Ruinen der assyrischen Stadt **Ninive** geborgen hatten. Seit vielen Monaten schon ver-

suchte er, die Inschriften zu enträtseln, die mesopotamische Schreiber vor Tausenden von Jahren mit dem Schilfgriffel in den Ton geritzt hatten. An jenem Morgen wagte George Smith seinen Augen kaum zu trauen. Im flackernden Schein einer Öllampe entzifferte er Worte, geschrieben von Heiden, die doch von Gott selbst stammen sollten: eine Botschaft über ein Schiff, das auf einem Berggipfel landete; über eine Taube, die ausgesandt worden war und zurückkehrte, weil sie keinen Ruheplatz fand.

George Smith entziffert die Tontafeln aus Ninive. Filmszene

Vor Begeisterung über seine Entdeckung soll sich der junge Keilschriftexperte vor den Augen der staunenden Museumsmitarbeiter die Kleider vom Leib gerissen haben. Er war einer Weltsensation auf der Spur – bis ins Detail glich die Geschichte, die er entziffert hatte, der biblischen Überlieferung. Von einem Fluthelden, Utnapischtim, war die Rede. Ein Gott hatte ihn vor der Katastrophe gewarnt und ihm geraten, ein Schiff zu bauen, um seine Familie zu retten. War jene

Dieser assyrische Keilschrifttext von 650 v. Chr. enthält den Sintflut-Bericht. London, British Museum

Sintflut am Anfang der Menschheitsgeschichte ein so einschneidendes Ereignis, daß sich die Erinnerung daran in den Überlieferungen vieler Kulturen erhalten hatte?

Die Suche nach der wissenschaftlichen Wahrheit im geschriebenen Wort Gottes begann für George Smith schon im Jugendalter. Seit seinem 14. Lebensjahr verschlang er jedes Buch über die Schau-

plätze der biblischen Handlung, das er bekommen konnte. In seiner Kindheit hatten Archäologen längst untergegangene Städte in Mesopotamien ausgegraben, die Ruinen von Nimrud, dem biblischen Kalach, und von Ninive, der blühenden Hauptstadt des Assyrischen Reiches. Jede freie Minute verbrachte George Smith im Britischen Museum, um die Relikte der antiken Kulturen zu bestaunen, darunter die Keilschrifttafeln aus der berühmten Bibliothek des mächtigen Königs Assurbanipal in Ninive. Im Zweistromland fand Smith seine geistige Heimat.

Eines Tages wurden die Assyriologen des Britischen Museums auf sein angeborenes Talent aufmerksam, alte Schriftzeichen zu entziffern; sie boten dem damals 22jährigen eine Anstellung an. Mit Freuden kündigte Smith seinen ungeliebten Job als Druckplattengraveur. Von nun an wollte er sein ganzes Leben in den Dienst der Wissenschaft stellen. Und tatsächlich gelang es ihm, die uralten Keilschrifttafeln zum Sprechen zu bringen. Zehn Jahre widmete er sich der akribischen Puzzle-Arbeit, bis er die ersten Verse über die große Flut enträtselt hatte: »*Mann von Schuruppak, Sohn Ubara-Tutus, reiß' ab das Haus, erbaue ein Schiff, laß fahren Reichtum, dem Leben jag' nach! Besitz gib auf, dafür erhalte das Leben! Hebe hinein allerlei beseelten Samen ins Schiff!*«

Am dritten Dezember 1872 präsentierte der junge Keilschriftforscher seine spektakuläre Entdeckung erstmals der Öffentlichkeit. In London trat er vor die Versammlung der angesehenen Gesellschaft für Bibelarchäologie. Der Bericht, das mußte dem bibelfesten Publikum niemand erklären, ähnelte verblüffend der Erzählung von Noah und der Sintflut im Alten Testament. Doch diese Überlieferung war älter als die Bibel, entstanden im dritten vorchristlichen Jahrtausend. War die Heilige Schrift, das geschriebene Wort Gottes, nichts weiter als eine Sammlung assyrischer Legenden? Die Londoner Tageszeitungen feierten den jungen George Smith wie einen Helden. Die ganze Nation wartete bald voller Spannung auf die Entschlüsselung weiterer Keilschrifttafeln, auf den Fortgang der Flutgeschichte. »Die Suche gestaltete sich zu zeitraubender Schwerstarbeit«, schrieb Smith in sein Tagebuch, »denn es lagen Tausende von Fragmenten vor, die alle durchgesehen werden mußten.« Unermüdlich setzte der begnadete Dechiffrier-Künstler seine Arbeit fort, fand Hinweise auf einen Schöpfungsmythos. Und doch konnte er die Textlücken nicht vollständig schließen. Die fehlenden Tafeln mußten noch in den Ruinen von Ninive verborgen sein. Demjenigen, der die Ausgrabungen dort wieder aufnahm, versprach die Londoner Zeitung *Daily Telegraph* eine ansehnliche Belohnung. Smith wurde von seiner Arbeit im Museum beurlaubt und leitete eine aufwendige Expedition ins Zweistromland.

Bereits am Abend des fünften Grabungstages schickte er eine Depesche nach London: »Habe ein neues Fragment des Sintflutberichtes gefunden, in dem es um den Befehl zum Bau der Arche und ihre Beladung geht.« Das Bruchstück paßte genau an die Stelle, an der die Geschichte eine wesentliche Lücke aufwies: »*Was immer ich hatte, lud ich darein an Gold, was immer ich hatte, lud ich darein an allerlei Lebenssamen, steigen ließ ich ins Schiff meine ganze Familie und die Hausgenossen, Wild des Feldes, Getier des Feldes.*« Smith fand in den folgenden Wochen immer mehr Bruchstücke, so daß er schließlich Teile von allen zwölf Tafen des weltberühmten Gilgamesch-Epos beisammen hatte – die elfte Tafel erzählt von der großen Flut. Smith hegte keinen Zweifel daran, daß es sich um einen Tatsachenbericht handelte. Be-

weisen konnte er es nicht. Smith starb auf seiner dritten Reise nach Ninive im Alter von 36 Jahren an der Ruhr.

SPUREN DER FLUT IM BIBLISCHEN UR

Erst ein halbes Jahrhundert nachdem Smith an jenem Herbstmorgen die ersten Zeilen der Flutgeschichte enträtselt hatte, schien sein Werk endlich vollendet zu werden. Man müsse in Mesopotamien nach geologischen Beweisen für die Sintflut suchen, so hatte er vorgeschlagen, weil die Legende dort ihren Ursprung nahm. Sogar den genauen Ort hatte Smith bestimmt: Auf einer Keilschrifttafel war ein König genannt, der in vorsintflutlicher Zeit regierte, jener »*Mann aus Schuruppak*«, der den göttlichen Befehl zum Bau eines Schiffes erhielt. Die Inschrift siedelte seine Stadt »*an den Ufern des Euphrat*« an, auf halber Strecke zwischen Babylon und dem Persischen Golf im heutigen Südirak. Hier, in einem Hügel mit dem Namen Tell el-Muqajjar, hatte man Steinfundamente mit Keilschrifttexten freigelegt, die diese Stadt als das **Ur** der Chaldäer identifizierten – laut Bibel der Geburtsort Abrahams. Hier begann der britische Archäologe Charles Leonard Woolley im Jahr 1922 die Suche nach geologischen Beweisen für die Sintflut.

»Es wäre vermessen zu versuchen, jede Legende in Geschichte umzuwandeln«, schrieb Woolley, »aber wir sollten doch annehmen, daß sich hinter vielem, was sich uns als ausgedacht oder unglaublich darstellt, Tatsachen verbergen.« Fasziniert war der Archäologe von den Auf-

**Das Zweistromland war die Heimat einer uralten Zivilisation.
Filmszene**

**Die Bevölkerung Mesopotamiens flüchtet vor dem drohenden
Unwetter. Filmszene**

listungen jener Städte, die von der Sintflut zerstört worden waren. Schon in vorsintflutlichen Zeiten mußte im Zweistromland ein altes Volk beheimatet gewesen sein. Woolley war überzeugt, man müsse nur tief genug graben, um unterhalb der Stadt Ur auf Ablagerungen einer gewaltigen Überschwemmung zu stoßen. Und unter dieser Schlammschicht hoffte er Relikte einer vorzeitlichen Zivilisation zu finden. »Um die vollständige Zerstörung der Menschheit kann es sich natürlich nicht gehandelt haben«, räumte Woolley ein, »aber der Schaden kann durchaus so groß gewesen sein, daß man dieses Ereignis als wichtige Zäsur in der Geschichte, ja als epochalen Wendepunkt empfand.«

Tiefe Schächte ließ der Archäologe ausheben, die ihn zunächst zu längst vergessenen Königsgräbern führten. Er fand die sterblichen Überreste eines Königspaares und seines ganzen Hofstaates. Sogar die Knochen des Ochsen, der den Begräbniswagen gezogen hatte, lagen zu Füßen des Monarchen. Und die Königin trug einen prächtigen Kopfschmuck mit Blättern und Blüten aus hauchfeinem Gold und Silber. Der Fund machte Woolley weltberühmt, sein größter Triumph aber stand ihm noch bevor. Als seine Männer den Ausgrabungsschacht noch tiefer in den Grund der einstigen Königsstadt trieben, stießen sie auf eine drei Meter dicke, einheitliche Schlammschicht. Woolley zweifelte keinen Augenblick daran, den wissenschaftlichen Beweis für die Sintflut gefunden zu haben. Der Schlamm enthielt keinerlei Spuren menschlichen Lebens – die gewaltige Flut mußte das alte Volk auf einen Schlag ausgelöscht haben. Und tatsächlich fand der Archäologe unter der Todesschicht noch Relikte der ersten Siedler im Süden Mesopotamiens.

Wie ein Lauffeuer verbreitete sich die Nachricht von der Entdeckung der Schlammschicht auf der ganzen Welt. Leonard Woolleys Beschreibungen vom Ur der Chaldäer wurden zum Bestseller und fanden mehr Leser als jedes andere bis dahin erschienene Buch über Archäologie. Mehrere Jahrzehnte galt die Schlammschicht von Ur als Beweis für die historische Glaubwürdigkeit der Bibel. Und selbst der geologische Gegenbeweis konnte diese Überzeugung zunächst nicht erschüttern. Bei späteren Grabungen und Bohrungen in der Umgebung von Ur war die Schlammschicht nicht aufzuspüren. Die Schlickablagerungen, die Woolley entdeckt hatte, blieben auf wenige Quadratkilometer begrenzt – nur eine von tausend anderen Schlammschichten, die die alljährlichen Überschwemmungen von Euphrat und Tigris hinterlassen hatten.

Bis zum heutigen Tag ist das uralte Rätsel der Sintflut nicht gelöst, und selbst die Entschlüsselung der antiken Schriftzeichen ist noch lange nicht vollendet. Die Scherben der einzigartigen Tontafeln liegen auf der ganzen Welt verstreut in Museen, erst jede zehnte konnte vollständig entziffert werden. Heute weiß man, daß eine frühe Version des Gilgamesch-Epos im 18. Jahrhundert v. Chr. entstand. In der Folgezeit wurde der Stoff immer wieder umgeformt, Hunderte von unterschiedlichen Fassungen sind überliefert und bruchstückhaft erhalten. Die mühsame Puzzle-Arbeit, mit der sich George Smith plagen mußte, wird künftig jedoch einfacher zu bewältigen sein – mit moderner Lasertechnik. Im Berliner Pergamon-Museum stellen Biophysiker der Universität Münster dreidimensionale Kopien der Tontafeln her, sogenannte Hologramme. Durch

Gilgamesch als Löwenbezwinger.
Über 4 Meter hohes Steinrelief vom Tempel
Sargons II., um 720 v. Chr., Louvre, Paris

die Projektion mit Laserlicht sollen selbst zerbrochene Schrifttafeln wieder zusammengefügt und als vollständige Texte decodiert werden. Hologramme könnten die Arbeit der weltweit 150 Experten für mesopotamische Keilschrift enorm vereinfachen, mehrere Forscher wären in der Lage, anhand der Kopien bestimmte Texte gleichzeitig zu entziffern.

Eine sensationelle Entdeckung gelang dem Kölner Altertumsforscher Theodore Kwasman im Sommer 1998 am Britischen Museum in London. Dort entdeckte er in den Archiven ein bislang völlig übersehenes Fragment aus dem sechsten vorchristlichen Jahrhundert, das 1878 in den Ruinen von Babylon ausgegraben worden war. Als Prof. Kwasman den Keilschrifttext entzifferte, stellte er fest, daß er die lange gesuchten Anfangszeilen des Gilgamesch-Epos gefunden hatte. Das erste große Werk der Weltliteratur beginnt mit den Worten: »*Er, der die Gesamtheit der Grundlagen des Landes sah, der alles wußte und weise war in allen Dingen.*« Vom heldenhaften Gilgamesch ist die Rede, einem der Gründer der großen Zivilisation in Mesopotamien, der im dritten Jahrtausend v. Chr. tatsächlich lebte. Als König der ersten Dynastie von **Uruk**, dem biblischen **Erech**, umgibt er die Stadt mit einem neun Kilometer langen Mauerring, so berichtet das Epos. Dazu legt er seinem Volk brutale Frondienste auf und erzürnt so die Götter. Sie hetzen den Wildmenschen Enkidu auf Gilgamesch. Doch aus dem Kampf zwischen den beiden wird tiefe

Freundschaft. Als Enkidu stirbt, fällt der mächtige König in dumpfe Verzweiflung. Er fürchtet den Tod und sucht nach einem Weg, die Unsterblichkeit der Götter zu erlangen. Utnapischtim, der Mann aus Schuruppak, der die gewaltige Flut in seiner Arche überlebte, soll ihm das Geheimnis des ewigen Lebens enthüllen.

EXPEDITION INS MEER DES TODES

Inspiriert von der Botschaft der Keilschrifttafeln begannen vor einigen Jahren zwei Forscherteams aus entgegengesetzten Teilen der Welt, erneut nach

Prof. Petko Dimitrov auf seinem Forschungsschiff mit Sedimenten vom Grund des Schwarzen Meeres

wissenschaftlichen Beweisen für die biblische Flut zu suchen: die beiden amerikanischen Geophysiker Walter Pitman und William Ryan vom Lamont-Doherty Earth Observatory in New York und der bulgarische Ozeanologe Petko Dimitrov in Varna am Schwarzen Meer. Unabhängig voneinander waren die Wissenschaftler in der westlichen und östlichen Hemisphäre auf einen ganz ähnlichen Gedanken gekommen: Könnte nicht der Ursprung der gewaltigen Flut weit entfernt vom Entstehungsort der Legende liegen? Die Überlebenden der Katastrophe, die Verfasser der Sintflut-Saga, mußten von weit her mit ihrer Arche ins Zweistromland gekommen sein. Woher sie kamen, verschweigt die Bibel. Dort aber, an jenem unbekannten Ort, hatte das Wasser bestimmt unauslöschbare Spuren der Zerstörung hinterlassen. »Die Keilschrifttafeln beschreiben eine Flut, die eine ganze Zivilisation ausgelöscht haben soll«, sagt Professor Dimitrov, »ein Naturereignis, das sich im ganzen Mittelmeerraum ausgewirkt haben muß – solche Katastrophen sind noch nach Tausenden von Jahren

durch eine Flut von unvorstellbarem Ausmaß überschwemmt worden war?

Im Schwarzen Meer – das »Todbringende« wurde es einst genannt – könnte die Sintflut ihren Ursprung genommen haben, durch einen Dammbruch am Bosporus, so die Vermutung der Professoren aus Varna und New York. »Ich kann Ihnen versichern, daß wir hier überzeugende Belege dafür haben, daß die Oberfläche des Schwarzen Meeres vor 9750 Jahren etwa 100 Meter tiefer als heute lag. Diese Absenkung hatte verheerende Folgen für die Umwelt«, diese Nachricht schickte Petko Dimitrov am 19. März 1993 an seine amerikanischen Kollegen. »Ich würde sehr gern persönlichen Kontakt zu Ihnen aufnehmen und mit Ihnen zusammenarbeiten.« Das Telefax aus Varna war für Pitman und Ryan der Beginn einer spannenden Spurensuche im Schwarzen Meer. Auf einem russischen Forschungsschiff sollten sie schon bald das Meer des Todes befahren, um die bahnbrechenden Entdeckungen Dimitrovs mit High-Tech-Methoden zu überprüfen – und vielleicht zu bestätigen.

Mit einem kleinen Tauchboot hatte der Ozeanologe aus Varna weit vor der bulgarischen Küste zahlreiche Proben vom Meeresboden gesammelt. Von seinem Sitz hinter dem winzigen Bullauge aus konnte er einen beweglichen Außenarm steuern, an

Das Forschungstauchboot von Prof. Petko Dimitrov

nachweisbar.« Existierte nicht irgendwo an den Grenzen des *Fruchtbaren Halbmonds* eine riesige, von Bergen eingeschlossene Senke, die vor langer Zeit

dem eine Art Schöpfkelle befestigt war. Dimitrov hatte algenverkrustete Muschelschalen zutage gefördert, die von einem tief unter Wasser liegenden Strand stam-

Geographischer Raum des Sintflut-Mythos

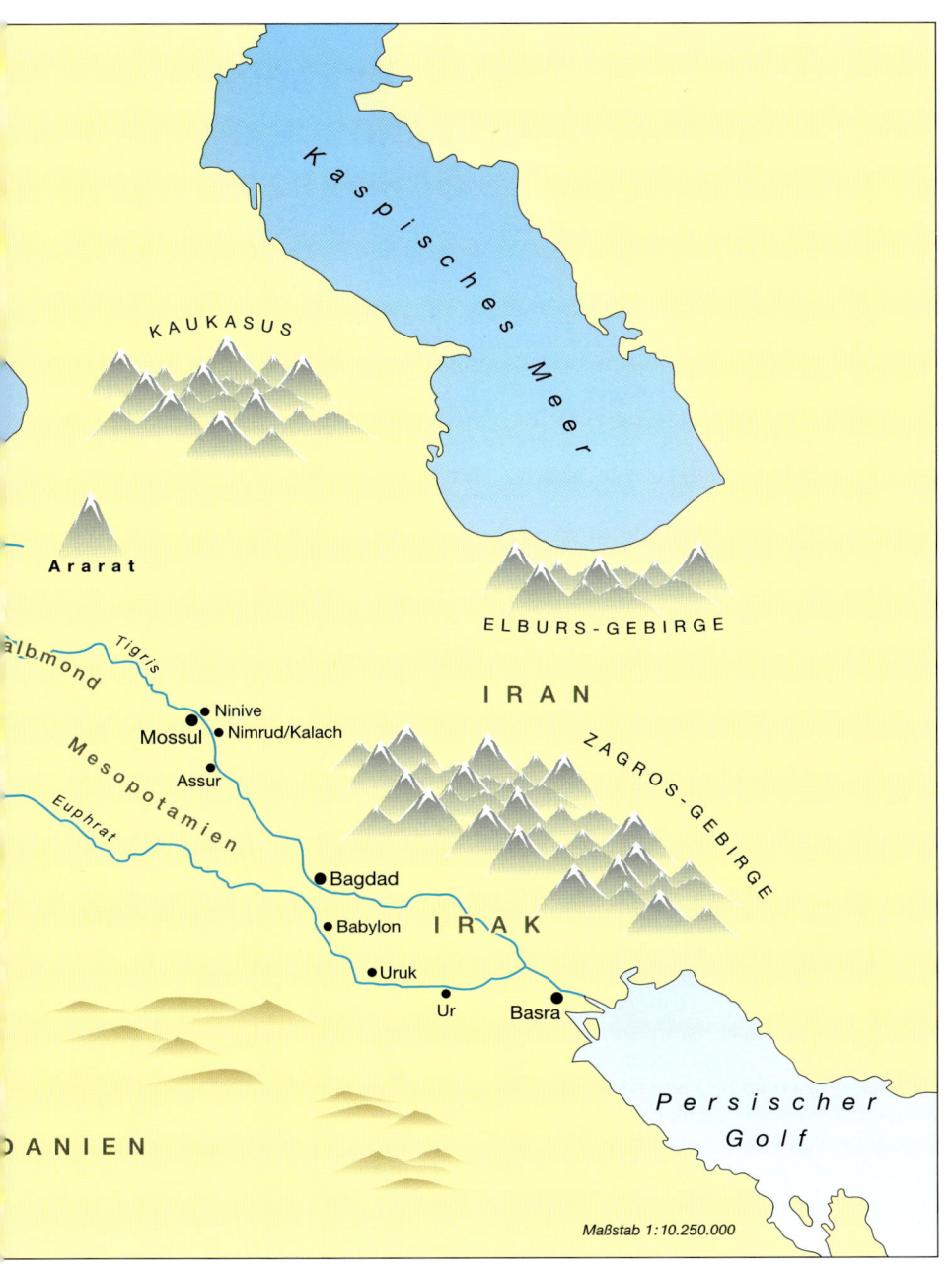

men mußten. Mit Hilfe von Radiokarbon-Messungen wurde das Alter des versunkenen Uferstreifens auf 9500 Jahre datiert. Um Sedimentproben aus dem Meeresgrund stanzen zu können, ließ Dimitrov sein Tauchboot mit einer Bohrvorrichtung nachrüsten. Überall vor der Küste bis in eine Tiefe von 120 Metern stieß er bei seinen Kernbohrungen auf Sedimentauswaschungen, die seiner Ansicht nach nur durch Regen, Wind und Brandung entstanden sein konnten. Das Schwarze Meer mußte einst ein Binnensee gewesen sein – davon war Professor Dimitrov felsenfest überzeugt –, bis eines Tages eine ungeheure Flutwelle den See überschwemmte und alles Leben vernichtete.

Pitman und Ryan richteten ihre Forschungsstation auf der *Aquanaut* ein – ein ehemaliger Fischtrawler von etwa 30 Metern Länge, der für ozeanographische Messungen umgerüstet worden war. Das Moskauer Shirshov-Institut hatte das Laborschiff zum Schwarzen Meer geschickt, um die ökologischen Folgen der Reaktorkatastrophe von Tschernobyl zu untersuchen. Die *Aquanaut* war mit einem Bohrgerät ausgerüstet, mit dem die Amerikaner ebenfalls Sedimentproben entnehmen wollten. In schweren Stahlzylindern wurden die etwa vier Meter langen Bohrkerne an Bord gehievt und in Metallwannen in das Schiffslabor unter dem Vorderdeck gebracht. Dort hatte man eine lange Bank angebracht, auf der die Bohrkerne zerlegt, fotografiert und untersucht werden sollten. Vergleichbar mit den Jahresringen eines Baumes bestehen die Bohrkerne aus vielen Schichten. Aus ihrer Zusammensetzung, den Ablagerungen von Flora und Fauna, kann die ganze Erdgeschichte abgelesen werden. Nicht nur die letzte Eiszeit, auch das Aussterben bestimmter Pflanzenarten läßt sich damit exakt datieren.

VERSUNKENE LANDSCHAFTEN IM SCHWARZEN MEER

Die Amerikaner ließen das russische Schiff zusätzlich mit einem Sonargerät ausstatten, um den Meeresboden mit Schallwellen abtasten zu können. Wie ein Fisch schwamm das Spürgerät drei Meter unter den Wellen neben der *Aquanaut* her. Die Russen nannten es CHIRP, weil es Töne durch die Stahlwände des Schiffsrumpfs hallen ließ, die an zwitschernde Vögel erinnerten. Was die Forscher in ihrem Bordlabor auf dem Monitor des CHIRP-Computers zu sehen bekamen, war ein knapp zehn Meter tiefer Schnitt durch den Meeresboden, vergleichbar mit einem Röntgen-Tomogramm. Schon die ersten Bilder versetzten die amerikanischen Geophysiker in Erstaunen: Die Terrassen und Bänke, die etwa 150 Meter tief unter der *Aquanaut* lagen, konnten nichts anderes als Küstenlinien sein, geformt von den Brechern einstiger Brandung. Sogar eine versunkene Dünenkette, die sich über einen Kilometer unter Wasser ausdehnte, machte CHIRP sichtbar; bis zu drei Meter hoch ragten die imposanten Kämme der Sandberge empor. Schlagartig erkannte Pitman: Hätte die See das Land ganz allmählich überflutet, dann wären die Dünen durch die Brandung abgetragen worden. Nur durch einen plötzlichen Untergang konnte diese Landschaft in ihrer einstigen Gestalt bewahrt worden sein.

Das Sonargerät zeichnete Zonen mit zahllosen Einschlüssen auf, die unter einer dicken Schlammschicht verborgen waren.

Handelte es sich um einen versunkenen Uferstreifen, in dem noch abgestorbene Pflanzen und Tiere enthalten waren? Gasblasen, die als helle Flecken auf dem Bildschirm erschienen, zeugten von verwesenden Landpflanzen einst küstennaher Marschlandschaften. Von Anfang an schienen sich Dimitrovs Beobachtungen zu bestätigen. Damit war das nächste Ziel abgesteckt, so Pitman und Ryan in ihrem 1999 erschienenen Buch *Die Sintflut*. Sie mußten den Sand der vorzeitlichen Strände in die Hände bekommen.

Die Forscher bereiteten die Kernbohrungen vor, auf die das ganze Team gespannt wartete. Der russische Expeditionsleiter Kazimieras Shimkus verkleidete die Innenseiten der Stahlröhren mit einer Manschette aus festem Kunststoff, um die Sedimentproben nach der Bohrung leichter herauszuziehen zu können. Unten im Labor sollte die amerikanische Geologie-Studentin Candace Major jeden Kern der Länge nach zerlegen; je eine Hälfte der Bohrkerne sollten die Teams aus Ost und West mit ihrem zuvor antrainierten Know-how analysieren. Ihre Aufgabe war es, aus den einzelnen Schichten vorsichtig die Reste von Tieren und Pflanzen herauszulösen, sie biologisch einzuordnen und ihren Lebensraum zu bestimmen, um so die ehemalige Landschaft am Meeresboden rekonstruieren zu können. Bei ihren ersten Bohrungen stießen die Forscher jedoch buchstäblich auf Granit: Der schwere Stahlzylinder wurde über eine Seilwinde mit einer Geschwindigkeit von etwa acht Stundenkilometern in den feuchten, olivgrauen Schlamm des Meeresbodens gebohrt. Doch in einer Tiefe von ungefähr 70 Metern unter den Wellen widersetzte sich eine steinharte Schicht dem Eindringen des Stahls. Eines war sicher: Hier mußte eine Landschaftsschicht verborgen sein, die mit einem typischen Meeresboden nichts gemein hatte.

Die Untersuchung der darüberliegenden Schlammschicht, die in der Stahlröhre zutage gefördert worden war, machte die anfängliche Enttäuschung der Wissenschaftler wieder wett: Die Muscheln, die im Schlick enthalten waren, spiegelten die Umwandlung eines Süßwasser-Sees in ein Meer wider. Unmittelbar über der festen Schicht, in die der Bohrzylinder nicht eingedrungen war, entdeckte Candace Major im Schlick einige Exemplare der Art *Monodacna caspia*, die in Brackwasser mit niedrigem Salzgehalt lebt. Im weiteren Verlauf der Sedimentprobe ließ ihr Vorkommen drastisch nach. Und schon dreizehn Zentimeter über der harten Schicht tauchten nur noch Arten auf, die gänzlich an das Leben im Salzwasser angepaßt waren. Die Überflutung des einstigen Schwarzmeer-Sees konnte also nicht auf sintflutartigen Regenfällen beruhen – sie mußte mit dem Eindringen von Salzwasser in Zusammenhang stehen.

Die achte Kernbohrung, diesmal in 100 Meter tiefem Wasser, versetzte die Forscher in helle Aufregung. Mit der höchsten Geschwindigkeit, die die Seilwinde verkraften konnte, wurde der schwere Stechkasten mit dem Bohrzylinder im Meer versenkt. Und tatsächlich drang die Röhre einen halben Meter tief in jene harte Schicht ein, an der die Wissenschaftler am meisten interessiert waren. Als Candace Major den Sedimentkern aufschneiden wollte, begann ihre Hand vor Anstrengung zu zittern. Selbst Shimkus hatte Probleme, erinnern sich Pitman und Ryan, »so sehr er seinen mächtigen Bizeps auch anspannte«. Schließlich aber brach der steinharte Lehm auseinander. Vom olivgrauen Schlamm trennte ihn eine dünne Schotterschicht mit zahllosen Muscheln, die nicht einfach zerbrochen, sondern regelrecht pulverisiert waren. Meist waren nur die stabilen Scharniere, die beide Schalenhälften verbinden, intakt

geblieben. Sie stammten von der Süß-
wassermuschel *Dreissena rostriformis* und
waren vom Sonnenlicht gebleicht und
porös geworden. Die Schicht, in der sie
lagen, war einst tatsächlich trockenes
Land gewesen.

Shimkus selbst untersuchte später den
Wassergehalt der festen Lehmschicht – er
lag weit unter dem gewöhnlichen Wert
für Böden in Seen und Meeren. Er entdeckte auch winzige Sandkammern, in
denen er Holzstückchen und Pflanzen-
reste fand. Seine Kollegen machte er auf
einen dunklen Fleck auf einer Muschel-
schale aufmerksam. »Das sind Algen«, erklärte er. »Diese Muscheln haben in einer
flachen Lagune gelebt. Wir müssen uns
dicht am Ufer des einstigen Binnensees
befinden.« Erst als die *Aquanaut* in tiefere
Zonen des Schwarzen Meeres fuhr, erreichte sie einen Meeresboden, der niemals der Witterung der Erdoberfläche aus-

Das bulgarische Forschungsschiff R/V Akademik

gesetzt war. Darin fanden die Forscher
weder Spuren von Pflanzen noch von Muscheln, nur triefenden Schlamm – eine
Zone, die zu allen Zeiten unter Wasser
gelegen hatte.

DAMMBRUCH AM BOSPORUS VOR 7600 JAHREN

Dimitrov hatte recht: Das Schwarze
Meer war einst wirklich ein Binnensee, und eine Flutkatastrophe hatte seine
Gestade mit Meerwasser überschwemmt.
Eine Welle von gigantischer Größe mußte
es gewesen sein, die ganze Dünenketten
mit einem Schlag unter sich begrub. Handelte es sich um die Sintflut, von der
die Keilschrifttafeln berichteten? Hatten
Menschen diese Flut miterlebt und die Erinnerung daran in die Welt getragen?
Würde sich sogar das Datum des Untergangs exakt bestim-
men lassen? Pitman
und Ryan beschlossen,
die in den Bohrkernen
enthaltenen Muschel-
schalen in den Verei-
nigten Staaten datie-
ren zu lassen. Im Alter
jener Schalen, die sich
an der Grenze zwi-
schen dem olivgrauen
Schlamm und der
überfluteten Lehm-
schicht abgelagert hat-
ten, müßte der Zeit-
punkt der Katastrophe
doch genau festgehal-
ten sein. Und sollte die
Flut, wie die Forscher
vermuteten, urplötzlich gekommen sein,
müßten diese Muscheln in allen Bohrkernen, unabhängig vom Ort und von der
Tiefe der Probenentnahme, ungefähr dasselbe Alter haben – auf den Kämmen der

Sanddünen wie in den Tälern dazwischen. Die Ergebnisse der Altersbestimmung übertrafen alle Erwartungen: »Der lebensfeindliche Zustand war praktisch über Nacht eingetreten!«, so Pitman und Ryan. Die Meßdaten der einzelnen Proben wichen nur geringfügig voneinander ab – die Katastrophe ereignete sich vor 7600 Jahren. Jene Süßwassermuscheln, die Petko Dimitrov mit seinem Tauchboot gesammelt und auf ein Alter von 9750 Jahren datiert hatte, stammten offenbar aus einer tieferen Sedimentschicht, von einem untergegangenen Uferstreifen, auf dem sie schon 2000 Jahre vor der Flut gelegen hatten.

Wie aber war es zu dieser Sintflut im Todesmeer gekommen? Meteorologen können das Geschehen heute genau beschreiben und am Computer simulieren. Die Geschichte der Katastrophe begann mit der letzten Eiszeit vor rund 120000 Jahren. In der Arktis bildeten sich mächtige, bis zu 3500 Meter starke Gletscher. Als die Eisbildung vor etwa 20000 Jahren ihren Höhepunkt erreichte, war den Ozeanen auf diese Weise so viel Wasser entzogen worden, daß der Spiegel der Weltmeere ungefähr 120 Meter tiefer als heute lag. Bald darauf setzte die Gletscherschmelze ein, eiskaltes Wasser strömte in die Ozeane, und die Meeresspiegel stiegen wieder an. Die gewaltigen Eismassen wichen langsam zurück, im Norden Rußlands wurden die Flüsse vom Schmelzwasser überflutet – und ergossen sich in den Eiszeitsee des Schwarzen Meeres. Das Wasser war damals für Menschen und Tiere trinkbar.

Etwa 12500 Jahre vor unserer Zeit aber herrschten in Europa erneut eiszeitliche Bedingungen. Es gab kaum noch Niederschläge, und viele Seen in Afrika und Anatolien trockneten aus – das Schwarze Meer wurde zum Binnensee. In dieser Zeit entstand jene steinharte Lehmschicht, die

sich selbst Kernbohrungen widersetzte – ein ausgetrockneter Küstenstreifen. Der geringe Wassergehalt, den Shimkus darin ermittelt hatte, war einfach zu erklären: Als der Seeboden aus dem Wasser auftauchte, verdunstete seine ursprüngliche Feuchtigkeit in der Sonne. Durch diese Austrocknung und durch das Gewicht von Tieren, die über diesen Strand liefen, wurde die Erde zusammengedrückt und konnte bei einer erneuten Überflutung entsprechend weniger Wasser aufnehmen. Über viertausend Jahre dörrte der einstige Meeresboden an einigen Stellen in der Sonne.

Als die letzte Eiszeit-Periode vor etwa 8200 Jahren über die nördliche Hemisphäre hereinbrach, trockneten Flüsse und Seen weiter aus – die Wasseroberfläche des geschrumpften Schwarzmeer-Sees war längst unter den Spiegel der Weltmeere gesunken. Doch der Damm im Bosporus-Tal, der das Marmara-Meer vom Schwarzen Meer trennte, hielt den Wassermassen stand und verhinderte das Einströmen von Meerwasser. Vor 7800 Jahren aber setzte eine allmähliche Erwärmung ein, und der Pegel der Ozeane stieg immer weiter an. 200 Jahre später reichte das Wasser an den Rand des Walls im Bosporus-Tal – die Flut drohte in das 150 Meter tiefer gelegene Schwarze Binnenmeer zu stürzen.

»Das Salzwasser muß, von Wind und Gezeiten getrieben, immer wieder über die Kante des Walls geschwappt sein«, so die Vorstellung von Pitman und Ryan, »bis es endlich in seinem letzten Anlauf die Hürde nahm.« Mit der 200fachen Wucht der Niagara-Fälle brandete die Flut durch den Bosporus. Hundert Kilometer weit soll das Getöse zu hören gewesen sein. Rund 50 Milliarden Kubikmeter Wasser strömten Tag für Tag durch die Schlucht – der gesamte Inhalt des Bodensees. Der Fischbestand des einstigen Binnensees wurde völlig vernichtet, ebenso die Nahrung der Menschen, die dort lebten. Immer weiter drängte die Flut landeinwärts und überschwemmte das Land der ersten Ackerbauern, die gegen Ende der letzten Eiszeit an den fruchtbaren Gestaden des Schwarzen Binnenmeeres (später »Gastliches Meer«) seßhaft wurden.

NOAHS TELLER – ZEUGNIS DER SINTFLUT?

Irgendwo tief im Meer müßten sich doch Relikte einer beginnenden Zivilisation aufspüren lassen, sagte sich Petko Dimitrov. Mit seinem Tauchboot begann er nach Spuren jener Stämme zu suchen, die einst auf dem versunkenen Land lebten. Und tatsächlich wurde der Forscher fündig. Verborgen im Sand des Meeresbodens entdeckte er nahe der heutigen Küste eine Tonschale: »Noahs Teller« – so taufte Dimitrov seinen Fund. Das Alter der rätselhaften Schale hat der Sintflut-Forscher von Wissenschaftlern in der Schweiz bestimmen lassen. 9000 Jahre alt soll der Teller sein, das »einzige bekannte Relikt einer Zivilisation, die durch eine Flutkatastrophe untergegangen ist«, behauptet Professor Di-

mitrov. Doch die Flut kam erst anderthalb Jahrtausende später, wie seine amerikanischen Kollegen ermittelten.

Die gewaltige Wucht des reißenden Stroms muß die Menschen damals in furchtbare Panik versetzt haben. Viele fanden in den Fluten den Tod, verloren über Nacht ihre Hütten, ihre primitiven Werkzeuge und die mit Wildpflanzen bestellten Äcker. Einige Auserwählte, die die große Flut überlebten, haben damals vielleicht ihre Boote mit Saatgut und Tieren beladen, um weit entfernt vom Ort der Katastrophe ein neues, sicheres Leben zu beginnen. Vielleicht sind sie bis nach Mesopotamien geflüchtet, so Walter Pitman und William Ryan, wo die Sintflut-Saga ihren Ursprung nahm. Die Wanderungswelle der Schwarzmeerbauern könnte der Ausbreitung der Zivilisation den Weg geebnet haben, denn die ersten Landwirte exportierten ihr Knowhow in alle Himmelsrichtungen. Die kurz nach der Flutwelle einsetzende Kulturexplosion – Hüttenbau, Ackerbautechniken und der Beginn der Kupferverarbeitung – sei nicht zuletzt durch die traumatische Flucht aus der ältesten Kornkammer der Welt ausgelöst worden, so der britische Archäologe Douglas Bailey.

Schon Jahrtausende bevor die Schrift entstand und die Legende erstmals mit dem Schilfgriffel in Ton geritzt wurde, haben die Menschen von der großen Flut erzählt. Barden haben am Lagerfeuer von ihr gesungen, die Ältesten den Kindern davon berichtet. Mündlich wurde die Geschichte von Generation zu Generation

»Noahs Teller«, etwa 9000 Jahre alt

Chancenlos in der Sintflut. Kolorierter Holzschnitt von Julius Schnorr von Carolsfeld 1860

überliefert, und vielleicht ist die Erinnerung daran in Mesopotamien besonders lebendig geblieben, weil sie hier mit den Überschwemmungen von Euphrat und Tigris fast alljährlich wiederzukehren schien.

Doch nicht nur im Zweistromland prägte sich eine gewaltige Flut dem Gedächtnis der Menschen ein. Zehntausende von Kilometern entfernt, im Land der australischen Aborigines, haben Wissenschaftler in den vergangenen Jahren ebenfalls eine uralte Flutlegende enträtselt, die auf einer wirklichen Katastrophe beruht – ein Schöpfungsmythos, noch älter als das Alte Testament und das sumerische Gilgamesch-Epos.

DAS LIED DER REGENBOGEN-SCHLANGE

Den Schlüssel lieferte ein seltsames Fabelwesen, das australische Archäologen und Anthropologen im entlegenen Buschland des Northern Territory aufspürten: ein Reptil mit Pferdekopf und spitzem Schwanz, mit gekreuzten Kerben in der Haut und rätselhaften Fangarmen – die Regenbogenschlange. Aborigines, die seit über 40 000 Jahren hier leben, haben sie einst an verborgenen Orten auf den Fels gemalt. Zum ersten Mal zeichneten sie das mythische Tier vor ungefähr 8000 Jahren, so schätzen die Forscher; das jüngste Felsgemälde stammt aus dem Jahr 1965. Was könnte einst das Vorbild für die Regenbogenschlange gewesen sein? Über einhundert Zeichnungen aus unterschiedlichen Zeiten haben Wissenschaftler verglichen und in den anatomischen Merkmalen der Regenbogenschlange ganz unterschiedliche Landtiere erkannt: Känguruh, Schlange, Krokodil. Der Archäo-

der Fünfte Kontinent über eine Landbrücke mit Papua-Neuguinea verbunden. Der Meeresspiegel lag nach der letzten Eiszeit 150 Meter niedriger als heute, und die Tiere des Ozeans waren den Ureinwohnern im trockenen Landesinneren noch unbekannt. Doch als die Gletscher und Eisschilde zu schmelzen begannen, stieg das Meer auf den heutigen Stand, die Regenfälle wurden heftiger, die Menschen erlebten gewaltige Überflutungen und verloren Land. Etwa ein Fünftel der nördlichen Landmasse Australiens versank in der Arafura- und Timor-See.

**Regenbogenschlange
auf den bemalten Felsen
im Northern Territory
Australiens**

loge Paul Tacon vom Australischen Museum in Sydney aber kam aufgrund der biologischen Ähnlichkeiten zu einem weitaus verblüffenderen Ergebnis. Ein Meerestier soll den Aborigines als Modell gedient und sie zu mythischen Bildern inspiriert haben: *Haliichthys taeniophora*, ein Seepferdchen. Und tatsächlich wird die Regenbogenschlange meist zusammen mit Wasser abgebildet.
Vermutlich haben die australischen Felskünstler das elfenhafte Wasserwesen vor rund 8000 Jahren zum ersten Mal zu Gesicht bekommen – nach einer furchtbaren Katastrophe. Denn bis zu dieser Zeit war

Nach einer Zeit der Verwüstung wurde das Leben neu aus dem Chaos geboren, und die Menschen machten die Regenbogenschlange zum Symbol dieser Schöpfung. So sei die älteste Religion der Welt entstanden, glaubt George Chaloupka, Konservator für Felszeichnungen im australischen Northern Territory. Die Wissenschaftler sind stolz darauf, erstmals den Sinn steinzeitlicher Felsgemälde enträtselt zu haben. Und tatsächlich stehen die wissenschaftlichen Erklärungen im Einklang mit dem Glauben der australischen Ureinwohner, der bis heute fortlebt. Noch immer singen die Ältesten das uralte Lied von der lebenspendenden und strafenden Regenbogenschlange. Die Welt der Aborigines begann in der Traumzeit, als die Schöpfung aus dem Chaos entstand. Die Ahnen der Menschen streiften damals auf »Traumpfaden« durchs Land, sie gaben ihm Gestalt und ihren Nachkommen die Seelen. Einer jener Ahnen, Dungdung, begegnete der machtvollen Regenbogenschlange, so die Legende. Nach ihrem Willen sollen alle Geschöpfe im Wasser leben. Dungdung aber räumt ein, daß es zwei Arten von Lebewesen gebe, die einen im Wasser, die anderen auf dem Land. Das mißfällt der Regenbogenschlange. Mit ihrem magischen Gesang bringt sie das Wasser zum Steigen und überschwemmt die Erde – die Fluten tragen alle Geschöpfe des Landes davon.

GLAUBE AN EWIGE WIEDERKEHR

Die australischen Wissenschaftler hegen keinen Zweifel daran, daß die uralte Flutlegende der Aborigines aus dem Trauma einer Katastrophe entstand. Das unvorstellbare Ereignis in ihrer Vergangenheit verlangte nach einer Erklärung. Doch Mythen hatten für die Menschen, die sie in weit zurückliegender Zeit erzählten, noch einen tieferen Sinn. Damals war die Welt voller Rätsel. Wer sie geschaffen hatte, fragten sich unsere Ahnen, und ob es nach dem Tod ein Weiterleben gebe. Wo lag der Anfang, wo das Ende ihrer Welt? Wie könnte die Erde untergehen? Die My-

then der Völker, die von Generation zu Generation überliefert wurden, suchten nach Antworten. Auf einen übermächtigen Stammvater führten die Menschen ihre Existenz zurück; auf auserwählte Ahnen, die Gebote von Göttern und Geistern empfingen. Und aus der Angst vor dem Untergang wurde der Gedanke der ewigen Wiederkehr geboren – die Legende von der Schöpfung einer neuen Welt. Zeugten doch die Zeichen der Natur selbst von ihrem endlosen Kreislauf: das Blühen von Blumen und Korn aus den Tiefen der Erde; der Mond, der nach drei Tagen des Todes wiederaufersteht; die Geburt der Sonne am Ende der Nacht; der zündende Funke aus der Kälte des Steins.

Nachdem die Sintflut vorüber war, baute Noah einen Altar und dankte seinem Herrn mit einem Brandopfer. Gott segnete Noah und schloß erneut einen Bund mit ihm. Nie wieder sollte eine Sintflut die Erde vernichten, der fruchtbare Wechsel von Saat und Ernte, von Sommer und Winter nicht mehr enden. Als Zeichen seines Versprechens ließ Gott einen Regenbogen am Himmel erscheinen. Aus dem Untergang war eine neue Schöpfung hervorgegangen.

Wie der Sintflut-Bericht in der Genesis ist auch die Flut-Legende, die auf den assyrischen Keilschrifttafeln geschrieben steht, Teil einer Schöpfungsgeschichte. Wie die Bibel beschreibt auch das Gilgamesch-Epos die Zeit vor der Erschaffung der Welt, als eine weibliche Macht namens Tiamat über die Wirrnis herrschte: »*Als droben der Himmel noch nicht errichtet war und drunten der Erde noch keine Pflanze erwachsen, und die Tiefe hatte ihre Schleusen noch nicht geöffnet, da war Tiamat, das Wasser des Chaos, die Urmutter von ihnen allen.*«

In den archaischen Religionen zahlloser Völker und Kulturen sind es Fluten, die den Kreislauf des Lebens in Gang halten.

In jener Jahreszeit, da der Nil über die Ufer trat und die Saat in der fruchtbaren Schwemmebene keimte, feierten die Ägypter das Begräbnis des Gottes Osiris, König der Ewigkeit. Er symbolisierte das belebende Wasser des Nils, das aus der Tiefe des Ur-Ozeans kam, und sein Tod war kein wirkliches Sterben, sondern eine Wiedergeburt, der Beginn einer neuen Schöpfung. Als glückliche Wiederkehr jenes Augenblicks, in dem die Sonne erstmals aus dem Ur-Ozean auftauchte, feierten die Menschen damals auch die Thronbesteigung der gottgleichen Pharaonen.

Flut-Legenden ranken sich um die ägyptischen Pyramiden, deren mächtige Mauern selbst einer großen Flut trotzen konnten. War es die Furcht vor dem Untergang, die einst die Pharaonen zum Bau der gigantischen Grabmäler anregte? Haben die Gottkönige die Wissensschätze der Menschheit in unterirdischen Katakomben in Stein hauen lassen, um sie vor der Sintflut für die Nachwelt zu retten?

EIN MYTHOS EROBERT DIE WELT

In der griechischen Mythologie war es der mächtige Gott Zeus, der die Verruchtheit der Menschen mit einer großen Flut bestrafte. Nur Deukalion wurde von seinem Vater Prometheus vor dem nahenden Unglück gewarnt und rettete sich mit seiner Gattin Pyrrha und seinen Kindern, einigen zahmen und einigen wilden Tieren auf ein Schiff. Als es auf dem Gipfel des Parnaß gestrandet war, befahl das Orakel von Delphi dem auserwählten Paar,

die Gebeine der Mutter über die Schulter zu werfen. Deukalion und Pyrrha erkannten, daß damit die Steine der Erde gemeint sein mußten, und aus den geworfenen Steinen ging ein neues Menschengeschlecht hervor.

Auch nordische Völker kennen den Flut-Mythos. Die walisische Chronik *The Third Catastrophe of Britain* berichtet von einer großen Überschwemmung im vorchristlichen Irland. Damals soll die Königin Ceseair mit ihrem Gefolge auf ein Schiff geflüchtet und siebeneinhalb Jahre durch die Fluten gesegelt sein. Sie kehrte nie mehr in ihre Heimat zurück, denn Irland war vom Wasser so verwüstet worden, daß es erst 200 Jahre später wieder besiedelt werden konnte.

Sogar in Amerika, von Alaska bis Feuerland, sind Flutlegenden verbreitet. Fast jeder Indianerstamm kennt seine eigene Geschichte von der alles vernichtenden Überschwemmung. Wie die Ägypter haben auch Menschen auf dem amerikanischen Kontinent Pyramiden errichtet; unzerstörbare Bauwerke, denen eine gewaltige Flut nichts anhaben konnte. Sie sollten ihnen als Zufluchtsort dienen, so eine Legende der Azteken. Für das indianische Volk der Sherente wurde die Welt in grauer Vorzeit entweder durch ein gigantisches Feuer oder durch eine große Flut zerstört. Und die Tapirapé sind davon überzeugt, schon in der dritten Welt zu leben; die erste sei durch eine Überschwemmung, die zweite durch einen Weltenbrand untergegangen.

»Das Wasser strömte auf die Erde. Die Kontinente brachen auseinander und versanken in Wellen«, erzählen die Hopi-Indianer. Die Überlebenden der Flut landeten auf dem Gipfel des höchsten Berges. Rund um sie war nichts als Wasser. Als die Flut zurückging, fand Numochmochbah, der Held der Mandan-Legende, neues Land im Westen. Er entdeckte dort

Menschen, die sich in unterirdische Gänge geflüchtet und eine Maus ausgesandt hatten, um nachzusehen, ob die Flut vorüber sei. Eines Tages flüchteten die Tiere von Osten nach Westen, heißt es in einer Erzählung der Navajo-India-

die alles vernichtende Katastrophe nach wie vor lebendig.

Diese Mythen bestärken einige Forscher in ihrem Glauben an tatsächliche Flutkatastrophen. Der bibelgläubige Geophysiker Bill Hoesch vom *Institute for Creation*

Azteken holen aus den Steinbrüchen Mexikos Material zum Bau ihrer Pyramiden. Filmszene

ner. Am vierten Tag sahen die Menschen einen weißen Glanz am östlichen Horizont, und sie sandten Heuschrecken als Kundschafter aus. Als die Insekten zurückkamen, berichteten sie von einer todbringenden Flut, die herannahte. Die Menschen versammelten sich und beklagten ihr Schicksal. Auch bei den Havasupai, ein Stamm von noch tausend Indianern, die bis heute im Gebiet des Grand Canyon leben, ist der Glaube an

Research ist davon überzeugt, daß die Legenden der Havasupai von einer tatsächlichen Flut handeln, die einst selbst die höchsten Gipfel bedeckte. Die Überlebenden hätten sich damals mit ihren Tieren auf ein Floß gerettet und nach der Katastrophe eine neue Zivilisation gegründet. Bis heute ist es rätselhaft, woher die Indianer den Mythos von der Sintflut kannten – mitten in der Abgeschiedenheit einer staubtrockenen Schluchtenlandschaft, die der Colorado in Millionen von Jahren in den Fels gegraben hat.

Einige Guarani-Stämme, die zerstreut in weiten Gebieten Südamerikas siedeln, waren so sehr vom nahen Ende ihrer Welt überzeugt, daß sie sich immer wieder auf endlose Wanderungen begaben, um nach einem »Land der Unsterblichkeit« zu suchen. Im Glauben der meisten Indianervölker schien der Weltuntergang unabwendbar, die Guarani aber waren davon überzeugt, der Katastrophe entrinnen zu können. Schamanen sagten ihnen den bevorstehenden Untergang voraus: Die Welt sei müde und alt geworden und sehne sich nach Ruhe. Um nicht vernichtet zu werden, solle man sich auf die Suche nach dem Land ohne Krankheiten und Tod machen. Dieses Paradies wurde mal im Inneren des Kontinents vermutet, mal jenseits des Ozeans, der unüberwindbar schien. Die Apapocuvá-Guarani glaubten,

gen dieses Stamms führten einst von Mato Grosso im Herzen des südamerikanischen Kontinents bis zur Atlantikküste Brasiliens. Ihre letzten Züge unternahmen die Apapocuvá-Indianer um das Jahr 1912. Damals wurden sie in ein Reservat eingewiesen – doch ihre Angst vor dem Ende der Welt lebt fort.

DIE GEFÄLSCHTEN FLUTGESCHICHTEN

Wie überrascht müssen die europäischen Missionare gewesen sein, bei indianischen »Heiden« auf biblische Sintflutvorstellungen zu stoßen. Ein Beweis für die allumfassende Macht Gottes auf Erden? Sogar das Ritual der Taufe war den Indios vertraut! Daß das Eintauchen und Sich-Erheben aus dem Wasser des Ur-Ozeans in vielen Kulturen zur religiösen Handlung gehörte, konnten die Missionare nicht wissen. Haben sie den uralten Legenden, von denen es keine schriftlichen Aufzeichnungen gab, jenen Sinn geraubt, der nicht ihrer eigenen Glaubenswelt ent-

Auch die Indianer Südamerikas kannten das Ritual der Taufe. Filmszene

daß ein Holzkreuz die Erde stütze. Seine Zerstörung würde die Welt einstürzen lassen, begleitet von einer Sintflut und einer gewaltigen Feuersbrunst. Die Wanderun-

sprach? Wurden die indianischen Mythen den christlichen Vorstellungen kurzerhand angepaßt? Aus der »Sint«-Flut, der »großen« Flut, wie man sie ursprünglich nannte, hatte man schon in unserem Kulturkreis die »Sünd«-Flut gemacht – das Strafgericht eines zürnenden Gottes. Der Bedeutungswandel ist seit dem 13. Jahrhundert in Deutschland belegt. In den meisten Flut-Mythen aber geht es nicht um die Moral; der ewige Kreislauf der Welt muß in Gang gehalten werden, damit sich die müde Erde erneuern kann.

Viele Übereinstimmungen zwischen Noahs Flut und den Flutlegenden ferner Kulturen beruhen tatsächlich auf dem Wunschdenken christlicher Missionare. Ihre Berichte sind durchdrungen von dem Bestreben, die Überlegenheit der eigenen Geisteswelt und das weltumspannende Wirken Gottes unter Beweis zu stellen. Sie waren die ersten, die den Europäern von der wundersamen Verbreitung biblischer Mythen auf einem fremden Kontinent berichteten. Zu den verfälschten Flutgeschichten, die sie zurück in die Alte Welt brachten, zählt auch die Legende, daß Gott die Menschen wegen Kannibalismus vernichten wollte. Der Hintergrund: Priester hatten inbrünstig gegen mutmaßliche Menschenfresserei gepredigt. Noch offensichtlicher tritt die Weltsicht der Missionare in ihrer Version mexikanischer Mythen zutage: Danach soll die Flut gekommen sein, weil Kain seinen Bruder Abel erschlug. Von dem Brudermord hatten die Indianer in Wahrheit erst von den spanischen Eroberern gehört. Sogar am Endzeit-Mythos der Guarani haben kritische Wissenschaftler Zweifel geäußert. Die Apapocuvá-Indianer standen schon fast zwei Jahrhunderte unter dem Einfluß der Jesuiten, als sie um das Jahr 1800 mit ihren Wanderungen begannen. Wurde die Angst vor dem Untergang durch Missionsbemühungen ausgelöst?

Die Entdeckung Amerikas hatte die Verkünder des Evangeliums in einen Glaubenskonflikt gebracht: Der Kontinent kam in der Bibel und im geltenden Weltbild der Wissenschaft nicht vor. Und seine Bewohner überlieferten eigene Mythen und Legenden, verehrten fremde Götter und Götzen. Die Einheit des christlichen Denkens war in Gefahr. Die Heiden zu taufen und zu bekehren war deshalb das vordringliche Ziel der Missionare. Die archaische Religion der Indianer mußte weichen oder auf Biegen und Brechen mit christlichen Überzeugungen in Einklang gebracht werden.

Mythen sind ein Spiegel der menschlichen Psyche. Sie zeugen von Glauben und Religion in einer Welt, in der die Menschen noch als Jäger und Sammler lebten, von Gesetz und Moral am Anfang der Zivilisation. Nicht die reale Erfahrung einer Weltkatastrophe war die Triebkraft, die rund um den Globus ähnliche Mythen von einer großen Flut entstehen ließ. Ihr Ursprung liegt in der tiefverwurzelten Angst vor dem Untergang, die uns seit ewigen Zeiten bewegt.

DAS UNIVERSUM SCHLÄGT ZU

Wissenschaftlich gesehen ist eine weltumspannende Flut allerdings nicht unmöglich: Fast die ganze Erde wurde einst tatsächlich von einer tobenden Flut heimgesucht. Gigantische Wellen breiteten sich mit dem Tempo von Düsenflugzeugen über die Weltmeere aus, türmten sich zu Wasserbergen von mehreren hundert Metern auf. Als sie mit ungebremster Wucht gegen die Küsten schlugen, wurde das Land völlig verwüstet, und die Gischt sprühte kilometerhoch in den Himmel. Das Inferno ereignete sich vor mehr als zwei Millionen Jahren – lange bevor der Mensch den Planeten Erde besiedelte. Die Ursache: Ein mächtiger Asteroid war mit 60facher Schallgeschwindigkeit südwestlich von Kap Hoorn in den Pazifik gestürzt. Dieser Urzeit-Katastrophe ist der Meeresforscher Dr. Rainer Gersonde erst kürzlich auf die Spur gekommen – eine Weltpremiere. Denn anders als auf dem Land hinterlassen Himmelskörper, die ins Meer stürzen, keine auffälligen Krater.

Auf der *Polarstern* stanzt ein Kastenlot bis zu 20 Meter lange Bohrkerne aus dem Meeresboden

Entsprechend schwierig sind solche Impakte nachzuweisen. »Dies ist der erste Asteroiden-Einschlag im Ozean, den wir sehr genau rekonstruieren können«, sagte Gersonde im April 1999 auf einer Tagung über »Oceanic Impacts« in Bremerhaven. Um Sedimentproben aus dem Grund des Ozeans zu entnehmen, durchquerte der Wissenschaftler vor einiger Zeit mit dem

Forschungseisbrecher *Polarstern* das Bellingshausen-Meer südwestlich von Feuerland. Doch ein mächtiger Orkan tobte tagelang mit bis zu zwölf Windstärken, wühlte das Meer auf und machte die Arbeit der Männer an Bord nahezu unmöglich. Erst als die See sich beruhigt hatte, konnte das Team die 20 Meter langen Bohrkerne tief unter den Wellen aus dem Boden ziehen. Amerikanische Forscher hatten schon in den sechziger Jahren festgestellt, daß der Meeresgrund in dieser Gegend mit Iridium angereichert war, ein Element, das auf der Erde nur selten vorkommt – ein Indiz für den Einschlag eines Himmelskörpers. Diesem Phänomen wollte Gersonde auf den Grund gehen.

Seine Sedimentproben lieferten den Beweis: Splitter eines Asteroiden, den die Forscher auf den Namen »Eltanin« tauften. Die Bruchstücke des abgestürzten Himmelskörpers waren über eine derart riesige Fläche verteilt, daß die Forscher für den Gesteinsbrocken aus dem All eine Größe von über 1000 Metern berechneten – und eine Sprengkraft von fünf Millionen Hiroshima-Bomben. Der Feuerball mußte das Meer bei seinem Einschlag zum Kochen gebracht haben. Binnen weniger Sekunden verdampften rund 500 Kubikkilometer Wasser – der zehnfache Inhalt des Bodensees. Zwei Milliarden Tonnen Meersalz und Asteroidenstaub wurden mit dem glühendheißen Wassernebel in die Atmosphäre geschleudert. »Innerhalb von 24 Stunden erreichten die Riesenwellen sämtliche Küstenregionen der Erde«, sagt Meeresforscher Gersonde.

Ein Brocken wie der »Eltanin« stürzt statistisch gesehen nur alle 300 000 Jahre

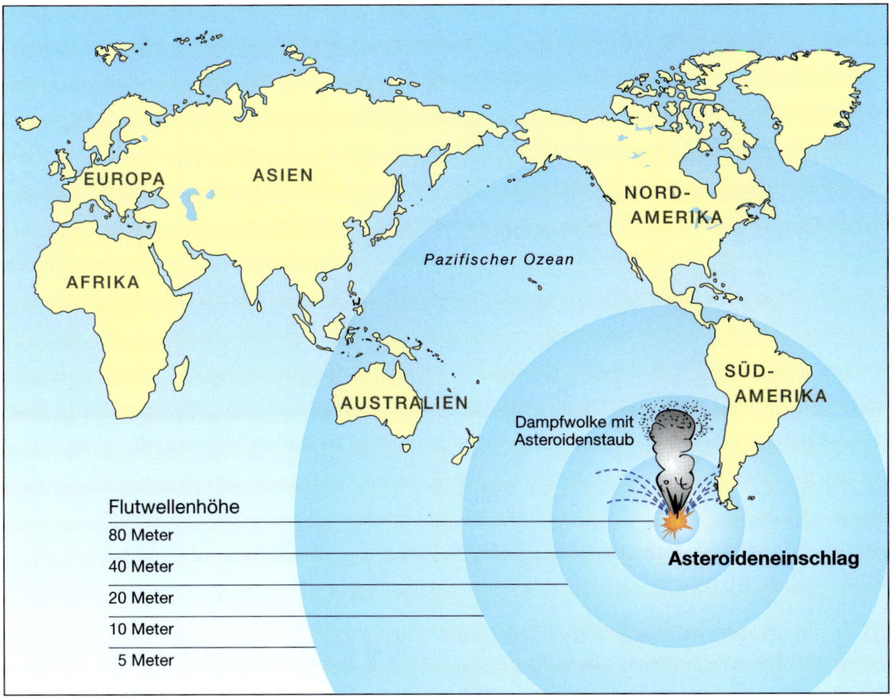

Der Asteroideneinschlag vor 2,2 Millionen Jahren und seine Auswirkungen

Computer-Simulation eines Meteoriten-Schauers über einer nächtlichen Großstadt

vom Himmel. Nur sehr wenige Asteroide dieser Dimension ziehen ihre Bahnen im All. Sintflutartige Folgen hätten allerdings schon die Einschläge zehnfach kleinerer Himmelskörper in den Ozean, von denen bislang rund 200 im Weltraum gesichtet wurden. Beim Impakt eines 100 Kilometer messenden Kleinplaneten im Nordatlantik würden die westeuropäischen Küsten von Brechern so hoch wie Wolkenkratzer heimgesucht. »Es bliebe kaum mehr übrig«, meint Gersonde, »als nach einem direkten Asteroidentreffer.« Mit einem solchen Impakt-Szenario ist schätzungsweise alle 1000 Jahre zu rechnen – in der Geschichte der Menschheit hätte sich diese Katastrophe also rein rechnerisch schon längst und zum wiederholten Mal zutragen müssen.

PROTOKOLL EINER WELTKATASTROPHE

Für den Geologen Alexander Tollmann ist es ein unanfechtbares Dogma, daß sich die weltweite Sintflut, von der die Bibel erzählt, tatsächlich ereignet, sich die Erinnerung daran für immer und ewig in unser Gedächtnis eingegraben hat. Und nur eine mögliche Ursache dafür kennt Tollmann: der Einschlag eines gewaltigen Himmelskörpers. Von dieser Lehre kündet das 1993 erschienene Buch des Wiener Professors. *Und die Sintflut gab es doch,* lautet der provokative Titel. »Der Schrei der Menschheit aus der Tiefe der Zeit ist gehört. Die Botschaft ist entschlüsselt«, mit diesen Worten beginnt das 500-Seiten-Werk. »Wir ziehen die Lehre daraus: Der nächste Impakt soll uns gerüstet sehen.« Die Widmung ehrt die »weltweiten Opfer des urzeitlichen Infernos in Nachempfindung des unfaßbaren Grauens sowie die mißdeuteten und unverstandenen Überlieferer«.

Bis in alle Einzelheiten rekonstruierte Tollmann die größte Katastrophe aller Zeiten, und sogar den Zeitpunkt glaubt er minutengenau errechnet zu haben: »Die Sintflut fand um 3.00 Uhr mitteleuropäischer Zeit am 23. September vor 9545 Jahren statt.« Doch das präzise Datum ist mit einem kleinen Fehler behaftet – »plus/minus zwei Jahrzehnte« räumt der Geologe ein. Was ist seiner verwegenen Theorie zufolge passiert? Den Ablauf des Dramas schildert Tollmann in seinem Buch:

1. Ein gewaltiger Komet mit einem Kern von einigen Kilometern raste mit kosmischer Geschwindigkeit von Südosten auf die Erde zu. Er hatte einen furchterregend grellen Staubschweif, der sich weit über den Himmel hinzog. Bei einer Kollision mit dem Jupiter war der Komet in sieben große und zahllose kleine Bruchstücke zerborsten. Wie durch ein Wunder landeten alle schweren Gesteinsbrocken über die Weltmeere verteilt im Ozean. Eine Säule aus Dampf und Staub schoß mit ohrenbetäubendem Getöse in den Himmel empor; Augenzeugen sollen von einer gezackten Fontäne aus Feuer berichtet haben. Eine berghohe Wasserwand raste mit Donnergetöse auf die Küsten zu und walzte alles nieder.

2. Die Aufspaltung des Kometen verursachte einen sintflutartigen Sturzregen, der auch jene Länder überschwemmte, die von den Meereswogen nicht erreicht wurden. Zentnergroße Hagelkörner schlugen auf die Erde nieder.

3. Die gewaltige Einschlagserie im Meer verursachte rund um den Erdball schwere Impaktbeben, die zighundertmal stärker als gewöhnliche Erdbeben waren. Sie versetzten die gesamte Erdrinde in eine chaotische Wellenbewegung, wie ein vom Sturm aufgewühltes Meer. Riesige Spalten öffneten sich, mächtige Berge zerbrachen, und Vulkane spuckten ihre feurige Lava über das Land.

4. Durch die chemische Reaktion der glühenden Kometentrümmer mit der Luft bildeten sich lebensgefährliche Giftgaswolken. Ein roter Regen aus ätzender Salpetersäure färbte Flüsse, Meere und Länder blutrot.

5. Noch bevor die Flutwelle die Küsten erreichte, raste ein Hitzeorkan mit einem Tempo von über tausend Stundenkilometern über die Kontinente. Jeder Baum, den das Impakt-Beben noch nicht entwurzelt hatte, wurde umgeknickt.

6. Der glühende Zerfall der Impakte entfachte einen verheerenden Weltenbrand, der sich – getrieben vom tobenden Orkan – mit rasender Geschwindigkeit über die Erde fraß. Eine Höllenglut von bis zu 1800° Celsius verdampfte die Flüsse, schmolz Erzadern zu Metall, ließ Felsen bersten und legte das Land in Schutt und Asche. Nur jene Menschen, die sich in tiefe Höhlen geflüchtet hatten, überlebten das Inferno.

Um das Schreckensszenario des Weltuntergangs konstruieren zu können, hat Alexander Tollmann das für ihn verfügbare Wissen über Impakte akribisch zusammengetragen, die Ergebnisse hochangesehener Wissenschaftler sorgfältig studiert. Die geologischen Untersuchungen des amerikanischen Physikers Luis Alvarez führt er als schlagkräftiges Argument ins Feld. Mit seinem Sohn Walter hatte Nobelpreisträger Alvarez im Jahr 1981 die umstrittene Theorie entwickelt, ein gigantischer Meteoriteneinschlag habe vor Jahrmillionen das Sterben der Dinosaurier ausgelöst. Und warum sollte nicht auch auf der Erde geschehen sein, was Weltraumforscher im All beobachtet haben: den Einschlag eines Schweifsterns, eines Kometen. Im Jahr 1992 brach der Komet *Shoemaker-Levy 9* in 21 große Bruchstücke, als er durch das Gravitationsfeld

mißt und auf einen abgestürzten Eisenmeteoriten zurückzuführen ist; 63 000 Tonnen wog das Schwergewicht, das vor 25 000 Jahren aus dem All auf die Erde schlug. Weltweit zeugen 120 Krater vom Einschlag der Meteoriten, bei denen es sich vermutlich um Überreste von Asteroiden handelt. Alle bekannten Kollisionen mit der Erde hat Tollmann in seinem Buch aufgelistet.
Und tatsächlich fand er auch einen Beleg dafür, daß schon einmal ein Komet vom

Der kreisrunde Krater in Arizona, Ergebnis eines Meteoriten-Einschlags, ist erst 25 000 Jahre alt

des Jupiter zog. Die Trümmer stürzten mit einer Geschwindigkeit von 210 000 Stundenkilometern auf den Planeten, und es entstanden Feuerbälle, die größer als die Sonne waren.
Tollmann nahm das Ausmaß der Zerstörung selbst in Augenschein. Er wanderte durch das Nördlinger Ries in Schwaben, das vor 15 Millionen Jahren entstand; mit einem Durchmesser von 25 Kilometern ist das Becken der größte Meteoriten-Krater der Welt. In Arizona bestaunte der Geologe ein kreisrundes Loch, das von einer Seite zur anderen mehr als 1000 Meter

Himmel gefallen war. Im Sommer des Jahres 1908 hatten Augenzeugen über dem Baikal-See eine sonnenhelle Feuerkugel beobachtet, die im unbewohnten sibirischen Bergland niederging. Die Explosion war 1000 Kilometer weit zu hören, die emporschießende Feuersäule 450 Kilometer weit zu sehen. Die Druckwelle hatte nach etwa fünf Stunden England erreicht und pflanzte sich mit 1200 Stundenkilometern fort. Seismographen rund um den Globus registrierten das Beben, obwohl der abgestürzte Kometensplitter nur etwa 100 Meter groß war.

AUGENZEUGEN-BERICHTE VOM WELTUNTERGANG

Aus der Hochrechnung der apokalyptischen Daten, die Wissenschaftler in den vergangenen Jahrzehnten über die Kollision von Meteoriten, Asteroiden und Kometen mit der Erde ermittelt haben, konstruierte Tollmann die Super-Katastrophe der Menschheitsgeschichte – den Sintflut-Impakt. Welche Beweise aber hat der Professor aus Wien für seine spektakuläre Theorie? Zahllose Indizien für den Krieg der Sterne glaubt der Geologe, der für das Jahr 1999 den Weltuntergang heraufbeschwört, in den Endzeit-Mythen fast aller Kulturen und Völker gefunden zu haben – in den überlieferten »Augenzeugenberichten« jener Menschen, die das Inferno überlebten. Über tausend Mythen aus aller Welt hat er auf den wissenschaftlichen Kern untersucht, der das todbringende Naturereignis beschreibt.

Jedes Detail in seinem Sintflut-Szenario belegt Tollmann mit einem passenden Zitat. »Henoch schaut am Ende des Himmels sieben Sterne wie große brennende Berge«, so berichtet eine altjüdische Legende – ein Indiz für die sieben Bruchstücke des Sintflut-Kometen? »Die Sonne verlischt, das Land sinkt ins Meer, vom Himmel stürzen die heiteren Sterne, Rauch und Feuer rasen umher; hohe Hitze steigt himmelan« – in den Versen der germanischen *Edda* sieht Tollmann die Weltkatastrophe genau beschrieben. Zahllose Mythen erzählen von feuerspeienden Drachen und unheilbringenden Schlangen – Symbole für Kometen? »Aber von Süden her stieg ein feuriger Drache auf; alles wurde durch ihn verwüstet, der Tag verwandelte sich in Nacht, die Sterne schwanden, der Tierkreis war von dem ungeheuren Schweif bedeckt«, so heißt es in der Heiligen Schrift der Parsen. Und selbst im gewundenen Körper der australischen Regenbogenschlange erkennt der Geologe ein unheilbringendes Himmelsgeschoß.

Indianische Mythen überliefern laut Tollmann, wie nach dem Impakt die Erde bebte. Man sah die Menschen flüchten, von Verzweiflung gepackt und einer den anderen stoßend, berichtet das *Popol Vuh*, das heilige Buch der Quiché-Maya in Guatemala. Sie wollten ihre Häuser erklimmen – und die stürzten zusammen; sie wollten auf die höchsten Bäume klettern – und die schüttelten sie wieder ab; sie wollten in die Höhlen eindringen – und die schlossen sich vor ihnen. Nur tief unter der Erde konnten die Menschen die große Flut und den Weltenbrand überleben, so glaubten die Azteken in Mexiko. Ihren Ahnen hatten die sieben Höhlen des mythischen Berges Teo-Colhuacan einst Schutz geboten.

Auch die Chinesen kannten den Mythos vom Untergang, der das ganze Universum erschütterte. In einer 10 000 Kapitel umfassenden Weltchronik ist das Geschehen aufgezeichnet: »Die Erde erzitterte in ihren Grundfesten. Der Himmel im Norden senkte sich. Die Erde brach entzwei, die Wasser im Innern stiegen empor und überfluteten die Erde. Der Mensch hatte sich den hohen Göttern widersetzt, und das Universum war aus den Fugen geraten.«

Und sogar im Gilgamesch-Epos wurde Tollmann fündig: »Die Geister der Tiefe hoben Fackeln empor, mit ihrem grausigen Glanz das Land zu entflammen« – Himmelszeichen als Vorboten der großen Flut. Der Tag wurde zur Nacht, der Wettergott verkündete Unheil, und das Land wurde aufgerissen – für den österreichischen Sintflut-Forscher eindeutige Hinweise auf eine Impakt-Katastrophe. Nur ein Mythos wollte nicht in sein Bild passen – die Geschichte der Bibel von Noah und der großen Flut. Ausgerechnet in der Genesis, so beklagt Tollmann, sei die Beschreibung der Naturereignisse leider zu kurz gekommen. Doch der selbsternannte Mythologe fand einen Ausweg aus dem Dilemma, lieferte doch die Apokalypse des Johannes im Neuen Testament glaubhafte Indizien für den Einschlag eines Himmelskörpers: »Ein Feuerberg fällt ins

Der fallende Stern und die Posaunen des Jüngsten Gerichts. Kolorierter Kupferstich zur Offenbarung Johannis von Matthäus Merian d. Ä. 1630

Meer; ein Drittel des Meeres wird blutig, und ein Drittel aller Geschöpfe im Meer stirbt, und ein Drittel aller Schiffe geht zugrunde«, so heißt es in der Posaunen-Vision. »Ein Stern fällt auf die Erde und verwandelt ein Drittel der Flüsse und Quellen in Wermut. Sonne, Mond und Sterne werden zu einem Drittel verfinstert; ein Adler ruft seine Wehklagen.« (Offb. 8,8–13) Von einem überlieferten Augenzeugenbericht kann in diesem Fall jedoch nicht die

Rede sein. Das wohl rätselhafteste Kapitel der Bibel entstand im ersten Jahrhundert und wurde geschrieben, um die Christen auf das Reich Gottes, das neue Jerusalem, vorzubereiten. Dabei ging es nicht um die Erneuerung der alten Welt – sie sollte für immer untergehen, dem Vernichtungstag würde ein neues Zeitalter mit paradiesischen Zuständen folgen. Das Jüngste Gericht versprach den Auserwählten ewiges Heil im Himmelreich, die Feinde Gottes aber sollten bestraft werden. Tausend Jahre sollte der Teufel angekettet und die Erde von Heiligkeit erfüllt sein. Bis zum Anbruch des Millenniums aber würde die bestehende Weltordnung aus den Fugen geraten.

Für die Apokalypse des Johannes gab es ein historisches Motiv: Nach dem Tod von Jesus Christus und der Zerstörung Jerusalems hatten sich die Lebensverhältnisse der Christen im Römischen Reich dramatisch verschlechtert – das Zeichen für den Beginn einer katastrophalen Zeit. Offenbar sollte die Christengemeinde durch die Offenbarung dazu aufgerufen werden, diese letzte Krise zu erdulden, in der sicheren Erwartung des unmittelbar bevorstehenden »ewigen und gerechten Zeitalters«. Um die Gegner der frühchristlichen Kirche nicht herauszufordern, mußte die Botschaft jedoch verschlüsselt werden. Der drohende Untergang wurde durch die endzeitlichen Symbole uralter Mythen versinnbildlicht, die sich in die Erinnerung der Menschen eingegraben hatten und deren Sprache für jedermann verständlich war. Von einem wirklichen Weltuntergang aber zeugt die geheime Offenbarung des Johannes nicht.

BOTSCHAFT AUS DEM ALL

Zu allen Zeiten hat der Crash aus dem All die Phantasie der Menschen angeregt. Kurz vor der nächsten Jahrtausendwende beleben Hollywood-Filme den Mythos vom Weltuntergang, mit Katastrophen-Szenarien wie »Deep Impact«, in denen Asteroiden-Flutwellen die Wolkenkratzer Manhattans verschlingen. Der Thrill einer realen Kometen-Kollision wurde für die Apokalyptiker der Moderne zuletzt im Frühling des Jahres 1997 spürbar. Mit bloßem Auge verfolgten Millionen von Menschen die Bahn des Kometen *Hale-Bopp* am Nachthimmel. Der Schweifstern mit einem Durchmesser von 40 Kilometern passierte die Erde in einem Abstand von 194 Millionen Kilometern. Wegen *Hale-Bopp* nahmen sich die Mitglieder der amerikanischen Sekte »Heaven's Gate« (»Himmelstor«) gemeinsam das Leben.
Schon der britische Physiker und Astronom Edmond Halley, der Entdecker des weltberühmten, nach ihm benannten Kometen, hatte im Jahr 1694 die Sintflut auf den Einschlag eines Himmelskörpers zurückgeführt. Seit Menschengedenken gelten Kometen als Vorboten des Unheils. Immer wieder im Lauf der Epochen wurde das Auftauchen des Halleyschen Kometen mit Kriegsgefahren

in Zusammenhang gebracht – bei der Schlacht der westlichen Völker gegen die Hunnen im Jahr 451 und bei der Niederlage der Engländer gegen die Normannen im Jahr 1066 in der Schlacht von Hastings. Wann immer die Welt vor einem schicksalhaften Wendepunkt stand, hielten die Menschen Ausschau nach den Prophezeiungen des Himmels. Kometen sollen den Tod bedeutender Herrscher angekündigt haben.
Gefürchtet war auch die sogenannte »Konjunktion« der Planeten, d. h. die Stellung zweier Gestirne im gleichen Längengrad. 1524 kam es zu einer solchen

Nach diesem Modell baute man in Toulouse eine zweite »Arche Noah«. Kolorierter Holzschnitt aus Hartmann Schedels *Weltchronik* 1493

Begegnung von Jupiter und Saturn im Tierkreiszeichen Fische. Der Tübinger Astronom Johannes Stöffler sagte daraufhin eine neue Sintflut voraus. Als das verhängnisvolle Datum näher rückte, flüchteten in Deutschland und Frankreich viele Menschen auf die Berge. In Toulouse wurde als letzte Rettung eine große Arche gebaut und mit Lebensmitteln vollgestopft. Doch das Jahr 1524 verstrich ohne die angekündigte Überschwemmungskatastrophe.

Mythen geben Hinweise auf reale Ereignisse, Beweise liefern sie nicht. Wie aber verhält es sich mit den geologischen Indizien für den Weltuntergang an jenem 23. September vor 9545 plus/minus 20 Jahren? Die Angaben über Jahreszeit, Tag und sogar Stunde der Katastrophe glaubt Alexander Tollmann den Mythen entnehmen zu können. Doch ein Inferno von solcher Dimension müßte überall auf der Welt auch erdgeschichtliche Spuren

material, das durch die Gluthitze beim Aufprall von Meteoriten entsteht. Stammten diese glasartigen, schwarzen Kiesel vielleicht von einem der sieben Sintflut-Impakte?

Mehr als ein Dutzend dieser knopfgroßen Tektit-Scheiben hatte der australische Geologe Edmund Gill in den sechziger Jahren auf den Klippen von Port Campbell in West-Victoria gefunden. Zoll für Zoll durchsiebte er damals den Boden und entnahm vorsichtig die steinernen Zeugnisse der Impakte, zusammen mit jenem Erdmaterial, in das die Tektite eingebettet waren. Diese Bodenproben datierte Gill durch radiometrische Messungen auf ein Alter von weniger als 14 600 Jahren. Daß dieser Fund den Forschern damals keinen Heureka-Schrei entlockte und sie nicht sofort den Zusammenhang mit der biblischen Flut herstellten, ist Tollmann bis heute ein Rätsel geblieben. Statt dessen hatten viele Wissenschaftler die Altersbestimmung in Zweifel gezogen.

Diese knopfgroßen Tektite sind über 700 000 Jahre alt

hinterlassen haben. Die sieben großen Bruchstücke des Sintflut-Kometen aber waren laut Tollmann in die Weltmeere gestürzt, so daß das Ausmaß der Zerstörung bis heute unentdeckt blieb. Rund um den Globus fahndete er nach geologischen Auffälligkeiten, die seine Theorie belegen könnten. An der felsenzerklüfteten Ostküste Australiens schien sein wissenschaftlicher Traum in Erfüllung zu gehen. Vom Einschlag mächtiger Himmelskörper zeugten hier die Streufelder sogenannter Tektite – geschmolzenes Erd-

Denn die Küstenebene von Port Campbell war besonders reich an Tektiten, über 2500 Exemplare hatten die Geologen bereits gefunden – und fast alle stammten von einem zweiten, mehr als 700 000 Jahre alten Streufeld. Tollmann aber vertraute auf die umstrittene Datierung von Gill. Allerdings korrigierte er das Alter der Tektite später um einige tausend Jahre, als sich herausstellte, daß die Radiokarbon-Messungen mit methodisch bedingten Fehlern behaftet waren. Das Ergebnis: 9545 plus/minus 20 Jahre.

Als Tollmanns Buch erschien, glaubte in der Welt der Wissenschaft längst niemand mehr an dieses Datum. Die Tektite des angeblichen Sintflut-Impaktes wurden vor 760 000 Jahren gebildet, das war sicher. Die neue Altersbestimmung beruhte jedoch nicht auf der Untersuchung von Erdproben, die Forscher wie Gill am Fundort gesammelt hatten. Die Tektite selbst wurden verdampft und anhand des Zerfalls von bestimmten radioaktiven Isotopen exakt datiert. »Tollmanns Theorie, die auf dem Alter von 10 000 Jahren basiert, ist falsch«, sagt der australische Minera-

DIE SUCHE NACH DER ARCHE NOAH

» **B**aue Dir eine Arche«, sprach Gott zu Noah, »und gehe hinein, Du mit Deinen Söhnen, Deinem Weib und allerlei Tieren von allem Fleisch – daß sie lebendig bleiben bei Dir. Dreihundert Ellen lang soll die Arche sein, fünfzig Ellen breit

Noah und seine Arche. Kolorierter Kupferstich von Matthäus Merian d. Ä. 1630

loge Dermond Henry. »Sie beruht auf Untersuchungen von Erdmaterial, in das die Tektite ursprünglich gar nicht gefallen sind, und kann deshalb nicht länger aufrechterhalten werden.« Die Suche nach Beweisen für die biblische Sintflut aber hält hartnäckig weiter an.

und dreißig Ellen hoch.« Und Noah tat alles, was ihm der Herr gebot. Dann kam die große Flut und trug das Schiff über die Erde davon. 150 Tage später strandete es »im Gebirge Ararat«.
Dort soll sie immer noch liegen, davon sind viele Bibelgläubige bis zum heutigen

Tag felsenfest überzeugt. 5165 Meter ragt der Ararat empor, hoch über der anatolischen Hochebene im Osten der Türkei. Und wer seinen Blick über die gezackten Gratformationen schweifen läßt, dem fällt es nicht schwer, darin die Gestalt eines mächtigen Schiffes zu erblicken. Zahllose Arche gekratzt, so heißt es, um daraus Amulette zum Schutz gegen Krankheiten, Gift und Liebesleid zu fertigen. Manche Ortsnamen in der anatolischen Hochebene erinnern bis heute an Noah und die Geschichte von der großen Flut. *Nakitschewan* – »Landeplatz« heißt ein Dorf im heutigen Armenien. »Der Rabe will nicht landen« lautet die Übersetzung des Namens *Kargakonmaz* – zum Gedenken an jenen Raben, den Noah aussandte, um nachzusehen, ob die Flut vorüber sei.

Der erste Bericht von der Sichtung der Arche Noah in diesem Jahrhundert stammt von einem Piloten der zaristischen Luftwaffe, Leutnant Roskowitzki. Im Sommer 1916 war er auf einem kleinen russischen Stützpunkt rund vierzig Kilometer nordöstlich des Ararat stationiert und bemerkte auf einem Aufklärungsflug ein rätselhaftes Objekt in einem halb zugefrorenen Gletschersee. Als er näher heranflog, glaubte er den Rumpf eines riesigen Schiffes mit zwei Masten zu erkennen. Viele Jahre später, als Roskowitzki längst in den USA lebte, beschrieb er seine Erlebnisse im kalifornischen *New Eden Magazine*: »Wir waren verblüfft über die ungeheuren Ausmaße des Objektes, das leicht einem Größenvergleich mit einem modernen Schlachtschiff standgehalten hätte. Es war am Ufer des Sees gestrandet und lag zu einem Viertel unter Wasser. Auf einer Seite befand sich eine rund sechs Quadratmeter große Tür mit einem noch gut erhaltenen Flügel.«

Der Zar höchstpersönlich soll trotz der Revolution in seinem Land die Untersuchung der Arche angeordnet haben. Das

Panorama des Ararat. Kupferstich aus dem Reisebericht von Friedrich Parrot, 1834

Reisende, die im Lauf der Jahrhunderte auf dem Weg nach Zentralasien zu Pferd, auf Maultieren und mit Kamelkarawanen am Ararat vorbeizogen, haben von dem biblischen Schiff erzählt. »Ihr müßt wissen, daß in diesem Lande Armenien die Arche Noah noch auf dem Gipfel eines bestimmten hohen Berges ruht, auf dem der Schnee so lange liegen bleibt, daß keiner den Berg besteigen kann«, berichtet der berühmte Entdecker Marco Polo im 14. Jahrhundert. Übernatürliche Mächte beschützten das heilige Schiff auf dem Ararat, so glaubten die Menschen damals. Wer den Berg bezwingen wollte, dem drohte Lebensgefahr – durch Schneelawinen, heftige Gewitterstürme, Giftschlangen, Bären und wilde Hunde. Einheimische Bauern aber hätten Pech von der Bordwand der

Schiff wurde angeblich vermessen, gezeichnet und fotografiert. »Die Arche enthielt Hunderte von kleinen Abteilen und daneben etliche sehr große mit hoher Decke«, heißt es in dem amerikanischen Journal. »Die besonders großen Räume waren durch Zäune aus festen Pfosten eingegrenzt, von denen einige rund einen halben Meter Durchmesser hatten, als seien sie für Tiere gedacht, die zehnmal größer als Elefanten waren.« Doch wie glaubwürdig ist diese verwegene Geschichte? Alle Originaldokumente sind verschollen, und selbst die Identität des russischen Leutnants Roskowitzki ist rätselhaft. Von den Überlebenden aus der zaristischen Armee, die damals in der Gegend des Ararat stationiert waren, konnte sich niemand an ihn erinnern. Das gestrandete Schiff erwies sich als Phantom und wurde nie wieder aufgefunden.

Erst im Jahr 1959 sichteten Piloten der türkischen Luftwaffe auf einem Aufklärungsflug erneut eine Arche. Aus einer Höhe von rund 3000 Metern machten sie Aufnahmen von einem langen, ovalen Hügel in einer sonst zerklüfteten Landschaft dreißig Kilometer südlich vom Ararat. Als der für die Bildauswertung zuständige Kapitän die Fotos zu Gesicht bekam, bemerkte er sofort, daß der seltsame Hügel einem Schiff glich; mit hochgezogenem Bug und einem flachen Heck zwischen aufsteigenden Bordseiten. Die merkwürdige Formation lag in einer Gegend, die von den Menschen in Anatolien *Mahser* genannt wurde – »Tag des Jüngsten Gerichts«. Konnte es möglich sein, daß die Piloten Noahs Schiff entdeckt hatten?

EINEM PHANTOM AUF DER SPUR

Sofort wurden türkische Ingenieure beauftragt, die »verschüttete Arche«, wie man sie nannte, zu vermessen. Ihre Länge betrug rund 165 Meter, die Breite in der Mitte des vermeintlichen Schiffskörpers etwa 50 Meter und die Höhe fünfzehn Meter. Diese Maße stimmten – zumindest in Länge und Höhe – ungefähr mit den Angaben im Alten Testament überein, vorausgesetzt, daß die biblische Elle 52,5 Zentimeter betrug. Ein Indiz:

Ein Bauer aus der Umgebung des Ararat, türkisch *Ağri Dağ*, hat die Arche gezeichnet

Dieses Ellenmaß wurde beim Bau der Cheops-Pyramide und bei den Säulen des Salomonischen Tempels zugrunde gelegt. Die zu große Breite der »verschütteten Arche« führten die türkischen Ingenieure auf Lehm und Felsbrocken zurück, die sich nach Erdrutschen, Vulkanausbrüchen und Erdbeben wie ein Mantel an den »Schiffswänden« abgelagert hatten.

Eine Expedition angesehener amerikanischer Wissenschaftler untersuchte die auffällige Geländeformation Anfang der sechziger Jahre unter der Schutzherrschaft türkischer Offiziere. Nachdem Grabungen jedoch keine Spuren von Holz, Pech oder Metall zutage gefördert hatten, beschloß das Team, einen Teil der Arche zu sprengen. Doch sie fanden nichts, keine unversehrten Schiffsbalken, kein verrottetes Holz. Die »verschüttete Arche« sollte erst zwanzig Jahre später wieder für Aufsehen in der Weltpresse sorgen. Auf dem Gipfel des Ararat aber wurde in der Zwischenzeit fieberhaft weitergesucht.

Nur einer von zahllosen »Archeologen«, die sich auf Noahs Spuren begaben, konnte tatsächlich Fundstücke vom vermeintlichen Wrack des biblischen Schiffs bergen: Fernand Navarra, ein wohlhabender Unternehmer aus dem französischen Bordeaux. Schon seit seinem vierten Lebensjahr hatte ihn die Geschichte von der Sintflut in den Bann gezogen, seit seine Mutter sie ihm nach einem Sturz in den Teich zum ersten Mal erzählte. Bereits als kleiner Junge träumte er davon, eines Tages nach der Arche zu suchen. Und als er kurz vor dem Zweiten Weltkrieg in Syrien seinen Kriegsdienst leistete und den Gipfel des biblischen Berges Hermon bestieg, wurde aus dem Traum seiner Kindheit ein festes Lebensziel. Alles Wissen über die Arche Noah begann Navarra zu sammeln. Das Geld, das er mit seiner Abbruchfirma verdiente, sparte er für die geplanten Forschungsreisen.

Seine erste Expedition zum Ararat machte er im Jahr 1952. Und tatsächlich entdeckte er in einer Höhe von 4900 Metern unter dem Gletschereis einen geheimnisvollen dunklen Schatten, dessen Umrisse einem Schiffsrumpf ähnelten. In seinem Buch *Ich fand Noahs Arche* beschreibt Navarra die Gedanken, die in jenem denkwürdigen Augenblick durch seinen Kopf jagten:»Was konnte das sein, in dieser Höhe, mitten in einer Eiswüste? Ich mußte die Beweise gelten lassen: Was ich sah, war das Wrack der Arche Noah; es konnte gar nicht anders sein.« Navarra überquerte das Eis von einem bis zum anderen Ende des rätselhaften Objektes und schätzte dessen Länge mit seinen Schritten ab – rund einhundertdreißig Meter. Die Umrisse des vermeintlichen Schiffsrumpfes waren durch dicke, gerade Linien verbunden. Navarra war überzeugt: Das mußten die mächtigen Balken sein, mit denen Noah sein Schiff zusammengezimmert hatte. Voller Glück bestimmte er den genauen Fundort der Arche und machte sich auf den Weg zurück nach Frankreich, um sich für weitere Untersuchungen und die Bergung des Wracks zu rüsten.

BALKEN VOM WRACK AUF DEM ARARAT

Drei Jahre nach seiner ersten Sichtung der Arche Noah kehrte Fernand Navarra mit seiner Frau und seinen drei Söhnen in die Türkei zurück. Und bevor er nicht ein Fundstück, nicht den Splitter eines Balkens in seinen Händen hielt, würde er das Land nicht wieder verlassen. Diesmal wollte er der Welt beweisen, daß er die Arche gefunden und berührt hatte. Der Zeitpunkt schien günstig, denn die Gletscherschmelze war in diesem Jahr ungewöhnlich stark. Mit seinem jüngsten Sohn Rafael, der damals elf Jahre alt war, begann Navarra die gefährliche Kletter-Tour über Grate und Schluchten. Doch das Eis, in dem sich die dunklen Linien abzeichneten, voller Erwartung aufzuhacken. Und tatsächlich fand er darin hölzerne Balken, die ganz offensichtlich

Der Name Ararat geht zurück auf *Urartu*, ein Königreich im Norden Assyriens

ein Schneesturm brachte ihre Expedition bald zum Erliegen; fast wären sie erfroren, als sie 13 Stunden in einer Eishöhle ausharren mußten. Als das Unwetter vorüber war, zogen sie weiter und erreichten den Gletscher, in dem die Arche verborgen sein sollte. Wie vermutet, hatte die Schmelze bereits tiefe Risse in das Eis gebrochen.

An einer Strickleiter stieg Fernand Navarra eine Gletscherspalte hinab und begann, vor langer Zeit von Hand behauen worden waren. Es gelang ihm jedoch nicht, eine der mächtigen Planken aus dem Eis zu lösen – vermutlich waren sie fest am Rumpf des Schiffes verankert. Navarra aber brauchte ein Beweisstück, um die Welt von seiner Entdeckung überzeugen zu können – kurzerhand sägte er den Balken ab.

Mit einem der spektakulärsten archäologischen Funde aller Zeiten im Gepäck reiste

Navarra zunächst nach Ägypten, um das Alter des Holzes am Nationalmuseum in Kairo bestimmen zu lassen. Das Ergebnis: Fast 7000 Jahre alt war der geschwärzte Scheit und aus dem Stamm einer Eiche – ein Baum, der in der anatolischen Hochebene nicht wächst. Doch war die Arche wirklich aus Eichenstämmen gebaut, aus »Gopherholz«, wie es in der Genesis heißt? Der türkische Physiker und Arche-Forscher Dr. Bülent Atalay ist davon überzeugt, daß es sich um einen Übersetzungsfehler handelt. Gemeint sei ein Schiff aus Schilfrohr, verkleidet mit einer Pechschicht. Auch die späteren Datierungen des Holzbalkens an Universitäten in Europa und den USA lieferten widersprüchliche Resultate – mal sollte er 4000, mal nur 1400 Jahre alt sein.

Fernand Navarra pilgerte immer wieder zum angeblichen Landeplatz der Arche auf dem Ararat, und von jeder Expedition brachte er neue »Beweisstücke« mit. Den wahren Fundort aber hat er bis an sein Lebensende geheimgehalten, Bergsteiger auf späteren Touren niemals an jene Stelle geführt, wo der Schiffsrumpf durch das Eis schimmerte. Seine Kritiker mutmaßten später, er habe die antiken Holzstücke aus Spanien mitgebracht und selbst auf den Ararat geschafft – vielleicht hat Fernand Navarra seine Traum-Story ja frei erfunden.

Der prominenteste unter den Arche-Suchern hatte sogar schon den Himmel erobert, bevor er in den siebziger Jahren erstmals den Ararat bestieg: der amerikanische Apollo-Astronaut James Irwin. Er gründete eine religiöse Vereinigung mit dem Namen »Höhenflug«, um Noahs Schiff aufzuspüren und die Worte des Schöpfers zu bestätigen. Sein Ziel verfolgte er mit solcher Besessenheit, daß er auf seinen Expeditionen sogar sein Leben dafür aufs Spiel setzte. »Dieses Geheimnis wird uns so lange nicht loslassen«, sagte

er, »bis wir die Arche wiederentdeckt haben.« Nach der Gipfelbesteigung im Jahr 1982 wollte er in rund 4100 Metern Höhe seine Steigeisen anlegen, als er von einem herabstürzenden Felsbrocken getroffen wurde und in Ohnmacht fiel. Nachdem er wieder zu sich gekommen war, bemerkte er, daß er aus mehreren Wunden blutete, sich die Gelenke verstaucht und fünf Zähne ausgeschlagen hatte. Mit letzter Kraft kroch er blutüberströmt in seinen Schlafsack und kauerte einen Tag und eine Nacht lang bei eisiger Kälte an einem Felsen. Am nächsten Morgen entdeckte ein Suchtrupp den verunglückten Mondfahrer und brachte ihn mit dem Hubschrauber in ein Krankenhaus. Seine Rettung führte Irwin auf seinen festen Glauben an den Allmächtigen und seine tiefe Religiosität zurück: »Gott, der auf der Erde wandelt«, so sagte er, »ist wichtiger als der Mensch, der seinen Fuß auf den Mond setzt.« Jahr für Jahr pilgerte Oberst Irwin zum Ararat, um seine Mission zu erfüllen. Mehrmals wurde er mit seinem Expeditionsteam von kurdischen Rebellen gefangengenommen – wie viele Abenteurer, die sich in das umkämpfte Gebiet der Türkei wagten. Ein Schiffswrack haben sie jedoch nicht gefunden.

GOTTES BAUPLAN FÜR EIN SCHIFF

Die »verschüttete Arche« südlich vom Ararat schien in den achtziger Jahren längst in Vergessenheit geraten zu sein, bis amerikanische Arche-Forscher ganze Säcke voller Holz, Erde und Gestein von dem bootsförmigen Gebilde mitbrachten. Unter der rätselhaften Geländeformation müsse tatsächlich die Arche Noah liegen, verkündete der Chef der Expedition, Ronald Wyatt, der staunenden Weltpresse. Der Anästhesist und Hobby-Archäologe konnte 1985 den ehemaligen Offizier der Handelsmarine und erfahrenen Tiefseetaucher David Fasold für die Arche-Suche gewinnen. Denn der hatte

In alle Richtungen, kreuz und quer, hat das US-Team die »verschüttete Arche« mit dem Detektor vermessen. Und tatsächlich registrierte das Gerät im Boden unterschiedliche Eisengehalte, zeichnete Linien mit hohen Metallkonzentrationen auf. Anhand ihrer Messungen rekonstruierten die Arche-Forscher den göttlichen Plan für ein Schiff, zunächst auf dem Papier.

»Abdruck« der verschütteten Arche Noah auf dem Ararat

mittels Radar auf dem Grund des Ozeans zahllose Schiffswracks entdeckt und versprach, jedes Schiff aufspüren zu können – egal, ob im Meer oder tief in der Erde vergraben. Die Arche auf dem Ararat wollte Fasold mit einem Metalldetektor identifizieren, ungeachtet der Tatsache, daß Noah die Balken seines Rettungsschiffs wohl allenfalls mit Erdpech verleimte, nicht aber mit Eisennägeln zusammenfügte.

Anschließend übertrugen sie die ermittelten Daten auf das Gelände, indem sie orangefarbene und gelbe Bänder entlang der sondierten Linien spannten. Je mehr bunte Streifen die Forscher befestigten, desto mehr glich die rätselhafte Formation einem riesigen Schiff. Die Markierungen machten neun quergelagerte Schotte sichtbar. Und sogar die Käfige, in denen Noah die Tiere untergebracht hatte, wie Wyatt in Interviews behauptete. Selbst die

Kapitänskajüte glaubt der Narkose-Doktor lokalisiert zu haben – als er zufällig über eine Erhebung zwischen den Bordseiten des biblischen Rettungsbootes schritt. Mächtige Steinanker, die David Fasold an verschiedenen Stellen auf dem Ararat fand, sollten beweisen, daß die Hochebene einst Meeresgrund war. Solche Anker mit ausgebrochenen Löchern, durch die die Matrosen antiker Schiffe einst ihre Taue zogen, hatte man zuvor nur vor der französischen, spanischen und irischen Küste und vor Kalifornien geborgen.

Die angebliche Entdeckung der Arche Noah auf dem Berg Ararat war für die weltweite Bewegung der Creationisten die lang erwartete Bestätigung ihrer Lehren. Ihr Ziel ist es, die Worte der Heiligen Schrift als wissenschaftliche Wahrheit zu beweisen. In den bibeltreuen Gegenden Australiens und der Vereinigten Staaten betreibt die Sekte sogar eigene Schulen. Kein anderer Fund zuvor hat die Anhänger der Vereinigung so sehr von der Allmacht Gottes überzeugt wie die Arche auf dem anatolischen Gipfel. Fossilien, verrostete Nieten und Eisenträger, versteinertes Holz und die Spanten eines uralten Schiffs habe man in der Felsformation auf dem Ararat nachgewiesen, so behauptete Dr. Allen Roberts, Gründer der Creationisten-Gruppe *Ark Search*. Bücher und Videos sollten diese handfesten Indizien dokumentieren und wurden vermarktet, um die Evangelisierung voranzutreiben. »Ich glaube an die göttliche Schöpfung, weil ich an die Bibel glaube«, so ein Sektenmitglied. »Früher hat man mir von der Evolution erzählt – aber die Erklärungen der Bibel erschienen mir viel mächtiger.« Daß Gott die Erde vor etwa 8000 Jahren schuf, lehren die Schulmeister der Sekte, und daß die Sintflut vor 4000 Jahren alles Leben vernichtete – bis auf die auserwählte Gemeinschaft an Bord von Noahs Arche, dem biblischen »Kasten«.

DIE BIBEL HAT DOCH NICHT RECHT

Die fatalen Auswirkungen dieser Schöpfungslehre bekam der australische Geologe Ian Plimer immer wieder in seinen Vorlesungen und Seminaren zu spüren. Jeder fünfte Studienanfänger war tatsächlich davon überzeugt, daß die Erde erst wenige tausend Jahre alt sei. Als Dekan der geologischen Fakultät an der Universität Melbourne hat Plimer deshalb vor einigen Jahren beschlossen, den wissenschaftlichen Irrlehren der Sekte den Kampf anzusagen. »Wenn wahr wäre, was die Creationisten behaupten, müßten wir das gesamte Wissen der Geologie, Biologie, Astronomie und Physik für Unfug erklären«, so Plimer. »Ungefähr viereinhalb Milliarden Kubikkilometer Wasser wären nötig gewesen, um die ganze Erde darin versinken zu lassen – dieses Gewicht hätte unseren Planeten aus seiner Umlaufbahn geworfen.« Der Professor verkaufte sein Haus und investierte 300 000 australische Dollar, um zu beweisen, daß es sich bei der verschütteten Arche um ein Phantom handelt. Die Creationisten wollte er im Namen der Wissenschaft widerlegen und ihnen den Prozeß machen. Plimer gab bekannt: »Ich fühlte mich verpflichtet, auf juristischem Weg nachzuweisen, daß die Lehren der Creationisten irreführend und trügerisch sind.«

Im Jahr 1994 unternahm der angesehene Geologe selbst eine Expedition in die anatolische Hochebene, begleitet von David Fasold. Den ehemaligen Creationisten konnte Plimer zum gemeinsamen Kampf gegen *Ark Search* bewegen, denn das Oberhaupt der Gruppe, Allen Roberts, hatte widerrechtlich Skizzen aus Fasolds Buch *The Ark of Noah* verwendet, um die Worte der Heiligen Schrift zu belegen. Das Ergebnis der Nachforschungen auf dem Berg Ararat war ernüchternd: Die sensationellen Meßdaten, die Fasold mit großem Aufwand ermittelt hatte, ließen sich nicht bestätigen. Von versteinertem Erdpech, Eisennägeln und Käfigstangen keine Spur. Fasold begann nun selbst an seinen früheren Messungen zu zweifeln. Selbst Testbohrungen im Bereich des vermeintlichen Schiffskörpers brachten nur eines an den Tag: »Dreck. Weit und breit nur Dreck«, so Plimer – die »verschüttete Arche« war im Licht der Wissenschaft tatsächlich ein Phantom. »Es ist eine Schlammlawine, die den Berg heruntergerutscht ist und einen großen, bootförmigen Felsen eingeschlossen hat.«

Zwei Jahre später wurde in Sydney der Prozeß gegen den Creationisten Allen Roberts eröffnet. David Fasold klagte ihn an, mit den Skizzen aus seinem Buch geistiges Eigentum geraubt zu haben. Und der Geologe Plimer warf ihm vor, mit irreführenden geologischen Theorien unlautere Geschäfte zu machen. Angesehene Naturwissenschaftler und Theologen wurden als Zeugen vernommen, darunter der anglikanische Pfarrer und Physiker Edwin Byford. »Die Creationisten behaupten, daß sich die schöpferische Kraft Gottes wissenschaftlich beweisen läßt«, so seine Aussage, »doch das ist unmöglich.« Das Urteil war zwar unspektakulär: Unzulässige Geschäfte konnten die Richter dem Creationisten nicht nachweisen; sie verhängten nur eine Geldbuße, weil Roberts sich fremdes Gedankengut angeeignet und wider besseren Wissens falsche Tatsachen behauptet habe. Für weltweites Aufsehen aber sorgte, daß erstmals in der Geschichte der Rechtsprechung über das Wort Gottes entschieden wurde: Die Bibel hat nicht recht bekommen. »Wir dürfen

die Erkenntnisse der Wissenschaft nicht leugnen«, so der Geologe Plimer. »Eine Sintflut, die in grauer Vorzeit den ganzen Planeten überschwemmte, hat es niemals gegeben.«

Und doch pilgern noch immer Abenteurer und Bibelgläubige zum Ararat, um nach der Arche Noah zu suchen. Im Internet tauschen die »Archeologen« ihre Erfahrungen aus und planen gemeinsame Expeditionen auf den heiligen Berg (*www.noahsarksearch.com*). Wer mit dem Hubschrauber über das angebliche Wrack fliegen und über den Alltag an Bord der Arche mutmaßen will, findet Gleichgesinnte im weltweiten Datennetz – der Mythos von der Sintflut lebt fort.

VORBOTEN DES MILLENNIUMS

Kurz vor der Jahrtausendwende werden wieder Spekulationen über den Weltuntergang laut. Turmhohe Springfluten, Wirbelstürme, die den Ozean aufpeitschen, Hochwasser durch sintflutartige Regenfälle – die Welt wird von apokalyptischen Fluten heimgesucht. *El Niño* (deutsch: »Kind«) hinterläßt eine Spur der Verwüstung rund um den Erdball. Millionen von Menschen werden obdachlos, Tausende ertrinken. Bei Flutkatastrophen in Südamerika brechen Seuchen aus, die afrikanische Serengeti verwandelt sich in ein Sumpfgebiet, und in China überflutet das Hochwasser des Jangtse ein Gebiet von 250 000 Quadratkilometern. »Den Menschen vermitteln diese Erlebnisse das

Katastrophen-Szenario aus dem Computer: Der Feuerball eines Meteoriten taucht in die Erdatmosphäre ein

Gefühl, es könnte sich wirklich um eine Sintflut handeln«, sagt der Meteorologe Mojib Latif.

Mit moderner Computer-Technik erforscht er am Hamburger Max-Planck-Institut für Meteorologie die Häufigkeit des Klimaphänomens *El Niño*. Im Laufe des 20. Jahrhunderts sind diese Klimaschwan-kungen immer häufiger geworden. Ein Warnsignal der Natur, kurz vor dem Weltuntergang? Wo liegt die Ursache für die verhängnisvolle Kette todbringender Fluten? Meteorologen glauben an eine Katastrophe von Menschenhand. Sie führen die bedrohliche Häufung des Klima-Phänomens auf den sogenannten Treibhaus-

effekt zurück. Durch die Nutzung fossiler Brennstoffe steigt das Vorkommen von Kohlendioxid in der Atmosphäre. Dadurch kommt es zu einer globalen Erwärmung – mit bis zu sechs Grad Celsius plus rechnen die Wissenschaftler in den nächsten hundert Jahren. Die verheerenden Folgen: *El Niños*, steigende Meeresspiegel, Überflutungen. Für die Zukunft hat Mojib Latif aus der Flut seiner Daten eine düstere Prognose errechnet: *El Niños* könnten im dritten Jahrtausend zum ständigen Trauma der Menschheit werden. Das Protokoll der kommenden Weltkatastrophe hat die Wissenschaft schon erstellt. Die Sintflut war der Prolog.

UTA VON BORRIES

Planet der Pyramiden

Weltweit zu den Göttern

MIT DEM SCHILFBOOT IN DIE STEINZEIT

Die Schilfrohr-Massen der *Abora* gleiten ächzend über das Wasser. Böiger Wind reißt im Segel, besorgte Blicke gehen zum Mast, der jederzeit brechen kann. Zum ersten Mal spürt die junge Crew die Urgewalt des Ozeans unter sich, Wasser dringt durch alle Ritzen.

Dominique Görlitz, der 32jährige Biologie-Lehrer aus Sachsen, überprüft unruhig die Takelage und die Haupttaue, die dafür sorgen, daß die äußere, um das Schiff herumlaufende Schilfrolle festgezurrt ist. Über Funk hatten die Wetterstationen vor dem plötzlich aufkommenden Mistral, einem berüchtigten Mittelmeersturm, gewarnt, der sie erreichen würde, sobald sie den Windschatten Korsikas verließen. Doch jetzt gab es für Dominique keine andere Wahl, als den eingeschlagenen Kurs zu halten. Seit über vier Jahren hatte er an der Verwirklichung seines Traumes gearbeitet. Er wollte mit einem steinzeitlichen Schilfboot im Kielwasser Thor Heyerdahls segeln, um zu beweisen, daß man schon lange vor unserer Zeitrechnung Westeuropa von Asien aus auf dem Seeweg erreichen konnte, und das sogar quer und gegen die vorherrschenden Meeresströmungen. Jahrelange Studien aller verfügbaren alten Schilfbootdarstellungen bestärkten ihn in seiner Überzeugung, daß solche Reisen schon vor 6000 Jahren möglich waren.

Fast 4000 Kilometer werden sie von Sardinien aus durch das westliche Mittelmeer zurücklegen, um die gefährliche Meerenge von Gibraltar zu passieren und die Kanarischen Inseln im östlichen Atlantik zu erreichen. Seit knapp zwei Wochen sind sie auf hoher See und spüren zum ersten Mal, welchen harten Bewährungsproben sie auf ihrer langen Reise ausgesetzt sein werden. Für Augenblicke scheinen Dominiques Mut und Optimismus zu verfliegen. Zweifel steigen auf. War es richtig, sich mit dem Schilfboot auf das unberechenbare Mittelmeer hinauszuwagen? Waren die Ziele zu hoch gesteckt? Ungeheure Strapazen schienen noch auf die Mannschaft zu warten. Alle an Bord – seine Freundin Conny, der einzige Profisegler Ralf, der Arzt Peter und fünf seiner ehemaligen Schüler, die am Bau des Schiffes mitgewirkt haben – hatten sich in den letzten Monaten solche Situationen immer wieder ausgemalt, doch das, was dann wirklich passiert, übertrifft meist alle Vorstellungen.

Der Mistral zerrt an den Aufbauten der *Abora*, das Schiff bekommt allmählich eine beängstigende Schieflage. In der Aufregung gehen Dominique noch einmal die Schilderungen Heyerdahls durch den Kopf, die er schon als Kind immer wieder gelesen hatte. Es sind die Ereignisse, die den Norweger und seine *Ra I*-Crew vor 30 Jahren zum Aufgeben zwangen, nachdem sie bereits 5000 Kilometer zurückgelegt und schon beinahe die amerikanische Küste erreicht hatten. Sie waren damals unvermittelt in einen heftigen Sturm geraten, der dem Schiff drei Nächte und drei Tage lang schwer zusetzte, vor allem die Haupttaue durchscheuerte. Wie gut konnte sich Dominique jetzt Heyerdahls Sorgen vorstellen, als dessen Boot sich in seine Einzelteile aufzulösen begann und die Mannschaft in Lebensgefahr schwebte. Hatte doch auch er große Verantwortung für die jungen Leute übernommen, die hier in keiner Weise ihr Leben aufs Spiel setzen sollten. Bloß keine

Panik, dachte Dominique, noch ist nichts passiert, und im übrigen überlebte auch damals die Crew die viel schwierigere Lage. Am 16. Juli 1969 konnten Heyerdahl und seine siebenköpfige Mannschaft nach achtwöchiger Reise von Bord der zerstörten *Ra* gerettet werden.

Als wir Dominique Görlitz vor einigen Jahren kennenlernten, überraschte der

lich vor dem Wind und nicht gegen oder quer zu ihm segeln konnten. Während auf stürmischer See etliche Sportsegelboote kenterten oder an der Takelage Schaden nahmen, konnte das Schilfboot seine hervorragende Schwimmfähigkeit unter Beweis stellen. Zwei Jahre später ging sein großer Kindheitstraum in Erfüllung, als er sein Idol Thor Heyerdahl per-

Das Team um Dominique Görlitz beim Bau der *Abora*

Biologie-Lehrer aus Borna in Sachsen mit großen Visionen und unbändigem Tatendrang. Begeistert erzählte er von seinen Erfahrungen auf der Kieler Woche 1994, als es ihm nach mehreren Versuchen zum ersten Mal gelang, mit einem alten Binsenboot-Nachbau 70 Grad gegen den Wind zu segeln, um anschließend aus eigener Kraft in den Hafen zurückzukehren. Vor einem großen Publikum, so strahlte er, konnte er die gängige Lehrmeinung widerlegen, daß die primitiven Wasserfahrzeuge unserer Vorfahren ausschließ-

sönlich kennenlernte. Der weltbekannte Abenteurer schenkte ihm Mut und väterliche Zustimmung.

Da viele Wissenschaftler die Segel- und Manövrierfähigkeit der Binsenboote aber weiterhin bestreiten und eine Überquerung des Mittelmeers gegen den Mistralwind für unmöglich erklären, steht Dominiques Plan endgültig fest. Von Sardinien aus will er durch die Straße von Gibraltar den offenen Atlantik erreichen. Ganz zu Anfang fragte er sich, wie sich Kulturpflanzen und Haustiere in der Frühzeit verbreitet haben. Hier liegt für ihn der Ansatz zur Erkundung der Hochseeschiffahrt in der Steinzeit. Die sogenannte Herzmuschelkeramik, aber auch Kulturpflanzen und Haustiere finden sich an beinahe allen Orten der Mittelmeerküste, ohne dort heimische Vorläufer zu haben; sie mußten also mit dem Schiff dorthin gelangt sein. Die aktuelle Forschung jedoch liefert dazu keine Antworten. Und das betrifft in gleichem Maße die erstaunlichen Ähnlichkeiten zwischen den Stufenpyramiden der östlichen Kernzentren früher Hochkulturen um 3000 v. Chr. in Ägypten oder Mesopotamien und der Architektur bei den westlichen Kulturen an der Atlantikküste.

Und nicht nur dort. Auch außerhalb des Mittelmeerraumes, auf einer der isoliertesten Inselgruppen, hat man Stufenpyramiden entdeckt. Auf den Kanaren machte Thor Heyerdahl eine imposante Anlage ausfindig. Gerade hier gibt die Ähnlichkeit mit mesopotamischen Vorbildern, aber auch mit präkolumbischen Pyramiden in Peru und Mexiko Rätsel auf. Auch das berücksichtigt Görlitz bei der Planung des Routenverlaufs der *Abora*. Sardinien nämlich liegt von Mesopotamien aus auf halbem Weg zu den Kanarischen Inseln, und diese wiederum markieren die Hälfte der Strecke nach Amerika...

Als die Vorbereitungen in Borna vor zwei Jahren begannen, hatten Dominique und seine Freundin Conny keine Ahnung, wieviel Kraft dieses kühne Projekt in Anspruch nehmen würde. Zunächst mußten erst einmal Bau- und Kostenpläne erstellt werden. Woher bekam man die geeigneten Schilfpflanzen? Es blieb ihnen keine andere Wahl, als ein 200 Hektar großes Grundstück zu pachten und selbst mit dem Anbau zu beginnen. Als die Ernte des Schilfs bevorstand, hatten sie schon viele junge Menschen für ihre Idee gewonnen,

und das ganze Gymnasium half mit. 18 Tonnen Rohmaterial mußten geschnitten, getrocknet und eingelagert werden. Die Schüler, Dominique und Conny arbeiteten Tag und Nacht und schafften Halm für Halm und Bündel für Bündel in eine gemietete Halle. Jeder gesparte Pfennig der beiden wanderte nun in das Projekt. In Deutschland bemühten sie sich unermüdlich um Fördergelder und Unterstützung für ihr archäologisches Experiment, doch zunächst ohne Erfolg. Das Projekt drohte an Finanzierungsproblemen zu scheitern. Erst nach einem Fernsehbericht erhielt Dominique die lang erhoffte Unterstützung von privaten Sponsoren.

Endlich war es soweit. In einer Sommernacht des Jahres 1998 macht sich eine Spedition aus Gotha mit großen Lastwagen auf die Reise in Richtung Sardinien. In der kleinen Hafenstadt **Alghero**, nahe einem spektakulären Pyramidenfund auf dieser Insel, werden zwei Tage später die über dreißig gebündelten Schilfrollen abgeladen. Hier begrüßt man die junge Truppe herzlich; Hilfe wird ihnen zuteil, mit der sie gar nicht gerechnet haben. Ein Werftbesitzer sponsert den Liegeplatz, und Mama Margherita, die eine kleine Jugendherberge führt, spendiert für die deutsche Gruppe Kost und Logis. Drei Wochen lang schuften alle Beteiligten vom frühen Morgen bis spät in die Nacht. Über 16 Meter lange Schilfrollen werden in ein hölzernes Baugerüst gewuchtet und dort verschnürt, bis das künftige Schiff seine hochseetüchtige Form erhält. Abend für Abend studiert Dominique noch einmal die alten Felsbilder und ägyptischen Vorlagen, denn jeder Fehler in der Konstruktion führt zum sofortigen Scheitern auf See. Nur schleppend geht die Arbeit voran, manch einem kommt der anfängliche Enthusiasmus abhanden, Ermüdungserscheinungen sorgen für Streitereien, und auch die drückende Hitze nervt. Nach drei Wochen erhält das Schiff aber doch noch seine Form. In einem letzten Arbeitsgang werden zwei schier endlose Taue in ständigen Spiralenwicklungen von beiden Seiten um die Schilfbündel gezogen. Jetzt beginnt sich auch das italienische Fernsehen für die *Abora* zu interessieren. Auch die Einheimischen verfolgen mit Spannung die letzten Aktivitäten und beobachten, wie aus den über 30 Schilfrollen in Handarbeit zwei große Bündel entstehen, die die Truppe mit einer dritten, etwas kleineren Rolle in der Mitte verschnürt. So läßt sich ein stabiles, aber biegsames Rückgrat des Bootes bilden. Es entsteht ein massiver Doppelrumpf, der entfernte Ähnlichkeit mit einem modernen Katamaran hat. Vier Tage lang hängen alle Schüler und viele italienische Hotelgäste an den beiden Spiraltauen, um sie fest genug anzuziehen.

Als Dominique und die Schüler im August Sardinien verlassen, blicken sie stolz auf ihr Boot, das eine Länge von 10,5 Meter und eine Breite von 3,5 Meter aufweist und somit ausreichend Platz für die neunköpfige Crew bietet, die neun Monate später, im Mai 1999, die viertausend Kilometer lange Expeditionsroute in Angriff nimmt. Die Vorbereitungen laufen weiter auf Hochtouren. Bis zum Frühjahr bauen sie noch zwei Korbhütten, einen Doppelmast sowie zwei Steuerruder, um das Schiff aufzutakeln. Im Gegensatz zu Thor Heyerdahls Schilfbooten werden sie ihr Boot mit mehreren beweglichen Seitenschwertern ausstatten, die seitlich weit vorn und achtern am Rumpf angebracht werden. Dominique entdeckte diese Technik, als er wieder und wieder die prähistorischen Felsbilder studierte. Er ist überzeugt, daß sie das Schiff vor dem Verdriften schützt, was aber noch auf hoher See bewiesen werden muß.

DAS GLOBALE DREIECK

In Urwäldern, auf verlassenen Wüstenebenen, in Tälern und unzugänglichen Bergregionen erheben sie sich, schweigend und rätselhaft: die zahlreichen Pyramiden aus längst vergangenen Tagen. Seit über 4000 Jahren ziehen ihre Geheimnisse die Menschheit in Bann, beflügeln die Phantasie und fordern den Forschergeist heraus. Kaum zu glauben, aber auf beinahe allen Kontinenten der Erde ragen Pyramiden in den Himmel. In sämtlichen Hochkulturen vergangener Jahrtausende sind sie – und das ist das Erstaunliche – von Anfang an vorhanden.

Wie ist es zu erklären, daß sich diese markante Architekturform über ein so großes Territorium verbreitete? Ist die Pyramide am Ende eine universelle Bauform, die alle großen Zivilisationen des Altertums unabhängig voneinander schufen, um dem Himmel ein Stück näher zu sein? Oder waren die Menschen viel früher, als heute vermutet, in der Lage, weite Ozeane zu überwinden und die Uridee, die Vorstellung einer Pyramide, von einem Ort zum anderen zu transportieren? Liegt all diesen Pyramiden womöglich eine fundamentale Übereinstimmung in der Religion, in der Weltanschauung, in der geistigen Ausrichtung zugrunde? War das »magische Dreieck« am Ende vielleicht so etwas wie das Symbol und Erkennungszeichen einer unbekannten Weltkultur? »Das schönste Erlebnis ist die Begegnung mit dem Geheimnisvollen«, hatte einst Albert Einstein gesagt, und genau so verstehen wir unsere Reise um die Erde zu den Landeplätzen der Götter, den Pyrami-

Die *Zikkurrat* von Ur/Irak vor der Restaurierung

den. Voraussetzung ist, einen Blick auf neueste Forschungen zu werfen, um Ähnlichkeiten und verbleibende Rätsel des Pyramidenbaus aufzuzeigen, um der Frage nachzugehen, ob nicht ein unsichtbares Netz die Hochkulturen der Welt miteinander verbindet. Je mehr Detail-Erkenntnisse die Fachwissenschaft gewinnt, um so mehr Phantasie müssen wir paradoxerweise aufbringen, um größere Zusammen-

hänge zu erfassen und anschaulich zu machen.

Betrachten wir zunächst die »Wiege der Menschheit«, das Land zwischen Euphrat und Tigris. Hier in Mesopotamien, dem heutigen Irak, entstanden die ältesten bekannten Stufenpyramiden, die sogenannten *Zikkurrats*. Der berühmte Turm von **Babylon** übertrifft alle anderen Stufentürme, auch wenn die Menschen dieses außerordentliche Bauwerk zerstörten. Über drei Jahrtausende vor Christi Geburt entfalten sich im Zweistromland die Hochkulturen zu großer Blüte, und dennoch blieb eine von ihnen, das Reich der Sumerer, lange im Dunkel der Geschichte. Wer war dieses Volk, das nach einer Sage eines Tages mit Schiffen von irgendwoher gekommen war, aus einem geheimnisvollen Land namens Dilmun? Die Stufenpyramiden erstrahlten hier an vielen Orten in unvergleichlichem Glanz. Waren sie Symbole weltlicher Macht mit einem Hang zum Kolossalen? Schon in der Antike sah man sie als Götterberge, Sternwarten oder riesige Leitern, die Himmel und Erde verbanden. Lange Zeit wußte man nicht, wozu sie dienten. Auch im alten **Uruk**, dem biblischen **Erech**, erhoben sich mächtige stufenpyramidale Bauten, die mit großer Sicherheit nicht nur religiöse Zentren der Priesterkaste waren, sondern wie an anderen Orten der Welt stumme Zeugen eines großen kosmologischen Wissens. In und mit ihnen

Stufenpyramide von Tschoga Zanbil/Iran

wurde in Vorderasien die Grundlage für die moderne Mathematik und Astronomie gelegt. Die *Zikkurrat* von **Ur**, der biblischen Heimat Abrahams, ist am besten erhalten und dank geschickter Restaurierung auch die schönste ihrer Art. Sie entstand vermutlich um 3000 v. Chr.

Die größte Stufenpyramide allerdings, die man bis heute wiederentdeckt hat, liegt nicht in Mesopotamien, sondern in **Tschoga Zanbil** im alten Elam, dem heutigen Iran. Das Bauwerk besaß eine Seitenlänge von 105 Metern, war mehr als 50 Meter hoch und hatte fünf Stockwerke, die zum Teil noch erhalten sind. Es stammt aus dem 12. Jahrhundert v. Chr. Wie bei den *Zikkurrats* in Mesopotamien dient die oberste Plattform als Fundament für einen Tempel, der einer Gottheit geweiht war. Folglich wurden hier Zeremonien abgehalten, über die man jedoch bisher nicht viel in Erfahrung bringen konnte. Bekannt ist zumindest, daß im Inneren dieses Bauwerks Kammern angelegt wurden, die man später wieder sorgfältig zumauerte.

Unsere Reise geht weiter an den östlichen Punkt der vor 5000 Jahren entstandenen Hochkulturen, in die pakistanische Geisterstadt **Mohenjo Daro**. Sie liegt 560 Kilometer von Karatschi am Westufer des Indus. Wie die aus uns unbekannten Gründen irgendwann aufgegebene Metropole, die zwischen 2500 und 1500 v. Chr. ihre Blütezeit hatte, wirklich hieß, weiß heute niemand. Im Jahr 1922 hatten Archäologen begonnen, die frühgeschichtliche Stadt auszugraben – bis dahin hatte man von der Existenz einer Indus-Kultur nicht mal eine Ahnung gehabt. Das Wissen um diese bedeutende Kultur war ebenso tief verschüttet wie die Ruinenstadt selbst, deren größter Teil, so vermutet man, bis jetzt noch unter dem Schutt der Jahrtausende verborgen liegt.

Inzwischen fand man unter den Resten von Mohenjo Daro die Spuren einer noch älteren Zivilisation, die um 3000 v. Chr. existiert haben muß. Dieser Zeitabschnitt fällt augenscheinlich mit dem Beginn der altägyptischen und der mesopotamischen Kultur zusammen. Alles, was die Archäologen bisher ausgegraben haben, deutet darauf hin, daß dieser Stadtstaat einen Austausch mit anderen Kulturen in Mesopotamien und im Arabischen Golf pflegte, der über den Schiffsverkehr stattgefunden haben muß. Welche Zeremonien sich jedoch dort im 3. Jahrtausend v. Chr. abspielten, wird wohl für immer ein Geheimnis bleiben, weil buddhistische Mönche den oberen Teil einer noch in Resten erhaltenen Stufenpyramide abgetragen und dort ihren eigenen Tempel errichtet haben.

Wir kommen in die Heimat der bekanntesten Pyramiden. Seit mehr als 4500 Jahren ragen die steinernen Giganten des Alten Reiches in den Himmel über Ägypten und geben den Menschen größte Rätsel auf. Wie gelang es vor beinahe 5000 Jahren einem Volk, das weder Eisen noch Bronze oder die elementaren Regeln des Rechnens kannte, die kolossalen Steinblöcke mit einer Präzision übereinanderzuschichten, die selbst unsere moderne Architektur nur selten erreicht? Welche Kultur, welche Politik, welche Religion ermöglichten diese fast übermenschliche Leistung? Die Pyramiden von **Giseh** sind das einzige noch erhaltene Weltwunder der Antike. Ihre Entstehung und Bedeutung gehört zu den größten Geheimnissen der Menschheitsgeschichte. Sie zeugen von einem Hang zum Monumentalen, zum Größenwahn und zu architektonischem Wagemut und sind dabei von einer technischen Vollkommenheit, für die keine andere Kultur ein vergleichbares Beispiel aufweist. Dies gilt vor allem für die berühmtesten Pyramiden, die von den Pharaonen Cheops, Chephren und Mykerinos errichtet worden sind.

Weltwunder am Nil: die Pyramiden von Giseh

Die moderne Ägyptologie hat bislang auf alle Fragen noch keine befriedigende Antwort gefunden. In den Standardwerken heißt es meist, daß die Pyramiden als Königsgräber dienten. Doch waren sie nicht vielleicht darüber hinaus die zu Stein gewordene, perfekte Darstellung eines großen Planes, einer genialen Idee, die noch weit vor der Bauzeit Gültigkeit hatte? Nach neuesten Veröffentlichungen soll die Cheops-Pyramide nicht nur eine Kultstätte, sondern auch ein steinernes Lehrbuch der Mathematik, ein überdimensio-

naler Kompaß, Weltuhr und ewiger Kalender, Observatorium und Heiligtum zugleich gewesen sein. Aufgrund der gefundenen Pyramidenzahlen müßten einige Passagen der Geschichtsschreibung revidiert werden, erklärt Axel Kappeler, einer der Autoren. Wer immer diese Bauwerke errichtete, er kannte die mittlere Länge der Erdbahn, den Erdumfang, und er war mit der spezifischen Dichte unseres Planeten und sogar mit der Lichtgeschwindigkeit vertraut. Die Erbauer der Großen Pyramide wußten also bereits vor rund 6000

Jahren, daß die Erde eine Kugel ist! In der Großen Pyramide wurden Astrologie, Geometrie, Mathematik und die wohl reinste Religionslehre der Welt gehütet und gelehrt. Nicht nur das: Die Pyramide schien ein Tempel geheimer Einweihung. Doch woher kam dieses Wissen?

Ägypten nimmt auf dem Planet der Pyramiden eine besondere Stellung ein. Über 80 Pyramiden wurden hier nachgewiesen. Luftaufnahmen haben erst kürzlich gezeigt, daß sehr wahrscheinlich noch etliche Pyramiden unter den Sandhügeln der Wüste begraben sind. Und noch etwas wird neben dem Weltwunder von Giseh übersehen oder gar vergessen. Das größte Geheimnis kreist um die Stufenpyramide von **Sakkara**, erbaut von dem Architekten Imhotep, der heute noch als erstes namentlich bekanntes Universalgenie der Weltgeschichte bezeichnet wird. Ohne Übertreibung läßt sich sagen, daß der Pyramidenbezirk von Sakkara einen Meilenstein in der Entwicklung monumentaler Steinarchitektur in Ägypten und der Welt darstellt. Erstmals wurde Kalkstein als neues Baumaterial in größerer Menge verwendet. Urplötzlich kommt es zu einem Technologiesprung und ei-

nem Innovationsschub von beträchtlichem Ausmaß. Eine Hochkultur entsteht, die scheinbar aus primitiven Anfangsstadien von einem Tag zum anderen zur Blüte gelangt. Die Stufenpyramide von Sakkara dokumentiert auch die Ursprünge eines

Die Pyramide des Djoser in Sakkara

modernen Staatswesens. Der Monumentalbau des Pharaos Djoser zeugt von einem gewaltigen Aufschwung der ägyptischen Wirtschaft zu Beginn der dritten Dynastie, von einem Anstieg der Produktivität beim Ackerbau, dem Handwerk und vor allem der Bauindustrie. Er markiert somit den Wendepunkt in der Entwicklung der ägyptischen Zivilisation, die schließlich mit dem rasanten Aufstieg der 4. Dynastie ihren kulturellen Zenit erreicht. Die Pyramide von Sakkara weist eine zikkuratähnliche Form auf und damit frappierende

Ähnlichkeit mit dem Turm von Babylon in Mesopotamien. Diese Form scheint eine Treppe zu symbolisieren. Sechs Stufen führen zu einer Plattform hinauf; sie sollten vermutlich die Planetenbahnen darstellen, Stadien, die die Seele des Toten bei ihrem Aufstieg in den Himmel durchlaufen mußte. Das Stufenbauwerk des Djoser ist mehr als nur das Grab eines mächtigen Königs, es ist die Manifestation bestimmter religiöser Vorstellungen und zugleich ein Ausdruck höchster Kunstfertigkeit. Von **Memphis** und dem nahen Niltal aus gut sichtbar, könnte es als ständiges Mahnmal daran erinnert haben, sich schon im irdischen Leben auf die Existenz im Jenseits vorzubereiten. Nach Imhoteps Vorbild in Sakkara wurde noch eine Reihe weiterer Stufenpyramiden errichtet, alles Vorläufer der weltweit bewunderten Pyramiden von Giseh. Nach einigen mißglückten Versuchen gelang mit den Pyramiden von **Dahschur** ein Durchbruch, und dann eskalierten die Kolossalbauten regelrecht. Nach ersten gewagten Versuchen stand dem Bau der Großen Pyramide nichts mehr im Wege. Zwischen Djoser, dem Pionier des neuen Stils, und dem »Baulöwen« Cheops, der die großartigste aller Pyramiden auftürmte, liegen nur wenige Generationen. Es erscheint fast unglaublich, daß sich der Übergang von einer einfachen Ziegelbauweise zu einer ausgereiften Steinarchitektur in so kurzer Zeit vollzog.

Ausgehend von Ägypten haben sich die Pyramiden entlang des Nils ausgebreitet. Im Sudan sind die südlichsten Pyramiden innerhalb Afrikas zu finden. Schon seit den Anfängen ihrer Reiche unternahmen die Ägypter immer wieder Expeditionen und Heerzüge den Nil aufwärts nach Nubien, auf der Suche nach der mystischen Quelle des Flusses. Östlich der einstigen, längst zu Schutt zerfallenen kuschitischen Hauptstadt **Meroë** erheben sich dichtgedrängt 38 mehr oder weniger gut

erhaltene Pyramiden auf einem Plateau. Im Süden und Westen sind weitere Nekropolen zu erkennen: Über 300 Pyramiden – weit mehr als in Ägypten – listen die Archäologen in ganz Nubien auf. Professor Friedrich W. Hinkel, der als »Vater der Sudan-Archäologie« gilt, widmet sich seit über 30 Jahren der Erforschung dieser Kultur, die allen Fachleuten nach wie vor viele Rätsel aufgibt. Zahlreiche Inschriften sind noch immer unlesbar, Namenslisten und Chronologie der Herrscher nach wie vor lückenhaft. Die Pyramiden sind nur bis zu 30 Meter hoch, also bei weitem nicht so gewaltig wie die von Unterägypten. Doch da ihre Seiten über einer relativ kleinen Grundfläche in viel steilerem Winkel emporragen, täuschen sie eine imposante Höhe vor, selbst wenn sie mit weitaus weniger Material erbaut worden sind.

Aus den Trümmern konnte Hinkel eine Menge über das antike Bauwesen herauslesen. An einer Stelle fand er Fragmente eines prachtvollen Sternenfrieses, der die Basis einer Pyramide umgeben hat; sind dies Hinweise auf ein großes astronomisches Wissen oder einen Sternenkult? Die Pyramidenform verbindet sich zumindest auch in Meroë mit dem Versprechen von Ewigkeit und der Verehrung des Sonnengottes. Der Berliner Archäologe nimmt an, daß auf den Spitzen der Pyramiden einst große polierte Bronzescheiben in der Morgen- und in der Abendsonne leuchteten. Während in Ägypten die königlichen Toten mit hoher Wahrscheinlichkeit im Innern der Pyramiden beigesetzt wurden, bestattete man die kuschitischen Pharaonen in tief darunterliegenden Kammern und verschüttete sorgfältig deren Zugang. Auffallend ist, daß heute fast allen Pyramiden in der großen Nekropole von Meroë die Spitze fehlt, manchen sogar das ganze obere Drittel. Diese Zerstörungen sind nicht zu-

Die Nordgruppe der Pyramiden von Meroë

letzt das Werk besonders rabiater Grabräuber der jüngeren Vergangenheit, die
in den Pyramiden nach Grabkammern
und Schätzen suchten.
In der Abgeschiedenheit Innerafrikas entwickelte sich das Reich von Meroë zu
einer eigenständigen, der wohl bedeutendsten Hochkultur südlich Ägyptens,
die weit in die Länder jenseits der Sahara
und vermutlich bis nach Ostafrika Einfluß nahm. Dabei schien sie in den Traditionen und vor allem der Religion Alt-
ägyptens tief verwurzelt. In einem aber
unterschieden sich die afrikanischen
Nachahmer von ihren ägyptischen Vorbildern: Weibliche Pharaonen spielten
hier, ganz in schwarzafrikanischer, matri-

archalischer Tradition, eine wesentliche
Rolle. Bislang geht man davon aus, daß
die Pyramidenidee von Ägypten über den
Nil dorthin gelangte, nach heutiger Er-
kenntnis aber liegen gut 2000 Jahre
dazwischen. Doch welche Geheimnisse
noch zu lüften sind, beweist ein Artikel in
»Bild der Wissenschaft« vom Dezember
1998, der für einiges Aufsehen sorgte:
»Eine Quelle der Pharaonen-Kultur liegt
in Schwarzafrika. In Nubien, dem Gebiet
des heutigen Sudan, fertigten die Menschen feinste Keramik, als Ägypten noch
vor sich hindämmerte. Der Süden hatte
über Jahrhunderte eine eigenständige
Kultur entwickelt und prägte Ägypten.«
»Das ist schon eine aufregende Ge-

schichte«, begeistert sich der Direktor des Ägyptischen Museums in Berlin, Professor Dietrich Wildung, »wenn wir jetzt die kulturelle Evolution im sudanesischen Niltal als älter nachweisen können als im ägyptischen.« Damit müßte man Abschied nehmen von der langgehegten Vorstel-

Stufenpyramiden bei Güimar/Teneriffa

lung, die ägyptische Hochkultur habe sich quasi aus dem Stand und nur aus eigenen Kräften emporgeschwungen.

Was kaum jemand weiß: Auch in Europa stehen uralte Pyramiden! Bei unseren Recherchen stoßen wir auf Veröffentlichungen, die in der Fachwelt für Unruhe gesorgt haben. Zunächst sind es die **Kanarischen Inseln**, die durch ungewöhnliche Funde in die Schlagzeilen gerieten. Thor Heyerdahl erhielt Hinweise auf mögliche Pyramidenreste, die Straßenbauarbeiten auf **Teneriffa** zum Opfer fallen sollten. Er ist der erste Wissenschaftler, der die kulturelle Bedeutung der sechs inzwischen erschlossenen Pyramidenkomplexe im **Güimar**-Tal auf Teneriffa erkennt und sie mit seinem norwegischen Reeder Fred Olsen für die Öffentlichkeit vor der Zerstörung retten kann. Sie sind deshalb so aufsehen-

erregend, weil die Kanaren ein Verbindungsglied zwischen Alter und Neuer Welt darstellen könnten und damit vielleicht eine ganz neue Sicht der Entdeckung Amerikas ermöglichen.

Der Pyramidenforscher Harald Braem ist seit Jahrzehnten damit befaßt, das Rätsel ihrer Entstehung und weltweiten Verbreitung zu lösen. Dabei erkannte er, daß Europa in das Netzwerk mit einzubeziehen ist. Gab es also ein »magisches Dreieck« von Pyramiden zwischen Ägypten, Amerika und Europa? Braems Untersuchungen konzentrieren sich vor allem auf die Regionen Europas, in denen die Megalith-Kultur ihre Zentren besaß, wie zum Beispiel in der französischen Bretagne. Bei einer Grabanlage gewaltigen Umfangs in der Nähe des Fischerdorfes **Barnenez** fand er heraus, daß es sich eigentlich um zwei Pyramiden handelt. Die erste wurde bereits um 4700 v. Chr. erbaut, die zweite gut 400 Jahre später. Steht man auf der Westseite, erheben sich die Stufen des Tempelbaus der aufgehenden Sonne entgegen. Der ältere Teil im Osten birgt in seinem Inneren fünf Kammern, über deren Funktion viel spekuliert wird. Der französische Archäologe Prof. Pierre-Roland Giot grub diese imposante Anlage erst vor etwa 35 Jahren aus; im Umfeld entdeckte Braem noch viele Hügel, unter denen vielleicht die Geheimnisse eines komplexen Kultes ruhen, der – wie überall auf der Welt – untrennbar mit den Pyramiden verbunden ist. Bislang aber hat hier niemand weitergeforscht, und so bleibt vieles noch im verborgenen. Wahrscheinlich handelt es sich um die »Fingerabdrücke« einer frühen Hochkultur aus einer Zeit, lange bevor in Ägypten überhaupt jemand an Pyramiden dachte. Nach Braem existieren in der Bretagne 6000- bis 7000jährige Pyramiden und andere Relikte architektonischer Großleistungen.

Obgleich Europa lange ein weißer Fleck auf der Pyramiden-Landkarte zu sein schien, häufen sich in letzter Zeit die Meldungen über Stufenpyramiden im Mittelmeerraum, so auf Sardinien und Sizilien. Dazu später mehr.

Über die Zwischenstation Kanarische Inseln kommen wir nach Amerika. Auf der anderen Seite des Atlantiks überziehen Tausende vorkolumbische Pyramiden das Land der Indianer. Viele hat man inzwischen ausgegraben. Aber man vermutet, daß noch wesentlich mehr Bauwerke unter der Erde liegen oder halb verfallen im Urwald begraben sind. Im nördlichen Grenzgebiet Guatemalas entdeckte man Teile der ältesten Maya-Siedlungen, jahrhundertelang versunken im Pflanzenmeer des Dschungels. In **Tikal**, dem »Ort, wo Geisterstimmen ertönen«, ragen die höchsten Pyramiden auf amerikanischem Boden auf. Das früheste und größte Zentrum der Maya wurde erst vor knapp 50 Jahren von der alles verschlingenden Vegetation befreit. Die Pyramiden der Masken und des Großen Jaguars gehörten einst zu einer glanzvollen Metropole, die sich über fast 130 Quadratkilometer erstreckte. Mächtig erheben sie sich

in neun Stockwerken gen Himmel, wie das Universum der Maya, das in ihrer Vorstellung aus neun Himmeln bestand.

Aus Peru, wo der Pyramidenbau schon um 2000 v. Chr beginnt, wurden kürzlich sensationelle Ausgrabungen im Nordwesten gemeldet, am Rand der Wüste zwischen dem westlichen Abhang der Kordilleren und dem Pazifik. In diesem Gebiet, das bis vor kurzem noch niemand kannte, liegt heute ein Pyramidenfeld, das inzwischen als das größte der Erde beschrieben wird. Mehr als 26 Pyramiden stehen hier dicht beieinander, und nur ein Bruchteil davon konnte bislang untersucht werden.

In dem kleinen, staubigen Ort **Tucumé** ließ sich Thor Heyerdahl eine Zeitlang nieder, um auf die vielen ungeklärten Fragen nach dem Beginn der Zivilisation in

Die Lehmpyramiden von Tucumé gleichen einer Mondlandschaft

Südamerika Antworten zu finden. Die Natur hatte diesen Platz lange vor den archäologischen Forschungen geschützt. Ständige Erosion verlieh der ehemaligen Tempelstadt das Aussehen eines rötlichgelben Sandsteingebirges. Heyerdahl entdeckte hier Spuren von Völkern, die lange vor den Inka ein Imperium gründeten, wie die Mochíca. Es gibt Funde, die auf eine Periode weit vor unserer Zeitrechnung datiert werden können und die die bisher bekannte Geschichte Südamerikas auf den Kopf stellen. Nicht Wissenschaftler, sondern Grabräuber unserer Tage brachten die wahre Bedeutung dieses bislang in keinem Reiseführer beschriebenen Geländes von Tucumé ans Tageslicht. Sie bereicherten sich zwar an den verborgenen Schätzen, machten damit aber auch die Forscher auf jenen Platz aufmerksam, der zu den größten Entdeckungen des 20. Jahrhunderts zählt.

Auf der höchsten, ebenfalls erodierten Pyramide gelang es sogar, eine Tempelstätte im Bereich der Spitze freizulegen. Es war das erste Mal, daß auf einer südamerikanischen Pyramide ein religiöses Bauwerk zum Zweck der Sonnenverehrung aus vor-

ren eines der Bauwerke ausgelotet hatte. Viele Pyramiden sind im Kern und in der Tiefe bis heute nicht erforscht, weil man vorerst damit beschäftigt ist, die darüberliegenden Schichten systematisch zu erkunden und deren Spuren zu inventarisieren. So wird es noch eine ganze Weile dauern, bis die letzten Rätsel gelöst sind. Immerhin finden sich auf dieser Pyramidenanlage eindeutige Hinweise auf einen Sonnenkult, verbunden mit Tier- und Menschenopfern. Abgeschlagene Köpfe und Hände, in kleinen Nischen eingemauert, verweisen auf solche rituellen Handlungen. Aus welcher Zeit diese Opfer stammen und was sich im einzelnen abspielte, konnte noch nicht geklärt werden.

Weiter im Norden bauten die Völker Mittelamerikas Pyramiden, um auf ihnen Tempel zu errichten und sie damit in den Bereich der Götter zu erheben, ähnlich wie in Mesopotamien. Nur die Priester durften nach oben, nicht jedoch die Gläubigen, außer denen, die man als Opfer auserkoren hatte. Mächtige Treppen muten wie Himmelsleitern an und führen zu den obersten Plattformen hinauf. Trotz ihres Formenreichtums sind diese Pyramiden Ausdruck einer überraschenden Kontinuität

Reich ausgestattete Grabkammer in einer Mochíca-Pyramide

kolumbischer Zeit bestimmt werden konnte. Zunächst brachte man auf der Anlage Begräbniskammern und Kinderskelette zum Vorschein. Der rätselhafteste Fund war eine leere, obgleich einst benutzte, aber offensichtlich gesäuberte Grabkammer, die man im tiefsten Inne-

in der religiösen Vorstellungswelt der mittelamerikanischen Indianer. Man vermutet, daß sie von ihnen allein zu dem Zweck errichtet wurden, daß die Hohepriester darauf mit den Göttern Zwiesprache halten konnten. Die von Meisterhand gelenkte Bauleidenschaft dieser Menschen war ebenso stark wie ihr Glaube und wie die damals fast uneingeschränkte Macht der Priesterkaste. Zwei Jahrtausende lang bauten die Völker Mittelamerikas mit einer wahren Besessenheit eine Pyramide nach der anderen. Alle Pyramiden in diesem Raum zeichnen sich durch eine ausgeklügelte Zahlensymbolik aus. Sie sind in Stein gefaßte architektonische Kalender und Lehrbücher, die von enormen Kenntnissen zeugen.

Auch in Nordamerika entstehen um 700 n. Chr. Tempelbauten, die sich stark an den Stufenpyramiden der Maya und Azteken zu orientieren scheinen: Steile Treppen, Stufen und Rampen führen zur obersten Plattform, auf der sich zumeist ein hölzerner Tempel befand. Die Rede ist von der **Mississippi**-Kultur und ihren sogenannten »*Temple Mounds*«. Sie entstand in der Zeit, als in Mexiko die Tolteken herrschten. Wahrscheinlich hatten die Mississippi-Indianer enge Beziehungen zu ihnen. Aber Genaueres erfährt man kaum über die Erbauer dieser großen Erdpyramiden. Viele Archäologen kommen zu dem Schluß, daß die Hügel, wie auch in den bisher betrachteten Kulturen, wahrscheinlich zu religiösen Zwecken und für Totenfeiern errichtet wurden. Ansonsten weiß man sehr wenig über die Herkunft und den Verbleib der Völker, die sie bauten. Sie erschienen vor etwa dreitausend Jahren – niemand weiß woher –, und die letzten verschwanden um etwa 1500 n. Chr.

Es lassen sich drei deutlich unterscheidbare Kulturen von Hügelbauern ausmachen: die Adena-Kultur, die Hopewell-Kultur und die der Mississippi-Anrainer. Geographisch sind die Adena- und die Hopewell-Kultur im **Ohio-Becken** angesiedelt, die spätere Mississippi-Kultur dagegen breitete sich an den Ufern des großen Stroms und über den ganzen Südosten aus. Ihre Niederlassungen erstreck-

ten sich von Iowa über den Mittelwesten bis nach Florida. Viele dieser großen Erdpyramiden enthielten die Gräber bedeutender Toter, wurden als hohe Plattformen für ihre Tempel benutzt und entwickelten sich auch hier zu Sinnbildern der Herrschermacht. Die Mississippi-Kultur blühte zur gleichen Zeit auf, als das Reich der klassischen Maya in Mexiko zu verfallen begann, ungefähr zwischen 800 und 900 n. Chr. Es gibt keine konkreten Hinweise auf eine Völkerwanderung in diesem Gebiet, dennoch sind die Ähnlichkeiten zwischen den beiden Kulturträgern zu auffällig, um leichtfertig abgetan zu werden. In ihrer Spätzeit verkamen die religiösen Traditionen der Mississippi-Stämme zu blutrünstigen Praktiken mit Menschenopfern. Das geschah, als die Maya-Kultur auf der mexikanischen Halbinsel Yucatan wieder auflebte, also zwischen 1150 und 1400 n. Chr. Die »*Temple Mounds*« sind reine Erdpyramiden. Es wurde kein Kalkstein wie in Ägypten, kein Ziegel wie in Mesopotamien oder Steinquader wie in Mittelamerika verwendet. Dafür aber sind die nordamerikanischen Pyramiden deutlich größer.

Wir nähern uns dem Endpunkt unserer Pyramidentour rund um den Globus und stoßen auf spannende Berichte aus **China**. Hartwig Hausdorf, Journalist und Amateurforscher, der sich selbst als Spezialist für den Fernen Osten bezeichnet, machte mit zwei außergewöhnlichen Expeditionen von sich reden. Es gelang ihm und seinem Freund, in bislang streng verbotene Zonen Chinas vorzudringen. Dort fotografierten und bestiegen sie eine große Anzahl von Pyramiden; Bauwerke, die es nach offiziellen Angaben in diesem Land gar nicht geben soll. Hausdorf erzählt uns sensationelle Geschichten: Ein amerikanischer Pilot, der 1945 gegen Ende des Zweiten Weltkriegs über den hochgelegenen Seitentälern des **Qin-Ling-Shan**-Gebirges

Die »Weiße Pyramide« bei Xian. Foto eines US-Piloten von 1945

tet, daß erst 1991 drei Pyramiden vor den Toren Xians ganz zufällig beim Bau einer Schnellstraße entdeckt worden seien und daß man im Januar 1994 nördlich von Xian an den Ufern des Wei-Ho-Flusses noch weitere Pyramiden fand. Eine davon steht, so haben Berechnungen ergeben, fast haargenau auf dem geometrischen Mittelpunkt des alten Reiches der Mitte. Die

fliegt, bemerkt plötzlich ein phantastisches Bauwerk: eine riesige Pyramide. Dieser Pilot habe ein Foto gemacht und nach seiner Rückkehr sofort entwickelt. Die Auswertung des Bildes ergab, daß die Pyramide eine Höhe von fast dreihundert Metern hatte, bei einer Seitenlänge an der Basis von fast einem halben Kilometer. Unglaublich! Doch für die nächsten 45 Jahre, so Hausdorf, verschwindet das Foto in den Archiven des amerikanischen Militärgeheimdienstes. Aber die wilden Gerüchte von Pyramiden in China, die höher und gewaltiger als die Cheops-Pyramide in Ägypten sind, lassen ihn nicht mehr ruhen. 1994 gelingt es dann ihm und seinem Freund, über gute Kontakte in die verbotene Zone zu gelangen, und sie bereisen die Umgebung der Stadt Xian. Er berich-

meisten Pyramiden habe er etwa 50 Kilometer westlich der Provinzhauptstadt entdeckt. In dieser weiten, einsamen Gegend zwischen den Bergen – dem »Tal der Pyramiden« – erheben sich diese monumentalen Bauwerke, als wären sie Fremdkörper aus einer anderen Welt, ganz und gar unwirklich. Atemberaubend sei es gewesen, erinnert sich Hausdorf, als er eine siebzig Meter hohe Pyramide in diesem

Auf der Ebene westlich von Xian erhebt sich eine riesige Pyramide

Gebiet erstiegen habe und sein Rundblick 17 verschiedene Pyramiden, teilweise in Gruppen von zwei oder drei angeordnet, erfaßte. Man könne von einer richtigen Pyramidenstadt sprechen, meint er und schickt uns seine Aufnahmen.

Was ist dran an seinen Erzählungen, die er mit Fotos belegen kann, und was steckt hinter den mysteriösen Bauwerken? Hartwig Hausdorf hat dafür seine eigenen Erklärungen, auf die wir nicht weiter eingehen wollen. Sie sind eher etwas für UFO-Freunde oder New-Age-Anhänger, für die alles Rätselhafte nur ein Werk von Außerirdischen sein kann. Aber seine Amateuraufnahmen geben zu denken, zeigen sie doch Pyramiden jenes Typs, den man auch in Mittelamerika findet. Wir sprechen mit Archäologen über diese Entdeckung in Südchina und erfahren, daß tatsächlich schon einige sich um die Genehmigung für Ausgrabungen bemüht haben. Doch den Chinesen scheinen die zu erwartenden Funde Unbehagen zu bereiten. Möglicherweise hängt ihre Ablehnung auch mit der Scheu vor dem großen Verwaltungsaufwand zusammen, den solche Kampagnen mit sich bringen.

Nicht nur in China, auch in anderen Teilen Asiens findet man pyramidenähnliche Bauten. Aus Kambodscha informierte vor gut einem Jahrhundert der französische Forschungsreisende Henry Mouhot die westliche Welt über eine hochentwickelte Kultur, die lange verschollen und in Vergessenheit geraten war. Auf einer weiten Fläche ohne Vegetation erblickte er eine riesige Kolonnade mit einem gewölbten Giebel und fünf Türmen; eine monumentale Anlage, die zunächst wie das gigantische Grabmal eines ganzen Volkes aussah: **Angkor Wat.** Gelehrte wie Laien, die dieses Heiligtum besucht haben, beschreiben es als eine der großartigsten Schöpfungen der Khmer-Architekten, deren charakteristisches Bauwerk eben auch die Stufenpyramide ist. Angkor Wat entstand im zwölften Jahrhundert und war dem Hindu-Gott Wischnu geweiht. Auch hier ist der Stufenbau die symbolische Nachbildung eines heiligen Berges, in diesem Fall des »Meru«, der in der Hindu-Mythologie das Zentrum der Welt und Wohnsitz der Götter ist. Große Terrassenstufen führen zum oberen Plateau mit den imposanten Türmen. Die Spitze des Tempelbergs sollte den Himmel berühren, seinen Fuß umgaben Wassergräben, die das Urmeer darstellen sollten. Viele der Wunderwerke von Angkor existieren heute nicht mehr, aber jene, die erhalten blieben, enthalten noch immer verschlüsselte Botschaften, so wie die bekannten Dreieck-Kolosse Ägyptens.

ÄGYPTENS VERGESSENE SPUREN

Die meisten Geheimnisse ranken sich um die Cheops-Pyramide. Besessen von der Idee, daß sich im Inneren noch eine verborgene Kammer befindet, suchten Generationen von Forschern mit allen verfügbaren Mitteln danach, freilich ohne Erfolg. Doch im März 1993 feiert die internationale Presse eine spektakuläre Aktion im Cheops-Bau als die bedeutendste archäologische Entdeckung des letzten Jahrzehnts: Rudolf Gantenbrink, ein deutscher Ingenieur, schickt seinen kleinen, ferngesteuerten Roboter »UPUAUT 2« den schmalen, unbegehbaren südlichen Schacht der sogenannten

Königinnenkammer hinauf. Das Gerät ist nach einem schakalköpfigen Totenwächter aus dem Pharaonenreich benannt; der altägyptische Name bedeutet »Öffner der Wege«. Nach 65 Metern kommt der Roboter zum Stehen und filmt mit seiner Videokamera etwas, das als wissenschaftliche Sensation gilt.

Der Roboter »UPUAUT 2« vor der Cheops-Pyramide

Ein Steinblock verhindert die Weiterfahrt. Bei näherem Hinsehen erkennt man, daß es sich hier um eine Art Schiebetür oder einen Verschlußstein handeln muß. Was lag dahinter? Eine der langgesuchten Kammern? Was verraten die wenigen Spuren im Gang über den geheimnisvollen Bauplan? Mit Spannung verfolgen Millionen von Zuschauern Aufnahmen dieses Experiments, die in allen TV-Sendungen gezeigt werden. Der Miniroboter tastet langsam und behutsam die sandige Oberfläche ab, während er auf den mysteriösen Stein mit den zwei Metallbeschlägen zufährt. Dabei sendet er ständig Videosignale. Moderne Schatzsuche! Die Bilder, die uns erreichen, wirken wie Übertragungen vom Mars, aber es ist kein Mensch, der einen fremden Planeten untersucht, sondern ein Roboter, der in Bereiche der Menschheitsgeschichte vordringt, die wahrscheinlich 4500 Jahre unberührt blieben.

Dieses große Ereignis ist jetzt fast sieben Jahre her, und die Cheops-Pyramide hütet noch immer ihr Geheimnis. Vor ein paar Monaten stürzten sich alle Interessierten auf eine Meldung, die im Internet erschien: Professor Zahi Hawass, Leiter des Giseh-Plateaus, verkündet in der *Daily News* von Kairo, daß eben dieser Verschlußstein am 1. Januar 2000 geöffnet werden soll. Stimmt das? Warum, so fragt man sich aber auch, mußten fast sieben Jahre vergehen? Man habe noch niemand für dieses Unternehmen gefunden, erklärt uns Professor Hawass, auch wenn er genau weiß, daß Rudolf Gantenbrink schon mit einer neuen Technologie in den Startlöchern steht.

Wir wenden uns an den deutschen Ingenieur, der mit seinem Roboterfahrzeug »UPUAUT« ungeduldig auf die Fortsetzung seiner Arbeit wartet. Gantenbrink hat trotz vieler vergeblicher Hoffnungen auf eine neue Chance seinen Enthusiasmus nicht verloren. Er schildert zunächst, wie diese aufregende Mission überhaupt begann. Er sei damals vom Deutschen Archäologischen Institut in Kairo beauftragt worden, die Belüftung der Cheops-Pyramide zu verbessern. Als er den südlichen Schacht der sogenannten Königinnenkammer begutachtete, wußte er sofort, daß er diesen geheimnisvollen Gang mit einem Querschnitt von nur 20×20 Zentimetern genauer erkunden mußte. Der Ingenieur besaß früher eine Firma zur Entwicklung von Minensuch- und Offshore-Technik. Mit diesem Know-how und der entsprechenden finanziellen Unabhängigkeit baute er auf eigene Kosten für ca. 400 000.– DM den Roboter, um Neuland in der Altertumsforschung zu betreten. Ihn fasziniert die Idee, mit seiner Technik der Frage nachzugehen, ob es in der Pyramide einen Hohlraum oder gar eine Kultkammer gibt. Man hat ihm jedoch bis zum heutigen Tag die Genehmigung für weitere Forschungen verweigert. Die ägyptische Antikenverwaltung zeigte sich verärgert über »vorzeitige Veröffentlichungen« in zahlreichen Fernsehsendungen. Über weitere Hintergründe wird viel spekuliert, viele Interessengruppen konkurrieren um die letzten großen Erkundungen. Als wir mit Dr. Hawass, dem ägyptischen Direktor des Pyramidenplateaus, sprechen, erklärt auch er, daß Untersuchungen im Inneren der Pyramide äußerst wichtig seien, be-

hauptet allerdings, nie eine entsprechende Anfrage des Deutschen Archäologischen Instituts bekommen zu haben. Nach Auskunft des DAI aber ist die Zustimmung zu einer direkten Zusammenarbeit mit Gantenbrink längst schriftlich erfolgt. Professor Rainer Stadelmann, bis 1998 Direktor der Kairoer Stelle des DAI und seinerzeit zuständig für das Projekt Gantenbrink, hat aber tatsächlich bis heute keine konkrete Initiative zur weiteren Erkundung der vermeintlichen Lüftungsschächte unternommen, könnte das Ergebnis doch langgehegte Lehrmeinungen in Frage stellen. Rudolf Gantenbrink wiederum ist verärgert, weil ihn viele Seiten ohne seine Zustimmung für ihre

Vom Roboter (links im Schacht) entdeckt: der Verschlußstein in der Königinnenkammer

Theorien vereinnahmen. Insbesondere mit Robert Bauval, mit dem er seit einiger Zeit einen regelrechten »Krieg« im Internet führt, möchte er zunächst nicht mehr in Verbindung gebracht werden, da der ambitionierte Laienforscher inzwischen einen größeren Kreis von Leuten um sich versammelt, die aus seiner Sternenkult-Theorie auch abenteuerliche Spekulationen über außerirdische Besucher und deren Einflüsse ableiten.

Der Ingenieur Robert Bauval arbeitet mit dem Journalisten Adrian Gilbert zusammen. Wie viele andere beschäftigt sie die Grundsatzfrage: Warum sind die Pyramiden gebaut worden, weshalb in so gigantischen Dimensionen, und aus welchem Grund hat man sie in Ägypten über ein so großes Areal verstreut? Einen wichtigen Hinweis sahen die Forscher zunächst in der Positionierung der vier rätselhaften Schächte, die aus dem Inneren der Cheops-Pyramide diagonal in nördlicher und südlicher Richtung nach außen führen: zwei von der sogenannten Königinnenkammer, zwei von der darüber gelegenen Königskammer aus. Die Autoren behaupten, sie seien nicht in erster Linie als Lüftungsschächte vorgesehen worden; das habe die Entdeckung Gantenbrinks gezeigt. Auch konnte sein Roboter genaue Daten über

Osiris, der Gott des Totenreichs, kehrt im Stern Orion wieder und ruht in der Großen Pyramide. Ägyptische Malerei. British Museum, London

die Ausrichtungen der Gänge liefern, die nach Bauval ein Schlüssel zum Mysterium der Pyramide sein können. Sie würden auf ganz bestimmte Sternenkonstellationen hinweisen, die für die tiefreligiösen Ägypter eine wesentliche Rolle gespielt haben. Die Meßdaten von Gantenbrinks Experiment schienen den Autoren zunächst das zu bestätigen, was sie sich erhofft hatten.

Während der südliche Schacht der Königskammer genau auf die drei Gürtelsterne im Sternbild des Orion ausgerichtet sei, ist der neu entdeckte Schacht der Königinnenkammer die exakte Achse zum hellsten Stern, dem Sirius. Nach ägyptischer Mythologie steht Orion für den Gott Osiris, und Sirius versinnbilicht die Göttin Isis. Alles schien jetzt wie ein Puzzle zusammenzupassen, denn eine weitere aufregende Beobachtung ergänzte den Eindruck, daß die Pyramiden nach einem großen Plan angelegt waren. Sie untersuchten die Größe und die Position der Bauwerke zueinander, denn alle bisherigen Erkenntnisse ließen längst den Schluß zu, daß sie nicht ein Produkt des Zufalls waren. Wenn man allein bedenkt, daß die Cheops-Pyramide exakter an den Längengraden ausgerichtet ist als das knapp 4500 Jahre später erbaute Meridian-Haus der Sternwarte in Greenwich, oder wenn man der Tatsache Aufmerksamkeit schenkt, daß sie genau im Zentrum der bewohnbaren Landmassen der Erde liegt, dann muß man von einer präzisen Planung ausgehen. Betrachtet man das Pyramidenfeld von oben und legt eine Achse durch die Diagonalen der drei Bauwerke, so fällt auf, daß die dritte, zuletzt gebaute Mykerinos-Pyramide wesentlich kleiner ist und auffällig von dieser Linie abweicht. Nach vielen Diskussionen mit Freunden finden die Forscher zunächst keine wirklich schlüssige Erklärung dafür. Erst einige

Zeit später erkennen sie, daß das Sternbild des Orion verblüffende Parallelen in der Anordnung auf der Erde findet. Auch hier rückt der kleinste der drei Gürtelsterne ein deutliches Stück von der Achse ab, die die anderen zwei verbindet. Die Anlage der drei Pyramiden schien mit großer Präzision der Lage der drei Sterne zu entsprechen, und auch zu ihrer Größe gab es eine kosmische Parallele: Die drei Sterne, so Bauval, unterschieden sich im selben Maße in ihrer Helligkeit wie die Pyramiden in ihrer Höhe. Die Baumeister des Alten Reiches hatten das Dreigestirn des Orion auf die Erde geholt und das himmlische Totenreich auf der Hochebene von Giseh nachgebaut. Diese Region, in der die verstorbenen Pharaonen als Sterne leuchten, erstreckt sich, so besagten es die Pyramidentexte, westlich von der Milchstraße. Aus anderen Quellen erfuhr Bauval, daß während der gesamten Antike der Nil als irdische Entsprechung der Milchstraße betrachtet wurde. Der Bauplan von Giseh und all den anderen Pyramiden in Ägypten schien sich tatsächlich exakt am himmlischen Vorbild zu orientieren.

Die beiden Autoren setzen sich seit vielen Jahren intensiv mit den altägyptischen Pyramidentexten auseinander; in Stein gehauene Hieroglyphen aus dem 3. Jahrtausend, die sich auf weit ältere, verlorengegangene Urschriften beziehen sollen und bislang die meisten Rückschlüsse auf die ideellen Hintergründe des Pyramidenbaus zu liefern scheinen. Die Ägypter glaubten an die regelmäßige Wiedergeburt so selbstverständlich wie an die zyklische Wiederkehr anderer Naturereignisse. Orion und Sirius standen für Seelenwanderung und Wiederauferstehung. Die Pyramiden selbst sollten als Gott Osiris angesehen werden, besagt ein rätselhafter Satz in den Texten. Nach diesen Schriften war die Astronomie der Ägypter ein sinnbildliches System der Beziehungen zwischen Himmel und Erde. Die Pyramiden folgen damit einem einheitlichen Gesamtplan, nach differenzierten astronomischen und astrologischen Berechnungen konzipiert. Rudolf Gantenbrink gehört zu den zweifelnden Kritikern dieser Theorie, da er jetzt große Winkelschwankungen in den Schächten gemessen haben will. Prominente Unterstützung für seine Ansicht erhielt Bauval allerdings von der amerikanischen Archäologin Jane B. Sellers, die sich sechzig Jahre ihres Lebens den alten Kulturen im Vorderen Orient gewidmet hat. Viele Rätsel lassen sich in Zukunft nur durch interdisziplinäre Zusammenarbeit lösen, denn Archäologen, meint sie, »seien auf dem Gebiet der Astronomie völlig ahnungslos, obwohl das zum Verständnis der alten Ägypter unerläßlich ist«.

THOR HEYERDAHL AUF DEN KANAREN

So mancher Altertumsforscher hofft, im nächsten Jahrtausend ein Buch oder Dokumente anderer Form aufzuspüren, in denen das komplette Wissen der Antike gesammelt ist. Doch vorläufig bleiben für die Suche nach verborgenen Hintergründen nur kulturgeschichtliche Indizienprozesse, mit denen man sich allerdings auf wissenschaftlich unsicheres Terrain begibt.

Einer, der genau diesen globalen historischen Ansatz zu seiner Lebensaufgabe machte und damit in den letzten Jahrzehnten das Fahrwasser konventioneller Wissenschaft verließ, ist der Norweger Thor Heyerdahl. Mit seinen beispiellosen

Bootsexpeditionen wurde er zur Legende, zum gefeierten »Kontiki-Helden«, als Naturforscher, Anthropologe, Entdecker und Bestsellerautor oft zum Unruhestifter bei den Altertumsgelehrten. »Es war kein Zufall, daß sich in getrennten Erdteilen – in Mesopotamien und Ägypten sowie in Mexiko und Südamerika – vor Jahrhunderten ähnliche Hochkulturen entwickelten. Es gibt eine ungeheure Menge an Funden

Thor Heyerdahl vor einem Nachbau der *Ra II*

der Botanik, der biologischen Anthropologie, Archäologie und Schiffahrtskunde, die frühe Seeverbindungen nahelegen. Die Völker zu beiden Seiten des Atlantiks formten die gleichen Keramiken, verehrten ein Gestirn, die Sonne, als Gott und bauten ähnliche Stufenpyramiden«, begeistert sich der inzwischen 85jährige, als wir ihn auf Teneriffa, seinem neuen Wohnsitz, treffen. Wir erleben einen immer noch sehr agilen und faszinierenden

Mann, der nicht müde wird, Material für seine These zu sammeln; Material, mit dem er seit über 40 Jahren versucht, der Fachwelt zu beweisen, daß die Neue Welt lange vor Kolumbus entdeckt worden war – und nicht erst durch die Wikinger, sondern Jahrhunderte, wenn nicht Jahrtausende früher. Unermüdlich wertet Heyerdahl seine letzten Entdeckungen aus. Es war nicht leicht, ihn für ein Interview zu gewinnen. Sein Terminkalender entspricht dem eines großen Konzernmanagers; mal ist er in Oslo, mal auf einem Kongreß in Amerika; auch seine Ausgrabungsarbeiten in Peru beschäftigen ihn noch, die spektakulären Pyramidenfunde von Tucumé aus der Vor-Inka-Zeit. Morgens, noch bevor die Sonne aufgeht, sitzt er am Schreibtisch, diktiert seine Korrespondenzen, widmet sich den vielen Hinweisen, die er inzwischen von Wissenschaftlern, aber auch von Hobbyforschern aus aller Welt bekommt, und organisiert, ganz nebenbei, die nächsten Reisen.

In seinem alten, schönen Haus, das er mit seiner dritten Frau Jacqueline Beer, einer ehemaligen Hollywood-Schauspielerin, bewohnt, konzentriert er sich im Moment vor allem auf die Pyramiden, die er hier auf Teneriffa in **Güimar** entdeckte.

Die Geschichte des sensationellen Fundes begann vor neun Jahren. Damals folgte Heyerdahl einem zunächst nicht ernstzunehmenden Hinweis, daß in Güimar geheimnisvolle Pyramiden stehen. Einige Leute, die nach Spuren des legendären Kontinents Atlantis suchten, hatten ungewöhnliche, überwucherte Hügel im Südosten der Insel entdeckt. Auch Bewohner der Gegend machten ihn auf die merkwürdigen Gebilde aufmerksam. Als Heyerdahl in einer kanarischen Zeitung einen Bericht über bevorstehende Straßenarbeiten las und Fotos vom Gelände sah, brach er sofort nach Teneriffa auf. Die mögliche Bedeutung des archäologischen Komplexes und sein hohes Alter wurden von den einheimischen Wissenschaftlern massiv bezweifelt, doch Heyerdahl erreichte nach zähem Kampf, daß man das Gebiet für wissenschaftliche Forschungen absperrte und die Baumaßnahmen quer durch den Komplex gerade noch verhindert wurden. Mit Hilfe seines Freundes Fred Olsen, einem der größten Fährbesitzer der Kanaren, rief er eine archäologische Stiftung ins Leben, begann mit den Ausgrabungsarbeiten und legte sechs Pyramiden frei, umgeben von großen terrassenartigen Freiflächen und Vorhöfen.

Heyerdahls Freude über diesen *Parque Etnografico* triumphiert über seine sonst so auffallende Bescheidenheit. Lange hatten die Historiker der Kanarischen Universität von La Laguna ihm weismachen wollen, daß dieser Fund nichts weiter als eine Sammlung von Steinhaufen sei, die von fleißigen Bauern aufgetürmt worden waren. Doch jetzt mußten die Archäologen ihm recht geben. Die Stufenanlagen waren nicht aus den runden Steinen der umliegenden Felder aufgeschichtet, sondern aus eckigen Blöcken, die aus Lavaströmen herausgeschnitten sein mußten. Heyerdahl erkannte auch sofort, daß die großen Ecksteine sorgfältig behauen wurden und der felsige Untergrund unter der Pyramiden-Basis weggeschlagen worden war. Inzwischen ergaben auch die Messungen von Mitarbeitern der Kanaren-Universität, daß die einzelnen Stufen unglaublich exakt angelegt waren. Heyerdahl rennt mit uns wie ein Junge über die große Anlage, die einschließlich des Museums 65 000 Qua-

dratmeter umfaßt, und als wir die Pyramiden betreten, lacht er und erzählt, welche fast schon absurden Diskussionen er um die Bedeutung dieser Stufen habe führen müssen.

»Sehen Sie diese Schicht feiner Kiesel?«, fragt er uns, als wir eine der oberen Plattformen erreichen. Seine Kritiker hätten in den Treppen ganz einfach eine bequeme

Pyramide aus Lavablöcken bei Güimar

Lösung der Bauern gesehen, die lästigen Steine von ihren Äckern bis ganz nach oben zu bringen. Doch hier finde man nur diese feine Kieseloberfläche, eine völlig gerade angelegte Plattform. Und während er wieder hinabsteigt, erklärt er: »Die Treppe dieser großen Pyramide ist so ausgerichtet, daß man am Tag der Wintersonnenwende auf der obersten Plattform exakt der aufgehenden Sonne gegenübersteht. Die große Mauer im Norden der Anlage ist wiederum ganz genau in Richtung Sonnenuntergang zur Sommersonnenwende angelegt. Wer auch immer diese Pyramiden erbaut hat, mußte über astronomisches Wissen verfügen. Alle Treppen sind jeweils in die westlichen Mauern ein-

gelassen, so daß derjenige, der sie ersteigt, der aufgehenden Sonne entgegentritt.« Trotz all dieser eindeutigen Indizien bleiben Zweifel, denn solche Steinhügel findet man auf den Kanaren überall, und in **La Palma** errichten die Bauern sie sogar noch heute. Die Form der Pyramide, meinte Antonio Gaspar von der Universität Teneriffa vor den letzten Untersuchungen, sei nun mal die einfachste Art des Steinestapelns. Wir treffen viele Menschen aus der Gegend, die froh sind über Heyerdahls Engagement. Lange war es verboten, sich mit den Ureinwohnern, den *Guanchen,* zu beschäftigen, und man durfte über ihr geheimnisvolles Erbe aus Angst vor dem Diktator Franco niemals sprechen. Noch bleibt sicher vieles Spekulation. Doch immer mehr Forscher folgen nach anfänglichen Zweifeln Heyerdahls Theorie, nicht zuletzt deshalb, weil ein internationaler Kongreß vor ein paar Monaten seinen Erkenntnissen recht gab und weil man jetzt bei neuen Ausgrabungen unter der Pyramide auf eine alte *Guanchen*-Höhle mit vielen Funden stieß, die derzeit in Amerika untersucht werden. Es handelt sich um diverse Töpferwaren, Obsidiansplitter, Fragmente von Knochenwerkzeugen und sogar organische Reste, mit denen man das Alter bestimmen kann. »Auf die Ergebnisse bin ich sehr gespannt«, sagt Heyerdahl und zeigt uns die inzwischen abgesperrte Höhle unter der Pyramide. »Und auf Stufenpyramiden an diesem ehemals navigatorisch wichtigen Punkt zwischen zwei Kontinenten habe ich lange gewartet. Sie könnten ein sehr bedeutendes Puzzlestück in unserem immer noch fragmentarischen Bild der Geschichte sein, ein *missing link* zwischen Alter und Neuer Welt.«
Die Vorgeschichte der Kanaren liegt weitgehend im dunkeln, die Herkunft ihrer Ureinwohner, der *Guanchen,* auch. Aber eine Tatsache versetzt alle in Aufregung, die sich auf die Suche nach transozeanischen Verbindungen begeben. Die Männer aus der Frühzeit dieser Inselwelt sind weißhäutige, rotblonde, bärtige Männer. Woher kamen sie? Man vermutet, daß Nordafrikaner zwischen 3000 und 1000 v. Chr. die Kanaren besiedelt haben; dafür gibt es freilich noch keine Beweise. Doch eine Verwandtschaft mit den rotblonden Berbervölkern aus dem Bergland Marokkos und Algeriens ist nicht auszuschließen. Haben die *Guanchen* vielleicht eine Rolle bei der kulturellen Beeinflussung Zentralamerikas gespielt? Für diese Theorie sprechen Mumienfunde auf den Kanaren, die man in unterirdischen Gräbern gemacht hat. Wie kommt es, daß ein Inselvolk mitten im offenen Atlantik plötzlich von sich aus eine spezielle Mumifikationskunst beherrscht? Nach den Studien der Anthropologin Ilse Schwidetzky muß es sich bei dem kanarischen Ritus um eine einfachere Art der wesentlich komplizierteren ägyptischen, peruanischen und mexikanischen Mumifizierungsmethoden gehandelt haben. Die Übereinstimmungen aber hielt sie für unübersehbar. Auch ein anderes kulturelles Element der *Guanchen* gibt Rätsel auf. Man fand Schädel, die angebohrt waren; Hinweise auf die Kunst des sogenannten Trepanierens, die auch im alten Ägypten und in Peru durchgeführt wurde, um Schwachsinn, Kopfschmerzen, Tumore und andere Krankheiten zu heilen. Wie Schädeluntersuchungen ergaben, verliefen die Operationen erfolgreich. Das medizinische und chirurgische Know-how der *Guanchen* ist bemerkenswert, handelt es sich doch um ein Volk, das sich angeblich auf primitivem Steinzeitniveau befand.
War ihre Heimat, der Archipel der Kanaren, in Wahrheit eine Drehscheibe für den Austausch zivilisatorischer Leistungen zwischen der Alten und Neuen Welt?

MEXIKOS WEISSE GÖTTER

Seefahrer, die von Teneriffa oder Gran Canaria aus ihr Boot dem Kanaren-Strom und dann dem Nord-Äquatorialstrom anvertrauten, erreichten auf diesen Transportbändern mit großer Sicherheit Land im Westen des Atlantiks: die Küste Mexikos.

Im feuchtheißen Dschungelgebiet des heutigen Bundesstaates Tabasco stand vor rund 3500 Jahren seit dem Auftauchen der rätselhaften Olmeken die Wiege der präkolumbischen Kulturen Mittelamerikas. Die Olmeken gelten hier nicht nur als Erfinder des Pyramidenbaus, sondern als Wegbereiter aller späteren Hochreiche des alten Mexiko. Ihr Einflußbereich erstreckte sich im Osten bis zum Gebiet der Maya und im Süden bis zum Land der Zapoteken; selbst in **Teotihuacán**, der großen Metropole des Nordwestens, hinterließen sie Spuren.

Wer war dieses Volk? Woher kam es? Bis vor rund hundert Jahren war es völlig unbekannt, und trotz intensivster Forschung gibt es wenig gesicherte Fakten. Ihr Name leitet sich ab von *Olman*, dem »Kautschukland«, das sie einst besiedelten. Eine der größten Fundstätten ist **La Venta**, einst Hauptstadt des mysteriösen Volkes. Hier fand man neben einer großen vieleckigen Pyramide eine kleine Stufenpyramide und Kultplätze mit reich dekorierten Altären und Stelen. Vor allem entdeckte man riesige monolithische Köpfe, die nicht nur zu den originellsten Werken der Olmeken zählen, sondern auch zu den schönsten und großartigsten Skulpturen des ganzen Kontinents. Wenn man vor den steinernen, bis zu 50 Tonnen schweren Kolossalköpfen im La Venta-Park von **Villaher-**

Kolossalkopf im Park von La Venta, Villahermosa/Mexiko

mosa steht, überlegt man, welche Menschen da porträtiert wurden. Die auffallend breiten Häupter mit den wulstigen Lippen und heruntergezogenen Mundwinkeln, den Schlitzaugen und der dicken, abgeflachten Nase mit ihren großen Löchern wirken so fremdartig, daß man anthropologische Antworten geradezu herbeisehnt.

Die Olmeken waren nicht nur große Bildhauer, sondern auch Meister der Jadeschnitzerei. Im *Museo Nacional de Antropología* in **Mexico City** steht eine rätselhafte Gruppe von 16 Jade- bzw. Orphitfiguren,

geborenen Gesichtern, aber eben auch mit völlig fremdländischen Zügen. Die verweisen eindeutig auf Menschen aus Afrika, dem Mittelmeergebiet und dem heutigen arabischen Raum. Für die Annahme, daß sie von weither kamen, spricht auch, daß die Hochkultur der Olmeken um 1200 v. Chr. ganz plötzlich ohne primitivere Vorstufen zur Blüte gelangt. Die Olmeken benutzten schon eine Glyphenschrift, sie besaßen einen Kalender, und sie schienen in der Lage zu sein, die Planetenbahnen im voraus zu berechnen. Sie bauten die ersten Stufenpyramiden ähnlich den mesopotamischen Zikkurats, und heute weiß man, daß sie auch schon den Kompaß kannten und mit dem Phänomen des Magnetismus bestens vertraut waren. Ihre Skulpturen und Flachreliefs erinnern viele Fachleute an Priester oder Könige von semitischem Typus, den die vorspringende Nase, der Vollbart und der kegelförmige Helm auszeichnen. Mehr weiß man nicht, und so bemerkt die Archäologin Heinke Sudhoff treffend, sie seien wie »Schatten, die durch die Anfänge der amerikanischen Geschichte geistern«. Nur eines hält sie für sicher: »Zwischen der frühen Kultur der Olmeken und den zeitgleichen Kulturen des Vorderen Orients lassen sich im ersten Jahrtausend vor der Zeitenwende eine Fülle von Entsprechungen in Kunst, Kultur, Kult, Kosmologie, Physiognomie und Sprache erkennen, die nicht durch den Zufall oder die Theorie der analogen Entwicklung erklärt werden können.« Doch es gibt noch weitere verblüffende Beispiele, die Kontakte mit einem fremden Kulturkreis plausibel erscheinen lassen.

Gruppe von olmekischen Jade-Figuren. *Museo Nacional de Antropología,* **Mexiko-Stadt**

die man tief im Boden unter dem Kultzentrum von La Venta fand. Das besondere ist, daß fünf von ihnen Weiße sind, andere sind dunkelhäutig dargestellt, und ein einziger ist aus rotem Stein geformt. Also auch hier gibt es Hinweise auf Männer unterschiedlichster Volksstämme. Stellt der Rothäutige einen Priester dar, der zu den Gläubigen spricht, oder vielleicht eher einen Gefangenen, der hingerichtet werden soll? Was diese dramatisch bewegte Szene wirklich bedeutet, ist noch nicht geklärt. Auf allen Bildhauerarbeiten jener Zeit erscheinen die Olmeken mit ein-

In den Sagen der Indianervölker Mittel- und Südamerikas taucht häufig ein geheimnisvoller weißer, bärtiger Herrscher aus den Weiten des Atlantiks auf und verschwindet ebenso geheimnisvoll wieder über das Meer. Seine große Rolle in der Welt der Mythen hatte erschreckend reale Konsequenzen. Als die spanischen Eroberer einfielen, wurden sie von Mexiko bis Peru mit offenen Armen empfangen. Man erwies ihnen die Ehre legendärer Wesen, die das Land ihrer Vorfahren einst aufgesucht und friedlich zivilisiert hatten. Hieroglyphen, steinerne Monumente und Keramikfiguren erzählten von der Ankunft und den Aktivitäten jener hellhäutigen Halbgötter. Die Indianer waren also auf die »Rückkehr« der Weißen vorbereitet, und so konnten Hernán Cortés und Francisco Pizarro, jeder nur mit einer relativ kleinen Truppe von Männern unterwegs, die beiden mächtigsten Völker des alten Amerika, Azteken und Inka, erobern, ohne auf starken militärischen Widerstand zu stoßen. Wenn diese Mythen von einem weißen, bärtigen Halbgott aus Übersee, der bei den Azteken *Quetzalcoatl,* bei den Maya *Kukulcan* hieß und von den Anden-Stämmen *Viracocha* genannt wurde, keine Erfindungen primitiver Eingeborener waren, die keine bessere Erklärung für das Entstehen ihrer Zivilisation hatten, dann stammten sie aus tatsächlichen Kontakten mit frühen Seefahrern aus der Alten Welt. Wie aber kamen jene hierher? Sie könnten denselben Seeweg genommen haben, auf dem viel später Kolumbus über den Ozean fuhr: von den Kanaren aus in den Golf von Mexiko. Wenn die Kanaren Ausgangspunkt der frühen Kulturbringer gewesen wären, um was für ein geheimnisvolles Volk konnte es sich dann handeln? Wer waren die blonden Seeleute, die die Kanarischen Inseln vor Ankunft der Europäer besiedelten? Irrigerweise wird der blonde, hellhäutige Typ ausschließlich mit Nordeuropa in Verbindung gebracht, aber blonde und rothaarige Menschen waren eben auch die *Guanchen;* es gab sie sogar bei den Berbern Marokkos und auch im Libanon, der Heimat der alten Phönizier.

Die Gefiederte Schlange vom Tempel des *Quetzalcoatl* in Teotihuacán

Auch das frühe Ägypten kannte Mittelmeermenschen, die rotes oder blondes Haar hatten. Pharao Ramses II. war zum Beispiel blond, die Schwiegertochter des Pharao Cheops ist mit goldblondem Haar abgebildet. Solche scheinbar »nordischen« Züge waren also in der Mittelmeerwelt schon lange verbreitet, ehe sie Skandinavien erreichten.

Auf der Suche nach dem Geheimnis der Pyramiden muß man also tief in die Menschheitsgeschichte eintauchen, die Gesamtheit des kulturellen Erbes prüfen, denn einzeln betrachtet lassen sich letztlich nur architektonische Ähnlichkeiten feststellen, aber keine schlüssigen Beweise finden. Nehmen wir an, ein Prozent der Weltbevölkerung hätte astronomisch orientierte Pyramiden erbaut, dann bestände eine Wahrscheinlichkeit von 1:100 dafür, daß andere Menschen auch auf die Idee kommen, solche Bauten zu errichten, egal wie weit sie voneinander entfernt sind zwischen Mesopotamien, Ägypten, Mexiko und Peru. Das gleiche ließe sich sagen, wenn ein Prozent der Nationen anfinge, seine Gottheiten als Gefiederte Schlange oder Menschen mit Raubvogelköpfen darzustellen. Folglich gibt es nur eine Wahrscheinlichkeit von 1:10 000, daß sowohl Pyramiden als auch fast identische Mythen-Wesen zufällig und unabhängig voneinander in verschiedenen Gebieten erdacht werden. Setzt man diese Berechnungen fort und berücksichtigt zum Beispiel noch die zeremonielle Bestattung kleiner Keramiktiere auf Rädern, dann sinkt die Wahrscheinlichkeit entsprechend weiter. Dieses Rechenexempel geht auf Thor Heyerdahl zurück, obwohl er längst nicht mehr der einzige ist, der solche Verbindungszeichen zwischen den Kulturen sammelt und an den frühen Austausch von Ideen glaubt.

WISSENSCHAFT ALS ABENTEUER

»Die Ozeane trennten die Völker nicht – sie verbanden sie miteinander. Und weil wir Europäer glauben, daß wir das Reisen erfunden haben, ignorieren wir das Naheliegende einfach. In Wirklichkeit haben wir keinen einzigen Kontinent entdeckt, vermutlich nicht mal ein Inselchen. Irgend jemand war immer vor uns da. Es ist schockierend, wie viele Dogmen es selbst heute noch in den Naturwissenschaften gibt«, eifert sich Heyerdahl. Wir fragen ihn, wie er das Schilfbootexperiment von Dominique Görlitz einschätzt, nachdem er sich mehrmals im Vorfeld mit ihm getroffen hatte und seine Pläne genau kennt. Würde es Görlitz gelingen, die Kanaren zu erreichen und mit einem Schilfboot erstmals gegen den Wind und die Strömung zu segeln? Heyerdahl selbst schrieb, daß die atlantische Strecke vergleichsweise viel einfacher und schneller zurückzulegen sei, als das Mittelmeer der Länge nach zu durchqueren und an den Kanaren jenseits von Gibraltar zu landen. »Wenn sein Boot gut konstruiert ist, wird diese Expedition für die Wissenschaft sehr interessant«, meint er, »denn wir wissen, ohne es bislang bewiesen zu haben, daß für die alten Seefahrer auch Strömungen kein Problem waren; sie mußten vom Mittelmeer die ganze Küste Marokkos erreicht haben, das jedenfalls nehme ich an. Ich halte es also für möglich, daß es ihm gelingt. Wenn Görlitz und seine Mannschaft hier ankommen sollten, werde ich der erste sein, der sie mit Freuden empfängt.«

Währenddessen segelt die *Abora* von Korsika aus in Richtung Côte d'Azur. Mit den ersten Sonnenstrahlen verläßt das über 16 Tonnen schwere Schilfboot den malerischen Naturhafen **Bonifacio**, gezogen von der Segelyacht *Magic Lady,* die sie von nun an aus Sicherheitsgründen auf ihrer Reise begleiten wird. Als eine frische Brise das Segel erfaßt, ist die Mannschaft überzeugt, daß nichts und niemand dieses Unternehmen ernsthaft in Gefahr bringen wird, war es ihr doch bis zu diesem Zeitpunkt schon gelungen, viele Schwierigkeiten zu überwinden. Jeder Tag nach dem Stapellauf hatte ihr Durchhaltever-

Die *Abora* auf dem Mittelmeer

mögen bereits auf die Probe gestellt, immer wieder tauchten Konstruktions- und Organisationsfehler auf, die an den Nerven der Crew zerrten. Doch nun schien die *Abora* segeltüchtig, auch wenn sie oft noch recht schwerfällig auf die Manövrierversuche bei wechselnden Winden reagierte und der Rumpf in den letzten

richte über die neuesten Wetterentwicklungen herein; ein zugegebenermaßen nicht geringer Vorteil gegenüber unseren steinzeitlichen Vorfahren. Die Besatzung erfährt, daß sich ein Mistral mit der Windstärke 5–6 ankündigt. Gewöhnliche Freizeit-Segler zögern bei diesen Vorhersagen auszulaufen. Trotzdem hält die Crew der

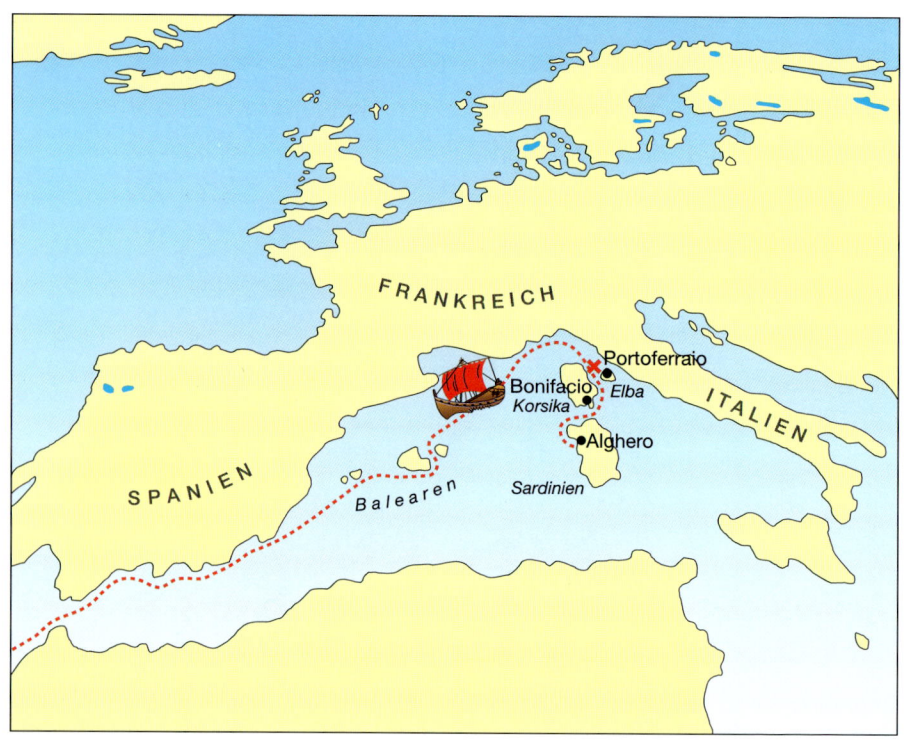

Die geplante Route der *Abora*. Das Ende kam schon bei Elba

zwei Wochen seit dem Start schon 50 Zentimeter eingesunken war.
Jetzt steht die große Etappe an die Côte d'Azur bevor, doch niemand ahnt zu diesem Zeitpunkt, daß sie zu einer der größten Bewährungsproben wird. Noch weht der Wind mit Stärke 3–4 aus südwestlicher Richtung, also alles im normalen Bereich. Über Kurzwelle kommen regelmäßig Be-

Abora an ihrem Kurs fest, da der Seeraum nach Nordost ihr groß genug erscheint, um vor dem Wind ins Tief hineinzufahren. Dabei versuchen sie die Tatsache zu verdrängen, daß gerade dieser heutige Kurs zumindest bei vielen Seglern extremes Unbehagen auslöst. Kein Seegebiet der Erde weist eine so große Sturmhäufigkeit auf wie der *Golfe du Lion,* der »Löwengolf«, aus dessen Richtung sich der Mistral schnell nähert. In diesem Gebiet zwischen Korsika, Genua und Marseille entwickeln sich buchstäblich aus heiterem Himmel unberechenbare Stürme, die schon viele Schiffe spurlos haben verschwinden lassen.

Die erste Schicht übernehmen Peter, der Bordarzt, Tom und Jan; für alle drei ist es der erste große Segeltörn. Hier können sie in der harten Praxis beweisen, was sie in der Übungsphase trainiert haben. Tom und Jan setzen das Segel, während sich Peter allein mit dem Steuerruder abmüht. Allmählich gelingt es der Mannschaft, die *Abora* exakt auf Kurs Côte d'Azur zu bringen. Das allein ist schon keine ganz leichte Sache, da das 64 Quadratmeter große Leinensegel bei diesem altertümlichen Schiff etwas schwerfälliger zu handhaben ist und so die ganze Aufmerksamkeit der Crew in Anspruch nimmt. Die Führungsseile des Segels werden dabei über große Blöcke oder Umlenkrollen vom Dach der hinteren Korbhütte aus bedient. Obgleich diese Blöcke den Segeldruck reduzieren, erfordert es höchsten Körpereinsatz, um bei diesen komplizierten Manövern das Segel im richtigen Winkel zum Wind zu führen. Sobald es nur etwas aus dem Wind gerät, beginnt die Rah, das Rundholz, an dem das Segel hängt, heftig hin- und herzuschlagen.

Dominique vertieft sich in die Anfertigung der Fahrprotokolle. Alle sind sehr angespannt, denn heute müssen sie zum ersten Mal die Segelfähigkeit der *Abora* unter Beweis stellen. Ihr Kurs soll sie mindestens 80 Grad gegen den Wind führen, um an die französische Riviera zu gelangen. Optimaler Wind aus Südwest und eine relativ starke Nordströmung lassen sie eine Geschwindigkeit von drei Knoten erreichen, beste Bedingungen also. Elba liegt nun schon als flache grüne Scheibe hinter ihnen, und die Wellen scheinen hier auf offener See viel friedlicher als in unmittelbarer Küstennähe. Das italienische Festland ist entschwunden, und sie haben nur noch wenige Seemeilen, ehe sie den Windschatten von Korsika verlassen, um ins Ligurische Meer zu segeln. Alle dreißig Minuten bestimmt Dominique die genaue Position und trägt diese Daten in die Meßprotokolle ein. Ein Kurs von 90 Grad am Wind, leider noch weit unter den Erwartungen, attestiert der *Abora* bis zu diesem Zeitpunkt immerhin eine gewisse Hochseetüchtigkeit und Manövrierfähigkeit. Die beiden großen äußeren Schilfrollen liegen nur mit einem geringen Tiefgang im Wasser, während die kleine, in der Mitte verschnürte Schilfrolle gewährleistet, daß das Wasser hindurchfließen kann und das Boot eine optimale Gleitfähigkeit bekommt. Gegen Mittag ruft Ralf, der erfahrenste Segler, Dominique auf die Brücke. Er zeigt in Nordwestrichtung auf das Nordkap von Korsika und macht ihn darauf aufmerksam, daß sie, sobald das Kap passiert sei, möglichen Unwettern und Stürmen offen ausgeliefert sind. In Krisensituationen an Bord übernimmt Ralf das Kommando, da es Dominique und den anderen letztlich doch an Erfahrung mit dem Meer fehlt. In den vergangenen Stunden hielten sie sich weiter westlich, als sie es eigentlich vorhatten, und kamen in Sichtweite der Küste Korsikas. Durch das Fernglas kann man jetzt die schroff aus dem Meer ragenden Felsen erkennen. Zirruswolken erscheinen über ihnen, eindeutige Zeichen für den berüchtigten Mistral. Der Wind hat leicht aufgefrischt und dreht mehr auf nordwestliche Richtung, wie es Ralf vorausgesagt hat. Die *Abora* hat jetzt große Probleme, ihren Kurs zu halten. Die Situation wird sich in den nächsten Stunden dramatisch zuspitzen. Es ist 15.10 Uhr, und es wird die letzte Logbucheintragung des Tages sein. Der Wind hat inzwischen eine Stärke von 7–8 erreicht. Der *Abora*-Crew bleibt nichts anderes übrig, als den Kurs zu ändern und vor dem Wind in das Genua-Tief zu fahren. Die Wellen erreichen plötzlich eine Höhe von drei bis vier Metern. Angst schleicht sich bei der Besatzung ein. Ausgerechnet Peter, der Bordarzt, kämpft jetzt mit der Seekrankheit. Als Vorsichtsmaßnahme hat man bereits am Vormittag alle beweglichen Gegenstände neu festgezurrt und gesichert.

Über Funk erreicht sie nun auch die Sturmwarnung. Auf der Höhe von **Bastia** beschließt man deshalb einen Kurswechsel Richtung Elba. Die Begleit-Yacht fährt jetzt parallel zum Schilfboot, um im Falle einer Havarie die Crew jederzeit retten zu können. Doch die *Abora* bewegt sich relativ schnell mit 3–4 Knoten immer noch ruhig und gleichmäßig in den schon aufgewühlten Wassermassen. Der Skipper Ralf Peplau und Dominique Görlitz beraten kurz, was zu tun ist, da sie bei dem stark böigen Wind auch den geänderten Kurs kaum halten können. Hektisch versuchen sie, das Rahsegel zu reffen, doch dabei tauchen unerwartete Schwierigkeiten auf. Die Männer bemühen sich, das riesige, wild schlagende Segel einzuholen. Erst als sie probieren, das Schilfboot gegen den Wind zu stellen, gelingt es im letzten Augenblick, die Situation zu meistern und die Fläche des Segels um 30 Prozent zu reduzieren. Ein gefährliches Manöver. Ingo und Dominique werden von den Schoten fast über Bord gerissen. Mit ihren Rettungsringen versuchen sie, sich in der Takelage festzuhaken. Die seilerne Nabelschnur ist die einzige Überlebenschance, wenn einer von den wild schlagenden Schoten erfaßt wird. Der Wind bläst nun mit Böen bis 8 Bft (Beaufort) über die aufgewühlte See. Er treibt die *Abora* mit unglaublicher Geschwindigkeit über das Wasser. Die Aufbauten ächzen unter der Belastung. Immer wieder schlägt die Rah mit ungeheurer Gewalt gegen den Mast, und die Mannschaft befürchtet, daß er unter der Wucht des Aufpralls auseinanderbricht. In Windeseile setzt sie alle Positionslichter in Betrieb. Da das Boot sich nur schwer manövrieren läßt, besteht jetzt auch die Gefahr, mit einem Frachter oder einer Fähre zu kollidieren. Ein Sturm von Stärke 8 reißt die Gischt von den Wellenkronen und fegt sie waagerecht durch die Luft, wo sie wie Peitschenhiebe die ungeschützten Gesichter trifft. Die Segleranzüge schützen zwar vor Nässe und Wind, nicht aber vor der Bodenfeuchtigkeit des Bootes.

Sie arbeiten jetzt in zwei kurzen Schichten. Vier von ihnen steuern dreißig Minuten die *Abora*, während die anderen fünf sich jeweils von den Strapazen erholen. Allein um das Ruder zu halten, brauchen sie ungeheure Kraft; mit zwei Mann hängen sie an der Pinne. Völlig klamm und durchgefroren hocken andere zusammengekauert in der Achter-Korbhütte, die einigermaßen gut vor schwerem Wetter schützt. Die kleine Benzinlampe, die an der Decke schaukelt, sorgt in der aufziehenden Nacht wenigstens für ein bißchen Licht. Sie hatten vergeblich versucht, während der vorletzten Schicht die Rah mit zusätzlichen Seilen am Mast zu fixieren, damit das Schlagen endlich aufhört. Zwei bis drei Mann klammern sich mit ganzer Kraft an die Ruderpinnen. Wenn sie es in dieser Situation nicht schafften, die *Abora* auf Kurs zu halten, würde sich das Schiff quer zum Wind stellen. Nicht auszudenken, was passieren würde, wenn die vier bis fünf Meter hohen Wellen sich quer über ihr Boot ergössen. Eine dunkle Wand nach der anderen rollt mit ohrenbetäubendem Getöse heran. Respekt und Angst vor der Natur ergreift in diesen Momenten fühlbar die Mannschaft. Doch das Schilfboot vermittelt erstaunlicherweise auch ein Gefühl von Sicherheit, da es trotz aller Gewalteinwirkung seine Form behält. Es schützt besonders durch seine hochaufragenden Vorder- und Achtersteven. Die Steven arbeiten hervorragend als Wellenbrecher, so daß die Wassermassen sich teilen und gleichmäßig am Boot vorbeiführen. Die sichelförmige Form ihres Steinzeitseglers bewährt sich also auf stürmischen Gewässern. Es kann

Grad zum Wind zu segeln und Kurs auf Elba zu nehmen. Die Strecke wird für die erschöpfte Crew etwas ruhiger, doch das Boot scheint erheblichen Schaden genommen zu haben. Es gelingt ihnen, in **Portoferraio**, den größten Hafen Elbas, einzulaufen. Keiner an Bord weiß in diesem Moment, wie es weitergehen wird. Erst einmal stehen aufwendige Reparaturarbeiten an; die Ruderanlage, die Bündelungen der Schilfrollen, die Staken und

Reste der Pyramide von Falicon bei Nizza

kein Zufall sein, daß die Konstrukteure der Steinzeit im Mittelmeerraum fast immer den doppelstevigen Bootstyp bauten. Nur mit diesem Schilfrohr-Modell war das Mittelmeer bei allen Wetterlagen sicher zu befahren.

Als der Morgen graut, flaut der Sturm endlich ab und dreht nach Nord. Die Wettermeldungen stimmen zuversichtlich. Jetzt ist es wieder möglich, mit der *Abora* bis 90

die Wanten des Riggaufbaus müssen überholt werden. Erschrocken stellt die Mannschaft fest, daß ein großer Teil der Lebensmittel naß und unbrauchbar geworden ist. Dominique kann noch nicht abschätzen, wie lange es dauert und was es kostet, bis die *Abora* wieder seetüchtig ist. Die Fortsetzung der Expedition scheint ernsthaft in Frage zu stehen. Eines aber hat diese schwierige Etappe der Reise schon gezeigt: Die Crew konnte das Schilfboot bei ruhigem Wind relativ gut gegen den Wind segeln; es gelang eine Annäherung auf 80 bis 90 Grad. Das Schilfboot ist inzwischen zwar schon zu 80 Prozent gesunken, zeigt leichte Schieflage, aber es schwimmt noch immer. Trotzdem zweifelt die Mannschaft am weiteren Erfolg des Experiments. Ihre Kenntnisse reichen an das Wissen der frühen Seefahrer einfach nicht heran.

Durch den unerwarteten Stop können wir gemeinsam zu einer kleinen Entdeckungstour ins Hinterland aufbrechen. Nahe **Nizza**, nur einige Kilometer von der überfüllten Küste entfernt, liegt ein versteckter, bewaldeter Hügel namens **Mont Chauve**. Wir hatten es kaum glauben wollen, aber tatsächlich taucht an seiner Seite ein Monument auf: eine steinerne Pyramide! Von ihrer Größe kaum vergleichbar mit den Bauwerken Ägyptens erinnert sie doch an die prominenten Vorbilder. Sie ist ebenso glattwandig, allerdings nur einige Meter hoch. Ihre Spitze ist verschwunden. Sie wurde aus leichten Kalksteinen gebaut und mit zementähnlichem Mörtel verklebt, ähnlich manchen römischen Gebäuden. Erstaunlicherweise erhebt sich die Pyramide an einem steilen Abhang direkt über einer großen Grotte. Ein fünf Meter tiefer Schacht führt zur Höhle; von dort muß man noch mal einen zehn Meter steilen Abstieg auf rutschigem Untergrund riskieren, um vorbei an Überresten antiker Stufen zum Boden zu gelangen. Befand sich hier eine heilige Stätte für Eingeweihte? François de Sarré, einer der wenigen Kenner dieser Anlage, erzählt uns, daß man hier vielleicht dem persischen Lichtgott Mithras huldigte, der im 2. und 3. Jahrhundert n. Chr. unter römischen Legionären enorm an Einfluß gewann. Die Gelehrten, die diese Hypothese stützen, betonen, daß die meisten Soldaten, die damals in die Region kamen,

Ägypter waren, die nicht nur ihre orientalische Religion, sondern auch ihr Wissen über die Konstruktion einer steinernen Pyramide mitbrachten. Warum aber erscheint diese Pyramide nur in ganz wenigen Abhandlungen? Wann ist sie wirklich entstanden? Das wisse niemand, meint François de Sarré. Wenn man sich nach diesem Bauwerk erkundigt, scheint niemand in der Gegend auch nur das Geringste davon zu wissen. Das ist vielleicht das größte Rätsel der Pyramide von **Falicon** an der französischen Riviera.

PYRAMIDEN IM MITTELMEER

Wir waren nicht überrascht, als Dominique Görlitz uns von folgendem Gespräch mit Prof. Hermann Müller-Karpe, einem Experten für vergleichende Archäologie, berichtete: »Eine Stufenpyramide auf **Sardinien?** Unmöglich! Junger Mann, Sie haben sich offenbar von den Großsteinbauten, den *Nuraghen* mit ihren Wällen und Steintürmen beeindrucken lassen. Ich arbeite seit 30 Jahren in der Feldforschung, habe in dieser Zeit auch Ausgrabungen auf Sardinien geleitet, und Sie können mir glauben, wenn es dort eine Stufenpyramide gäbe, hätte ich sie sicher gesehen.« Kaum ein Fachmann will wahrhaben, daß auf einigen Mittelmeerinseln ebenfalls Pyramiden stehen. Aber es gibt sie tatsächlich, und sie wurden erst kürzlich entdeckt.

In der Nähe von **Sassari** im Norden Sardiniens liegt das größte und seltsamste Relikt des Altertums, das so gar nicht zu den sonstigen Großsteinbauten dieser Insel, den *Nuraghen,* passen will. Diese Pyramide heißt **Monte d'Accoddi,** und sie versteckte sich jahrhundertelang nahezu unbeachtet unter einem großen, grasbewachsenen Hügel. Erst als dort 1950 eine Militärstation aufgelöst wurde, konnten sich Archäologen ans Werk machen und den Hügel freilegen. Zum Vorschein kam keine glattwandige Pyramide, wie wir sie aus Ägypten kennen, sondern vielmehr eine Stufenpyramide, deren Seiten sich leicht nach innen neigen. Ihre Grundfläche beträgt 37 mal 37 Meter, und die Spitze lag

bis in 7 Meter Höhe. Vermutlich haben sie Menschen der sogenannten Ozieri-Kultur errichtet, die seit 3000 v. Chr. ihre Spuren auf der Insel hinterließen. Nach den neuesten Datierungen, die mit Hilfe der Radiocarbon-Markierung C14 möglich sind, entstand das Bauwerk um 2500 v. Chr. »Monte d'Accoddi ragt als wissenschaftliches Rätsel aus der sardischen Ebene empor«, heißt es in der Fachzeitschrift *»Illustrierte Wissenschaft«.* Wie bei den Bauwerken in Mesopotamien handelt es sich auch auf Sardinien um einen siebenstufigen Tempelberg mit einer über 40 Meter langen Rampe und einem Pro-

Der Tempelbau von Monte d'Accoddi

ursprünglich in 10 Metern Höhe. Mit vielen Tonnen Erde wurde sie aufgeschüttet, und ihre monumentalen Mauern aus riesigen Steinen erheben sich immer noch

zessionsweg, der zum Tempel auf der obersten Plattform führt.
Gab es also eine lange Reise der Pyramidenbaupläne über das Mittelmeer? Das

erste Exemplar dieser Art entstand in **Ur** um 2900 v. Chr. Die Bewohner von Sardinien hatten also 400 Jahre Zeit, in denen sie etwas von der Zikkurrat im Zweistromland erfahren konnten. Prof. Santo Tiné aus Genua, der die Ausgrabungen leitete, stellte eine so große architektonische Ähnlichkeit zu mesopotamischen Stufentürmen fest, daß man auch für Sardinien ein sakrales Bauwerk annimmt, das von den Trägern der Ozieri-Kultur zu Kulthandlungen oder Himmelsbeobachtungen ge-

und nicht wieder ausstarben. Ozieri-Leute nennt man diese Menschen nach dem namengebenden Fundort. Ihre Behausungen waren Naturgrotten oder Schilfhütten am Rand großer Teiche, die sie wahrscheinlich auch mit kleinen Schilfbooten befuhren. Solche sogenannten *Fassoni*-Boote gibt es immer noch auf Sardinien, eine der letzten Inseln, wo sich diese uralte Tradition erhalten hat. Die Ureinwohner verehrten die lebenspendende Erdmutter, die *Magna Mater* der menschlichen Frühzeit, dargestellt als fettleibige, gedrungene Frauengestalt aus Kalkstein, Marmor, Trachyt, Alabaster oder Ton, die in ihrer Form auch an Abbildungen aus dem östlichen Mittelmeerraum erinnert. An verschiedenen Orten hinterließen sie in den Fels gehauene Steingräber, Nekropolen, die man hier *domus de janas* nennt. In diesen eindrucksvollen Anlagen konnten wir noch eine interessante Beobachtung machen. Viele dieser oft sehr präzise angelegten Grabkammern waren mit faszinierenden De-

Nekropole der Ozieri-Kultur mit Stierhörnern rechts vom Eingang

nutzt wurde. Prof. Tiné gelang es, auch bei dieser Anlage eine exakte Nord-Süd-Ausrichtung nachzuweisen. Und nicht nur das: Man fand verschiedenste Hüttenfundamente, Keramiken und Lebensmittelreste im direkten Umfeld, die darauf hindeuten, daß die Pyramide das Ziel unzähliger Pilger bis weit ins 2. Jahrtausend v. Chr. war. Heute geht man davon aus, daß um 3000 v. Chr. Menschen an Sardiniens Küste verschlagen wurden, die nach sporadischen Siedlerwellen seit 6000 v. Chr. die ersten waren, die seßhaft wurden

tails ausgestattet. Sie sind in Form eines Stierkopfes angelegt, und wenn man durch die niedrigen Eingänge in die dunklen Kammern kriecht, findet man noch teilweise gut erhaltene Malereien von Stierköpfen oder Stierhörnern über den Öffnungen und schmalen Durchgängen. Hier sollen sie als Symbol des männlichen Partners der Göttin von der magischen Zeugung im Schoß der Erde künden. Die Stiersymbolik taucht auch immer wieder im vorderasiatischen Kulturraum auf. Darüber hinaus belegen einige archäologische Funde, daß Sardinien zu jener Zeit Kontakte bis ins östliche Mittelmeer pflegte. So kam von dort zum Beispiel Obsidian auf die Insel, ein scharfkantiges vulkanisches Glas, das offenbar zu Speerspitzen und Messerschneiden verarbeitet wurde. Ob es aber einen kulturellen Zusammenhang gibt, ist bis heute ungeklärt. Die einheimischen Archäologen, mit denen wir in Sassari sprechen, lehnen jede Theorie einer von außen kommenden Beeinflussung ab. Diese Einschätzung

heilige Berg zerstörte viele der von Menschenhand geschaffenen kleinen symmetrischen Ebenbilder. Wir beginnen unsere Suche im Umfeld von **Catania** in Begleitung von Professor Pietro Carveni, der zunächst auch nichts weiter als eine Karte mit den verzeichneten Monumenten aus einer Forschungsarbeit von Frau Professor Rosa Schipani in den Händen hält. Dieser erste wissenschaftliche Bericht bezieht sich auf einen ungewöhnlichen Fund in **Baruneddu**, eine Stufenpyramide, die

Stufenpyramide in der Nähe von Catania

kennt man weltweit auch von anderen historischen Plätzen, wo Nationalstolz und eine gewisse Engstirnigkeit die Berührung mit fremden Kulturen kategorisch ausschließen.

Auch auf der Nachbarinsel **Sizilien** betreten wir ein völlig unbekanntes archäologisches Gebiet. Über vierzehn pyramidenförmige Bauten sollen einmal am Fuße des Ätna gestanden haben, doch die meisten verschwanden unter den Lavamassen. Der

nicht nur durch ihre imposante Größe, sondern vor allem durch eine nachweisbare exakte astronomische Ausrichtung von sich reden machte. In einem mehrseitigen Dossier wurden interessante Daten zusammengestellt, doch in internationalen Fachkreisen fanden sie keine besondere Beachtung.

Die Suche gestaltet sich schwieriger als gedacht, da die wissenschaftlich dokumentierte Pyramide wie vom Erdboden

verschwunden ist. Wir finden in den Vor-
orten erstaunlich viele ähnliche Stufen-
bauten, die an mesopotamische Tempeltürme erinnern, doch die Einheimischen
sehen in ihnen, ähnlich wie auf Teneriffa,
nur Steinhaufen, die fleißige Bauern bei
der Feldbereinigung aufgetürmt haben.
Die Forschungsarbeit über Baruneddu
läßt aber ganz andere Schlüsse zu, sie
gibt Hinweise auf eine kultische Funktion

Wir fahren durch einsame Regionen, bis
wir den kleinen Ort **Pietraperzia** erreichen. Dort treffen wir uns mit dem Architekten Paolo Sillito, der bislang der einzige
ist, der den geheimnisvollen Platz genau
kennt. Über abgelegene holprige Feldwege
nähern wir uns einem atemberaubend
weitläufigen Tal, in dessen Mitte sich völlig überraschend ein pyramidenartiges
Monument aus Trockenmauerwerk er-

Kultplatz Pietraperzia bei Enna

zu Beginn unserer Zeitrechnung. Hier
könnte sich noch ein großes Forschungs-
feld eröffnen, folgt man dem Archäologen
Professor Valerio Manfredi aus Bologna,
der meint, die Wissenschaft habe diese
Mittelmeerinsel zu lange aus den Augen
verloren. Wir treffen uns mit ihm, um einer ganz neuen Entdeckung auf die Spur
zu kommen, die Anfang 1999 erstmals in
italienischen Fachzeitschriften veröffentlicht wurde. Unsere Reise führt uns ins
Herz Siziliens, in das Gebiet von **Enna**.

hebt. Von hier aus öffnet sich der Blick
über schier endlos scheinende Hügelland-
schaften in alle Himmelsrichtungen. Professor Manfredi ist begeistert von dieser
Lage und erklärt, solche Orte wären allein
schon Hinweise auf alte heilige Kultplätze.
Als wir den eigentümlichen Terrassenbau
über große, in den Fels gehauene Stufen
besteigen, weist uns der Archäologe auf
zwei seltsame Konstruktionen hin, die an
Gebäude erinnern. Das erste erscheint als
ausgedehnte Struktur von kreisrundem

Lauf, errichtet aus großen modellierten Steinquadern, die sich an mächtige Monolithe anlehnen. Daneben finden wir eine rechteckige Kammer. Als wir diese Anlage auf der Plattform inspizieren, erwartet uns noch eine Überraschung: Wir finden eine Art Thron aus massivem Stein mit zwei Sitzflächen, die starke Verwitterungsspuren aufweisen. In die Rückenlehne ist eine Kerbe, eine Vertiefung, exakt eingehauen, wahrscheinlich für einen Balken zur Befestigung eines Daches. Als wir das ca. 12 Meter hohe und 20 Meter breite Monument noch einmal komplett von unten betrachten, erscheint es tatsächlich wie eine Art Stufenpyramide, eine Mini-Zikkurrat, die von der Basis bis zur Spitze von vier Rampen bzw. Freitreppen durchkreuzt wird. Eine der Rampen führt direkt zu den Gebäuden auf der Plattform. Im unteren Bereich nutzte man zunächst natürliche Steinformationen und ergänzte sie nach oben hin durch sorgfältig behauene und geschnittene Blöcke, um Treppen und Terrassenstrukturen zu schaffen. »Es muß sich«, behauptet Manfredi, »um einen geheimnisvollen zeremoniellen Ort handeln, nicht nur wegen seiner isolierten Lage, sondern auch durch diese einmaligen architektonischen Besonderheiten. Im Umfeld fand man bei ersten Untersuchungen jetzt Keramikscherben aus verschiedenen Epochen, die meisten jedoch aus der Antike. Einige Fragmente könnte man in die Bronzezeit datieren, andere aber scheinen wieder jüngeren Datums. Eines jedenfalls zeigen sie deutlich: Dieser Ort muß lange Zeit Pilger angezogen haben.« Als Heyerdahl von dieser Entdeckung hörte, kam er sofort nach Sizilien, um hier vielleicht ein weiteres Puzzleteil für seine These zu finden, daß diese pyramidalen Bauten die letzten Zeugnisse eines prähistorischen Volkes mit Sonnenkult seien, die ihre Kultur mit Hilfe der frühen Seefahrt verbreiteten. Er setzte sich

umgehend dafür ein, daß Spezialisten die genauen Untersuchungen einleiten. Der Fund bewegt nun die italienische Archäologie und die lokalen Wissenschaftler, die das inzwischen große Interesse der Fachwelt zunächst gar nicht verstehen wollten. Manche von ihnen sträuben sich sogar gegen die jetzt geplante Erforschung dieses rätselhaften Baus.

Auch wenn es sich um aufregende Funde handelt, muß man die gewaltigen Dimensionen ägyptischer Pyramiden erst einmal vergessen, um die wissenschaftliche Bedeutung dieser Stufenpyramiden mit dem notwendigen Respekt zu würdigen. Die Pyramiden auf den Mittelmeerinseln sind sehr viel unauffälliger als die großen Vorbilder auf dem Festland. Eine Erklärung hierfür liegt sicher in der Tatsache, daß die kleinen Inseln sehr viel weniger Arbeitskräfte und Baumaterial zur Verfügung hatten. Selbst wenn sich hinter diesen Kultbauten eine große religiöse Idee verbirgt, die das ganze Inselvolk in Bann ziehen konnte, so waren es immer nur Tausende und nicht Millionen von Menschen, die Hand anlegten beim Bau. Die Stufenpyramiden auf den Mittelmeerinseln wurden seit Beginn des 3. Jahrtausends errichtet. Es ist genau die Zeit, in der auch im Nahen Osten die ersten Bauwerke dieser Art entstehen. Haben Menschen an verschiedenen Orten gleichzeitig Tausende Tonnen Gestein übereinandergeschichtet, um auf diesen künstlichen Bergen ihre Götter zu verehren? Für die Geschichtsforschung sind die Pyramiden des Mittelmeers ein Paradoxon. Normalerweise kennt man die Anfangs- und Endpunkte einer Entwicklungsepoche, nur selten aber die Zwischenstufen, die zur Entstehung, zum Aufblühen und schließlich zum Untergang einer Kultur geführt haben. Auf den ersten Blick erscheinen die Pyramiden Sardiniens und Siziliens wie isolierte Bindeglieder, weil sie auf Inseln liegen, die niemand ohne Karte und Kompaß entdecken konnte. Ob sich diese mediterranen Pyramidenzentren unabhängig von den alten Hochkulturen entwickelt haben, ist heute Gegenstand leidenschaftlicher Wissenschaftsdebatten. *Schon zu Beginn des 20. Jahrhunderts verfolgten führende Archäologen wie Leonard Woolley oder Flinders Petrie die Theorie, daß sich die älteste Zivilisation der Menschheit, die Sumerer, von Mesopotamien relativ schnell in Richtung Westen und Osten ausgebreitet hätten.* Doch inwieweit kann man von Handelskontakten und einem möglichen Kulturaustausch mit dem Westen Europas sprechen? Während man die Funde von Stufenpyramiden auf **Bahrein** und in **Oman** relativ schnell dem Einflußbereich der Sumerer zuordnet, sieht die Situation im Westen ganz anders aus. Noch glaubt man, daß die Sumerer nicht weiter als bis zum heutigen **Syrien** kamen. Hier hinterließen sie deutliche Spuren, eine Stufenpyramide, die sogenannte **Habūba Kabīra**. Sie weist ein Alter von 5000 Jahren auf und steht nur knapp 150 Kilometer von der syrischen Mittelmeerküste entfernt. Im Rahmen unserer Diskussion machen Historiker interessanterweise auf eine geografische Lücke zwischen Syrien und Sizilien aufmerksam. Sizilien liegt mehr als 1500 Kilometer über Land und Meer von Habūba Kabīra entfernt. Sollten tatsächlich pyramidenbauende Kulturträger ihre engere Heimat verlassen haben? Warum befinden sich dann keine Stufenpyramiden auf Kreta oder in der unmittelbaren Nachbarschaft? Eine Antwort könnte in der Steinzeit zu finden sein. Die Ägäischen Inseln, Kleinasien und auch Kreta sind mindestens seit dem 7. Jahrtausend besiedelt. Hier entstanden nicht nur die ältesten Ackerbauzentren, sondern auch religiöse Kulte und Traditionen. Allein der Palast von Knossos, den Sir

Arthur Evans ausgrub, wies mit seiner Mächtigkeit darauf hin, daß hier bereits seit 2000 v. Chr. eine Hochkultur entstanden war. Warum sollten die eigenständigen Kreter mit festen religiösen Vorstellungen und eigenen Göttern einen Pyramidenkult übernehmen? Völlig anders gestaltet sich aber die Situation im zentralen Mittelmeerraum und Südeuropa. Zwar hatten sich im Zuge der Verbreitung von Ackerbau und Viehzucht einfache bäuerliche Kulturen ausgebreitet, doch sie besaßen nicht jene enge Bindung an die Religionen des östlichen Mittelmeers. Hier war es möglich, kulturelles Neuland zu erobern und religiöse Vorstellungen architektonisch zu untermauern. Das unbekannte Volk, das an den Küsten Sardiniens oder Siziliens gelandet ist, muß auch hochentwickelte navigatorische Fähigkeiten besessen haben, denn alle Pyramidengebiete liegen direkt auf Inseln oder in unmittelbarer Küstennähe. Für prähistorische Seefahrer war die Strecke von Syrien bis nach Sizilien keine unüberwindbare Barriere, denn der Blick auf die Klimakarte des Mittelmeers zeigt, daß eine kräftige Strömung von Syrien aus bis ins zentrale Mittelmeer verläuft. Auch die Winde im östlichen Mittelmeer sind relativ günstig, um diese Fahrt in den Westen zu unterstützen. Erst vom mittleren Mittelmeer ab mußten die frühen Seefahrer quer und gegen die überwiegend aus nördlichen Richtungen wehenden Winde steuern. Die auffallende Lücke im Ost-Mittelmeer könnte in der Zukunft geschlossen werden. Anlaß zu dieser Vermutung geben Berichte über zwei Pyramidenanlagen, die griechische Archäologen jetzt auf dem Peloponnes in Süd-Griechenland entdeckt haben wollen. Angeblich werden sie auf das sagenhafte Alter von 4700 Jahren datiert. Obwohl diese Bauwerke im Gegensatz zu Sizilien und Sardinien wohl glattwandige Pyramiden darstellen, könnten sie im Zusammenhang jener frühen Kulturwanderungen entstanden sein.

Auch wenn das Meer alle Spuren verwischt, reißt auf den Inseln die unsichtbare Verbindung der Neuankömmlinge mit ihrer alten Heimat nicht ab. An dem, was sie mit sich führten, kann man erkennen, woher sie kamen und über welche tion der Erdkugel und den sich daraus ergebenden Winden und Strömungen. War man also vom Indus-Tal an Afrika vorbei über den Atlantik in den Golf von Mexiko gesegelt und von dort vielleicht weiter über den Pazifik nach Polynesien? Hatte die Reise im Zentrum des Mittelmeers begonnen oder an der afrikanischen West-

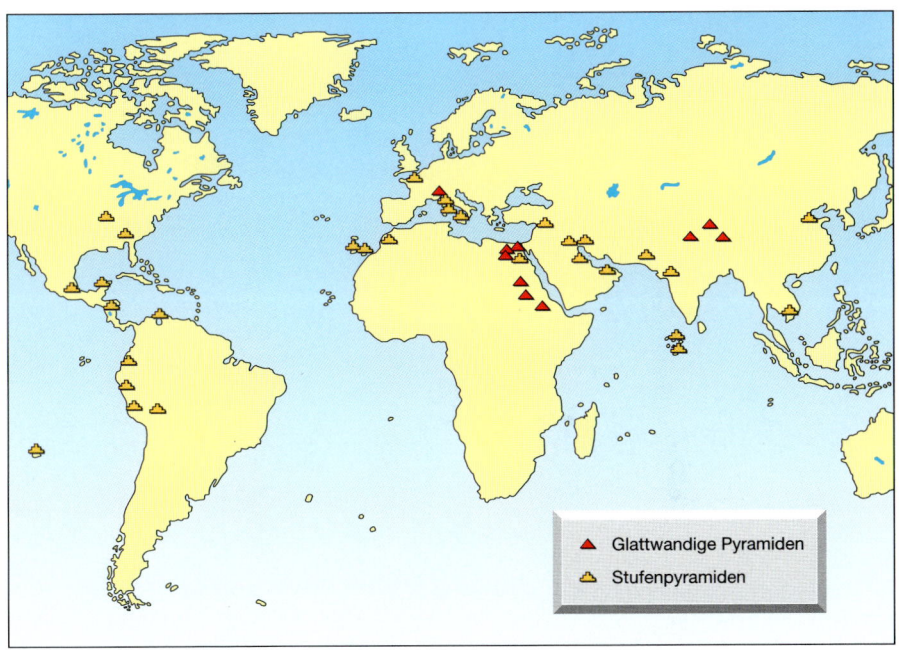

Der Pyramidengürtel der Erde

nen, woher sie kamen und über welche kulturellen Errungenschaften sie verfügten. Es scheint unumstritten, daß Keramik, Kulturpflanzen, Zuchttiere, Kupferverarbeitung und vieles andere von Vorderasien über das Mittelmeer bis nach Spanien verbreitet wurden. Warum also nicht auch eine bestimmte Architekturform, z. B. die Pyramide?

Am ehesten vorstellbar erscheint vor allem den Seefahrtshistorikern ein Kulturtransfer von Ost nach West mit der Rota-

küste? Jahrzehntelang schon brüten Forscher über diesen Rätseln, schon deshalb, weil sie letztlich auf die Kernfrage zulaufen: Gab es am Ende gemeinsame Wurzeln der großen Hochkulturen, die sich vor 5000 Jahren fast unvermittelt im östlichen Mittelmeerraum, im Zweistromland und am Indus-Delta entfalten? Korrespondierten sie mit den Hochkulturen in Südamerika und am Golf von Mexiko? Datieren doch die Maya und Azteken den Anfang ihrer Geschichte mit dem Auftauchen von Schiffen auf dem Atlantik zu der Zeit, als in Ägypten die erste große Ära des Pyramidenbaus begann.

In der ägyptischen Schöpfungsgeschichte taucht die Erde als ein Urhügel aus dem Weltenmeer auf. Überall auf der Welt symbolisiert die Pyramide letzten Endes einen solchen Hügel oder Berg, der zum Sinnbild des Überlebens und einer Annäherung zwischen Mensch und Göttern,

Die Sonnenpyramide von Teotihuacán/Mexiko, steinernes Abbild der toten Vulkane im Hintergrund

dem Erdenbewohner und dem Universum wird. Manche Wissenschaftler verknüpfen diese Vorstellungen mit der konkreten und kollektiven Erfahrung von Naturkatastrophen. Die Legenden aber und die Pyramiden selbst als Archetypen des ewigen Seins, des Glaubens an himmlische Mächte, bewahren noch immer ein tiefes Geheimnis, das auch am Ende dieses Jahrtausends nicht gelüftet ist.

GUDRUN ZIEGLER

Der Bernsteinwald

Geheimnisse des Baltischen Meeres

BRENNPUNKT MARIENBURG

Am 31. Dezember 1441, dem Tag des heiligen Sylvester, verlassen zwei Ritter des Deutschen Ordens die Marienburg an der Nogat. Sie werden von einem Troß begleitet, der Ersatzpferde und Lasttiere mit sich führt. Für Proviant und Kleidung ist gesorgt, auch Waffen fehlen nicht, denn die Reisenden müssen im-

fällig. Eigentlich sollten solche Visitationen alle drei Jahre erfolgen; für den preußischen Teil des Ordensstaates wurde dies auch weitgehend eingehalten, doch bei Livland sah das anders aus.

Es war ein beschwerlicher Weg dorthin, fast nur im tiefen Winter möglich, dann, wenn der sonst meist sumpfige Boden gefroren, wenn Bäche und Flüsse erstarrt waren. Natürlich schreckten auch die gewaltigen Entfernungen, hin zu den letzten Bollwerken des Ordens an der heutigen russischen Grenze. Im preußischen Kernland waren solche Inspektionsreisen vergleichsweise komfortabel. Seit der Deutsche Orden hier Fuß gefaßt hatte,

Aufbruch von der Marienburg. Filmszene

mer mit dem Schlimmsten rechnen. Sie reiten im Auftrag des Hochmeisters Konrad von Erlichhausen, der dieses Amt von 1441 bis 1449 innehat. Eine Inspektion aller Ordensburgen im fernen Livland steht an; sie war schon lange über-

entstanden nicht nur zahlreiche Burgen in meist unmittelbarer Nachbarschaft, sondern auch gut befestigte Verbindungswege. Der Deutsche Orden besaß schon im 13. Jahrhundert das beste Straßennetz in ganz Europa.

Die Inspektion der livländischen Burgen ist der offizielle Teil des Auftrags, den der Hochmeister Konrad von Erlichhausen den beiden Brüdern erteilt hat. Die Reisenden werden vor Ort die Anzahl der Ritterbrüder notieren und darauf achten, daß die Festungen landsmannschaftlich gerecht besetzt sind. In der Vergangenheit hatte es deshalb immer wieder Streitereien – vor allem zwischen Westfalen und Rheinländern – gegeben, reines Proporzdenken. Konrad von Erlichhausen war diesen »Zungenstreit« leid und erließ gleich nach seinem Amtsantritt ein diesbezügliches Gesetz.

Die Inspektoren werden also überprüfen, ob man sich im fernen Nordosten, weit weg von der Marienburg, daran hält. Auch der Zustand der Ordensburgen, ihre Bausubstanz, die Vorratshaltung und militärische Schlagkraft sind von großem Interesse. Natürlich werden sie nicht jedes Schwert, jede Lanze kontrollieren, doch gerade eine Inspektion der Waffenkammern wird sie immer wieder an ihren anderen Auftrag erinnern.

Konrad von Erlichhausen hatte, wenn sie denn schon in die Wildnis ritten, eine dringliche Bitte geäußert: Sie sollten dem Wahrheitsgehalt einer Legende nachspüren, der Geschichte von der Schlacht auf dem Peipussee. Hier wurde Anfang April 1242 dem Deutschen Orden eine bittere Niederlage beigebracht. Ein russisches Heer, angeführt vom Nowgoroder Fürsten Alexander Newski, schlug »Tausende« von Ordensrittern. Seitdem kursierten wilde Gerüchte über das Ausmaß der Schlacht; Berichte, die sich völlig

widersprachen. Vor Ort würden die Ritter mit Sicherheit keine eindeutigen Spuren mehr finden, doch vielleicht noch glaubhafte Anhaltspunkte.

Die Inspektionsreise hat tatsächlich stattgefunden, einzelne Stationen der Hinreise sind schriftlich festgehalten, auch

Hochmeister Konrad von Erlichhausen schickt zwei Ordensbrüder auf Inspektionsreise. Filmszene

ein paar andere Notizen sind überliefert; der Rückweg wird in den Quellen nicht beschrieben. Die Suche nach dem Hintergrund der Legende entspringt unserer Phantasie. Man kann aber nicht ausschließen, daß die unterschiedlichen Beschreibungen der sagenumwobenen Schlacht noch immer, oder bereits wieder, in Ordenskreisen diskutiert wurden.

Wer waren die beiden Inspektoren? Wir kennen ihre Namen und ihren Stand. Bruder Niklis Konitz, ein Priesterbruder von der Marienburg, und Bruder Nikolis von Nikeritz, Spittler von Elbing. Mit dem Spittler von Elbing, Chef des Spitals zum Heiligen Geist, hatte Konrad von Erlichhausen einen hochangesehenen Mann auf die Reise geschickt. Als Herrscher über das Spitalwesen, also die Kran-

kenbetreuung, nahm er innerhalb der Or-
denshierarchie einen wichtigen Platz ein.
Nur noch vier andere Brüder durften
sich, wie er, Großgebietiger nennen und
unterstanden direkt dem Hochmeister. Es
waren dies der Tressler, Chef über die
Finanzen des Ordens; der Großkomtur
als unmittelbarer Vertreter des Hochmeisters; der Oberste Marschall mit Sitz in
Königsberg, Leiter des gesamten Heerwe-
sens, und der Oberste Trappier, verant-

wortlich für das Bekleidungs- und Versor-
gungswesen. Letzterer sorgte dafür, daß
die beiden Inspektoren die Marienburg
gut ausgerüstet verlassen konnten.
Die Marienburg. Hierher hatten die Ritter
des Spitals der Heiligen Maria des Deutschen Hauses zu Jerusalem nach dem Verlust der südlichen Besitzungen im Jahre
1309 ihren Hauptsitz verlegt. Diese Entscheidung fiel nicht schwer, denn Ordensritter waren bereits seit einigen Jahr-

**Die Marienburg an der Nogat.
Im Hintergrund
das moderne Malbork**

rungsgedanken des Ordens in den wilden
Osten zu tragen, sondern auch eine
Möglichkeit, handfeste Expansionspläne
durchzusetzen. Die führten wiederum in
der Folgezeit zu einer systematischen Kolonisierung der unwirtlichen Gegenden
im Norden und Osten Europas. Durch
das Geschick des vierten Ordenshoch-
meisters Hermann von Salza, eines hochbegabten Politikers, gelang es im Jahre
1234, von Papst Gregor IX. die Erlaubnis
zur Gründung eines eigenen Ordensstaates zu erhalten. Nach und nach wurden
immer mehr Gebiete besetzt; ihre Sicherheit sollte durch ein Netzwerk von Wehr-
burgen garantiert werden. Anfänglich be-
standen diese Anlagen aus Holz und
Erdwällen; man nutzte einfach die Mög-
lichkeiten vor Ort. Als sich die Ordens-
macht festigte, traten anstelle solcher
einfachen Verteidigungsanlagen gewaltige steinerne Burgen. Ihr Grundriß war,
bis auf wenige Ausnahmen, überall
gleich. Diese Festungen hatten jedoch
nicht nur militärische Funktion, sie
wuchsen zu Kloster-, Verwaltungs- und
Wirtschaftszentren heran.
Mit dem Bau der Marienburg wurde bereits in den siebziger Jahren des 13. Jahrhunderts begonnen. Der Orden hatte sich
einen äußerst günstigen Platz ausgesucht,
halbwegs zwischen Danzig und Elbing.
Hier kreuzten sich zwei sehr alte Handels-
straßen: Die eine führte von Pommern
ostwärts ins legendäre Truso, dem »Atlantis des Nordens«, die andere verband das
reiche Samland, die Bernsteinküste, mit
Südeuropa. Die Lage am Ufer der Nogat
bot vor Feinden ebenso Schutz wie die
landeinwärts befindlichen Sümpfe. Und
der Name Marienburg, zu Ehren der
Schutzpatronin des Deutschen Ordens,

zehnten ständig in Pomerellen und im
Kulmer Land präsent.
Um 1230 tauchten die ersten Kreuzritter,
wie sie im heutigen Polen genannt werden, in der Weichselgegend auf. Herzog
Konrad von Masowien hatte sie zu Hilfe
gerufen, damit sie ihn bei der Sicherung
der Grenzen seines masowischen Her-
zogtums gegen pruzzische Stämme un-
terstützten. Das war nicht nur eine
glänzende Gelegenheit, den Missionie-

verlieh dieser Anlage von Anfang an etwas ganz Besonderes.

Die Feste wurde seit 1309 d e r Mittelpunkt des Ordens schlechthin. Erste Entwürfe sahen Bauten in der Form eines regelmäßigen Vierecks vor; ein Muster, das in Preußen immer wieder angewendet wurde. Das abgesteckte Viereck wurde mit einer Wehrmauer und Gräben umgeben. Im nördlichen Flügel entstanden bald die für eine Ordensgemeinschaft wichtigsten Räume, die Kapelle und der Kapitelsaal; sie lagen im ersten Stockwerk. Im Erdgeschoß unter der Kapelle richtete man das *Dormitorium*, den Schlafraum der Brüder, ein. Dann wurde der Westflügel hochgezogen; er diente als Wohn- und Wirtschaftshaus. Im Erdgeschoß befanden sich die Küche und das *Refektorium*, der Speisesaal; im Obergeschoß die Wohnräume des Komturs und die Kanzlei. Zur Nogat hin wurde der *Dansker*, die Toilettenanlage, erbaut, ein wehrhafter Turm, der nur durch einen langen Gang zu erreichen war. »Turm der letzten Hoffnung« wurde diese Anlage auch genannt, denn sie übernahm im Verteidigungsfall die Rolle eines Bergfrieds. Leider ist nicht überliefert, wie viele Ordensbrüder sich nach Abschluß der Bauarbeiten hier niederließen. Im Idealfall sollten es nach den Ordensregeln zwölf Ritter und sechs Priester sein; dazu kamen noch »Graumäntler«, Laien, die nach den mönchischen Regeln des Ordens lebten, und Gesinde.

Als die Burg im Jahre 1309 zum Hauptsitz des Ordens bestimmt wurde, begann eine neue fieberhafte Bautätigkeit. Der großzügige Um- und Ausbau der Feste wurde dadurch erleichtert, daß der Hochmeister Karl von Trier wegen diplomatischer Missionen fast ständig abwesend war. Es entstand eine einmalige Anlage, die alle militärischen Bedürfnisse erfüllte und die, an kunsthistorischen Maßstä-

ben gemessen, ihresgleichen sucht. Aus der einfachen Viereckbebauung wurde ein wohldurchdachter Baukomplex mit Hochschloß, Mittelschloß und Vorburg. Das Hochschloß nahm die Ritterbrüder auf. Hier lagen ihre Schlafräume, ein *Refektorium* und – welch ein Luxus – eine Herrenstube mit großem Kamin und einer Loge. Aus dieser Loge heraus sollen Sänger und Spielleute ihre Lieder vorgetragen haben. In den besten Zeiten, im 14. Jahrhundert, gab es auf der Marienburg eine eigene Hofkapelle und sogar einen Hofnarren. Im Westflügel wurden die Wohn- und Arbeitsräume des Hauskomturs und des Finanzchefs, des Tresslers, eingebaut. Der Nordflügel beherbergte nun den großen Kapitelsaal, die Tagungs- und Sitzungsstätte der Ritter. Und hier erstrahlte nach verschiedenen Umbauten die Marienkirche mit dem Goldenen Portal in neuem Glanz. Die Bauanstrengungen waren gewaltig.

Anstelle der bisherigen Vorburg entstand das Mittelschloß, das vom Hochschloß durch einen tiefen Graben getrennt ist. Ein langes Gebäude auf der Ostseite diente als »Hotel«. Hier waren Gastkammern für all jene Ritter eingerichtet, die im Laufe des 14. Jahrhunderts so zahlreich auf die Marienburg strömten, um an Kreuzzügen gegen Litauer und Samogiten teilzunehmen. Ihnen stand eine eigene Kapelle zur Verfügung. Das Mittelschloß beherbergte darüber hinaus noch eine *Firmarie*, ein Krankenhaus oder besser ein Altenheim für gebrechliche Brüder. Die *Firmarie* besaß ein großes Bad, eine eigene Toilettenanlage, einen *Remter*, also einen Speisesaal, eine kleine Kapelle und verschiedene Wohnstuben.

Auf der Westseite entstand der Hochmeisterpalast, ein grandioses Bauwerk, an dem sich deutlich westeuropäische Einflüsse ablesen lassen. Seit Mitte des 14. Jahrhunderts beeindruckt hier der

Große Remter, ein luftiger Raum, dessen reiches Sterngewölbe auf drei schlanken Granitsäulen ruht. Noch heute, nach dem Wiederaufbau, ist man von dieser architektonischen Meisterleistung fasziniert. Der *Große Remter* diente als repräsentativer Speisesaal der Ordensbrüder und ihrer hohen Gäste. An einer solchen Tafel teilnehmen zu können war eine der höchsten Auszeichnungen überhaupt. In der benachbarten Küche mit der großen Feuerstelle wurden die Speisen zubereitet. Und man wußte auf der Marienburg sehr wohl, wie man stilvoll tafelt.

In der Vorburg, deren Fläche größer ist als die von Hochschloß und Mittelschloß zusammen, drängten sich im *Karwan*, der Remise, Wagen und Schlitten, Pflüge, Sättel und Pferdegeschirre. In Speichern war der Vorrat eingelagert; es gab Werkstätten sowie ein Brau- und Malzhaus. In der Vorburg war auch die Handelsgesellschaft des Ordens untergebracht, und hier wohnten die zahlreichen Bediensteten und Handwerker.

Unsere beiden Reisenden und ihr gesamter Troß waren bestens ausgestattet worden. Solange sie noch durch preußisches Gebiet ritten, würde es ihnen sowieso an nichts fehlen. Überall gab es gut ausgerüstete Ordensburgen, in denen sie einkehren konnten. Zum Abschied grüßen sie noch einmal das strahlende Wahrzeichen der Marienburg, die acht Meter hohe Madonnenstatue in einer Nische der Kirche des Hochschlosses. Sowohl die Sta-

tue als auch die Nische waren über und über mit glänzenden Mosaiksteinen belegt; Ankommende und Abreisende verspürten den Zauber, der von dieser Madonna ausging. Sie war weithin sichtbar: Maria, Patronin der Burg und Schutzhei-

In der Küche der Marienburg. Filmszene

lige des Deutschen Ordens. Den wilden Osten in ein Marienland zu verwandeln, auch das hatten sich schon die ersten Ritterbrüder vorgenommen.

In einem Kellergewölbe der Marienburg sind heute die kläglichen Reste dieses Kunstwerks aufbewahrt. Sie erinnern daran, daß etwa 50 Prozent der ganzen Anlage im März 1945 in Schutt und Asche versank. Daß die Burg heute wieder so erstrahlt, ist eine der größten Leistungen, die Denkmalpflege je vollbracht hat. Und es gibt realistische Pläne, daß auch die Madonna wieder in die leere Nische der Marienkirche zurückkehren wird.

Inzwischen Weltkulturerbe der UNESCO, zieht die Marienburg Touristen aus aller Welt magnetisch an. Der Andenkenhandel bleibt weitgehend vor den Mauern; auch die als Ordensritter verkleideten Burschen, die für Fotos bereitstehen. Während der Sommermonate lockt an den späten Abenden eine Licht- und Tonschau in die Höfe der Burg. Während sonst heute sehr zurückhaltend an die »deutsche Besatzung« erinnert wird, setzt man bei dieser Schau auf Pathos und erzählt unter Blitz und Donner eine tragische Begebenheit aus der Schlacht bei Tannenberg, das jetzt Grunwald heißt. Hier wurde am 15. 7. 1410 das Heer des Deutschen Ritterordens, angeführt vom Hochmeister Ulrich von Jungingen, von einer vereinigten polnisch-litauischen Streitmacht vernichtend geschlagen.

Das Spektakel ist beeindruckend. Schatten huschen durch die Kreuzgänge der nächtlichen Marienburg, einzelne Fenster leuchten kurz auf und versinken wieder im Dunkel; von einem »Ordensritter« angeführt, tasten sich die Besucher fast blind vom Mittelschloß ins Hochschloß, begleitet von Pferdegetrappel und Schwerterklirren. Derweil erzählt eine höchst sonore Stimme die Geschichte eines abtrünnigen Ordensritters, der gegen seinen eigenen Bruder kämpfen mußte.

Als die Inspektoren 1441 mit ihrem Troß aufbrechen, hat der Orden seinen Höhepunkt bereits überschritten. Nach der Schlacht von Tannenberg war es immer wieder zu Auseinandersetzungen mit Polen und preußischen Untertanen gekommen, und die Festung wurde mehrfach belagert. Hochmeister Konrad von Erlichhausen ließ, sozusagen als letzte Bautätigkeit in der Marienburg, eine weitere Befestigungslinie, den *Parcham*, anlegen. Sie sollte den Wohnteil und die Repräsentativbauten vor feindlichem Beschuß schützen. Schließlich aber waren es innere Streitereien und eine handfeste finanzielle Krise, die dem Orden den Verlust seiner stolzen Feste einbrachten. Sie wurde als

Pfand für ausstehende Besoldung an böhmische Söldnertruppen übergeben, und diese verkauften sie an den polnischen König Kasimir IV., der am 8. Juni 1457 im Triumphzug in die Burg einzog. Nur einen Tag zuvor hatte der Hochmeister, ein Neffe Konrads von Erlichhausen, nach Königsberg fliehen können.

TRUSO, DAS ATLANTIS DES NORDENS

Auf dem Weg nach **Elbing**, dem Dienstsitz eines der Brüder, kommen die Inspektoren durch Gebiete, die zwar schon in der ersten Hälfte des 13. Jahrhunderts durch den Orden kolonisiert wurden, über die man aber schon fast vierhundert Jahre zuvor sogar in England Bescheid wußte: Der angelsächsische Reisende und Geograph Wulfstan hatte Ende des 9. Jahrhunderts die Weichselmündung und das Frische Haff erkundet. In seinen Aufzeichnungen berichtet er von der reichen Siedlung **Truso**, die am Drausen-See bei Elbing lag. Es war das Atlantis des Nordens. Ein einzigartiger Platz mit verschiedenen Märkten, einem Hafen und Straßen, die mit Holzbrettern belegt waren. Auf der einen Seite war die Ansiedlung durch den Drausen-See geschützt, zur Landseite hin durch einen großen Holz- und Erdwall. Kaufleute aus Westeuropa, aus Skandinavien und sogar aus den arabischen Ländern waren hier

Polen, die Baltischen Staaten und Rußland

Maßstab 1 : 3.800.000

zu Gast; gehandelt wurde mit allem, was gut und wertvoll war: Eisen, Horn, Bronze, Glas, Silber und vor allem Bernstein. Das Museum von Elbing besitzt heute noch einige Schätze, die an die Blütezeit von Truso erinnern. Bei neuesten Ausgrabungen wurden auch Beweise für den Untergang dieser legendären Stadt gefunden. Eine dicke Brandschicht, in der sich Pfeilspitzen, komplette Pfeile und andere Waffenteile befanden, deutet darauf hin, daß Truso überfallen und gebrandschatzt wurde, vermutlich von Seeräubern. Truso soll als Freilichtmuseum wieder entstehen und die Region für Besucher noch anziehender machen.

Durch den einmaligen Drausen-See mit seinen über zweihundert Vogelarten und den riesigen Seerosenfeldern ist die Gegend um Elbing an sich schon eine Attraktion. Hinzu kommt noch der berühmte Oberländische Kanal, ein technisches Meisterwerk aus dem 19. Jahrhundert. Zwischen Osterode und Elbing überwinden heute die Touristenschiffe einen Höhenunterschied von 100 Metern. Fünfmal fahren sie dabei auf Wagen über Land. Ein faszinierendes Schauspiel, das man einen ganzen Tag lang genießen kann; so lange dauert nämlich die Fahrt.

Während die Inspektoren unterwegs sind, liegt über Truso bereits der Schatten des Vergessens. Sie übernachten in der Ordensburg von Elbing, die nur zwölf Jahre nach ihrem Aufenthalt zerstört wird und deren traurige Reste später abgetragen und zum Bau der Straße nach Marienburg benutzt werden. Im Jahre 1945 dauerte es nur wenige Stunden, um 90 Prozent der einst so reichen Stadt in Schutt und Asche zu legen. Nur das Spital zum Heiligen Geist und zwei andere mittelalterliche Gebäude haben das Inferno überdauert. Im Spital, dem Dienstsitz eines der beiden Inspektoren, ist heute eine Bibliothek untergebracht. Und Elbing heißt Elbląg.

WEITER NACH KÖNIGSBERG

Mit neuen Pferden brechen die Brüder wieder auf. Ihr nächstes großes Ziel ist **Königsberg**, das einige Tagesreisen entfernt liegt. Unterwegs machen sie Station in **Balga**, der »steinernen Wächterin am Frischen Haff«. Hier, so wollen es Erzählungen von heute wissen, gab es einst Schatzkammern voller Bernstein, denn Balga war ein wichtiges Zwischenlager dieses wertvollen Handelsgutes auf dem Weg nach Königsberg. Die Reisenden sind von der Lage Balgas am Steilufer des Haffs beeindruckt, noch mehr aber davon, daß der *Dansker*, die Toilettenanlage, direkt über dem Wasser endet. Zu erreichen war der erkerartige Abtritt über einen zwanzig Meter langen Bogengang. Irgendwann rächte sich das Meer, und der *Dansker* stürzte ab. Balga, das heute in der russischen Enklave Kaliningrad liegt, ist schon lange Ruine. Gleichgültig, von wo aus man sich heute dieser einst wichtigen Ordensburg nähert, der Wald gibt ihre Reste nur zögernd preis. Seit dem 18. Jahrhundert diente die Festung als Steinbruch. Stück für Stück wurden die Mauern abgetragen und zum Ausbau der Festung Pillau verwendet. Conrad Steinbrecht, der bereits die Marienburg in eine »ideale« gotische Burg verwandelte, versuchte Ende des letzten Jahrhunderts die wenigen Reste, die noch übrig waren, zu sichern. Heute sind es junge Leute aus dem ehemaligen Königsberg, die sich um Balga kümmern. Und immer wieder finden sie Scherben und andere Stücke, die an bessere Zeiten, an die lange verunglimpften Ordenszeiten erinnern.

Als die Abgesandten von der Marienburg Königsberg erreichen, bestaunen sie eine reiche und quirlige Stadt. Hier war der Sitz des Ordensmarschalls, des Herrn über das Kriegswesen, und der Sitz des samländischen Bischofs. Nach der Eroberung des Samlandes, der Halbinsel zwischen Frischem und Kurischem Haff, entstand 1255 im heutigen Kaliningrad eine mächtige Ordensburg. Sie erhielt ihren Namen nach König Ottokar II. von Böhmen, der sich am Kreuzzug ins Samland beteiligt hatte. Zwischen der Feste und dem Flüßchen Pregel lagen schon damals eine ansehnliche Siedlung und ein gut besuchter Hafen. Den Hafen hatten bereits Wikingerschiffe regelmäßig angesteuert, und zu Beginn des 13. Jahrhunderts ließ sich hier auch die Hanse nieder. Die Inspektoren fühlen sich in dieser Stadt sicher, auch wenn nur wenige Jahre nach ihrem Besuch ein heftiger Streit zwischen dem Orden und den verschiedenen Teilstädten Königsbergs entbrennen wird. Es gibt für sie hier auch keine Probleme, denn die Verbindungen von der Marienburg nach Königsberg sind schon immer hervorragend gewesen. Der Nachrichtenaustausch funktionierte bestens. Von 1457 an war Königsberg Sitz des Hochmeisters bis zum Jahr 1525. Dann sah sich der letzte »seiner Zunft«, Albrecht von Brandenburg, »gezwungen«, den Ordensstaat in ein weltliches Herzogtum umzuwandeln, selbstverständlich auch zu seinem eigenen

Vorteil – ein Staatsstreich der besonderen Art. Er leistete dem polnischen König Sigismund I. den Lehnseid; Königsberg wurde Residenz- und Universitätsstadt. Anstelle des einst so prächtigen Schlosses, das zuvor einmal Ordensburg war, erhebt sich heute der Koloß des nie vollendeten

Königsberg um 1935: Kaiser-Wilhelm-Platz mit südwestlichem Eckturm des Schlosses

Rathauses aus sowjetischer Zeit. Eine gespenstische Ruine inmitten einer kahlen Fläche. Das alte Königsberg ging gegen Ende des Zweiten Weltkriegs in einem Inferno unter. In der Nacht vom 26. zum 27. August 1944 bombardierten zweihundert britische Flugzeuge die nördlichen

Teile der Stadt; nur drei Nächte danach griffen sechshundert Flugzeuge an und vernichteten das Zentrum. Alle Wahrzeichen des stolzen Königsberg, das Schloß, der Dom, die Kirchen, die prächtigen Bürgerhäuser waren zerstört. Nur wenige Überbleibsel der Befestigungsanlagen aus dem 19. Jahrhundert erinnern den Besucher heute an die Vergangenheit.

Burg Lochstädt. Foto um 1930

Um so glänzender aber wird bald der Dom, die Bischofskirche der samländischen Geistlichkeit, erstrahlen. Während unserer Recherchenreise hatten wir uns schon über die sichtbaren Baufortschritte an dieser eindrucksvollen Kirche gefreut, obwohl das Kirchenschiff noch Wind und Wetter ausgesetzt war. Doch drei Monate später, während der Dreharbeiten, trug der Dom schon ein neues Dach. Wir wissen, daß dies nur mit kräftiger deutscher Hilfe möglich war. Doch ein wenig Irritation kam schon auf, als der Eintritt nur in D-Mark bezahlt werden konnte. Unser polnisches Team und unsere weißrussische Aufnahmeleiterin nahmen es gelassen und vertieften sich um so mehr in das kleine Kant-Museum und in das Museum der Stadt Königsberg, die in dem früheren Gotteshaus untergebracht sind.

Die Reiter von der Marienburg müssen schon bald das gastliche Königsberg verlassen, doch sie entschließen sich kurzerhand, nicht den direkten Weg nach Norden zu nehmen. Sie würden noch früh genug über die unsichere Kurische Nehrung reiten müssen, diesen einzigen Landweg weiter nach Norden. Da sie auch ein Auge auf die Finanzen der einzelnen Ordensburgen haben sollen, schlagen sie den Weg zur Burg **Lochstädt** ein. Dort residiert der Bernsteinmeister, der Herr über jenen Schatz, der dem Orden zu Reichtum verhalf. Wären sie heute unterwegs, so ritten sie durch trostlose Dörfer und über vernachlässigte Straßen; sie kämen an einigen ehemaligen Ordensburgen vorbei, aus denen irgendwann einmal eine Kolchose wurde und die alle in einem bedauernswerten Zustand sind. 1442 hatte man jedoch keine Probleme, gut voranzukommen. Von Königsberg nach Lochstädt sind es knapp vierzig Kilometer, damals eine volle Tagesreise. Von Burg Lochstädt in der Gemeinde Fischhausen, dem heutigen Primorsk, ist kein Stein auf dem anderen geblieben. Einst wie Balga zum Schutz am Haff erbaut, diente auch Lochstädt schon im frühen 18. Jahrhundert als Steinbruch für die entstehende Festung Pillau. Als man hier, wie an so vielen anderen Orten, nach 1945 das legendäre Bernsteinzimmer suchte, war es mit der ehemaligen Ordensburg endgültig vorbei. Wir konnten nur vermuten, wo sie einst stand. Niemand wußte in dieser Gegend etwas Genaueres, auch nicht die russischen Soldaten, die das Sperrgebiet um das heutige Baltijsk (Pillau) bewachen. In Baltijsk liegt die russische Ostseeflotte; wir haben vergeblich versucht, dorthin vorzudringen. Burg Lochstädt gehörte zu den klassischen Anlagen mit regelmäßigem viereckigem Grundriß. An ihrer Ausstattung soll nicht gespart worden sein; sie konnte sich, Berichten zufolge, sogar mit der Marienburg messen. Als die Reisenden hier vorsprechen, wurde Lochstädt bereits von Königsberg aus verwaltet, war also keine eigene Komturei mehr. Deshalb treffen sie auch nur auf den Bernsteinmeister und einige wenige Bedienstete, die ihm zur Seite stehen.

DAS GOLD DER OSTSEE

Die Inspektoren wissen um die Bedeutung des Bernsteins, den das Baltische Meer schon damals reichlich an die Küste des ehemaligen Samlandes anschwemmte; auch auf der Marienburg trieb man Handel mit dem »Gold des Nordens«. Sie aber wollen mit eigenen Augen sehen, wie es um die Vorräte steht. In Lochstädt wurden alle Bernsteinlieferungen gesammelt, gewogen, je nach Reinheit sortiert, notiert und dann in kleinen Fässern aufbewahrt. Bekannt ist auch, daß bei Diebstahl und unrechtmäßigem Besitz von Bernstein die Todesstrafe drohte. Seit 1308 war der Deutsche Orden im Besitz des Bernsteinmonopols. Mit der Eroberung von Danzig, dem Zentrum des frühen Bernsteinhandels, hatte man sich

in weiser Voraussicht auch das Eigentumsrecht an sämtlichen Bernsteinfunden im Ostseeraum gesichert. Davon ausgenommen blieben allein der Bischof des Samlandes und die Fischer von Danzig, die den Bernstein aber wiederum nur an den Orden verkaufen durften. Bewaffnete Soldaten patrouillierten am Ostseeufer und nahmen jeden fest, der im Besitz unbe-

An der Ostsee fangen die Ordensbrüder einen Bernsteindieb. Filmszene

handelten Bernsteins war. Es ist allerdings nicht bekannt, ob die Todesstrafe jemals verhängt wurde. Auch als die Macht des Ordens schon gebrochen war, hielt er eisern am Monopol fest. Der letzte Hochmeister, Albrecht von Brandenburg, sicherte sich nachdrücklich noch das *Regal,* das Nutzungsrecht, mußte es aber 1533 an den Danziger Kaufmann Koehn von Jaschke übertragen. Um jeglichen Schmuggel zu unterbinden, hatte der Orden sogar die Ansiedlung von Bernsteinhandwerkern verboten, es sei denn, die Meister gehörten selbst dem geschäftigen Ritterbund an. Der Bernstein war die Haupterwerbsquelle der Kreuzbrüder; unter ihrer Aufsicht nahm er seinen Weg in die weite Welt – nach Lübeck und Brügge, wo er die Zunft der Rosenkranzmacher ernährte. Er wurde im ganzen Ostseeraum verbreitet, gelangte aber

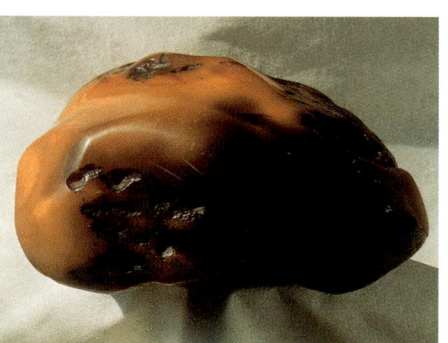

Rohbernstein von der Samlandküste

auch nach Venedig, Nürnberg und Köln, ins ehemalige Lemberg und von dort noch weiter nach Osten. Der Erlös aus dem Verkauf des Bernsteins diente dazu, die zahlreichen Ordensburgen zu unterhalten. Überschüsse gingen in den Handel. Zweifellos, das »Gold des Nordens« war für die einst so anspruchslosen »Deutschherren« überlebenswichtig, und es verwundert nicht, daß man sich fast überall im früheren Ordensland geheimnisvolle Geschichten um verborgene Fässer voller Bernstein erzählt; die »eiserne Reserve« für Notfälle.

Doch was ist eigentlich Bernstein? Wo kommt er her, und seit wann ist er so beliebt?

Bereits der römische Dichter Ovid erzählt folgende Geschichte, die er von seinem älteren griechischen Kollegen Euripides übernommen hat: Phaethon, der Sohn des Sonnengottes Helios, stürzte mit dem von ihm geraubten Sonnenwagen in den Fluß Eridanos. Zur Strafe verwandelte

Zeus seine Schwestern, die Heliaden, die um den Diebstahl wußten, in Pappeln. Die Bäume weinten bittere Tränen, und die Tränen wurden zu Bernstein, deshalb auch »Tränen der Heliaden« genannt.

An der Ostseeküste im heutigen Litauen ist eine andere Tränenvariante bekannt. Die schöne Meeresprinzessin Jurate verliebte sich unsterblich in den jungen Fischer Kastytis. Sie lockte ihn auf den Grund des Baltischen Meeres in ihr verwunschenes Bernsteinschloß. Kastytis folgte ihr nur zu gern. Jurates Vater, der Meeres- und Donnergott Perkunas, war über diese Verbindung so erbost, daß er das Jurate-Schloß zerstörte. Seine Trümmer werden noch heute an die Ostseeküste gespült. Die kleinen, die ganz hellen Bernsteine aber, das sind die Tränen der Jurate.

Vor fast 50 Millionen Jahren war ganz Nordeuropa von riesigen Nadelwäldern bedeckt, deren Bäume aufgrund besonderer Klimabedingungen reichlich Harz produzierten. Das Harz floß die Stämme herab und schloß alles ein, was ihm zu nahe kam. *Inklusen*, Einschlüsse, erinnern an diese längst vergangene Zeit: kleine Insekten, Blättchen, Samen. Im Laufe der Zeit versteinerte das Harz. Dieser Stein ist allerdings sehr weich und läßt sich leicht polieren; er ist brennbar, daher auch sein Name Bernstein – Brennstein.

Die besonders reichen Vorkommen an der Küste des Samlandes wurden darauf zurückgeführt, daß hier das Delta des sagenhaften Bernsteinflusses Eridanos gelegen haben soll. Doch das ist Legende.

Tatsache ist: Das Samland ist durch Bernstein besonders verwöhnt. Man findet ihn an Land in der sogenannten Blauen Erde, deren wichtigster Bestandteil das Mineral Glaukonit ist. Bei dieser farblich sehr gut erkennbaren Erdschicht handelt es sich eindeutig um eine Meeresablagerung. Aber auch die Ostseewellen spülen immer wieder Bernstein an die Strände. Viele verschiedene Klimaprozesse mit Wassereinbrüchen, Gletschern, Schneeschmelzen oder Erdverlagerungen haben dazu geführt, daß die Reste des »Bernsteinwaldes« vor allem an der Ostsee so reichhaltig zu finden sind.

Kombinat, arbeiten riesige Baggerschaufeln mit Volldampf. Pumpen waschen Bernsteinklumpen jeder Größe aus, auch sie werden, wie in Ordenszeiten, sortiert, jetzt allerdings nicht mehr von Hand. Eine Mine des Kombinats befindet sich direkt am Meeresufer. Durch riesige Rohre wird das »Spülwasser« ins Meer gepreßt. Dort warten bereits zahlreiche Interessenten, um auch nur jedes noch so kleine Bernsteinüberbleibsel mit einem Netz aufzufangen. Größere Steine gehen ihnen kaum in die Maschen, da haben ihre Kollegen, die weiter im Landesinneren die »Blaue Erde« umgraben, mehr Glück. Sie

Die Bernsteinmine von Palmnicken, heute Jantarnyj

Bernsteinvorkommen gibt es auf der ganzen Welt, doch in **Jantarnyj**, dem ehemaligen **Palmnicken**, arbeitet die einzige Bernsteinmine. Während man früher den kostbaren Stein einfach am Strand auflas oder mit kleinen Netzen nach ihm fischte, begann man 1858 mit der industriellen Förderung. Im ehemaligen Schwarzort wurde der steinhaltige Meeresboden durch Dampfbagger emporgeholt und ausgespült. Seit 1913 aber wühlt man in Palmnicken im Tagebau die »Blaue Erde« um. Die alten Gruben hat sich inzwischen die Natur zurückerobert, doch in der neuen Mine, dem russischen

finden sogar mittelgroße Steine, die bis zu fünfzig US-Dollar einbringen. Raubfischer und Raubgräber gehören im ehemaligen Königsberger Gebiet zum Alltag. Die Behörden mischen sich nicht ein. Das Kombinat aber, das angeblich bis zu 800 Tonnen Bernstein pro Jahr fördert, steht schlecht da. Die Maschinen sind veraltet, und die Nachfrage nach dem »Gold des Nordens« sinkt. Auch die eigene Schmuckkollektion entspricht nicht mehr den Bedürfnissen der Zeit. Wer weiß, wie lange noch der einsame Bernstein-Lenin im kleinen Werksmuseum über dieses Unternehmen wachen wird?

ÜBER
DIE NEHRUNG

Nach dem Ausflug zur Burg Lochstädt und in den sagenhaften Bernsteinwald begleiten wir die Ordensritter weiter nach Norden. Sicher nehmen sie den Weg die Küste entlang, um zur Kurischen Nehrung zu gelangen. In **Cranz**, dem heutigen **Selenogradsk**, beginnt der fast einhundert Kilometer lange Dünenstreifen, über den der einzige Weg nach Norden führt. Schon im 13. Jahrhundert hatte hier der Orden ein Gasthaus, einen »Krug«, gebaut, der allen Reisenden eine Übernachtungsmöglichkeit bot. Auch die Inspektoren suchen hier Unterschlupf; die nächste sichere Herberge würde sie erst in Rossitten erwarten. Bis dorthin war es eine gute Tagesreise, doch unterwegs lauerten mancherlei Gefahren. Die Nehrung war kaum besiedelt, aber sie war als Landverbindung ein Geheimtip unter Strauchdieben und Wegelagerern. Heute gehört der südliche Teil der Nehrung zum Kaliningrader *Oblast,* der nördliche zu Litauen. Dort, wo auch heute die Grenze verläuft, ganz in der Nähe von Nidden, stießen schon im 14. Jahrhundert zwei Machtbereiche aneinander: Der Deutsche Orden und der Bischof vom Samland hatten die Nehrung unter sich aufgeteilt.
Für den Orden war diese Halbinsel von größter Bedeutung. Schon bald bürgerte sich die Bezeichnung *Neria curonensis* ein, die Nehrung, die nach Kurland führt. Die Straße nach Norden war in der Zeit, in der unsere Geschichte spielt, mehr eine »Heerstraße« als ein regulärer Verkehrsweg. Und man darf sich auch keine ausgebaute Route vorstellen. Oft mußten sich

die Ordensbrüder ihren Weg selber suchen; sie ritten entweder am Haffufer entlang oder am Ostseestrand. Über die Nehrung zogen die Ritter aus Westeuropa auf ihren »Litauerfahrten«. So nannte man die Kriegszüge in den äußersten Norden, der in ein Marienland verwandelt werden sollte. Doch auch aus dem Norden wurde die »Heerstraße« frequentiert. Der Ordenschronist Peter von Duisberg berichtete, daß im Jahre 1283 achthundert litauische Reiter über die Nehrung ins Samland einfielen, und nur einige Jahre später sollen fünftausend Samogiten über die Halbinsel gezogen sein; wie immer in den Chroniken dieser Zeit eine maßlose Übertreibung. Für die Versorgung der Ordensleute wurden in Rossitten, Sarkau, Nidden, Kunzen, Negeln, Karwaiten und Sandkrug »Krüge«, einfache Gasthäuser, eingerichtet.
Der heute litauische Teil der Nehrung mit seinen kleinen Siedlungen ist zu einer Großgemeinde zusammengefaßt: Neringa. An das Fischermädchen Neringa erinnert eine alte Sage. Als die Nehrung noch nicht bestand und nur Inseln in die Ostsee ragten, lebte auf einer dieser Inseln das Mädchen Neringa. Mit einem Schritt konnte sie von einem Eiland zum anderen waten, so riesenhaft war sie. Neringa half den Fischern, indem sie ihnen die schönsten und schwersten Fische in die Netze trieb. Dies erboste den Meeresgott. Er entfesselte einen gewaltigen Sturm, viele Fischerboote gerieten in Seenot, und auch die kleinen Siedlungen drohten unterzugehen. Da sammelte Neringa in Windeseile allen Sand des Meeresbodens in ihr Kleid und schüttete ihn zwischen die Inseln. Ein Wall, ein schützender Damm entstand – die Nehrung.
Heute ist die Nehrung auf beiden Seiten Nationalpark mit einer einmaligen Fauna und Flora. Bekannt wurde sie aber vor allem durch die riesigen Wanderdünen, die

schon manches Dorf unter sich begraben haben. In **Nidden**, heute **Nida**, dem reizvollsten Ort auf der Nehrung, erinnern auf dem alten Friedhof besondere Grabtafeln an alte kurische Traditionen. Die aus einem Stück geschnitzten Bretter, für Mann und Frau jeweils aus anderem Holz, sind mit verschiedenen Symbolen geschmückt, die an heidnische Zeiten erinnern. Einige zeigen die Form einer Kröte, die als heilig galt. Bei einem Begräbnis trugen die Kuren das Grabbrett vor dem Sarg der Verstorbenen durch das Dorf. Mit dem Gesicht nach Osten wurden sie dann auf dem Kirchhof bestattet. Heute pilgern die Touristen in Nidden zum Sommerhaus von Thomas Mann, der hier in den Sommern zwischen 1930 und 1932 an seinem Roman »Joseph und seine Brüder« schrieb.

Kurz vor **Memel** können unsere Reisenden aus dem Mittelalter die Kurische Nehrung verlassen. Sie betreten wieder sicheren Boden, denn hier treffen sie endlich wieder ihre Brüder.

Während unserer Recherchenreise haben auch wir Memel besucht, das heutige **Klaipeda**. Winzige Reste der einstigen Ordensburg liegen, durch eine Holzüberdachung geschützt, auf dem Gelände einer Fabrik für Schiffsreparaturen. Als man im 19. Jahrhundert versuchte, die Anlage zu einem modernen Fort auszubauen, wurden die letzten Mauern der Ordensruine beseitigt. Die »Deutschherren« hatten von Memel aus immer wieder versucht, einen Landkorridor nach Kurland und Riga zu schlagen. Das ist niemals gelungen. Vielmehr wurde Memel, das schon 1258 das Lübecker Stadtrecht erhielt, innerhalb von einhundert Jahren mindestens sechsmal von den Litauern angegriffen und verwüstet. Als die beiden Inspektoren im Jahre 1442 unterwegs waren, herrschte gerade Ruhe, und es sollte danach auch nur noch einen

größeren Überfall geben. Am rechten Ufer der Memel, im heutigen Litauen, hatte sich der Deutsche Orden, sehr zu seinem Verdruß, nie festsetzen können.

KEINE CHANCE IN LITAUEN

Selbstbewußten litauischen Fürsten gelang es schon sehr früh, verschiedene rivalisierende Stämme zu vereinen. Fürst Mindaugas (1236–63), der 1253 zum Christentum übergetreten war, hatte dem Orden zwar ganz Samogitien geschenkt, die heiß ersehnte Landverbindung nach Norden, doch der dort herrschende Fürst und auch seine Nachfolger waren damit gar nicht einverstanden. Deshalb gab es immer wieder Streitereien mit den »Kreuzrittern«. Unter Gediminas (1316–41) entwickelte sich Litauen zu einem mächtigen, gut organisierten christlichen Staat, dennoch gab es der Deutsche Orden nie auf, auch hier Fuß zu fassen. Einzig der Landweg nach Norden interessierte dabei, denn zu missionieren gab es nichts mehr. Die Residenz der litauischen Großfürsten lag weit im Landesinneren, auf der Inselburg **Trakai**. Sie war praktisch uneinnehmbar. Erst im 17. Jahrhundert haben russische Truppen Trakai verwüstet und die Mauern geschleift. Heute ist die Burg, die inzwischen liebevoll restauriert wurde, eines der litauischen Nationalheiligtümer. Allein schon ihre Lage macht diese Residenz zu einem Kleinod. Im Sommer glänzen die Segel unzähliger Boote auf den 32 größeren und kleineren Seen; die gesamte Region wurde zum historischen Nationalpark erklärt.

An den ständigen Kampf der Litauer gegen Bevormundung und Unterdrückung erinnert ein anderes einzigartiges Denkmal, der »Berg der Kreuze« bei **Schaulen**. Auf einem kleinen Hügel entstand im letzten Jahrhundert, nach einem vergeblichen Aufstand gegen die russische Herr-

Der Berg der Kreuze bei Schaulen/Litauen

schaft, ein heiliger Platz. Aus der näheren und weiteren Umgebung kamen Menschen hierher und stellten Kreuze für ihre gefallenen Angehörigen auf. Die Zahl der Kreuze, Gebetssäulen und Skulpturen wuchs und wuchs, denn es waren später auch freudige Anlässe, die den Menschen den Weg zum Kreuzberg wiesen. Und alle hinterließen Rosenkränze, Votivgaben, große und kleine Kreuze, fromme Bilder. Während der Sowjetherrschaft räumten Bagger mehrmals den Hügel frei, doch vergeblich. Kaum waren sie abgezogen, standen wieder neue Kreuze da. Es ist eine einmalige Stimmung, die von diesem Hügel ausgeht, ein wenig christlich, ein wenig heidnisch, auf jeden Fall phantastisch. Der Wind bringt die Kreuze und Rosenkränze zum Klingen, manchmal weht er sie auch auf die Erde. Dann werden sie wieder eingesammelt und erneut aufgehängt. Jeder kann sich an den klei-

nen Verkaufsständen ein solches Kreuz kaufen und ein Bildnis von Papst Johannes Paul II. An seinen Besuch in Schaulen, litauisch **Šiauliai**, im September 1993, erinnert noch ein kleiner Pavillon.

In der Nähe dieses Platzes fand im Jahre 1236 ein Ereignis statt, das für die Geschichte des Deutschen Ordens von großer Tragweite war. Noch bevor der Orden mit der Missionierung der Pruzzen und mit dem Burgenbau im heutigen Polen begann, existierte im jetzigen Lettland (Livland) bereits ein anderer Orden. Es war eine ritterliche Schutztruppe, die dem Bischof von Riga, Albert von Bremen, unterstellt war und deren Gründung (1202) sich Bischof Albert ausdrücklich vom Papst hatte genehmigen lassen. Sie nannte sich *Fratres miliciae Christi de Livonia*, wir kennen sie als »Schwertbrüderorden«. In den folgenden Jahren begann der Bischof gemeinsam mit dem Schwertbrüderorden systematisch, die Liven und Esten zu missionieren und zu unterwerfen. Dabei drang man immer weiter nach Süden vor. Es war keine friedliche Missionierung, um so mehr, als nach dem Tod Alberts (1229) die unterschiedlichen Machtansprüche innerhalb des Ordens, des Bischofs und der Stadt Riga offen zutage traten; dabei waren die Machtverhältnisse etwa gleich verteilt.

In dieser Zeit erreichte der Schwertbrüderorden sogar das heutige Litauen. Am 22. September 1236 kam es bei Schaulen zu einer gewaltigen Schlacht gegen ein verbündetes Heer der Litauer, Kuren und Semgaller. 3000 Krieger des livländischen Schwertbrüderordens sind der Überlieferung nach dabei ums Leben gekommen. Auch wenn diese Zahl viel zu hoch angesetzt ist, die Niederlage der Schwertbrüder muß so groß gewesen sein, daß sie Papst Gregor IX. zu einem wichtigen Schritt veranlaßte: Ein Jahr später gab er den Befehl, das übriggebliebene klägliche Häuflein – es sollen nur 12 Ritterbrüder gewesen sein – in den Deutschen Orden aufzunehmen, als livländischen Zweig. Von nun an trugen sie nicht mehr das rote Kreuz auf ihrem Mantel, sondern das schwarze. Es war eine heikle Entscheidung, wie die weitere Ordensgeschichte zeigen wird. Denn neben dem preußischen Machtbereich entstand nun ein zweites großes Herrschaftsgebiet, das sich nur schlecht kontrollieren ließ. Das ahnte schon Hochmeister Hermann von Salza, der Gründer des preußischen Ordensstaates. Er sah die internen Kämpfe voraus, die auf den Deutschen Orden zukommen würden.

ABENTEUERURLAUB IM MITTELALTER

Anno 1442, dem Jahr, in dem unsere beiden Inspektoren unterwegs sind, hatten sich die Verhältnisse im Nordosten des Ordensstaates noch keineswegs gebessert. Doch erst einmal liegt das feindliche Litauen hinter ihnen, und sie atmen auf. In Kurland besuchen sie zunächst die Burg **Windau**, im heutigen **Ventspils**. Hier notieren sie gewissenhaft die Anwesenheit von sechs Ritterbrüdern, fünf aus Westfalen und einer aus Bremen. Dazu listen sie auf, wie viele Krieger »in Harnisch« und wie viele Pferde zur Verfügung stehen. Sie

inspizieren das Waffenlager mit großen und kleinen Büchsen, 20 Armbrüsten und einer Tonne Pulver. In den Vorratskammern finden sie Mehl und Malz, gemahlen und ungemahlen, dazu Gerste und Roggen. In der Küche stapeln sich Vorräte: Fleisch von 25 Schweinen, 30 Rindern, ge-

Papst Innozenz III. verleiht Hochmeister Hermann von Salza den Siegelring. Gemälde von Karl Wilhelm Kolbe d. J. 1826

trocknet und eingepökelt, 50 *Schöpsen*, das sind Hammel, gesalzene und getrocknete Fische. »Genug bis zu Pfingsten«, so schreiben sie.

Von Windau sind es nun noch knapp neunzig Kilometer bis nach **Goldingen**, dem heutigen **Kuldiga**. Die Ordensbrüder reiten die Venta entlang, eine wichtige Verkehrsverbindung von Goldingen hin zur Ostsee. Unterwegs haben sie die Möglichkeit, in verschiedenen Burgen einzukehren, denn Kurland befand sich fest in Ordenshand. Goldingen hatte sich zu ei-

nem bedeutenden Handelsplatz entwickelt. Am über einhundert Meter breiten Wasserfall der Venta wurden Waren,
die aus dem Landesinneren kamen, auf
Boote umgeladen und zur Ostsee transportiert. Von hier aus gingen aber auch
viele Güter weiter nach Osten, sogar bis

selbst, und – sie waren freiwillig zu den
fernen, gottverlassenen Gegenden im
Norden und Nordosten des Ordensstaates
aufgebrochen.
Die »Preußenreisen« und die »Livlandrei-
sen« des niederen und hohen europäischen Adels sind ein eigenes Kapitel der

Begegnung mit »Livland-Fahrern«. Filmszene

ins ferne **Nowgorod**. Von dort war einst
der sagenhafte Fürst Alexander gekommen. Die Ordensburg von Goldingen
kann man heute nur auf alten Stichen bewundern. Im großen Garten des heutigen
Museums seien aber noch unterirdische
Gewölbe verborgen, so erzählt man uns;
zugänglich sind sie nicht. In dieser Burg,
so heißt es, habe auch immer ein großes
Faß voller Bernstein gelagert, nicht ungewöhnlich für einen wichtigen Umschlag-
platz.
Unsere Inspektoren treffen auf der anderen Flußseite zwei Livlandreisende, die
aus Westfalen kommen. Die hatten eine
noch weitere Reise hinter sich als sie

Ordensgeschichte. Besonders beliebt waren sie im 14. und 15. Jahrhundert, ein
Abenteuerurlaub der frühen Art. Die Reisenden kamen nicht nur aus den deutschen Provinzen, sondern auch aus dem
heutigen England, den Niederlanden und
aus Frankreich. Selbst der berühmte
Minnesänger Oswald von Wolkenstein
rühmte sich, Livland bereist zu haben.
Man unterschied Sommer- und Winterrei-
sen, wobei die Winterreise die beliebtere
war. Sämtliche sieben Preußenreisen, die
der Herzog von Geldern in den Jahren um
1400 unternahm, fanden im Winter statt.
Im Laufe der Zeit hatten sich sogar gewisse
Daten für den Vorstoß ins Unbekannte

eingebürgert: der 2. Februar, *Purificatio Mariae*, für die Winterreise; 15. August, *Assumptio Mariae*, und auch *Nativitas Mariae*, der 8. September, für die Sommerreise. Natürlich verlangten diese beiden Reisen unterschiedliche Transportmittel: Schiffe und Boote im Sommer, Wagen und Schlitten im Winter. Pferde kamen zu jeder Jahreszeit zum Einsatz. Unterschiedlich waren auch die Motive der Reisen, der Jahreszeit angepaßt. Im Winter verfolgte man kriegerische Ziele, unternahm einen »Verheerungsfeldzug«; im Sommer hingegen erfolgte die Baureise. Natürlich ließen sich diese Ziele in Wirklichkeit nie so deutlich trennen. Der »Verheerungsfeldzug« wurde unternommen, um irgendwelche Gegner zu schwächen; es war ein Kreuzzug, der auch der Missionierung heidnischer Stämme diente. Gezielt versuchte der Deutsche Orden dabei, den »Feinden« die Lebensgrundlage zu entziehen, was ihm, wie wir wissen, in Litauen nie gelang. Solche Reisen dauerten in der Regel nicht länger als zwei Wochen; kleinere Streifzüge wurden sogar binnen weniger Tage und von lokalen Aufgeboten erledigt. Im Verlauf dieser Unternehmungen kam es häufiger zu längeren Belagerungen, vor allem dann, wenn es um strategisch wichtige Stützpunkte ging. Auf solche Maßnahmen ließen sich die »Deutschherren« gern während des Sommers ein, denn dann konnte die Belagerungsmaschinerie bequemer zu Schiff transportiert werden.

Die sogenannten Baureisen hatten nur ein Ziel, nämlich ins Feindesland eine Festung anzulegen. Diese Aktionen fanden ausschließlich im Sommer und Herbst statt, dann, wenn Eis, Schnee und Hochwasser den Burgenbau nicht behinderten. In der Regel legte man zunächst Holz- und Erdwerke an, so umfangreich, wie es eben in der kurzen Zeit möglich war. Später ging man an den gründlichen Ausbau der Festung.

Auch an Kämpfen nahmen die Preußen- oder Livlandfahrer teil, doch keine Schlacht war so gut vorbereitet und wurde dennoch verloren wie die Schlacht von Tannenberg (1410). Erst spätere Generationen haben ihr große Bedeutung verliehen. Normalerweise ergaben sich kriegerische Auseinandersetzungen spontan aus den »Verheerungen« und den Belagerungen, sie waren allenfalls lokale Streitigkeiten. Auch die legendäre Schlacht auf dem Peipussee, nach deren Wahrheitsgehalt die beiden Ordensritter von der Marienburg suchen sollten, gehört vermutlich in diese Kategorie.

Die Vorbereitungen für solche »Reisen« waren aufwendig, doch das minderte keineswegs den Anreiz, an einem solchen Unternehmen teilzunehmen. Der Orden setzte die Richtlinien fest, wann sich wer wo und mit welcher Ausrüstung einzufinden hatte.

Gründliche Planung war notwendig, doch manche Dinge besorgte man sich erst unterwegs, beispielsweise in Königsberg, von wo aus die meisten »Fahrten« starteten. Besonders wichtig war natürlich die gesamte Verpflegung. Zahlreiche Reiserechnungen belegen, was die Ritter so mit sich führten: Wurst, Fleisch und Schinken wurden getrocknet, geräuchert und gepökelt in Fässern transportiert; dazu kamen Fische und Hühner, die als Pastete gebacken waren. Zuweilen wurden sogar lebende Tiere mitgenommen. Ebenfalls in Fässern, den Containern jener Zeit, in denen nahezu alles transportiert wurde, waren Brot, Käse, Erbsen und Eier eingelagert. Auch Wein, Bier und Met gingen mit auf die Reise. Aus den Rechnungen weiß man auch, daß unterwegs Bäcker angeheuert wurden, die das mitgebrachte Mehl verarbeiteten. Werner Paravicini hat in seiner bemerkenswerten Abhandlung über die »Preußenreisen des europäischen Adels« verblüffend viele Informationen zu diesem Thema zusammengetragen. Man kann davon ausgehen, daß auch die Livlandreisenden ähnlich aufwendig ausgestattet waren.

Hochgestellte Adlige, wie der routinierte Hermann von Blois, verfügten über eine perfekte Ausstattung. Er übernachtete beispielsweise im eigenen komfortablen Zelt, schlief auf einer transportablen Bettstatt, auf einem besseren Strohsack und deckte sich mit einer Schaffelldecke zu. Zusammenklappbare Bänke, Tische und eine Mini-Küche vervollständigten den »Haushalt«. Die Reisenden zogen überdies in Gegenden, in denen es kälter war als in der Heimat. Deshalb kauften sie häufig unterwegs warme Kleidung, oder sie ließen sich ihre Röcke füttern. Die Waffen brachten sie meistens mit, je nach Bedarf wurden sie aber vor Ort ergänzt.

»Durch große Gewässer und durch weite Einöden und über besonders gefährliche Wege müssen wir auf unseren Reisen ziehen. Wie oft hängen unsere Fahrten von Gottes Willen und Fügung ab und auch vom Wetter.« So schrieb der Hochmeister Konrad von Jungingen 1394 an den Herzog von Burgund.

Man irrt, wenn man glaubt, diese ganzen Unternehmungen in »Feindesland« seien karg und absolut militärisch verlaufen. Nie vergaßen die Ritter und Ordensbrüder das höfische Zeremoniell. Abgesehen von modischen Torheiten, auf die manch einer der Reisenden nicht verzichten wollte, sorgte man auch für Unterhaltung. Die Herolde waren häufig genug als Musikanten tätig, und zuweilen begegnete man in einem Lager auch einem Zwerg oder einem Narren. Geschenke wurden verteilt und entgegengenommen, Bankette in befreundeter Umgebung veranstaltet. Überliefert ist sogar ein Rittermahl mit neun Gängen und Wein aus Österreich, das mitten in Feindesland, in Samaiten, gegeben wurde. Ein ganz besonderes Ereignis auf solchen Reisen aber war die Erhebung in den Ritterstand.

Der Deutsche Orden kannte klare Befehlsstrukturen und Hierarchien. Das Aufgebot zu einer »Reise« ging vom Hochmeister aus, er bestimmte auch das Ziel sowie Anfang und Ende des Unternehmens. Die Fremden, die Gäste, mußten sich dem fügen. Und sicher dachte manch einer in schwieriger Situation, daß er vor noch gar nicht so langer Zeit in Königsberg an den Ehrentisch des Hochmeisters oder – wenn dieser abwesend war – an die Seite des Ordensmarschalls gebeten wurde. Der ritterliche Ruhm gab den Ausschlag, wer sich an die Ehrentafel setzen durfte. Nach einem guten Mahl, bei dem die Auserwählten besonders zuvorkommend bedient wurden, erhielten die Ritter des Tisches ein Band mit einer Devise an die Schulter geheftet: »Ehre besiegt alles.«

RIGAER WIRREN

Wenden wir uns wieder unseren beiden Ordensbrüdern zu. Als sie am Wasserfall von Goldingen die Ritter aus Westfalen verlassen, nehmen sie die direkte Route nach **Riga**. Die Reise dorthin dauert mehr als einen Tag. Sie sind zwar längst nicht so komfortabel ausgerüstet wie der Herzog von Blois, doch sie kommen zurecht. Außerdem reiten sie nun durch Kurland, wo sie überall Unterstützung finden. Sie sind gespannt, was sie in Riga erwartet. Auf der fernen Marienburg dachte man stets mit gemischten Gefühlen an diese Stadt, über die nicht besonders positive Nachrichten zur Lage der Brüder in Umlauf waren. Hier hat der Orden seine eigene Geschichte geschrieben, zuerst mit den Schwertbrüdern, dann mit dem livischen Ableger des Deutschen Ordens. 1442, als die Ritter Riga besuchen, stand die Stadt in voller Blüte. Aber nur ein paar Jahre nach ihrer Inspektion herrschen hier mal wieder bürgerkriegsähnliche Zustände, die so

Meinhard wurde »Bischof von ganz Livland«. Sein Nachfolger Bischof Bertold setzte die Verbreitung des Evangeliums fort und taufte manchen Heiden in der Düna; er wurde jedoch von einem undankbaren Liven umgebracht. Zwei Jahre später landete Bischof Albert Buxhövden mit 23 Schiffen an der Küste. Zunächst ließ auch er sich in Üxküll nieder, doch

Riga. Das ehemalige Ordensschloß ist heute Sitz des Präsidenten von Lettland

weit eskalieren, daß die Ordensburg in Flammen aufgeht.
In alten Chroniken wird Riga erstmals im Jahre 1201 in Zusammenhang mit der Ankunft von Bischof Albert aus Bremen erwähnt. Doch er war nicht der erste, der in diesem Gebiet mit der Missionstätigkeit beginnen wollte. Bereits 1186 hatte der Mönch Meinhard von Holstein in der Nähe der Stadt, in Üxküll an der Düna, eine steinerne Kirche erbauen lassen.

schon bald reizte ihn die strategisch günstige und bequeme Lage des heutigen Riga mit seinem Hafen.
Die Legende von der Stadtgründung erinnert an alte antike Sagen. Die deutschen Ankömmlinge wollten von den Letten Land erwerben, doch die Letten blieben stur, ließen sich dann aber letztendlich auf einen Handel ein. »Wir wollen nicht mehr Land, als auf eine Kuhhaut geht«, versicherten die Fremden.

Und sie bekamen den Zuschlag. Die Kuhhaut wurde in ganz schmale Streifen geschnitten und ergab, aneinandergelegt, ein beachtliches Territorium. Bereits Ende 1202 war der Bischofssitz in Riga erbaut. Im gleichen Jahr gründete Albert den militärischen und religiösen Orden der Schwertbrüder. Ihr Zeichen war ein rotes Kreuz auf weißem Grund. Dieser Orden wurde bald zu einer gefürchteten Macht, und durch regen Zuzug aus deutschen Landen wuchs er auch zahlenmäßig rasch an. Nach der Schlacht von Schaulen im heutigen Litauen wurde der Rest von Livlands Schwertbrüdern mit dem Deutschen Orden vereinigt und das rote Kreuz gegen ein schwarzes eingetauscht.

Blättern wir noch ein wenig weiter zurück, denn die Geschichte der Stadt Riga und des alten Livlandes (heute Lettland und Estland) ist sehr eng mit der Politik und mit den Geschicken des Deutschen Ordens verbunden. Während des dritten Kreuzzuges hatten Bremer und Lübecker Kaufleute 1190 im Heiligen Land eine Hospitalbruderschaft gegründet. Sie sollte sich um arme und kranke Pilger kümmern, die auf dem Weg nach Jerusalem waren. Bereits acht Jahre später wurde diese Gemeinschaft mit Erlaubnis des Papstes in einen geistlichen Ritterorden umgewandelt. Nach den Johannitern und den Templern war nun der Deutsche Orden entstanden. Alle drei Orden waren vom Geist der Kreuzzüge geprägt. Sie verstanden sich als Schutztruppe der Christen gegen feindliche Nachbarn und waren jederzeit bereit, die Heiden auch mit Gewalt zu unterwerfen. In diesem Sinne war der Deutsche Orden zwar bis 1291 im Heiligen Land tätig, aber er hatte sich schon früh nach anderen Standorten umgesehen. Der osteuropäische Raum lockte zum Kampf gegen slawische und baltische Heidenvölker. In Livland hatte die Missionstätigkeit schon Ende des 12. Jahrhun-

derts eingesetzt. Fast das ganze 13. Jahrhundert lang waren die »Deutschherren« damit beschäftigt, die Eroberung Livlands fortzuführen und zu sichern. 1290 befand sich Livland endlich fest in der Hand des Ordens. Als der dänische König Waldemar IV. ihm 1346 die nordestnischen Landschaften Harrien und Wierland verkaufte, hatte der livische Teil des Ordensstaates seine größte Ausdehnung erreicht; er umfaßte etwa das Gebiet des heutigen Estland und Lettland. Während der Orden in den preußischen Gebieten uneingeschränkt herrschte, lagen die Machtverhältnisse in Livland ganz anders. Hier waren zunächst die Schwertbrüder und dann der Deutsche Orden von Anfang an mit einer anderen geistlichen Gewalt konfrontiert: dem Erzbischof von Riga und den Bischöfen von Dorpat, Oesel-Wiek und Kurland. Der stärkste und zäheste Feind aber waren die Erzbischöfe zu Riga. Mit dem Anwachsen der Stadt selbst kam noch ein weiterer Gegner hinzu: die selbstbewußte Bürgerschaft, die nach Unabhängigkeit strebte. Diese Parteien

Das Baltikum auf der Nordland-Karte von Olaus Magnus 1539

lieferten sich über fast drei Jahrhunderte erbitterte Fehden und Kämpfe.

Bereits zu Lebzeiten Bischof Alberts mußte der päpstliche Legat Wilhelm von Modena mehrfach nach Livland reisen, um Streitereien zwischen dem Orden und der damaligen dänischen Besatzung zu untersuchen. Nach dem Tod Alberts (1229), der mit seinem Machtanspruch noch recht zurückhaltend war, verschärften sich die Rivalitäten in der Stadt. Die Streitereien wurden mit wechselnden Metho-

den ausgetragen. Sie erreichten im Jahre 1312 einen ersten Höhepunkt: Papst Clemens V. gab den vielfältigen Klagen gegen den Deutschen Orden in Livland nach und veranlaßte eine Untersuchung der Vorkommnisse. Ankläger, so wird vermutet, war Bischof Friedrich von Riga. Er hatte sich mehrfach am Sitz des Papstes aufgehalten und schließlich sein Ziel erreicht: einen Prozeß gegen den Orden in Livland. Bis er diesen aber durchsetzen konnte, waren einige Jahre ins Land gegangen. Bereits 1305 hatte er das künftige Schicksal Livlands mit dem Schicksal der Christenheit im Heiligen Land gleichgesetzt; nur wenig später unterstellte er dem Orden, daß er mit den livischen Heiden einen florierenden Waffenhandel treibe; hinzu kamen Vorwürfe wegen tausendfachen Mordes. Friedrich stieß lange auf taube Ohren, doch er ließ nicht locker. Den Deutschen Orden

Teütscher brüder orden

Deutschordensritter mit einem Rosenkranz aus Bernsteinkugeln. Holzschnitt aus Hartmann Schedels *Weltchronik* von 1493

trafen die Anklagen schwer, und er unternahm mehrere Versuche, die Unhaltbarkeit der Anschuldigungen zu beweisen. Doch es gelang ihm nicht; der Prozeß kam im Jahre 1312, nach sieben Jahren harter Agitation des Rigaer Bischofs, ins Rollen. Friedrich von Riga, in seinem unversöhnlichen Haß gegen alles, was einen weißen Mantel mit schwarzem Kreuz trug, konnte die Hauptuntersuchung

nicht abwarten und belegte den livländischen Ordenszweig eigenmächtig mit dem Bann. Beim Prozeß lagen 230 Anklagepunkte vor; keine leichte Aufgabe für den päpstlichen Inquisitor Franciscus de Moliano, diese aufzuklären. Aufgrund der Überlieferungen kann man heute die Zeugenbefragungen in mehrere Komplexe einteilen.

Das wichtigste Kapitel betraf das gestörte Verhältnis zwischen dem Orden und dem Rigaer Erzbistum. Angeklagt wurden: vielfache Übergriffe der Ritter auf verschiedene Bischöfe und Gewalttätigkeiten gegen das Domkapitel sowie finanzielle Schäden der Kirche durch Unregelmäßigkeiten des Ordens. Aber auch die Beziehungen zwischen den Ordensbrüdern und der Rigaer Bevölkerung wurden ernsthaft hinterfragt: Hier reichten die Vorwürfe von der Ermordung einzelner Personen bis hin zum Handelskrieg zwischen Orden und Stadt. Letztendlich wurden auch starke Zweifel an der rechten Christianisierungs- und Missionierungspolitik laut. Der Orden, so die Vorwürfe, verhindere eine erfolgreiche Mission und »treibe die bereits gewonnenen Schäflein wieder in die heidnische Finsternis«. Solche äußerst schwerwiegenden Anklagen konnten eigentlich nur die Daseinsberechtigung des Ordens in Frage stellen.

Die Protokolle der Zeugenaussagen sind teilweise erhalten, und diese allein enthalten schon über 2000 Befragungen. Interessant ist dabei, daß vornehmlich Zeugen des geistlichen Standes befragt wurden und sich mancher Zeuge dabei über zweihundertmal zu den über 230 Anklagepunkten äußerte. Rückblickend war die Anklage gegen die livländischen Ordensritter nicht grundlos. Sie hatten sich immer wieder zu Gewalttätigkeiten hinreißen lassen; auch die Annektierung fremden Besitzes ist verbürgt. Doch ganz gewiß traf den Orden nicht die Alleinschuld an den wirren Verhältnissen.

Dennoch: Der Orden wurde exkommuniziert. Die Zeremonie fand im Rigaer Dom statt. Um dem Schuldspruch auch äußerlich Nachdruck zu verleihen, wurden alle Kerzen in dieser mächtigen Kirche gelöscht.

Fast zur gleichen Zeit spielte sich im fernen Frankreich ein ähnliches Drama ab. Hier stand der Templerorden »vor Gericht«, wegen ähnlicher und weitaus schwerwiegenderer Anschuldigungen. Er wurde schließlich liquidiert; seine Güter beschlagnahmte man endgültig im Jahre 1314 – meist zugunsten des französischen Königs Philipp IV.

Der Deutsche Orden entging diesem Schicksal, nach dem Urteil bemühte er sich sofort und intensiv um eine Aufhebung der Exkommunikation. Nicht nur Papst Clemens V. erhielt großzügige Geschenke, auch wichtige Kurienkardinäle wurden bestochen. Im Mai 1313 zeigte diese Gelddiplomatie erste Erfolge: Die Aufhebung der Exkommunikation wurde gegen Stellung einer angemessenen Kaution verkündet.

Der Bischof von Riga mußte eine Niederlage einstecken, er hatte seine Macht wohl überschätzt. Vielleicht war ihm auch nicht klar, daß der Deutsche Orden inzwischen ein wohlfunktionierendes Staatswesen geschaffen und eigentlich keine Gegner hatte. Dennoch gingen in Livland die Auseinandersetzungen um den größten Machteinfluß weiter.

Das heutige Riga gibt sich locker im Umgang mit der früheren Geschichte. Das ehemalige Ordensschloß ist Sitz des Präsidenten von Lettland. Dort erinnern die Statue des Ordensmeisters Wolter von Plettenberg und eine Muttergottes an vergangene Zeiten. Wer durch die engen Gassen Rigas schlendert, besonders durch den liebevoll restaurierten Konventshof, spürt auch heute noch den Hauch der einst so reichen Handelsstadt. Überall sieht man Zeugnisse jener Zeit, da die Rigaer Kaufleute in einflußreichen Gilden zusammengeschlossen waren. Eine der bekanntesten war die Schwarzhäupter-Gilde, die aus der St. Mauritius-Bruderschaft unverheirateter Kaufleute entstanden war. Sie ist für uns deshalb interessant, weil sie im Jahre 1477 in Riga ein Haus kaufte, das unter dem Namen »König-Artus-Hof« bekannt war. Doch was hat dies mit der Geschichte des Ordens zu tun?

In den größeren Städten des Ordensgebietes existierten mehrfach solche Artus-Höfe – beispielsweise in Danzig, Elbing, Riga und in Reval. Hier pflegten reiche adlige und patrizische Geschlechter Geselligkeit und übten sich in ritterlichen Spielen. Ein Club von Ehrenmännern. Der Name Artus-Hof, der erst später auf Gebäude übertragen wurde, erinnert natürlich an König Artus und seine Tafelrunde. Zwölf Ritter hatte er um sich versammelt. Doch sah nicht auch die Idealbesetzung eines Konventes, einer Ordensburg, zwölf Ritter vor? Jesus und seine zwölf Jünger – der Vergleich liegt nahe. Es ist nicht ausgeschlossen, daß Ritterbrüder und Patrizierschaft trotz aller Streitigkeiten im fernen Ordensland auch Gemeinsamkeiten hatten und pflegten.

DIE VERSCHWÖRUNG VON SEGEWOLD

Als die beiden Inspektoren 1442 die Ordensburg in Riga besuchten, konnten auch sie die Anwesenheit von zwölf Brüdern notieren. Sieben Ritter kamen aus Westfalen, vier stammten aus den schen Festungen vorwiegend Ritter aus Mittel- und Süddeutschland saßen. Viele Brüder, die im livischen Gebiet lebten, hatten bereits vorher in Preußen gedient, seltener wurden sie direkt für Livland angeworben. Aber ungehorsame Ordensbrüder konnten auch strafversetzt werden, und da war das alte Livland weit genug entfernt. Hier gab es in der Blütezeit des Deutschen Ordens, im 14. Jahrhundert, immerhin an die sechzig Burgen, die schon sehr früh fast durchgehend aus Stein erbaut waren.

Die Abgesandten des Hochmeisters verlassen Riga erleichtert, auch wenn es jetzt

Die Burg Turaida, einst Sitz des Bischofs von Riga

heutigen Niederlanden, und einer war Rheinländer. Eine Idealbesetzung. Der Visitationsbericht ergibt übrigens, daß die livländischen Ordensburgen hauptsächlich aus dem norddeutschen Raum rekrutiert wurden, während auf den preußi- noch tiefer in die Wildnis geht. Sie reiten ins Herz des alten Livland, in eine Gegend, in der zu heidnischer Zeit der Donnergott Perkunas geherrscht haben soll. Doch dann kamen die Ritter des Schwertbrüderordens und gründeten –

hoch über dem Tal der Gauja – die Burg **Segewold, Sigulda**. Dies geschah bereits im Jahre 1207. Segewold genau gegenüber, auf der anderen Seite des Flusses, erstrahlt heute in neuem Glanz die Burg **Treyden, Turaida**. Im 13. Jahrhundert be-

Bündnis eindeutig gegen den Bischof von Riga gerichtet, dessen Machteinfluß man kräftig zu beschneiden versuchte. Für Vertragsbruch wurde eine Konventionalstrafe von 1000 Goldmark oder 10 000 Silbermark festgesetzt. Ein Drittel davon sollte

Anstelle der steinernen Burg Turaida stand ursprünglich die hölzerne Festung des Livenfürsten Kaupo. Zeichnung von Aleksandr Stankevitsch 1995

deutete dieses Gegenüber zweier Burgen reinste Machtdemonstration und Provokation. Denn: Segewold, auch Friedland, gehörte dem Orden, Treyden hingegen dem Bischof von Riga. Es wird berichtet, daß die Schwertbrüder auf Burg Segewold sogar einmal Bischof Albert gefangenhielten, dem sie eigentlich ihre Existenz verdankten. Anfang des 14. Jahrhunderts wurde in den Mauern der Burg eine Verschwörung aufgedeckt, die wieder einmal ein sehr schlechtes Licht auf den livländischen Ordenszweig warf.

Vier Jahre nach den dramatischen Ereignissen in Riga, die beinahe zur Exkommunikation geführt hatten, schlossen in Segewold Vertreter des Ordens, Angehörige des rigaischen Domkapitels und Vasallen des Bischofs ein Schutz- und Trutzbündnis. Als Begründung diente die bedrohte Lage der Christenheit in einer Welt voller Ungläubiger. In Wirklichkeit aber war das

im Ernstfall sofort an die päpstliche Kurie gehen. Doch Papst Johannes XXII. ließ sich trotz dieser prächtigen Gewinnbeteiligung nicht bestechen. Er war über den Vertrag und andere Vorkommnisse in Livland derart erbost, daß er den Hochmeister des Ordens, Karl von Trier, den Meister von Livland sowie etliche livische Komture nach Avignon zitierte. Bei Nichterscheinen drohten Exkommunikation und der Verlust sämtlicher Privilegien.

Der Orden hatte aus den Vorgängen in Riga nichts gelernt, ja, er war vielleicht wegen des guten Ausgangs der Ereignisse noch übermütiger geworden. Die Brüder von Segewold aber wurden ständig an ihren Hauptfeind erinnert: Sie hatten täglich die mächtige Festung Treyden vor Augen, und die gehörte ihrem Gegner, dem Bischof von Riga. Schon Albert hatte mit dem Bau der steinernen Burg beginnen lassen. An ihrer Stelle stand zuvor die hölzerne Festung des Livenfürsten Kaupo, die im Jahre 1212 in Flammen aufgegangen war. Kaupo hatte sich mit den Schwertbrüdern verbündet, war zum Christentum übergetreten und gilt seitdem bei den Seinen als Volksverräter.

Sigulda und Turaida liegen heute im Gauja-Nationalpark, dem ersten Nationalpark in der ehemaligen Sowjetunion. Eine phantastische, stille Landschaft mit riesigen Wäldern und sanften Tälern. Im Tal der Gauja liegen etliche Höhlen, frühere heidnische Kultstätten. Und mit der Gutmannshöhle ist die Geschichte der »Rose von Turaida« verbunden. Hier ließ sich die schöne Maya von einem ungestümen Freier lieber töten, als ihrem Verlobten untreu zu werden. Diese Höhle, in der eine wunderbar klare Quelle entspringt, zog schon vor zweihundert Jahren Besucher an. Sie haben sich an den Felswänden verewigt. Wir haben bei unserem Besuch viele deutsche Namen entdeckt.

DIE PERLE VON LIVLAND

Die Abgesandten von der Marienburg nähern sich nun voller Ungeduld der Burg **Wenden**, dem heutigen **Cesis**. Sie wissen: Das Zentrum des livländischen Ordenszweiges ist eine gute Adresse. Die Ritter erwarten in Wenden eine bequeme Unterkunft, reichliches Essen und vielleicht auch ein wenig Amüsement. Sie sind rechtschaffen müde und wollen ein paar Tage verschnaufen, bevor sie sich noch weiter nach Osten vorwagen.

»Perle in Livlands Krone« wurden die Ordensburg und das Städtchen Wenden

Die Ruine der ehemaligen Ordensburg Wenden, heute Cesis

genannt. Die Ruine der Festung beeindruckt noch heute, und die kleine Stadt, die um die Burg entstand, hat ihren eigenen Charme.

Mit dem Bau von Wenden wurde bereits im Jahre 1207 durch die Schwertbrüder begonnen. Früher als in Preußen ging man in Livland zur Massivbauweise über. Dabei nutzte man die örtlichen Gegebenheiten, vor allem die reichen Kalksteinvorkommen. Selten erreichten die livischen Burgen jedoch die Präzision und Regelmäßigkeit der preußischen Ordensburgen; auch ihre Innenausstattung war spartanischer, dennoch erfüllten sie ihren Zweck als Bollwerk in der Fremde.

Burg Wenden war bestens durch Wassergräben und Wallanlagen geschützt. Sie besaß insgesamt drei Vorburgen. Ihr Zentrum mit dem Konventshaus war nur über Brücken und durch Tore zu erreichen. Alles war so angelegt, daß eventuelle Angreifer die Burg stets rechts hatten und somit nicht durch den Schild geschützt wurden. Unterhalb der Burg entstand Ende des 13. Jahrhunderts die St. Johannis-Kirche, angeblich die größte Kirche Livlands. Drei livländische Ordensmeister, unter ihnen der berühmte Wolter von Plettenberg, sind hier beigesetzt.

Im Livländischen Krieg belagerten 1577 russische Truppen Burg und Stadt viele Monate. Um sich nicht ergeben zu müssen, sprengte sich die Burgbesatzung mitsamt Flüchtlingen, Kindern und Frauen in die Luft. Gerüchte über die Tyrannei Iwans des Schrecklichen waren bis nach Wenden gedrungen.

Man darf vermuten, daß die Inspektoren in Wenden auf ein volles Haus trafen, also auf mindestens zwölf Ritterbrüder und natürlich auf eine größere Anzahl von Dienstleuten. Sie waren in der großen Anlage recht bequem untergebracht. Die Privaträume des Komturs mit ihren feinen Kreuzgewölben waren nur über eine

schmale Wendeltreppe zu erreichen, konnten also im Verteidigungsfall bestens gesichert werden. Und in den Schlafraum kam man nur durch einen ganz engen Gang. Trotz allem geschah hier einmal ein Meuchelmord.

Wenden besaß zwar nicht die Eleganz der Marienburg, doch es fehlte an nichts. Bei Ausgrabungen fand man eine Flöte aus Bein. Ein kleiner Beweis dafür, daß hier musiziert wurde – während eines Mahles und ganz besonders, wenn Gäste anwesend waren. Auch das Spiel war den Ordensbrüdern nicht fremd, es war sogar generell erlaubt, solange dies nicht »wider die Gewohnheite« war. Diese Einschränkung ist zwar nicht näher definiert, aber man weiß, daß zumindest auf das Würfelspiel eine saftige Buße stand. Doch am Ende der Ordenszeit in Livland scheint man es auch in Wenden mit den Verboten nicht mehr so genau genommen zu haben; ein kleiner Würfel ist der Beweis.

Zur Ausstattung einer Ordensburg gehörten auch Bücher. Aus ihnen wurde während der Mahlzeiten vorgelesen, und sie dienten der persönlichen Erbauung. Welche Schriften waren beliebt? Ordensstatuten, Bibelparaphrasen und vor allem historische Darstellungen der Ordensgeschichte. In Wenden, so vermutet man, hat es eine Vielzahl von Büchern gegeben. Und mit Sicherheit kamen die Inspektoren während eines Gastmahles in den Genuß einer Vorlesung. Es ist durchaus vorstellbar, daß sie hier endlich Genaueres über die Geschichte vom russischen Fürsten Alexander und den Ordensrittern erfahren haben. Auch deshalb waren sie ja unterwegs.

Von der Gelehrsamkeit und dem Schrifttum der frühen Ordenszeit, vor allem in Livland, blieben nur Bruchstücke erhalten. Die Dokumente waren in lateinischer und deutscher, besser mittelniederdeutscher Sprache abgefaßt. Zu den bedeu-

Burg Wenden galt als »Perle in der Krone Livlands«

tendsten Geschichtsschreibern Livlands zählt der Priester Heinrich, auch Heinrich von Lettland genannt, um 1188 bei Magdeburg geboren und nach 1259 verstorben. Er wurde zusammen mit livländischen Geiseln im holsteinischen Stift Bad Segeberg erzogen; daher dürfte er auch seine Kenntnisse der lettischen und estnischen Sprache gehabt haben. Im Jahre 1205 kam er nach Livland, wurde dort von Bischof Albert zum Priester geweiht und war dann als Pfarrer im estnischen Grenzgebiet tätig. Heinrich begleitete viele »Kriegszüge« als Missionar und Dolmetscher. Zwischen 1225 und 1227 entstand sein *Chronicon Livoniae*, die Livländische Chronik, eine wichtige Quelle für die Anfangszeit Alt-Livlands der Jahre 1180 bis 1227. Eigene Erlebnisse, aber auch Erzählungen von Zeitgenossen liegen dieser Schrift zugrunde. Heinrich singt ein Hoheslied auf die christliche Gemeinschaft der Missionare und Kreuzfahrer in Livland, sein Werk ist von der starken Marienverehrung im Ostseeraum durchdrungen. Die »Livländische Chronik« wurde allerdings bald vergessen, selbst in Ordenskreisen.

Schiffes ist der Mönch Meinhard, der 1196 im fernen Land starb. Die wahren »Helden« dieser Dichtung aber sind die Schwertbrüder, die dann vom Deutschen Orden aufgenommen wurden. Eindeutig stehen die Eroberungszüge und Unterwerfungen im Mittelpunkt der Chronik, erst in zweiter Linie geht es um die Geschichte Livlands und die Kolonisierung der fremden Gebiete. Anstelle von Jahreszahlen verwendet der Autor die Namen der jeweiligen Ordensmeister, was eine heutige Lektüre nicht gerade erleichtert. Doch diese Chronik war sehr verbreitet und diente, wie man weiß, als Vorlesestoff in den Konventen. Es ist also durchaus legitim anzunehmen, daß die beiden Inspektoren von der Marienburg in Wenden Ausschnitte daraus zu hören bekamen.

»Zu **Dorpat** wurde vernommen, daß König Alexander gekommen sei, mit einem Heer in der Brüder Land, um Raub und Brand zu stiften.« Dorpat, das lag nicht weit vom Peipussee, der Endstation unserer Reise. Weiter heißt es sinngemäß: Der Dorpater Bischof brachte nur wenige Leute zusammen, um gegen Alexander vorzugehen, und auch das Heer der Brüder sei zu klein gewesen. Dennoch kam man überein, gegen die Russen zu kämpfen. Der Autor der Reimchronik war fast ein Zeitzeuge dieser legendären, angeblich blutigen Schlacht. Doch nichts weist in seinem Text darauf hin, daß sie wirklich so gigantisch war, wie in russischen Quellen berichtet wurde. Und dabei versäumte es der Verfasser der Schrift sonst nie, einzelne kriegerische Details aufzuführen.

Es ist leider nicht bekannt, wie viele Ritter damals, 1442, in Wenden lebten. Eine Inspektion, die zehn Jahre später stattfand, stellt die Anwesenheit von 14 Brüdern fest. Das spricht für diese Ordensburg als Zentrum im fernen Livland.

Doch eine andere Dichtung ist bis heute erhalten, die »Livländische Reimchronik«. Ihr Verfasser ist namentlich nicht bekannt, aber man weiß, daß er aus dem mitteldeutschen Raum 1279 nach Livland kam. 1290 schloß er, möglicherweise in Reval, seine Chronik ab.

»Nun will ich machen euch bekannt, wie das Christentum nach Livland kam, so wie ich es vernommen habe, von allen weisen Leuten« – so heißt es in der heutigen Übersetzung. Der unbekannte Autor beginnt mit der Segelfahrt deutscher Kaufleute nach Livland. An Bord eines

DER DOMBERG
ZU REVAL

Während der Orden im Süden des heutigen Estland relativ problemlos Fuß fassen konnte, war er im Norden und Nordosten zunächst weit weniger erfolgreich. Hier störten vor allem die Dänen immer wieder seine Expansionsversuche.

Reval, das heutige Tallinn, vom Domberg aus gesehen

Im Jahre 1219 landete der Dänenkönig Waldemar II. mit einer großen Flotte an der estnischen Küste, in der Nähe des heutigen Domberges von **Tallinn**. Eine blutige Schlacht gegen die Esten begann. Daß die Dänen schließlich doch noch gewinnen konnten, verdanken sie einem Wunder: Während des Kampfes fiel plötzlich eine Fahne vom Himmel, genau in die Reihen der Dänen, der *Danebrog*, die Nationalflagge Dänemarks und älteste der Welt. Waldemar II. ließ eine Burg errichten: **Reval**. Im Volksmund hieß diese Dänenburg *Taani linn*, daraus wurde Tallinn.

Die Dänen konnten sich eine Zeitlang in Reval behaupten.

Auch die Schweden hatten begehrliche Blicke auf Estland geworfen und versuchten, an der Westküste vor der Insel Ösel Fuß zu fassen. Zwei Jahre später wurden sie jedoch von den Öselern vertrieben. Dieser Erfolg gab den Esten Mut. Sie jagten Dänen und Deutsche aus dem Land, den Domberg in Reval allerdings konnten sie nicht bezwingen. Dort hielten ein paar Dänen tapfer aus. Auch die Schwertbrüder sammelten neue Kräfte, und es gelang ihnen im Jahre 1227, die strategisch wichtige Insel Ösel (Saaremaa) zu erobern. Doch es kehrte noch lange keine Ruhe ein. Estland blieb eine unruhige Kolonie des Ordens.

Erst 1346 waren die Machtverhältnisse geklärt: Damals verkaufte der dänische König seine estnischen Gebiete an den Deutschen Orden, der sie wiederum, mit einem satten Gewinn, an den Livländischen Orden veräußerte. Dieser zog noch im gleichen Jahr auf den Domberg, wo auch der Bischof von Estland residierte.

Schon früh hatten sich unterhalb des Domberges, am Strand der Ostsee, Kaufleute und Handwerker angesiedelt. Auch sie waren, wie in Riga, in Gilden vereint. Die Macht in dieser Unterstadt wurde durch einen von den Kaufleuten gewählten Rat repräsentiert. Mitte des 15. Jahrhunderts, als die Inspektionsreise stattfand, erlebte Reval ruhige Blütezeiten. Da Tallinn den schweren Zerstörungen im Zweiten Weltkrieg entging, ist die Pracht der alten Hanse- und Handelsstadt überall gegenwärtig. Vor allem die Altstadt mit ihren engen Gassen, zahlreichen Keller-

Die Alexander-Newski-Kathedrale auf dem Domberg zu Tallinn

Burg Wesenberg, heute Rakvere

lokalen und hohen, schmalen Häusern bildet ein lebendiges Geschichtsbuch vieler Jahrhunderte.

Damals, als die Ordensbrüder unterwegs waren, stand ein mächtiges Denkmal aber noch nicht auf dem Domberg: die Alexander-Newski-Kathedrale. Sie wurde zwischen 1895 und 1900 auf Wunsch des letzten russischen Zaren, Nikolaus II., erbaut. Noch heute ist sie für viele Esten die reinste Provokation. Sie steht nicht nur dem Präsidentenpalast genau gegenüber, sondern zwängt sich auch unübersehbar in das mittelalterliche Bauensemble um den Dom. Ein sichtbares Symbol dafür, wer hier eigentlich das Sagen haben wollte, aber glücklicherweise nicht mehr hat. Die Kathedrale mit ihren goldglänzenden Zwiebeltürmen und farbigen Mosaiken erinnert an den legendären Sieg des Nowgoroder Fürsten Alexander Newski über den Deutschen Orden auf dem zugefrorenen Peipussee. Über dem Haupteingang erstrahlt sein Bildnis wie eine orthodoxe

Ikone. 1546 war Newski heiliggesprochen worden, dreihundert Jahre nach seinem angeblich großen militärischen Sieg. Unsere estnischen Begleiter lachen jedesmal, wenn wir nach diesem »Helden« fragen: Alexander, wer ist denn das? Wo ist er denn, der Newski?

Dafür erzählen sie ihre eigenen Legenden und Überlieferungen. Der estnischen Sage nach soll der Domberg, das Wahrzeichen der Stadt, in grauer Vorzeit entstanden sein. Linda, die Mutter des estnischen Nationalhelden Kalevipoeg, trug für ihren verstorbenen Gatten Kalev einen gigantischen Grabhügel zusammen, den heutigen Domberg. Doch beim allerletzten Stein versagten ihr die Kräfte, er rutschte von ihren Schultern. Linda setzte sich auf den Stein und weinte verzweifelt. Eine gute Fee versuchte, ihre Tränen zu trocknen, doch sie flossen und flossen weiter. Ein See entstand, der Ülemiste-See. Er ist heute ein wertvoller Trinkwasserspeicher für die Stadt.

IM LAND DES RIESEN KALEVIPOEG

Der Weg der beiden Ordensinspektoren führt von Reval geradewegs nach Osten. Etwa einhundert Kilometer sind es bis nach **Wesenberg**; die Gegend wird immer einsamer, aber auch immer verwunschener. Hier gibt es keine größeren Ortschaften, allenfalls ein paar verstreute kleinere Siedlungen. Wahrscheinlich haben sich die Ordensbrüder irgendwo einquartiert oder unter freiem Himmel übernachtet.

Die Wesenburg, mächtigste Ordensfestung zwischen Reval und Narwa, ist schon weithin sichtbar. Bevor sie in der zweiten Hälfte des 14. Jahrhunderts ausgebaut und stark erweitert wurde, stand hier ein Kastell der Dänen. Der Deutsche Orden errichtete eine typische Konventsburg, mit zwei viereckigen Türmen auf der Südseite. Hier entstand auch eine Vorburg, die später noch zusätzlich gesichert wurde, als die Festung immer häufiger zum Angriffsziel von Russen und Schweden wurde. Um die Wesenburg herum gründete man, wie bei vielen Ordensburgen, ein kleines Städtchen. Das heutige **Rakvere** lag sehr günstig an der ehemaligen Handelsstraße zwischen Tallinn und Nowgorod.

Über die Anzahl der Ordensbrüder, die sich im Jahre 1442 in den Burgmauern aufgehalten haben, ist leider nichts bekannt. Doch bei der nächsten Inspektion, zehn Jahre später, waren es gerade einmal drei, und einer von ihnen war ein alter Vogt, der hier vermutlich seinen Lebensabend verbrachte.

Heute versucht man, die Ruine vorsichtig zu restaurieren. Mühsam erklettern wir einen der Türme; die Baustelle ist nicht abgesichert. Doch der einmalige Blick über die nordestnische Landschaft belohnt den riskanten Aufstieg. In den Sommermonaten dient die Burgruine als Freilichtbühne, wie andernorts in Europa.

Nicht weit von Rakvere und nur einen Katzensprung von der Industriestadt Kunda entfernt liegt eines der schönsten Fleckchen im heutigen Estland: Direkt am Ufer der Ostsee steht die **Tolsburg**, **Toolse**, eine bizarre Ruine, über die sich der weite estnische Himmel wölbt. Ein einsamer Ort zum Verweilen und Träumen.

Bei Toolse liegt die Heimat des estnischen Helden Kalevipoeg

Hier, wo nichts die Ruhe stört, befand sich einst ein wichtiger und lebhafter Hafen. Schon sehr früh kamen über Toolse deutsche und schwedische Kaufleute ins Land, dann um 1220 dänische Missionare. Vermutlich stand hier schon eine kleine Befestigung, bevor die Tolsburg zur Zeit des Ordensmeisters Johann Wolthaus von

Die Hermannsfeste in Narwa

Herse 1471 zum Schutz des Hafens und der Küste weiter ausgebaut wurde. In dieser Gegend, im alten Wierland, waren Piraterie und Strandräuberei weit verbreitet. Häufig wurden Schiffe durch falsche Leuchtsignale auf die Klippen gelockt und ihre Ladung gekapert. Doch auch über die Ostsee kamen nicht immer friedliche Reisende, deshalb waren später in Toolse Kanonen stationiert; die Schießscharten sind noch jetzt zu erkennen.

Bis heute erzählt man sich in dieser Gegend zahlreiche Legenden und Sagen über die Burg. Noch immer soll in den Mauern der Ruine ein Seeräuberschatz verborgen sein, der von einer Riesenschlange eifersüchtig bewacht wird. Einst, heißt es, habe hier der wilde und grausame Ritter Otto gelebt. Sein größtes Vergnügen sei es gewesen, mit seinem schwarzen Hengst um die Wette zu saufen. Auch gehe in bestimmten Nächten eine Jungfrau um, die all jene, die ihren Warngesang mißachten, auf den Meeresgrund hole. Sie nimmt angeblich noch heute Rache dafür, daß sie einst auf der Burg gefangengehalten wurde.

Hier im Norden Estlands und auch weiter im Osten liegt die Heimat des estnischen

Nationalhelden Kalevipoeg. Aus zahlreichen älteren Volksmythen entstand im letzten Jahrhundert ein Epos, das in fast 19 000 Versen die Geschichte des Helden erzählt. Er wurde zum Symbol für den Kampf der Esten um Freiheit und Unabhängigkeit. Kalevipoeg kämpfte tapfer gegen die »Eisenmänner«, die mit Sicherheit ein rotes, dann ein schwarzes Kreuz auf weißem Mantel trugen; gegen Feinde aus dem Norden und aus dem Osten. Er ist ein tragischer Held, der sogar der estnischen Landschaft seinen Stempel aufgedrückt hat: Dort, wo er sich niederlegte, entstan-

den Täler und Hügel; in Wierland pflügte er seine Felder und schuf, wo früher riesige Wälder standen, fruchtbare Äcker und kleine Seen. Im Osten Estlands schleuderte er Steine durch die Luft, baute Brücken und Festungen, häufte Berge auf. Kalevipoeg ist der Sohn des Königs Kalev, für den seine Mutter Linda den Domberg in Reval als Grabstätte aufgehäuft hatte. Aber er hat seinen Vater nie gesehen, denn er kommt erst nach dessen Tod auf die Welt. Kalevipoeg wächst zu einem Riesen heran und entwickelt ungeheure Körperkräfte. Er besteht zahlreiche Abenteuer, aber er darf nicht heldenhaft sterben. Als Linda, Kalevipoegs Mutter, von einem finnischen Zauberer entführt wird, setzt er ihr nach und durchwatet das »große Meer«. Bei einem finnischen Schmied erwirbt er ein Riesenschwert, um seine Mutter zu befreien und sie zu rächen. Er gerät aber mit dem Sohn des Schmiedes in Streit und tötet ihn. Der unglückliche Vater schleudert Kalevipoeg einen Fluch hinterher: Er solle einst durch sein eigenes Schwert umkommen. Als er Feinde verfolgt und einen Fluß überqueren will, erfüllt sich der Fluch. Sein eigenes Schwert schneidet ihm beide Beine ab. Auf Knien jagt Kalevipoeg dem Feind hinterher, so lange, bis ihn die Kräfte verlassen und er stirbt. Auf dem Weg zur Hölle hielten himmlische Kräfte seine Hand in einem Felsen fest. Wenn er einst freikommt, dann wird er zu seinem Volk zurückkehren und ihm eine neue Zukunft geben.

Nicht weit vom Peipussee liegen unter einer großen Eiche die Beine des estnischen Riesen begraben. Die Eiche steht auf dem Gelände des orthodoxen Nonnenklosters Pühtitsa, das am Ende des 19. Jahrhunderts auf dem sogenannten Kranichberg gegründet wurde. Ganz in der Nähe entspringt eine heilige Quelle. Menschen aus der Umgebung kommen jeden Tag mit

Der Fluß Narwa trennt schon immer den östlichen und westlichen Kulturkreis. Rechts Estland, links Rußland

allerlei Behältern hierher, um das wundersame Wasser zu schöpfen und mit nach Hause zu nehmen. Das Kloster selbst ist eine einmalige Anlage, in der heute rund 150 Nonnen leben und sich selbst versorgen. Uns begegneten während der Recherchenreise auffallend viele junge Frauen, die bereits das schwarze Gewand tragen, und während des Gottesdienstes knien kleine, ärmlich gekleidete Mädchen verzückt vor den Ikonen.

Die Inspektoren von der Marienburg reiten weiter nach Osten, nach **Narwa**, dem äußersten Vorposten des Ordens in Richtung Rußland. Von weitem schon ist die Hermannsfeste sichtbar, sie liegt direkt am Ufer der Narwa. Der »Lange Hermann«, ein 50 Meter hoher Turm, überragt die Anlage.

Bereits um 1220, als die Dänen noch den Norden Estlands beherrschten, wurde mit dem Bau einer Befestigung begonnen, und

schon Mitte des 13. Jahrhunderts stand hier eine kleine Zitadelle. Als die Hermannsfeste 1346 an den Orden fiel, wurde sie in ein Konventshaus umgewandelt, bekam also vier miteinander verbundene Flügel und einen Innenhof auf viereckigem Grundriß. Der »Lange Hermann«, der seinen Namen im 16. Jahrhundert erhalten hat, ist der Kern der Anlage. Seine Mauern sind stellenweise vier Meter dick. Im ersten Stock des Turms befand sich die Burgkapelle, die mit dem Refektorium, dem Speisesaal im Westflügel der Anlage, verbunden war. Im Westflügel lagen auch die Schlafräume für die Ritter. Im Nordflügel residierte der Statthalter des Ordensmeisters, der Vogt. Hier gab es dazu im Erdgeschoß eine große Küche und im ersten Stock eine prachtvolle Empfangshalle.

Die Burg von Narwa, die am Ende des Zweiten Weltkrieges stark zerstört war, wurde wieder aufgebaut und liebevoll restauriert. In den neun Stockwerken des »Langen Hermann« und in den anderen Räumen sind viele kleine Museen untergebracht. Und vom Wehrgang, fast an der Spitze des Turms, genießt man einen phantastischen Blick über die Stadt und hinüber nach Rußland, zur Festung **Iwangorod**, die erst Ende des 15. Jahrhunderts errichtet wurde. Vorher gab es augenscheinlich keinen Anlaß, Macht auf diese Weise zu demonstrieren.

Estland und Rußland werden, heute wie im 15. Jahrhundert, durch die Narwa getrennt. Über die einzige Brücke fließt der kleine Grenzverkehr. In Narwa selbst aber kommt es zwischen Esten und der überwiegend russischen Bevölkerung immer wieder zu Spannungen, das Ergebnis einer langen gezielten Besiedlungspolitik. Und so darf man sich auch nicht wundern, daß in Narwa der einzige Lenin im ganzen Baltikum steht. Doch welche Ironie: Er steht zu Füßen der ehemals deutschen Hermannsfeste und streckt ausgerechnet seine Hand gen Rußland aus. Von dort kam er, der Fürst Alexander von Nowgorod.

Als die Ordensbrüder im Jahre 1442 Narwa besuchten und in der Burg einkehrten, waren sie am äußersten nordöstlichen Punkt des Ordensstaates angelangt. Damals wie heute bildete der Fluß auch die Grenze zweier Kulturkreise, des östlichen und des westlichen. Es war ruhig auf diesem einsamen Vorposten. Die Besatzung der Burg patrouillierte im Grenzgebiet, doch hier war es seit der legendären Schlacht von 1242 friedlich. Es ist unwahrscheinlich, daß hier jemals die ideale Konventsstärke von zwölf Ritterbrüdern erreicht wurde. In Narwa, heute Narva, endet der offizielle Auftrag der beiden Inspektoren.

Auf dem Rückweg zur Marienburg werden sie noch weitere Ordensburgen besuchen und gewissenhaft ihre Visitationszettel ausfüllen. Bevor sie jedoch die Heimreise antreten, machen sie noch einen Abstecher zum legendären Peipussee, um auch ihren anderen Auftrag zu erfüllen. Hochmeister Konrad von Erlichhausen hatte sie ja um einen Gefallen privater Natur gebeten. Er wollte Näheres über jene legendäre Schlacht erfahren, die vor genau zweihundert Jahren den Orden so empfindlich getroffen hatte.

Natürlich wissen die »Brüder vom Deutschen Hause«, daß sie vor Ort kaum handfeste Zeugnisse finden werden. Doch auf ihrer Reise haben sie bereits viele Mosaiksteinchen zusammengetragen, die vielleicht ein deutlicheres Bild ergeben. Dabei werden sich ihre offiziellen Aufzeichnungen als sehr hilfreich erweisen.

AM ENDE DER WELT

Von Narwa aus orientieren sie sich nach Süden und nehmen den Weg am Fluß entlang. Sie kommen durch menschenleere Gegenden, dichte Wälder und sumpfige Gebiete. Auch hier hat der Riese Kalevipoeg die Landschaft geprägt. Dort, wo er sich schlafen legte, entstanden Täler; in seinen Fußspuren sammelte sich Wasser zu kleinen Seen und Sümpfen; und dort, wo langgezogene Hügel, auch *Drumlins* genannt, das Bild bestimmen, hat er seine Felder bestellt. Zwischen den Hügeln befanden sich die Ackerfurchen. Dieser Reiseabschnitt ist für die Reiter wahrlich kein Vergnügen. Noch heute ist die Gegend kaum besiedelt und nur durch ein paar Schotterpisten erschlossen. Vielleicht sind die Reisenden von der fernen

**Am Peipussee soll 1242 die legendäre Schlacht
auf dem Eis stattgefunden haben. Filmszene**

Marienburg aber auch mit Booten unterwegs, die Narwa hinauf bis zu jener Stelle, an der sie den Peipussee verläßt. Kurz davor liegt die kleinere Ordensburg **Vasknarwa, Neuschloß**, direkt am Flußufer. »Leeres Ende« nennt man diesen Platz; das Ende der damals bekannten Welt. Es gab keinen geeigneteren Ort für Strafversetzungen als Vasknarwa. Die andere Flußseite war und ist bereits russisch, und auch dort existiert weit und breit keine größere Siedlung. Um die heutige Ruine Vasknarwa ist ein kleines Dorf entstanden, dessen größte Attraktion eben diese Ruine ist. Hier – wie überhaupt im ganzen Peipusseegebiet – lebt eine überwiegend russische Bevölkerung. Das dürfte zu Zeiten der Ordensritter auch nicht anders gewesen sein; damals, als es noch keine hermetischen Grenzen gab.

Bereits hinter Vasknarwa weitet sich der Fluß, doch dann liegt er plötzlich vor dem Reisenden, der **Peipussee**, kein See, ein Meer. Das »Meer der Tschuden« wird er auch genannt, nach einem gleichnamigen baltischen Volksstamm.

Die Ordensbrüder, die immerhin die Ostsee kannten, müssen von diesem riesigen Gewässer im Landesinneren überwältigt gewesen sein. Doch wo nur sollten sie suchen? Wo in dieser menschenleeren Gegend etwas über eine Schlacht erfahren? Sie reiten das Ufer entlang nach Süden, durchqueren morastige Gebiete, dann aber streifen sie auch wieder wunderbare, feine Sandstrände. An den Ufern sind ab und zu Fischernetze aufgehängt, also müssen hier Menschen wohnen. Sie treffen sogar auf eine Kate, an der Fische zum Trocknen angenagelt sind. Doch niemand ist da, mit dem sie sprechen könnten. Der Peipussee! Zusammen mit dem südlichen Pskowker See bildet er eine Fläche von über 3500 Quadratkilometern. 30 Flüsse münden in den See, doch nur einer verläßt ihn auch wieder: die Narwa. Ein atemberaubendes Naturschauspiel muß sich schon damals den Reitern geboten haben. Ganz plötzlich können Stürme auftreten und die Wellen hochpeitschen; wegen ihrer Kürze sind sie ganz besonders gefährlich. Im Frühjahr kommt es häufig

vor, daß sich Eisschollen am Ufer türmen, die sich mit einemmal losreißen und auf das Meer treiben. Sie haben schon manchen Fischer, der hier friedlich angelte, mitgenommen. Der See ist noch heute außerordentlich fischreich. Die Bewohner der kleinen Dörfchen am Ufer und auch die wenigen Menschen auf einigen kleinen Inseln leben vom Fischfang.

Während unserer Recherchenreise konnten wir mit dem wortkargen Postboten zur Insel Piri übersetzen. Einmal am Tag unternimmt er mit seinem lecken Holzboot diese Tour. Der Motor ist nicht mehr der jüngste, und er stirbt unterwegs mehrfach ab. Eine Stunde dauert es, bis wir in Piri anlegen können. Der Weg zum kleinen Hafen führt durch einen langgezogenen Kanal, ein wahres Paradies für Wasservögel. Unverfälschte Natur. Im Hafen von Piri, nicht mehr als eine Plattform mit Schuppen und schmalem Landungssteg, tummeln sich die Kinder des winzigen Dorfes. Ein Sandweg führt zu den wenigen Häusern und zur kleinen Kirche mit Friedhof. Russische Grabinschriften bezeugen, daß auch hier seit langem eine überwiegend russische Bevölkerung zu Hause ist. Heute, so erzählt man uns, lebt nur eine einzige estnische Familie auf der Insel. Zwölf Häuser gibt es auf Piri und sogar einen Traktor. Üppige Gemüse- und Blumengärten dienen der Selbstversorgung, und den Fisch, den hat man ohnehin zuhauf. Auch hier wird er an die Hauswände angenagelt, damit er trocknet, oder einfach auf eine Leine aufgefädelt und zwischen Stangen aufgehängt. Stockfisch eben. Das Festland erreichen wir gerade noch, bevor ein Gewitter losbricht und den Peipussee von seiner gefährlichen Seite zeigt. Alte Quellen hatten angegeben, daß bei der Insel Piri die siegreiche Schlacht Alexander Newskis gegen den Deutschen Orden stattgefunden haben soll. Dies hat sich inzwischen als falsch herausgestellt.

Heute vermutet man den Kampfplatz noch weiter südlich, an der engsten Stelle zwischen Peipussee und Pskowker See, aber auf russischer Seite. Es war leider unmöglich, dorthin zu gelangen.

Trotz seiner Unberechenbarkeit war das »Meer der Tschuden« seit frühester Zeit ein wichtiger Verkehrsweg. Über dieses Gewässer liefen die Handelsverbindungen der Hansestädte an der Ostsee nach Rußland, nach Pskow (Pleskau), Nowgorod und noch weiter ins Landesinnere. Auch frühere Reisende, die in die russischen Fürstentümer wollten, nahmen ihren Weg zuweilen über den See, wenn sie nicht die Ostsee befuhren.

Als die beiden Ordensbrüder den Peipussee erreichten, war die Eroberung der heu-tigen baltischen Länder durch den Deutschen Orden abgeschlossen. Die Grenze nach Rußland verlief hier am See, und hinter ihr lag ein reiches, weithin unbekanntes Land, das den machthungrigen Ritterbund schon früh reizte.

DAS LAND JENSEITS DES SEES

Wir schauen zurück in die Geschichte des frühen russischen Reiches, das als solches im 13. Jahrhundert noch nicht bestand. Rußland, der Einfachheit halber nennen wir es so, war in verschiedene mehr oder weniger mächtige Fürstentümer aufgeteilt, die zum Teil voneinander abhängig waren. **Nowgorod**, obwohl »Neustadt« genannt, ist eine der ältesten Siedlungen im ostslawischen Raum. Hier lag bereits im 9. Jahrhundert ein wichtiger Handelsplatz der Skandinavier, der Waräger, die der Sage nach den ersten russischen Staat, das Kiewer Reich, gegründet haben sollen. Für die Fürsten von Kiew wurde Nowgorod zu einem wichtigen Standbein, denn es wurde meist an den ältesten Fürstensohn übergeben. Schon sehr früh entstand zwischen beiden Städten eine gesunde Rivalität, die wiederum das Wachstum von Nowgorod beschleunigte. Günstig für die Entwicklung war auch die Grenzlage Nowgorods im Einflußbereich von Skandinavien und später vom Westen. Kiew verlor in der Folgezeit jedoch immer mehr die Herrschaftsgewalt über Nowgorod, und damit büßte auch der dortige Regent an Macht ein. Die Nowgoroder Bevölkerung machte sich von ihren fürstlichen Oberhäuptern unabhängig. Der Fürst mußte eine Residenz außerhalb der Stadt beziehen, und man wählte in eigener Verantwortung einen Statthalter. Seit 1136 wurde der Bürgermeister durch eine Volksversammlung bestimmt. Gegen Ende des 12. Jahrhunderts verlor der Fürst auch noch seine Ge-

Schon mit der Gründung des Livländischen Schwertbrüderordens (1202) jedoch kehrten sich die Vorzeichen um. Seit etwa 1224 kam es zunehmend zu kriegerischen Auseinandersetzungen zwischen dem Orden und den Russen. Die 1030 von Jaroslaw dem Weisen eingenommene estnische Festung Tarbate, russisch Jurjew, wurde 1224 nach mehreren Anläufen

Nowgorod, die Stadt des Fürsten Alexander Newski. Kupferstich von 1656

richtsbarkeit und die Kontrolle über das Militär.

Schon 1189 wurde ein Handelsvertrag zwischen Nowgorod und der Hanse geschlossen, die dort eines ihrer vier Kontore einrichtete; es folgten Vereinbarungen mit Polozk und Smolensk. Vom Westen strömten deutsche Kaufleute ins Land, vom Norden kamen Händler aus Gotland. Damals reichte der Einfluß Nowgorods bis an die untere Düna und bis nach **Dorpat**, das heutige **Tartu**, nicht weit vom Peipussee gelegen.

vom Schwertbrüderorden erobert und in Dorpat umbenannt. Laut Überlieferung ließ man nur einen Mann am Leben, damit er die Kunde nach Rußland bringen konnte. In diesen Zeiten war es schwierig, Handelsinteressen, Missionsauftrag und Machtspiele unter einen Hut zu bringen.

Während Nowgorod in seinen Mauern deutsche Kaufleute beherbergte, entwickelte sich der Deutsche Orden zu einem Feind. Möglicherweise wäre es schon bald von beiden Seiten aus zu gezielten Kriegsmanövern gekommen, hätte sich nicht tief im Inneren Rußlands ein anderes Ereignis angebahnt. Dieses Ereignis beeinflußte auch den Fortgang der Ordensgeschichte: Im fernen, wilden Osten, in den Steppen der Mongolei, kam es 1206 zur Gründung des Mongolenreiches. Schon bald stieg es zu einem Weltreich auf. Unter Dschingis Khan expandierte man nach allen Seiten. Die mongolischen Reiter stießen bis in die südrussischen

In den nächsten beiden Jahren unternahmen die Mongolen nur kleinere Kriegszüge, doch im Dezember 1240 fiel auch Kiew in ihre Hand. Dann drangen sie bis nach Polen und Ungarn vor. Am 9. 4. 1241 besiegten sie beim schlesischen Liegnitz ein deutsch-polnisches Heer, angeblich unter Einsatz von Gas. Sicher wären sie noch weiter durch Europa gestürmt, doch sie zogen sich zurück, als der Großkhan

Ruine der Deutschordensburg im russischen Isborsk. Foto von 1938

Ebenen vor, wo es 1223 zu einer ersten Niederlage verschiedener russischer Fürstenheere kam. Die Mongolen zogen sich dieses Mal aber wieder zurück. Doch die Katastrophe sollte noch kommen.

Nach dem Tod Dschingis Khans (1227) gelang es seinem zweiten Sohn Batu, das russische Reich zu erobern und unter mongolische Herrschaft zu zwingen. Der Feldzug gegen Rußland begann 1237. Die wendigen Reiter stießen bis zu den nordostrussischen Fürstentümern vor, eine Stadt nach der anderen fiel. Das stolze Nowgorod hingegen entging dem Mongolensturm nur, weil die kleine Stadt Torschok zwei Wochen erbitterten Widerstand leistete und dann Tauwetter einsetzte, das Batu zum Rückzug veranlaßte.

im fernen Karakorum gestorben war. Entscheidungen über die Nachfolge mußten getroffen werden.

Das westliche Europa entging damals einer Katastrophe, doch die russischen Fürstentümer sollten noch lange unter den Mongolen leiden. Jetzt, 1240, galt es zunächst, sich vom ersten Schock zu erholen. Viele Handelsstädte waren durch die Mongolen zerstört worden und verarmt, die Bevölkerung war stark dezimiert. An einen größeren Widerstand gegen die Eindringlinge aus dem Osten war nicht zu denken, vielmehr mußte man sich um den Wiederaufbau kümmern. Dieser aber war auch nur in bescheidenem Maße möglich, denn die Mongolen verlangten hohe Tribute und

verpflichteten die russischen Fürsten sogar zu Huldigungsreisen in die mongolischen Zentren.
Im Norden und Westen beobachtete man die Entwicklung in Rußland mit großem Interesse. Die Gelegenheit für eine Expansion schien günstig. Die Schweden versuchten es als erste. Sie drangen im Sommer 1240 von Finnland aus gegen Nowgorod vor und riegelten die Newa ab, um der Stadt den Zugang zum Meer zu versperren. Doch sie kamen nicht weit. Bereits an der Newa wurden sie von Fürst Alexander von Nowgorod (1219–1263) entscheidend geschlagen. Seitdem trägt Fürst Alexander den Beinamen Newski.
Im Westen wußte man auch, daß sich Nowgorod freiwillig den Mongolen unterworfen hatte, daß es Fürst Alexander vorzog, eher mit den Heiden zusammenzuarbeiten als sie zu bekämpfen. Aber der Deutsche Orden kannte auch andere Stimmen in der Stadt, die aufgrund ihrer guten Handelsbeziehungen mit dem Westen nichts gegen eine westliche Herrschaft einzuwenden gehabt hätten. Der Deutsche Orden startete seinerseits einen Versuch und eroberte 1240 die Grenzfeste **Isborsk**, besetzte die Stadt Pleskau (Pskow), nahm die Burg Koporje, direkt am Handelsweg zwischen dem Baltikum und Nowgorod. Bereits 1241 führten verschiedene Streifzüge bis vor Nowgorod. Dort hatte inzwischen die »russische« Partei die Oberhand gewonnen. Alexander, der nach dem Sieg über die Schweden die Stadt verlassen hatte, da ihm dort als Fürst keine Rechte zustanden, wurde zurückgeholt. Er sollte Nowgorod gegen den Orden verteidigen, der sich mit den Dänen aus Estland verbündet hatte. Das Unternehmen wurde von Papst Innozenz IV. unterstützt, der gegen die wilden Mongolen eine christliche Koalition schaffen wollte.

ALEXANDER UND DER GROSSE SIEG

Zusammen mit seinem Bruder Andrej vertrieb Alexander die Ordensritter aus der Festung Koporje, dann aus Pskow. Den Höhepunkt seines Feldzuges gegen den Deutschen Orden aber bildete jene legendäre Schlacht am 5. April 1242 auf dem Peipussee, die mit einer vernichtenden Niederlage der Männer mit dem schwarzen Kreuz endete. Soweit die allgemeine Sicht der Ereignisse.
Sowjetische Wissenschaftler haben sich ganz genau mit der Kriegstaktik Alexanders befaßt und folgendes festgehalten: Die Schlacht fand an einem Samstag statt. Schon im Morgengrauen formierte sich das russische Heer um seinen hervorragenden Führer Alexander vor Ort. Hinter ihnen lag das waldbewachsene Ufer des Sees, rechts, noch von dickem Eis bedeckt, lag das »Meer der Tschuden«. Im heraufbrechenden Tag sahen die Russen, daß sich vom gegenüberliegenden Ufer, geradewegs über das Eis, die Ordensritter wie eine dunkle Lawine näherten. Und als die Sonne endlich hervorbrach, da konnten sie auch die Schlachtordnung der Kreuzritter erkennen. Die Sonnenstrahlen ließen die metallenen Rüstungen funkeln. In ihren Reihen wehte die Ordensfahne, und die weißen Mäntel leuchteten. Um einen Pulk schwerbewaffneter Reiter hatten sich andere Krieger mit leichteren Waffen geschart. Die Russen aber standen wie eine Mauer und warfen sich todesmutig vor die schwergepanzerten Pferde. Durch verschiedene Attacken versuchten die russischen Krieger, das Vorwärtsdringen der Ordensritter zu verhindern. Die

stürmten mit ihren schweren Panzerungen direkt in das Herz der russischen Truppen. Der Sieg der Feinde schien zum Greifen nahe. Doch die Russen konzentrierten sich nun auf die schwach geschützten Flanken. Das erwies sich als besonders effektiv. Die militärische Ordnung des Ritterheeres brach auseinander, Pferde und Kämpfer bildeten eine wirre Masse, die von allen Seiten von russischen

Salomon gekommen war, um dessen Weisheit zu erfahren; so kam auch dieser, mit Namen Andreas, und nachdem er den Fürsten Alexander Jaroslawitsch gesehen hatte, kehrte er zu den Seinen zurück und sagte: Ich war in vielen Ländern und bei vielen Völkern, bin aber weder einem solchen König unter den Königen noch einem solchen Fürsten unter den Fürsten begegnet.«

Alexander Newski schlägt das Heer des Deutschen Ordens. Zeichnung von Ludwig Freiherr von Maydell 1839

Kämpfern umgeben war. Durch das Gewicht ihrer Ausrüstung brach das Eis des Sees, und viele Ritter versanken in den Fluten des Peipussees.

Alexander Newski starb im Jahre 1263 auf dem Rückweg seiner insgesamt vierten Reise zum Mongolenkhan. Nur wenig später entstand die »Vita des Fürsten Alexander Newski«, eine Mischung aus Heiligenlegende und Kriegsbericht. Sie steht am Anfang des Kultes um diesen Nowgoroder Fürsten.

In dieser Vita heißt es: »Und es kam aus dem Land im Westen einer von denen, die sich ›Diener Gottes‹ nennen, um des Fürsten erstaunliche Größe zu sehen, wie einst die Herrscherin des Südens zu König

Alexander vertraute bei allen seinen Taten den russischen Nationalheiligen Boris und Gleb, die ihm während der Schlacht gegen die Schweden erschienen waren.

»Im zweiten Jahr nach der siegreichen Heimkehr des Fürsten Alexander Jaroslawitsch kamen Leute aus dem Land im Westen und bauten eine Festung in Alexanders Reich. Der Großfürst Alexander Jaroslawitsch zog eilends aus und zerstörte die Feste bis auf die Grundmauern. Einen Teil der Leute ließ er töten, andere führte er mit sich in die Gefangenschaft, der übrigen aber erbarmte er sich und ließ sie frei, denn er war über alle Maßen gnädig.«

»Im dritten Jahr aber brach der Großfürst mit einem großen Heer gegen das deutsche Land auf, damit sich die Deutschen nicht brüsteten und sagten: ›Laßt uns das slawische Volk demütigen!‹ Schon hatten sie nämlich die Stadt Pskow eingenommen und ihre Vögte dort eingesetzt. Der Großfürst Alexander Jaroslawitsch ließ diese festnehmen und befreite die Stadt Pskow aus der Knechtschaft. Und er bekriegte das deutsche Land, brandschatzte es und machte Gefangene ohne Zahl, andere hieb er nieder. Wieder andere versammelten sich in einer Stadt und sprachen: ›Laßt uns den Fürsten Alexander Jaroslawitsch besiegen und ihn mit unseren Händen fangen!‹«

Über die Schlacht selbst berichtet diese früheste Aufzeichnung:

»Es war an einem Samstag. Bei Sonnenaufgang trafen die beiden Heere aufeinander. Es war ein grausames Gemetzel, ein Krachen und Bersten der Lanzen und ein Klirren der Schwertklingen, so als sei das gefrorene Meer in Bewegung geraten; das Eis war nicht zu sehen, alles war mit Blut bedeckt.«

Keine Rede davon, daß die Ritter im Eis eingebrochen sind. Dafür aber standen himmlische Heerscharen dem Nowgoroder Fürsten bei seinem Sieg zur Seite. Nach dem Tode Alexanders, so die Vita, ereignete sich noch ein Wunder:

»Nachdem die heilige Handlung über seinem teuren Leib beendet war, trat der Metropolit Kirill heran und wollte des Toten Hand öffnen, um das Sündenerlaßgebet hineinzulegen. Da streckte der Großfürst wie ein Lebender die Hand aus und empfing die Urkunde aus der Hand des Metropoliten.«

In den nächsten Jahrhunderten wurde Alexander Newski zum Symbol erfolgreicher Verteidigung Rußlands gegen Feinde aus dem Westen. Und er wurde zum Nationalheiligen, der seine Siege mit Hilfe überirdischer Mächte erringen konnte. Sein Taktieren mit den Mongolen, das

dem Nordwesten Rußlands sicher einiges erspart hat, rückt dabei gern in den Hintergrund. Es wurde schon von vielen Zeitgenossen nicht gutgeheißen. Im russischen Geschichtsbild vereinfachen sich die Ereignisse von 1242 dramatisch. Sie kulminieren in unserem Jahrhundert.

Doch vorerst wurde Alexander Newski im Jahre 1546 heiliggesprochen. Nirgendwo steht geschrieben, daß er ein besonders gottgefälliges Leben geführt hat, doch immerhin traf er Entscheidungen, die von religiöser Tragweite waren. Seit seinem Sieg über ein Ordensheer stellte der Deutsche Orden seine Missionierungsversuche im Osten ein; der Peipussee und die Narwa bildeten die Grenze zwischen römisch-katholischem und orthodoxem Glaubensgebiet. Mit dem Sieg über den Westen war auch ein Preis verbunden, den Alexander zahlte: Er unterwarf sich den »Ungläubigen« aus den Steppen Asiens. Und gerade wegen dieser unpopulären Politik darf man annehmen, daß schon seine Zeitgenossen alles daransetzten, ihn wenigstens in die Nähe eines Heiligen zu rücken, der weltliche Taten vollbrachte.

Nicht alle russischen Quellen, vor allem spätere Chroniken, stimmten in den Jubelgesang über diesen Helden ein. Doch bis heute liefert der Grenzkonflikt, der nicht selten als ein großer »Operationsplan« des Papstes dargestellt wird, propagandistische und ideologische Motive. Peter der Große ließ 1724 die Gebeine des Nowgoroder Fürsten von Wladimir nach St. Petersburg überführen; hier wurde er in dem von Peter I. gegründeten Alexander-Newski-Kloster beigesetzt. Kurz nach dem Tod des Zaren wurde der Newski-Orden als hohe Auszeichnung gestiftet. Unmittelbar nach der Oktoberrevolution abgeschafft, führte Stalin diesen Orden im Juli 1942 als Militärorden wieder ein. Im Jahre 1938 entstand Sergei Eisensteins Filmepos »Alexander Newski«. Es hat di-

rekte Bezüge zur politischen Lage in seiner Zeit. Der Regisseur schrieb während der Dreharbeiten: »Das Thema des Patriotismus und des nationalen Widerstandes gegen den Aggressor, das ist das Thema, von dem der Film erfüllt ist.« Und im Film heißt es warnend an die Adresse der Deutschen: »Mögen sie ohne Furcht als Gäste zu uns kommen. Aber wenn jemand mit dem Schwert zu uns kommt, wird er durch das Schwert umkommen!«
Nach Abschluß des deutsch-sowjetischen Nichtangriffspaktes verschwand Eisensteins Kinodrama in den Archiven, doch seit dem Überfall deutscher Truppen auf die Sowjetunion am 22. Juni 1941 wurde es verstärkt als Propagandamittel eingesetzt. Dramatischer Höhepunkt ist die Schlacht auf dem Eis, die im Film über

WAHRHEIT ODER PROPAGANDA?

Doch wie groß war die Gefahr im Jahre 1242 wirklich? Hat es jemals ein so blutiges Massaker gegeben?
Die Ordensbrüder von der Marienburg kannten bereits verschiedene Berichte über die Schlacht. Von einem Fischer am Peipussee erfahren sie die russische Version der Geschichte. Über sieben Werst, das sind an die sieben Kilometer, haben

Das Heer des Deutschen Ordens auf dem Eis des Peipussees. Szene aus dem Film »Alexander Newski« 1938

30 Minuten dauert. Vielleicht hatte sie Josef Stalin vor Augen, als er am 7. November 1941 in einer Rede auf dem Roten Platz in Moskau sein bedrohtes Land und seine bedrängte Rote Armee an Alexander Newski, den strahlenden Sieger über die Gefahr aus dem Westen, erinnerte.

angeblich damals die Toten gelegen; Tausende seien – so wie in Eisensteins Film – mit dem brechenden Eis im See ertrunken.
Doch die Inspektoren sind nachdenklich geworden, sehr nachdenklich. Sie erinnern sich, daß der Orden um 1240 gerade

eben in Livland und in Estland Fuß gefaßt hatte. Die meisten Ordensburgen waren noch gar nicht erbaut. Auch in Narwa gab es nur eine kleine dänische Zitadelle. Und die Ordensburgen, in denen sie Station gemacht hatten, waren häufig hoffnungslos unterbesetzt. Woher sollten dann zweihundert Jahre früher all die vielen Ritter gekommen sein? Damals kannte man auch noch keine ausgedehnten Livlandfahrten, ihr »Abenteuerwert« sprach sich gerade erst in Europa herum. Schon in Riga hatten die beiden Inspektoren gehört, daß die livischen Ordensbrüder meist in regionale Streitereien verwickelt waren. Dabei nahmen sie auch das Schwert zu Hilfe, doch große Schlachten mit Massen von Menschen? Wie konnte man ein Heer von Soldaten in der Wildnis Nordosteuropas überhaupt verpflegen? Das Gelände aus Sümpfen und undurchdringlichen Wäldern war außerdem für größere Truppenbewegungen völlig ungeeignet. War es nicht für den Orden überdies sinnvoll, zunächst die Macht innerhalb Livlands zu sichern und dann vielleicht weiter gen Osten zu ziehen? Die Brüder von der Marienburg erinnern sich außerdem an die Livländische Reimchronik, die nichts von einer großen Schlacht berichtete, obwohl ihr Verfasser fast ein Zeitzeuge war. Was geschah also wirklich? Man weiß, daß vor allem in Livland seit Gründung des Schwertbrüderordens (1202) drei Interessengruppen im ständigen Streit lagen: die Kurie, vertreten durch die Bischöfe von Riga und Dorpat, der Orden und schließlich die Kaufmannschaft, die gerade hier – im heutigen Estland – ganz stark vom Handel mit Nowgorod profitierte. Sämtliche Machtinteressen gipfelten damals bereits in Besitzansprüchen, jede Partei versuchte auf eigene Faust, ihr Territorium zu erweitern. Und so hat es nicht nur Streitereien um Nachbargrundstücke gegeben, sondern auch waghalsige Überfälle auf fremdes, feindliches Gebiet. Ein Vorgehen, das in einer Grenzregion nie ganz auszuschließen ist, noch dazu, wo die Grenzen so fließend waren wie im 13. Jahrhundert.

Aller Wahrscheinlichkeit nach hat es sich bei der »großen Schlacht« um regionale Konflikte gehandelt, die damals an der Tagesordnung waren und auch dem Lebensgefühl, vor allem des Ordens, entsprachen: Aktionen bei Nacht und Nebel mit kleiner Mannschaft in unbekanntem Gebiet. Daß ihnen ein Vergeltungsschlag folgte, ist nur zu verständlich. Möglicherweise hat auch die Eroberung von Pskow eine solche Vorgeschichte. Dort gab es deutsche Kaufleute, die zwar ihre eigenen Interessen wahrten, in deren Gefolgschaft aber die ersten Missionare in den Nordosten kamen. Vielleicht haben sie manchen Ordensritter, manche Ordensfamilie, die meist mit mehreren Mitgliedern in den neuen Gebieten vertreten war, unterstützt und ermuntert, sich niederzulassen. Landraub war nichts Ehrenrühriges. Und daß der Fürst von Nowgorod aufbrach, um die Stadt Pskow zu »befreien«, läßt sich durch die enge Handelsallianz zwischen den beiden wichtigen Städten erklären. Aber dies alles liegt weitgehend im Dunkel, so wie die wahre Geschichte der Schlacht auf dem Eis.

Im Sommer des Jahres 1442 erreichen die beiden Inspektoren wieder wohlbehalten die Marienburg. Sie werden ihre Vermutungen dem Ordensmeister vortragen und die Visitationszettel der einzelnen Ordensburgen vorlegen. Leider ist ein Teil davon verlorengegangen, doch das, was erhalten blieb, hat unsere Geschichte mit Fakten bereichert. Dennoch: Jener Landstrich am Baltischen Meer, fast vor unserer Haustür und doch so fern, steckt noch immer voller Geheimnisse.

LITERATURVERZEICHNIS

BABYLON TOWER

ALLINGER-CSOLLICH, WILFRIED: Birs Nimrud 1, Baghdader Mitteilungen, Band 22. Berlin 1991

ANDRAE, WALTER: Das wiedererstandene Assur. München 1977

ders: Lebenserinnerungen eines Ausgräbers. Stuttgart 1988

ANDRAE, WALTER/RAINER MICHAEL BOEHMER: Bilder eines Ausgräbers. Berlin 1992

CASSIN, ELENA/JEAN BOTTÉRO/JEAN VERCOUTTER (Hrsg.): Die Altorientalischen Reiche I–III, Reihe Weltgeschichte. Augsburg 1998

DAMEROW, PETER/ ROBERT K. ENGLUND/HANS J. NISSEN (Hrsg.): Frühe Schrift und Techniken der Wirtschaftsverwaltung im alten Vorderen Orient. Berlin 1990

EISELE, PETRA: Babylon. Bern und München 1980

FISCHER, RUDOLF: Babylon. Stuttgart 1985

GANZERT, JOACHIM (Hrsg.): Der Turmbau zu Babel. Biberach 1997

HERODOT: Historien. München 1977

HROUDA, BARTHEL (Hrsg.): Der Alte Orient. München 1991

KLENGEL-BRANDT, EVELYN: Der Turm von Babylon. Berlin/Leipzig 1992

KOLDEWEY, ROBERT: Das wieder erstehende Babylon. München 1990

MINKOWSKI, HELMUT: Aus dem Nebel der Vergangenheit steigt der Turm zu Babel. Berlin 1960

NIEBUHR, CARSTEN: Reisebeschreibung nach Arabien und anderen umliegenden Ländern. Zürich 1993

SCHMID, HANSJÖRG: Der Tempelturm Etemenanki in Babylon. Mainz 1995

SCHOTT, ALBERT: Das Gilgamesch-Epos. Stuttgart 1958

SEIPEL, WILFRIED/ALFRED WIECZOREK: Von Babylon bis Jerusalem, Band 1–3. Mannheim 1999

UEHLINGER, CHRISTOPH: Weltreich und »eine Rede«. Göttingen 1990

UNGER, ECKHARD: Babylon. Berlin und Leipzig 1931

WETZEL, FRIEDRICH/F. H. WEISSBACH: Das Hauptheiligtum des Marduk in Babylon, Esagila und Etemenanki. Osnabrück 1967

WILHELM, GERNOT (Hrsg.): Zwischen Tigris und Nil. Mainz 1998

WISEMANN, J.: Nebuchadnezzar and Babylon. Oxford 1985

SCHWERTBRÜDER

ATIENZA, JUAN GARCÍA: Guia de la España templaria. Barcelona 1987

AUBARBIER, JEAN-LUC/MICHEL BINET: Les sites Templiers de France. Rennes 1997

BRINCKEN, ANNA-DOROTHEE VON DEN: Die *Nationes Christianorum Orientalium* im Verständnis der lateinischen Historiographie von der Mitte des 12. bis in die zweite Hälfte des 14. Jhs. Köln und Wien 1973

CHARPENTIER, LOUIS: Macht und Geheimnis der Templer. Olten und Freiburg i. B. 1978

COSTA, BERNARDO DA: Historia da Militar Ordem de Nosso Senhor Jesus Christo. Coimbra 1771. Faksimile-Reprint Lisboa 1997

DEMURGER, ALAIN: Die Templer. Aufstieg und Untergang 1118–1314. München 1992

ELM, KASPAR: Der Templerprozeß (1307 bis 1312); in: Macht und Recht. Große Prozesse in der Geschichte, hrsg. von Alexander Demandt, München 1990, S. 81–101

ERDMANN, C.: Der Kreuzzugsgedanke in Portugal; in: Historische Zeitschrift Bd. 141/H. 1, München und Berlin 1929, S. 23–53

FINKE, HEINRICH: Papsttum und Untergang des Templerordens. 2 Bde. Münster 1907

GUINGUAND, MAURICE: L'or des Templiers. Paris 1973

KIRCHNER, GOTTFRIED: Der Schatz der Tempelritter. Spurensuche in Kastilien; in: TERRA-X. Schatzsucher, Ritter und Vampire, München 1995, S. 8–43

KNEFELKAMP, ULRICH: Die Suche nach dem Reich des Priesterkönigs Johannes. Gelsenkirchen 1986

KURTH, FRIEDRICH: Der Anteil niederdeutscher Kreuzfahrer an den Kämpfen der Portugiesen gegen die Mauren; in: Mitteilungen des Instituts für österreichische Geschichtsforschung. 8. Ergänzungsband, Innsbruck 1911, S. 131–252

MAHIEU, JACQUES DE: Die Templer in Amerika oder Das Silber der Kathedralen. Tübingen 1979

MARTINEZ DIEZ, GONZALO: Los templarios en la corona de Castilla. Burgos 1993

PARASCHI, ANDRÉ JEAN: Portugal mágico dos Templarios. Ericeira/Portugal 1993

PRUTZ, HANS: Die geistlichen Ritterorden. Ihre Stellung zur kirchlichen, politischen, gesellschaftlichen und wirtschaftlichen Entwicklung des Mittelalters. Berlin 1908

QUADROS, ANTÓNIO: Portugal, Razão e Mistério. Lisboa 1986

ROSADO CORREIA, JOÃO: Monsaraz e o seu termo. Lisboa 1994

SCHÄFER, HEINRICH: Geschichte von Portugal. 5 Bde. Hamburg 1836

SCHROETER, J. FR.: Spezieller Kanon der zentralen Sonnen- und Mondfinsternisse, welche von 600 bis 1800 n. Chr. in Europa sichtbar waren. Kristiania 1923

DIE JAGD NACH DER BUNDESLADE

ANDREWS, RICHARD: Tempel der Verheißung. Das Geheimnis des heiligen Berges von Jerusalem. Bergisch Gladbach 1999

ASSMANN, JAN: Moses der Ägypter. München 1998

BECK, ANDREAS: Der Untergang der Templer. Freiburg 1998

BEYER, ROLF: König Salomo. Bergisch Gladbach 1993

Das große Bibellexikon. Gießen/Wuppertal 1990

DIMOTHEUS, R. P.: Deux Ans de Séjour en Abyssinie ou Vie Morale, Politique et Religieuse des Abyssiniens. Jerusalem 1871

HANCOCK, GRAHAM: Die Wächter des Heiligen Siegels. Bergisch Gladbach 1994

Die Heilige Schrift. Vollständige Ausgabe, nach den Grundtexten übersetzt von Vinzenz Hamp, Meinrad Stenzel und Josef Kürzinger. Augsburg 1990

JOSEPHUS, FLAVIUS: Geschichte des Judäischen Krieges. Leipzig 1994

KENYON, K. M.: Jerusalem – Die heilige Stadt von David bis zu den Kreuzzügen. Bergisch Gladbach 1968

NAREDI-RAINER, PAUL VON: Salomos Tempel und das Abendland. Köln 1994

NEHER, ANDRÉ: Moses. Hamburg 1984

RUNCIMAN, STEVEN: Geschichte der Kreuzzüge. München 1968

THOMPSON, J. A.: Hirten, Händler und Propheten. Gießen 1996

DAS WÜSTENORAKEL

ALMÁSY, LADISLAUS: Schwimmer in der Wüste. Auf der Suche nach der Oase Zarzura. Innsbruck 1997

BAGNOLD, RALPH: Libyan Sands. London 1935

BLISS, FRANK: Siwa, die Oase des Sonnengottes. Leben in einer ägyptischen Oase vom Mittelalter bis in die Gegenwart. Bonn 1998

FAKHRY, AHMED: The Egyptian Deserts. Siwa Oasis. Its History and Antiquities. Cairo 1944

ders: Siwa Oasis. Cairo 1973

GERMER, RENATE: Das Geheimnis der Mumien. Ewiges Leben am Nil. München 1997

HERODOT: Neun Bücher der Geschichte. Essen 1990

HORNEMANN, FRIEDRICH: Tagebuch seiner Reise von Cairo nach Murzuck. Hildesheim 1997

HUGHES, THOMAS PATRICK: Lexikon des Islam. Wiesbaden 1995

KUHLMANN, KLAUS P.: Das Ammoneion. Archäologie, Geschichte und Kultpraxis des Orakels in Siwa. Mainz 1988

PRETENDERIS, I. K.: Die Jäger des verlorenen Grabes – Anatomie einer Hysterie. Beitrag in »Antike Welt«. Mainz 1995

REISCH, MAX: Siwa, Sinai und Sid. Bern 1958

ders: Mausefalle Afrika. Berg 1962

ROHLFS, GERHARD: Drei Monate in der Libyschen Wüste. Köln 1996

SCHLANGE-SCHÖNINGEN, HEINRICH: Alexandria–Memphis–Siwa. Wo liegt Alexander der Große begraben? Beitrag in »Antike Welt«. Mainz 1996

SCHOSKE, SYLVIA/DIETRICH WILDUNG: Gott und Götter im Alten Ägypten. Mainz 1992

SHAW, W. B. K.: Long Range Desert Group. The Story of its Work in Libya 1940–43. London 1945

SOUVALTZI, EVANGELISTA-LIANA: Siwa – The Oasis of Alexander the Great and his Tomb there. Cairo 1988

VANDENBERG, PHILIPP: Das Geheimnis der Orakel. München 1979

WILCKEN, ULRICH: Alexanders Zug in die Oase Siwa. o. O. 1928

DIE SINTFLUT KAM PUNKT 12 UHR 10

ANDERSON, IAN: Creationism in the dock; in: New Scientist Nr. 2058, London 1996, S. 4 ff.

BERLITZ, CHARLES: Die Suche nach der Arche Noah. München 1991

DAYTON, LEIGH: Flood gave birth to world's oldest religion; in: New Scientist Nr. 2054, London 1996, S. 6 ff.

DREWERMANN, EUGEN: Tiefenpsychologie und Exegese II. München 1993

DUNDES, ALAN: The Flood Myth. Berkeley/Los Angeles/London 1988

ELIADE, MIRCEA: Geschichte der religiösen Ideen. 2 Bde. Freiburg 1978/1979

ders.: Ewige Bilder und Sinnbilder. Frankfurt a. M. 1998

HANDLOIK, VOLKER: Nach dem Sturm; in: Geo Nr. 1, Hamburg 1999, S. 18

NAVARRA, FERNAND: Ich fand Noahs Arche. Schorndorf 1978

PARROT, FRIEDRICH: Reise zum Ararat. 2 Bde. Berlin 1834

PITMAN, WALTER/WILLIAM RYAN: Die Sintflut. Ein Rätsel wird entschlüsselt. Bergisch Gladbach 1999

SODEN, WOLFRAM VON (Hrsg.): Das Gilgamesch-Epos. Stuttgart 1958

STAMPF, OLAF: Schwergewicht vom Himmel; in: Der Spiegel Nr. 16, Hamburg 1999, S. 268

TOLLMANN, ALEXANDER und EDITH: Und die Sintflut gab es doch. München 1993

WOOLLEY, CHARLES LEONARD: Ur in Chaldäa. Zwölf Jahre Ausgrabungen in Abrahams Heimat. Wiesbaden 1956

PLANET DER PYRAMIDEN

BAUDEZ, CLAUDE-FRANÇOIS/SYDNEY PICASSO: Versunkene Städte der Maya. Ravensburg 1991

BAUVAL, ROBERT/ADRIAN GILBERT: Das Geheimnis des Orion. München 1994

BERLITZ, CHARLES: Das Atlantis-Rätsel. München 1995

BRAEM, HARALD: Die Geheimnisse der Pyramiden. München 1992

BROCH, HENRI: La Mysterieuse Pyramide de Falicon. Paris 1976

CHARROUX, ROBERT: Die Meister der Welt. München/Zürich 1974

HAASE, MICHAEL: Das Rätsel des Cheops. München 1998

HAUSDORF, HARTWIG/PETER KRASSA: Satelliten der Götter. München 1995

HAUSDORF, HARTWIG: X-Reisen. München 1998

HEYERDAHL, THOR: Wege übers Meer. Völkerwanderungen in der Frühzeit. München 1978

ders.: Die Pyramiden von Tucumé. München 1995

KAPPELER, AXEL (»LANTO«): Cheops – die Wahrheit der großen Pyramide. Die Lösung des Sphinx- und Atlantis-Rätsels. Stuttgart 1996

LEHNER, MARK: Das erste Weltwunder: die Geheimnisse der ägyptischen Pyramiden. Düsseldorf 1997

MUCK, OTTO H.: Alles über Atlantis. Alte Thesen – neue Forschungen. München 1995

RALLING, CHRISTOPHER: The Kon-tiki man. London 1990

REDEN, SIBYLLE VON: Die Megalith-Kulturen. Köln 1978

SABLOFF, JEREMY A.: Die Maya. Archäologie einer Hochkultur. Heidelberg 1991

SCHELE, LINDA/MARY ELLEN MILLER: The Blood of Kings. New York 1986

SCHIPANI, ROSA DE PASQUALE: Le Torrette. Costruzioni caratteristiche della regione subetnèa. Perugia 1973

STADELMANN, RAINER: Die ägyptischen Pyramiden. Vom Ziegelbau zum Weltwunder. Mainz 1985

SUDHOFF, HEINKE: Sorry Kolumbus. Bergisch-Gladbach 1990

SOUSTELLE, JACQUES: Die Olmeken. Ursprünge der mexikanischen Hochkulturen. Zürich 1980

TRAVERSARI, GUSTAVO: Rivista di Archeologia, Supplementi 9: »Archeologia e Astronomia«. Venezia 1989

DER BERNSTEINWALD

800 Jahre Deutscher Orden. Ausstellung des Germanischen Nationalmuseums Nürnberg in Zusammenarbeit mit der Internationalen Historischen Kommission zur Erforschung des Deutschen Ordens. Gütersloh/München 1990

BOOKMANN, HARTMUT: Der Deutsche Orden. Zwölf Kapitel aus seiner Geschichte. München 1989

Chrestomatija po drevnej russkoj literature XI–XVII vekov. Sostavil N. K. Gudzij. Moskva 1969

GORYS, ERHARD: Litauen und Königsberg. Stadtkultur und historische Landschaften am Baltischen Meer. Köln 1996

KARIN, THEA: Estland. Kulturelle und landschaftliche Vielfalt in einem historischen Grenzland zwischen Ost und West. Köln 1995

Livländische Reimchronik. (Hrsg. Franz Pfeiffer). Nachdruck Amsterdam 1969

NEITMANN, SONJA: Von der Grafschaft Mark nach Livland. Ritterbrüder aus Westfalen im livländischen Deutschen Orden (= Veröffentlichungen aus den Archiven Preußischer Kulturbesitz, Beiheft 3). Köln/Weimar/Wien 1993

NIESS, ULRICH: Hochmeister Karl von Trier (1311–1324). Stationen einer Karriere im Deutschen Orden. (= Quellen und Studien zur Geschichte des Deutschen Ordens, Band 47). Marburg 1992

NOWAKOWSKI, ANDRZEJ: O wojskach Zakonu Szpitala Najswietszej Marii Panny Domu Niemieckiego w Jerozolimie zwanego krzyzackim. Olsztyn 1988

PARAVICINI, WERNER: Die Preußenreisen des europäischen Adels. Band 1. Sigmaringen 1989; Band 2. Sigmaringen 1995

PISTOHLKORS, GERT VON (Hrsg.): Deutsche Geschichte im Osten Europas. Baltische Länder. Berlin 1994

RUDAT, KLAUS: Bernstein. Ein Schatz an unseren Küsten. Husum 1989

RZEMPOLUCH, ANDRZEJ: Ehemaliges Ostpreußen. Kunstreiseführer. Olsztyn 1996

SIETZ, HENNING: Kurische Nehrung. Dülmen 1997

STÖKL, GÜNTHER: Russische Geschichte. Von den Anfängen bis zur Gegenwart. Stuttgart 1962

ÜBER DIE AUTOREN

Uta von Borries

Jahrgang 1960. Studium der Politikwissenschaft, Philosophie und Biologie. Seit 1984 beim ZDF; zunächst als freie Mitarbeiterin in der »heute«-Redaktion, seit 1990 in der Redaktion »Geschichte und Gesellschaft« als Autorin von Kulturdokumentationen tätig.

Georg Graffe

Jahrgang 1957. Studium der Philosophie und Geschichte in Mainz und Edinburgh. Nach dem Staatsexamen verschiedene Tätigkeiten im Medienbereich. Seit 1987 Mitarbeiter der IFAGE-Filmproduktion, Wiesbaden. Autor und Regisseur zahlreicher Fernsehdokumentationen.

Dr. Gottfried Kirchner

Jahrgang 1940. Studium der Germanistik, Kunstgeschichte und Archäologie. Dozent an der Universität Mainz, seit 1971 beim ZDF. Zahlreiche Filme über kunst- und kulturhistorische Themen. 1977 und 1978 Journalistenpreis des Deutschen Nationalkomitees für Denkmalschutz. Konzipierte 1981 die Fernsehserie TERRA-X, von der bisher 62 Folgen erschienen sind. Seine acht TERRA-X-Bücher wurden Bestseller und ins Griechische, Spanische, Niederländische und Rumänische übersetzt.

Helga Lippert

Jahrgang 1948. Studium der Germanistik, evangelischen Theologie und Publizistik. Seit 1973 beim ZDF, zunächst Redakteurin im »heute journal«, seit 1992 in der Redaktion »Geschichte und Gesellschaft«. »Babylon Tower« ist ihr achter Beitrag für die TERRA-X-Reihe.

Martin Papirowski

Jahrgang 1960. Redakteur bei Zeitungen des Ruhrgebietes, Studium der Publizistik, Geschichte und Politik. 1988 Gründung der team-work Film- und Fernsehproduktion. Zahlreiche Dokumentationen und Dokumentarspielfilme für deutsche und ausländische TV-Anstalten.

Heiner Stadler

Jahrgang 1948. Studium der Publizistik und Kunstgeschichte; anschließend Filmhochschule in München. Freiberuflicher Kameramann für Dokumentar- und Spielfilme. Seit Anfang der achtziger Jahre auch Produzent und Regisseur eigener Filme für Kino und TV. Zahlreiche Preise bei internationalen Filmfestivals.

Dr. Luise Wagner-Roos

Jahrgang 1957. Studium der Biologie und Makromolekularen Chemie. Freie Journalistin und Mitarbeiterin in den Wissenschaftsredaktionen verschiedener Fachzeitschriften wie »Stern«, »Focus«, »natur«.

Dr. Gudrun Ziegler

Jahrgang 1942. Studium der Slavistik, Germanistik und Osteuropäischen Geschichte. Nach der Promotion Lehrbeauftragte an der Universität Tübingen, gleichzeitig Tätigkeiten als freie Journalistin für verschiedene Medien. Seit 1988 im ZDF. Zahlreiche Veröffentlichungen, darunter eine Puschkin-Monographie, eine Geschichte der Kosaken und »Die Geheimnisse der Romanows«.

PERSONENREGISTER

ORTSREGISTER

BILDNACHWEIS

S. 6/7 Hintergrund: Grabinschrift 12. Jh.:
Kirche San Pedro, Caracena/Spanien (Josef
Fachinger)

S. 6 o.: Die Pyramiden von Giseh (OFT REISEN
Ditzingen)

S. 6 u.: Almourol/Portugal, die Inselfestung der
Templer (Gottfried Kirchner)

S. 7: Gilgamesch als Löwenbezwinger. Steinrelief
vom Tempel Sargons II., Louvre, Paris (Archiv
für Kunst und Geschichte Berlin)

S. 8/9: Modell des Marduk-Heiligtums in Babylon mit Zikkurrat (Staatliche Museen zu
Berlin – Preußischer Kulturbesitz/Vorder-
asiatisches Museum)

S. 54/55: Steilküste bei Praia do São Telheiro,
Algarve (Joachim Giel)

S. 106/107: Modell des Allerheiligsten im
Salomonischen Tempel mit der Bundeslade
(Richard Andrews)

S. 158/59: Das mittelalterliche Shali im Zentrum
der Oase Siwa (Stadler-Film)

S. 210/211: Hochwasser an der Oder: Zilten-
dorfer Niederung (Jürgen Gebhardt)

S. 254/255: Pyramide von Chichenitza/Mexiko
bei Sonnenaufgang (Peter Schumann)

S. 298/299: Keltische Bernsteinkette aus
dem 2. Jh. v. Chr. (Archiv für Kunst und
Geschichte Berlin)

Constantin Aelenei: S. 213 u., 216 (2), 231, 232

Richard Andrews: S. 119, 122, 124, 134, 137,
144, 156 (2)

Archiv für Kunst und Geschichte Berlin:
S. 213 o., 214, 217, 227, 240, 241, 243, 274,
309, 312, 317

Sally Bensusen/FOCUS: S. 238

Bilderdienst Süddeutscher Verlag: S. 260 o.

Uta von Borries: S. 257, 266, 276, 277, 280, 281,
283, 287, 289, 290, 291, 296/297

Sisse Brimberg/FOCUS: S. 242

British Museum, London: S. 112

Chris Butler/FOCUS: S. 236, 252/253

Wolfgang Caspar: S. 267, 268

Deutsches Institut für Filmkunde: S. 348

Josef Fachinger: S. 72, 94

Hans-Joachim Gally: S. 228

Rudolf Gantenbrink: S. 272, 273

Joachim Giel: S. 62, 66, 71, 76/77, 79 u., 80 o.,
81, 84, 85, 87, 91, 92, 97, 98/99, 104/105

Georg Graffe: S. 113, 115, 117, 126, 131,
148/149, 151

Hannes Grobe/Alfred-Wegener-Institut für Polar-
und Meeresforschung, Bremerhaven: S. 234

Hartwig Hausdorf: S. 270 (2)

Haymon Verlag, Innsbruck: S. 198

Friedrich W. Hinkel: S. 265

Institut für Ozeanologie, Varna/Bulgarien:
S. 218, 219, 224, 226

Udo Jalke: S. 139

Grischa Kerstan: S. 60

Gottfried Kirchner: S. 61 o., 64, 67, 69, 74, 79 o.,
80 u., 82/83, 86 o., 88, 89, 96, 101, 103, 111,
192, 324, 344

Kreisgemeinschaft Fischhausen e.V. in der
Landsmannschaft Ostpreußen e.V., Pinne-
berg: S. 310

Kunsthistorisches Museum Wien: S. 52

Jürgen Liepe: S. 174

Helga Lippert: S. 27 (2), 34

Mauritius Bildagentur Mittenwald: S. 260 u.

Walter Mayr/FOCUS: S. 245, 247, 249

Museum Ostdeutsche Galerie Regensburg: S. 346

Museum für Völkerkunde, Berlin: S. 167

OFT REISEN Ditzingen: S. 262

Georg Olms Verlag, Hildesheim: S. 169

Palestine Exploration Fund, London: S. 121

Florin Paraschiv: S. 109, 123, 150

Knut Petersen: S. 263

Gerd Ramsbrock: S. 13, 14, 16, 18, 22, 30, 31, 32/33, 36, 44, 49, 51

Rosslyn Chapel, Schottland/Antonia Reeve: S. 152

Hansjörg Schmid: S. 21

Peter Schumann: S. 279, 292

Staatliche Museen zu Berlin/Vorderasiatisches Museum: S. 40, 41

Stadler-Film: S. 164, 165, 166, 170, 172/173, 176 (G. Farkas), 177, 182, 185, 186 (R. Gantenbrink), 187, 188, 189, 190/191, 194/195, 196, 197, 200, 201, 202, 203 o. (M. Reisch), 203 u., 206, 208/209

Eberhard Thiem: S. 11, 23, 25, 28, 37, 42

Ullstein-Bilderdienst/Hans Winter: S. 141

Tomasz Wert: S. 300, 301, 302, 305, 311, 313, 316, 318, 321, 326, 328, 330, 332, 333, 334, 335, 336, 338, 341

Joachim Willeitner: S. 161

ZDF: S. 70, 75

Historische Abbildungen S. 154, 235, 323, 343: originalkoloriert von Gottfried Kirchner

Karten: DTP Factory Susanne Bertenbreiter